普通高等教育软件工程专业“十二五”规划教材

数据库原理与应用

主　编　郭东恩

副主编　张秋红　凌广明
　　　　刘　丽　王燕玲

科学出版社

北　京

内 容 简 介

本书以关系数据库系统为核心，系统全面地阐述了数据库系统的基本概念、基本原理和应用技术，并在此基础上以主流数据库管理系统 Microsoft SQL Server 2008 及数据库设计工具 Power Designer 等为应用背景进行讲解。全书共分为四篇：数据库基础，介绍了数据库技术概述、关系数据库、SQL Server 2008 及关系数据库的标准语言 SQL 等；数据库设计，介绍了数据建模、规范化理论和数据库设计的方法与步骤；数据库实现与应用，介绍了高级 SQL 编程、数据库保护，并通过具体案例展示了数据库分析、设计、实现的完整过程；数据库新技术，介绍了数据库技术的发展、数据库新技术及与其他相关技术的结合等。

本书体现了教、学、用于一体的教学理念。书中大量案例贯穿始终，并将相关知识及技术通过具体的 DBMS 实现，为读者提供了真实的数据库应用场景，有助于读者理论联系实际，掌握所学内容；丰富的习题，有助于读者加深对内容的理解、掌握和巩固；实验指导，为读者提供了将理论与实践相结合的具体上机操作途径，巩固所学知识。

本书可作为高等院校软件工程、网络工程、信息管理与信息系统专业及计算机相关专业数据库原理与应用课程的教学用书，也可供从事信息领域工作的科技人员学习或参考。

图书在版编目(CIP)数据

数据库原理与应用 / 郭东恩主编. —北京：科学出版社，2013

普通高等教育软件工程专业“十二五”规划教材

ISBN 978-7-03-037571-1

I. ①数… II. ①郭… III. ①数据库系统 IV. ①TP311. 13

中国版本图书馆 CIP 数据核字(2013)第 110051 号

责任编辑：贾瑞娜 / 责任校对：陈玉凤
责任印制：徐晓晨 / 封面设计：迷底书装

科 学 出 版 社出版
北京东黄城根北街 16 号
邮政编码：100717
http://www.sciencep.com

北京盛通商印快线网络科技有限公司 印刷

科学出版社发行 各地新华书店经销

*

2013 年 6 月第 一 版 开本：787×1092 1/16
2020 年 3 月第三次印刷 印张：22
字数：555 000

定价：69.00 元

（如有印装质量问题，我社负责调换）

《数据库原理与应用》

编 委 会

主　编　郭东恩

副主编　张秋红　凌广明　刘　丽　王燕玲

参　编　陈立勇　刘　倩　孙宜贵

前　言

数据库技术是20世纪60年代末产生和发展的一项计算机数据管理技术，是计算机科学的重要组成部分，也是计算机科学技术中发展最快的领域之一，它的出现和发展使计算机应用渗透到人类社会的各个领域,而且已经围绕着数据库技术形成了一个巨大的相关软件产业。

近年来，数据库技术不断地发展和完善。目前数据库技术已成为信息科学技术领域的重要基础，以关系数据库为当前主流的新一代数据库或基于数据库产生的新技术也崭露头角。本书是为适应目前数据库技术迅猛发展的形势，以及为使数据库教学能够体现这些新的发展目标而编写的。

本书体现了培养应用型人才的教学特点，由浅入深，理论与实践并重，系统地介绍了数据库系统的基本概念、基本原理和应用技术，并在此基础上以主流数据库管理系统 Microsoft SQL Server 2008 及数据库设计工具 Power Designer 等为应用背景，并结合具体实例讲解了数据库应用系统的开发模式和流程，使读者具备初步的数据库应用开发能力，为进一步从事数据库系统的研究、开发和应用奠定坚实的基础。

全书主要分为四篇共 11 章。具体内容如下：

第一篇，数据库基础：主要介绍了数据库技术相关基础知识，包括第 1 章数据库系统概述，第 2 章关系数据库基础，第 3 章 SQL Server 2008 数据库管理系统，第 4 章关系数据库标准语言。第二篇，数据库设计：详细讲解了数据库设计相关的知识，包括第 5 章数据建模，第 6 章关系数据库设计理论，第 7 章数据库设计。第三篇，数据库实现与应用：是数据库设计的具体案例分析和延伸，包括第 8 章高级 SQL 编程，第 9 章数据库保护，第 10 章数据库设计实现案例。第四篇，数据库新技术：介绍了数据库领域发展方向和新技术，由第 11 章数据库新技术组成。

本书主要特点：

(1) 内容组织合理、深入浅出、便于理解掌握。按照数据库知识模块和应用划分为四篇，使全书内容更紧凑，逻辑性更强。在每章中指出本章的主要学习内容及需要掌握的程度，在每章讲解知识时都配套大量的例题、案例分析、本章小结及习题，并采用一两个例子贯穿教材始终，使各章知识内容连贯，同时在学习数据库理论知识的同时可以避免读者学习的抽象和枯燥，提高读者学习兴趣。

(2) 理论与实际系统相结合。相关章节结合 SQL Server 2008 数据库管理系统和 Power Designer 数据库设计工具进行介绍，如 SQL 语句部分、完整性约束部分、数据库保护部分、高级 SQL 编程和数据建模部分等，使读者能够学以致用。

(3) 编排形式多样、图文并茂、浅显易懂。书中加入了大量的图、表，避免长篇累牍的文字说明，使内容更加形象、直观。

本书可作为高等院校软件工程、网络工程、信息管理与信息系统专业及计算机相关专业数据库原理与应用课程的教学用书，也可作为从事信息领域工作的科技人员的学习用书或参考书。

参与本书编写的有南阳理工学院郭东恩、张秋红，河南大学凌广明，郑州航空工业管理学院刘丽，洛阳师范学院王燕玲、周口师范学院陈立勇、河南农业大学刘倩和河南工业大学孙宜贵。由郭东恩任主编，负责全书的规划、修改和统稿，由张秋红、凌广明、刘丽和王燕玲任副主编。其中，第4、9章和附录中实验指导书由郭东恩编写，第6、10章由张秋红编写，第5、8章由凌广明编写，第1、2章由刘丽编写，第7、11章由王燕玲编写，第3章由陈立勇编写，刘倩和孙宜贵也参与了本书的编写并承担了部分校订工作。

在本书的编写过程中，参考了大量的网络资料和国内外相关的文献。在此，向有关的作者致以诚挚的感谢！

由于编者水平有限，书中难免存在诸多不足之处，恳请专家和读者提出宝贵意见并批评指正，以便再版时修改完善。

编　者

2013年5月

目　录

第二篇 数据库设计

第三篇　数据库实现与应用

第四篇 数据库新技术

第一篇　数据库基础

第 1 章　数据库系统概述

1.1　数据库的相关术语

在系统地介绍数据库的基本概念之前，首先介绍一些数据库最常用的术语和基本概念。

1.1.1　数据与信息

数据是数据库存储的基本对象，是记录下来的描述事物状态或属性的物理符号。这种物理符号的表现形式不仅仅是数字(狭义的数据理解)、文字和其他特殊字符，还包括图形、图像、声音等多媒体数据。这些数据都可以经数字化后存入计算机。

在日常生活中，为了了解、研究事物和相互交流，对事物进行描述时通常采用自然语言，然而非形式化的自然语言不便于用计算机进行存储和处理。为此，人们常用抽象的符号序列对其所研究事物某些方面的特征或属性进行描述，并记录下来。这些记录下来的描述事物特征或属性的物理符号就是数据。例如，对于一个银行账户(张名，4467420280010532716，5000.00)，这样一行数据就称为一条记录。仅从这行数据是无法得知其确切意义的，但如果知道这行记录每个数据项的确切含义，就得到如下信息：张名的银行账号是4467420280010532716，账户余额是 5000.00 元。数据有一定的格式，如银行账号的长度是 19 位数字，账户余额的小数点位数是 2 位。这些格式就是数据的语法，而数据的含义就是数据的语义。通过解释、分析归纳、演绎推导等手段从数据中抽取对人们有价值、有意义的数据称为信息。因此，数据是信息的载体，是信息存在的形式，信息依靠数据表达。数据是原始事实，必须通过解释或处理之后才能称为有用的信息。

1.1.2　数据库

数据库(Data Base，DB)，顾名思义就是存放数据的仓库。只不过这个仓库存在于计算机存储设备上，而且数据是按一定的格式存放的。

人们收集并抽取出一个应用所需要的大量数据之后，应将其保存起来以供加工处理，并进一步抽取有用的信息。在科学技术飞速发展的今天，人们的视野越来越广，数据量急剧增加。人们过去把数据存放在文件柜里，现在人们借助计算机和数据库技术科学地存诸和管理大量复杂的数据，以便能方便而充分地利用这些宝贵的信息资源。

数据库是长期储存在计算机内有组织及可共享的大量数据集合。数据库中的数据按照一定的数据模型组织、描述和储存，以文件的形式存储在存储介质上，是数据库系统操作的对象和结果，具有较小的冗余度、较高的数据独立性和易扩展性，并可为各种用户共享。

1.1.3　数据库管理系统

数据库管理系统(DataBase Management System，DBMS)是位于用户与操作系统之间帮助用户建立、使用和管理数据库的数据管理软件，以对数据库进行统一的管理和控制，以保证数据库的安全性和完整性。DBMS 主要是面向开发者设计的，为应用程序提供访问数据库的各种接口，包含以下主要功能。

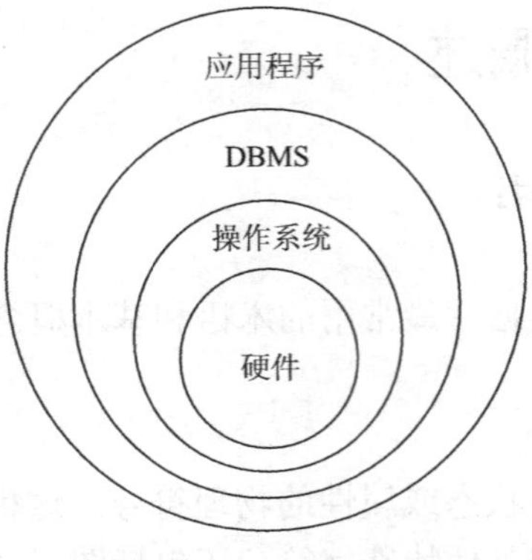

图 1-1　数据库管理系统在计算机中的位置

(1) 数据定义：DBMS 提供数据定义语言(Data Definition Language，DDL)。用户通过它可以方便地对数据库中的数据对象进行定义。

(2) 数据操作：DBMS 提供数据操作语言(Data Manipulation Language，DML)。用户可以使用 DML 操作数据，实现对数据库的基本操作，如查询、插入、删除和修改等。

(3) 数据库的运行管理：包括并发控制、数据的存取控制、数据完整性条件的检查和执行、数据库内部的维护等。所有数据库的操作都在这些控制程序的统一管理下进行，以保证计算机事务正确运行，保证数据库正确有效。

(4) 数据库的建立和维护：数据库的建立功能指数据的载入、转储、重新组织功能及数据库的恢复功能；数据库的维护功能指数据库结构的修改、变更及扩充功能。

如图 1-1 所示，DBMS 在计算机中的位置介于应用程序和操作系统之间。开发者通常在 DBMS 的基础上开发具体的应用程序，因此 DBMS 与操作系统、编译系统归为系统软件。作为一种基础软件，DBMS 的规模相对庞大，内部机制相当复杂。典型的 DBMS 有 Oracle、DB2、SQL Server、Informix、Sybase、MySQL 等。

1.1.4　数据库系统

数据库系统(Database System，DBS)是在计算机系统中引入数据库后的系统构成的信息管理系统，一般由数据库、DBMS、应用程序、数据库管理员(DataBase Administrator，DBA)等构成，能够执行多个用户提出的数据访问请求。银行交易系统、人力资源管理系统及电子购物系统等都是 DBS 的典型应用，DBS 已经成为任何企业办公自动化平台中不可或缺的一个组成部分。注意，不要将 DBS 与 DBMS 相混淆，DBS 建立在 DBMS 的基础之上，DBMS 是专门管理数据库的系统软件，而 DBS 一般是针对企业实际需求而开发的应用软件。数据库系统的组成如图 1-2 所示。

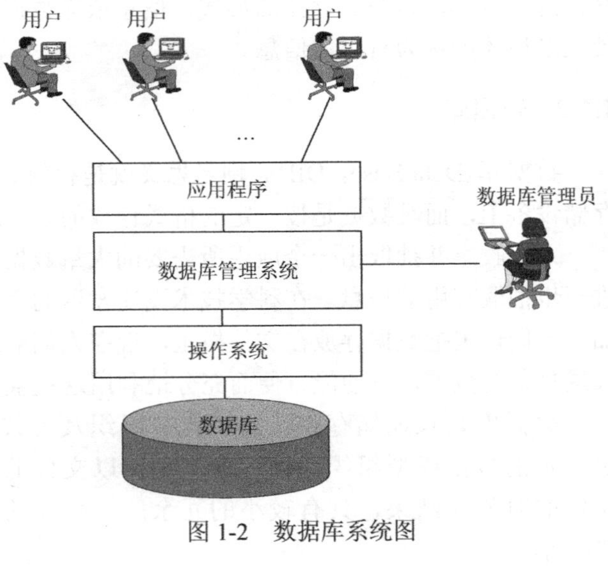

图 1-2　数据库系统图

1.1.5　信息管理系统

信息管理系统简称为 MIS，是计算机应用领域的一个重要分支。信息管理系统帮助人们完成原来需要手工处理的复杂工作，不仅能明显地提高工作效率，降低劳动强度，而且能提高信息管理的质量或水平。因而，信息管理系统不是在模拟手工劳动，它更合理地组织数据，更科学地管理数据，为控制事务发展提供控制信息，为预测事务变化的状态提供事务发展趋势信息和变化规律的信息。信息管理系统的应用非常广泛，可以用于事务管理、计算机辅助设计、计算机图形及人工智能等系统，即所有数据量大、数据成分复杂的领域都可以使用信息管理系统进行其数据管理的工作。

信息管理系统有以下 3 个突出的特点。

1. *以数据库技术为基础*

信息管理系统的核心是数据库。信息管理系统的数据存放在数据库中，数据库技术为信息管理系统提供数据管理的手段，数据库管理系统为信息管理系统提供系统设计的方法、工具和环境。学习数据库及数据库管理系统的基本理论和设计方法，目的就是掌握设计数据库的技术，学会设计、管理和应用信息管理系统的方法，以便能够胜任数据库系统的设计、管理和应用工作。

2. *采用功能选单方式控制程序*

绝大多数信息管理系统是采用功能选单方式进行程序控制的。在这种程序控制方式中，系统功能按层次结构组织成系统功能选单，用户通过选择功能选项表达需要执行功能的意愿，系统根据用户的选择调用相应的功能模块。选单方式是一种典型的人机对话程序控制方式，具体工作流程如图 1-3 所示。

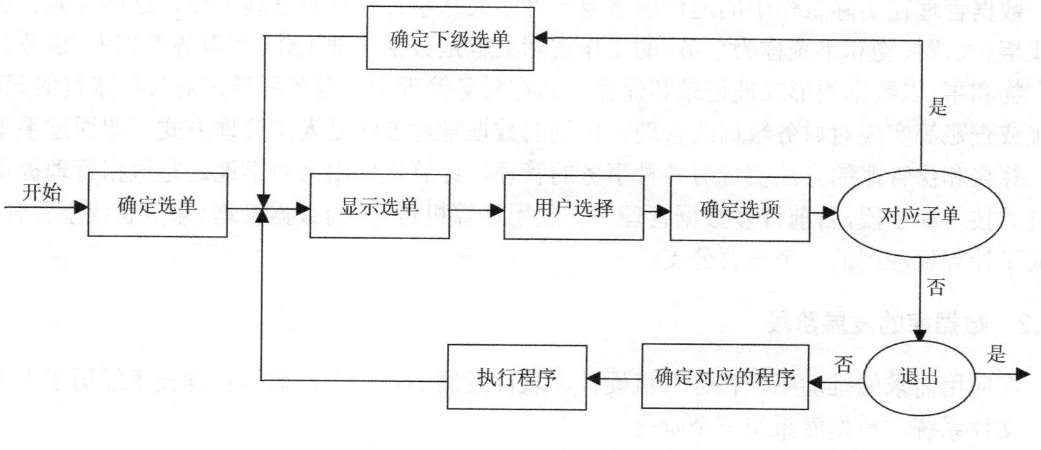

图 1-3　信息管理系统的工作流程

3. *功能模块大致相同*

尽管信息管理系统是多种多样的，所管理的事务对象和操作方法各不相同，但信息管理系统所具有的数据操作功能是非常相似的。一般的信息管理系统都有输入数据、修改数据、删除数据、数据查询、数据统计及数据报表打印功能，其功能结构如图 1-4 所示。

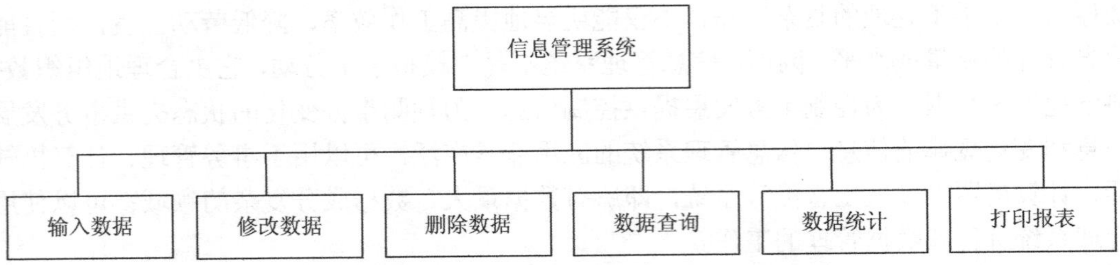

图 1-4　信息管理系统的结构组成

1.2　数据管理技术的产生和发展

数据的处理是指对各种数据进行收集、存储、加工和传播一系列活动的总和。数据管理则是指对数据进行分类、组织、编码、存储、检索和维护，是数据处理的中心问题。

1.2.1　数据管理

在数据处理中，最基本的工作是数据管理。数据管理是其他数据处理的核心和基础。数据管理工作具体应包括 3 项内容：一是组织和保存数据，即将收集到的数据合理地分类组织，将其存储在物理载体上，使数据能够长期地被保存；二是进行数据维护，即根据需要随时进行插入新数据、修改原数据和删除失效数据的操作：三是提供数据查询和数据统计功能，以便快速地得到需要的正确数据，满足各种使用要求。

数据管理在实际工作中的地位很重要。许多人从事各种行政管理工作，这些管人、财、物或事(人、财、物和事统称为事务)的工作实际上就是数据管理工作。在事务管理中，事务(人、财、物和事)以数据的形式被记录和保存。如在财务管理中，财务科通过对各种账目的记账、对账或查账等实现对财务数据的管理。传统的数据管理方法是人工管理方式，即通过手工记账、算账和保管账的方法实现对各种事务的管理。计算机应用为科学地进行数据管理提供了先进的技术和手段，目前许多数据管理工作利用计算机进行，而数据管理(即信息或事务管理)也成了计算机应用的一个重要分支。

1.2.2　数据库的发展阶段

在应用需求的推动下，在计算机硬件、软件发展的基础上，数据管理技术经历了人工管理、文件系统、数据库系统三个阶段。

1. 人工管理阶段

20 世纪 50 年代中期以前，计算机主要用于科学与工程计算。由于当时没有必要的软件、硬件环境，用户只能直接在裸机上操作，采用批处理方式处理数据。人工管理数据阶段具有如下特点：

1) 数据不保存

由于当时计算机主要用于科学计算，一般不需要长期保存数据，所以只在计算某一课题时将数据输入，程序运行结束，数据随之撤销。

2) 应用程序管理数据

在这种管理方式下，数据由应用程序管理，数据的结构、格式、输入/输出方式、存储方式都需要在程序中设定，没有其他的软件系统协助管理数据。

3) 数据不能共享

数据是面向应用的，一组数据只能对应一个程序，各程序之间的数据不能相互传递，数据不共享，各应用程序之间存在大量的重复数据称为数据冗余。

4) 数据不具有独立性

数据独立性指数据独立于应用程序，数据变化时不需要修改程序；反过来，修改程序也不需要修改数据。在人工管理阶段，程序与数据之间是一一对应的关系，如图 1-5 所示。

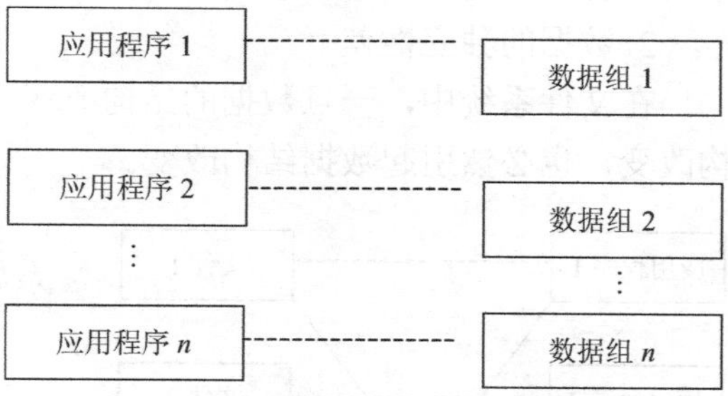

图 1-5　应用程序与数据之间的对应关系

2. 文件系统阶段

从 20 世纪 50 年代后期到 60 年代中期，计算机应用领域拓宽，不仅用于科学计算，还大量用于数据管理。这一阶段的数据管理水平进入到文件系统阶段。在文件系统阶段，计算机外存储器有磁盘、磁鼓等直接存取的存储设备；计算机软件的操作系统已经有专门的管理数据软件，即所谓的文件系统。文件系统的处理方式不仅有文件批处理，而且还能够联机实时处理。在这种背景下，数据管理系统的规模、管理技术和水平都有较大幅度的发展。使用文件系统管理数据的特点如下所述。

(1) 管理的数据以文件的形式长久地保存在计算机的外存中。

在文件管理阶段，由于计算机大量用于数据处理，仅临时或一次输入数据根本无法满足使用要求，数据必须长期保留在外存上。在文件系统中，通过数据文件使管理的数据能够长久地保存，并通过对数据文件的存取实现对文件进行查询、修改、插入和删除等常见的数据操作。

(2) 文件系统有专门的数据管理软件提供有关数据存取、查询及维护功能。

在文件系统中，有专门的计算机软件提供数据存取、查询、修改和管理功能，能够为程序和数据之间提供存取方法，为数据文件的逻辑结构与存储结构提供转换的方法。这样，程序员在设计程序时可以把精力集中到算法上，而不必过多地考虑物理细节，同时数据在存储上的改变结果不一定反映在程序上，使程序的设计和维护工作量大大减小。

(3) 文件系统中的数据文件已经多样化。

由于文件系统阶段已有直接存取存储设备，使得许多先进的数据结构能够在文件系统中实现。文件系统中的数据文件不仅有索引文件、链接文件、直接存储文件等多种形式，而且还可以使用倒排文件进行多码检索。

(4) 文件系统的数据存取是以记录为单位的。

文件系统是以文件、记录和数据项的结构组织数据的。文件系统的基本数据存取单位是记录，即文件系统按记录进行读写操作。在文件系统中，只有通过对整条记录的读取操作，才能获得其中数据项的信息，而不能直接对记录中的数据项进行数据存取操作。

尽管文件管理阶段比人工管理阶段在数据管理手段和管理方法上大为改进，但文件管理方法仍然存在许多缺点。文件系统在数据管理上的缺点主要表现在以下两方面。

1) 数据共享性差

在文件系统中，文件仍然是面向应用的，当不同的应用程序具有部分相同的数据时，必须建立各自的文件，而不能共享数据，因此数据的共享性差、冗余度大，浪费存储空间。

2) 数据的独立性差

在文件系统中，一旦数据的结构改变，就必须修改应用程序；反之，一旦应用程序的结构改变，也必然引起数据结构改变。

在文件管理阶段，应用程序与数据之间的对应关系如图 1-6 所示。

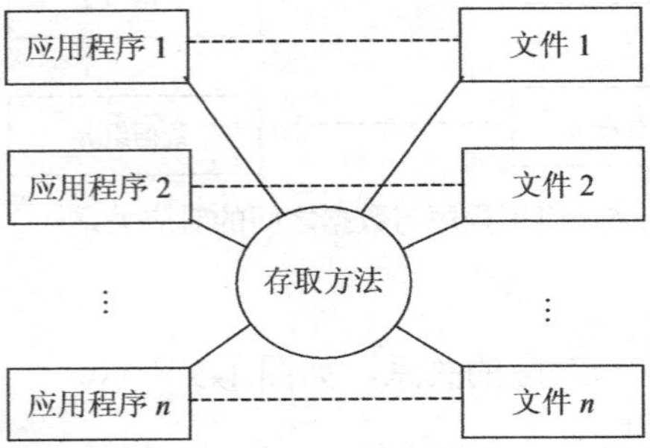

图 1-6 应用程序与数据之间的对应关系

3. 数据库系统阶段

20 世纪 60 年代后期，由于计算机需要处理的数据量急剧增长，文件管理方式已不能满足应用的需求，于是数据库管理技术便应运而生。数据库管理技术的主要目的是有效地管理和存取大量的数据资源，可以对所有的数据实行统一规划管理，形成一个数据中心，使数据库中的数据能够满足多用户、多应用共享数据的需求。这一管理方式提供对数据更高级、更有效的管理方法。这个阶段程序和数据的联系通过数据库管理系统来实现。

数据库系统阶段的数据管理具有以下特点。

1) 数据的共享性高、冗余度低

数据的结构化是数据库系统与文件系统的根本区别。数据库系统从整体角度对待和描述数据，数据不再面向特定的某个或多个应用，而是面向整个应用系统。数据冗余明显减少，从而实现数据共享。

2) 数据独立性高

在这一管理方式下，应用程序不再只与一个孤立的数据文件相对应，而是通过数据库管理系统实现逻辑文件与物理数据之间的映射，这样应用程序对数据的管理和访问不但灵活方便，而且应用程序与数据之间完全独立。

3) 数据由数据库管理系统统一管理和控制

数据库的共享是并发的共享，即多个用户可以同时存取数据库中的数据，甚至可以同时存取数据库中同一个数据，而这些都由数据库管理系统统一管理与控制，从而简化应用程序。

在数据库管理阶段，应用程序与数据之间的对应关系如图 1-7 所示。

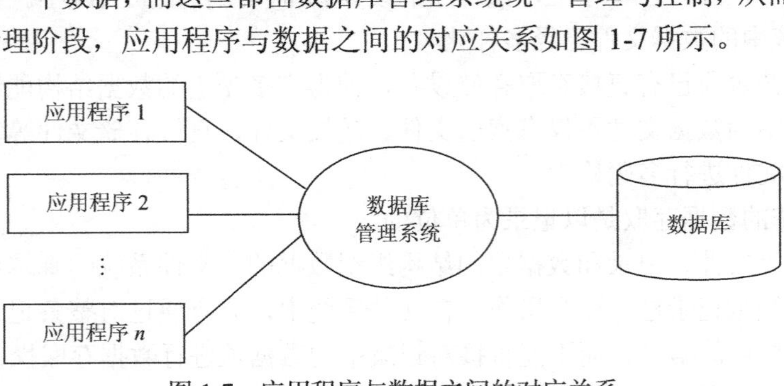

图 1-7　应用程序与数据之间的对应关系

1.2.3 数据库技术的发展

数据库技术从 20 世纪 60 年代中期开始萌芽，至 60 年代末和 70 年代初，出现此领域的三件大事，这三件大事标志数据库技术已发展到成熟阶段，并有坚实的理论基础。它们是：

第一件大事 1969 年 IBM 公司研制、开发数据库管理系统的商品化软件 Information Management System，即 IMS。IMS 的数据模型是层次结构的，是一个层次数据库管理系统，是首例成功的数据库管理系统的商品软件。

第二件大事 美国数据系统语言协会(Conference On Data System Language：CODASYL)下属的数据库任务组(DataBase Task Group，DBTG)对数据库方法进行系统的研究和讨论后，于 20 世纪 60 年代末到 70 年代初提出若干报告。DBTG 报告确定并建立了数据库系统的许多概念、方法和技术。DBTG 所提议的方法是基于网状结构的，是数据库网状模型的基础和典型代表。

第三件大事 1970 年 IBM 公司 San Jose 研究实验室的研究员 Codd 发表题为“大型共享数据库的数据关系模型”的论文。文中提出数据库的关系模型，从而开创数据库关系方法和关系数据理论的研究领域，为关系数据库技术奠定理论基础。

进入 20 世纪 70 年代，数据库技术又有很大的发展。其发展表现在以下三个方面。

(1)出现了许多商品化的数据库管理系统。这些计算机软件都是基于网状模型和层次模型的数据库方法，DBTG 方法及思想对各种数据库系统影响很大。

(2)数据库技术成为实现和优化信息系统的基本技术。商用的数据库管理系统的推出和运行使数据库技术日益广泛地应用到企业管理、交通运输、情报检索、军事指挥、政府管理和辅助决策等各个方面，深入到人类生产和生活的各个领域。

(3)关系方法的理论研究和软件系统的研制取得很大成果。1974～1979 年，IBM 公司 San Jose 研究实验室在 IBM370 系列机上研究关系数据库实验系统 System R 获得成功；1981，年 BM 公司又宣布具有 System R 特征的新型数据库软件产品 SQL/DS 问世。与此同时，美国加州大学伯克利分校也研制出关系数据库实验系统(INGRES)，并随后推出商用 INGRES。这些成果使关系方法从实验室走向社会。

在计算机领域中，有人把 20 世纪 70~80 年代称为数据库时代。80 年代，几乎所有新开发的系统均是关系系统。同时，微型机的关系数据库管理系统也越来越丰富，性能越来越好，功能越来越强，它的应用遍及各个领域。

1.2.4 数据库技术的主要研究领域

数据库学科的研究范围十分广泛，其研究内容大致可以分为下列三个方面。

1. 数据库管理系统软件的研制

数据库管理系统是数据库应用系统的基础。数据库管理系统研制的基本目标是扩大数据库的功能，提高其性能和可用性，从而提高用户开发数据库应用系统的生产率。研制以 DBMS 为核心的一组相互联系的软件系统已成为当前数据库软件产品研制的方向，这些软件系统有数据通信软件、电子表格软件、数据字典和图形系统等。

由于数据库应用领域不断扩大，数据库技术不仅广泛地应用于事务管理系统，而且已开始应用到项目设计、多媒体数据处理、工业自动控制和计算机辅助设计等新的应用领域中。

这些新应用领域所处理的数据与管理领域中的数据相比，在数据格式上有极大的区别，在处理方法上也有许多不同之处。因而，研究这些新应用领域中的数据库方法是一个新课题，它涉及应用系统的设计方法、数据库系统的模型实现技术等问题。面向对象数据库系统、扩展数据库系统、多媒体数据库等研究方向就是基于这些新应用要求而兴起的。

2. 数据库设计技术的研究

数据库设计的主要目的是：在数据库管理系统的支持下，按照应用要求为某一部门或组织设计一个良好的、使用方便的、效率较高的数据库及其应用系统。在数据库设计领域中，主要开展的课题是研究数据库系统的设计方法和设计工具，其中包括对数据库的设计方法、设计工具和理论的研究；对数据模型和数据建模方法的研究；对计算机辅助设计数据库的设计方法及其软件系统的研究；对数据库设计规范的研究等。

3. 数据库理论的研究

数据库理论的研究主要涉及关系的设计、优化、查询，以及系统的安全性和完整性等关系数据理论的内容。近年来，随着计算机网络和人工智能技术的发展，分布式数据库、并行数据库、数据仓库、演绎数据库和知识数据库系统的研制都已成为新的研究方向。

数据库技术改变了传统的信息管理模式，扩大了信息管理的规模，提高了信息的利用率和多重利用能力，缩短了信息传播的过程，实现了世界信息一体化的管理目标。目前，数据库技术仍在日新月异地发展，数据库技术的应用在不断深入。

1.3 数据模型

数据库系统的核心是数据库。由于数据库是根据数据模型建立的，因而数据模型是数据库系统的基础。为一个数据库建立数据模型，首先须深入信息的现实世界进行系统需求分析，用概念模型真实全面地描述现实世界中的管理对象及联系，然后再通过一定的方法将概念模型转换为数据模型。

1.3.1 信息的三种世界及其描述

信息的三种世界是指现实世界、信息世界和计算机世界(也称为数据世界)。数据库是模拟现实世界中某些事务活动的信息集合，数据库中所存储的数据来源于现实世界的信息流。信息流用来描述现实世界中一些事物某些方面的特征及事物间的相互联系。在处理信息流前，必须先对其进行分析并用一定的方法加以描述，然后将描述转换成计算机所能接受的数据形式。

1. 信息的现实世界

现实世界泛指存在于人脑之外的客观世界。信息的现实世界是指待管理的客观存在的各种事物、事务之间的相互联系及事物的发生、变化过程。通过对现实世界的了解和认识，使得对待管理的对象、管理的过程和方法产生概念模型。认识信息的现实世界并用概念模型加以描述的过程称为系统分析。信息的现实世界通过实体、特征、实体集进行划分和认识。

1)实体

现实世界中存在且可以相互区分的事物或概念称为实体。例如，一个学生、一台机器、一部汽车等是具体的事物实体，一门课、一个班级等称为概念实体。

2）实体的特征

每个实体都有各自的特征，利用实体的特征可以区别不同的实体。例如，学生通过姓名、性别、年龄、身高、体重等许多特征来描述。尽管实体具有许多特征，但是在研究时，只选择其中对管理及处理有用的或有意义的特征。又如，对于人事管理，职工的特征可选择姓名、性别、年龄、工资、职务等，而在描述一个人健康情况时，可以用职工的身高、体重、血压等特征表示。

3）实体集

只有相同特征或能用同样特征描述的实体集合称为实体集。例如，学生、工人、汽车等都是实体集。

2. 信息世界

现实世界中的事物反映到人们的头脑里，经过认识、选择、命名、分类等综合分析而形成印象和概念，从而得到信息。当事物用信息来描述时，即进入信息世界。在信息世界中，实体的特征在头脑中形成的知识称为属性；实体通过其属性表示称为实例；同类实例的集合称为对象，对象即实体集中的实体集属性表示得出的信息集合。实体与实例是不同的，如张三是一个实体，而“张三，男，23 岁，计算机系学生”是实例，现实世界中的张三除了姓名、性别、年龄和所在系外还有其他的特征，而实例仅对需要的特征通过属性进行描述。在信息世界中，实体集之间的联系用对象联系表示。

信息世界通过概念模型（也称为信息模型）、过程模型和状态模型反映现实世界，它要求对现实世界中的事物、事物间的联系和事物的变化情况准确、如实、全面地表示。概念模型通过 E-R 图中的对象、属性和联系对现实世界的事物及关系给出静态描述；过程模型通过信息流程图和数据字典描述事物的处理方法和信息加工过程；状态模型通过事物状态转换图对事物给出动态描述。数据库主要是根据概念模型设计的，而数据处理方法主要是根据过程模型设计的，状态模型对数据库的系统功能设计有重要的参考价值。

3. 信息的计算机世界

信息世界中的信息经过数字化处理，形成计算机能够处理的数据，进入计算机世界，计算机世界也叫机器世界或数据世界。在信息转换为数据的过程中，对计算机硬件和软件（软件主要指数据库管理系统）都有限定，所以信息的表示方法和信息处理能力要受到计算机硬件和软件的限制。数据模型应符合具体的计算机系统和 DBMS 的要求。

计算机世界用到下列术语：

1）数据项（Item）

数据项是对象属性的数据表示。数据项有型和值之分：数据项的型是对数据特性的表示，通过数据项的名称、数据类型、数据宽度和值域等来描述；数据项的值是其具体取值。数据项的型和值都要符合计算机数据的编码要求。

2）记录（Record）

记录是实例的数据表示。记录有型和值之分：记录的型是结构，由数据项的型构成；记录的值表示对象中的一个实例，它的分量是数据项值。例如，“姓名，性别，年龄，所在系”是学生数据的记录型，而“张三，男，23，计算机系”是一个学生的记录值，它表示学生对象的一个实例。“张三”、“男”、“23”、“计算机系”都是数据项值。

3) 文件(File)

文件是对象的数据表示，是同类记录的集合，即同一个文件中的记录类型应是一样的。例如，将所有学生的登记表组成一个学生数据文件，文件中的每条记录都按“姓名”，“性别”，“年龄”，“所在系”的结构组织数据项值。

4) 数据模型(Data Model)

现实世界中的事物和相互联系反映到计算机世界中，是文件的记录结构和不同文件间的记录与记录之间的联系，它们数据化的结果就是数据模型。

4. 现实世界、信息世界和计算机世界的关系

现实世界、信息世界和计算机世界这三个领域是由客观到认识、由认识到使用管理的三个不同层次，后一领域是前一领域的抽象描述。关于三个领域之间的术语对应关系可由表 1-1 表示。

表 1-1 三种世界的术语对应关系

现实世界	信息世界	计算机世界
实体	实例	记录
特征	属性	数据项
实体集	对象或实体型	数据或文件
实体间的联系	对象间的联系	数据间的联系
	概念模型	数据模型

现实世界、信息世界和计算机世界的转换关系可以用图 1-8 表示。由图可知，现实世界的事物及联系，通过系统分析成为信息世界的信息模型，而信息模型经过数据化处理转换为数据模型。

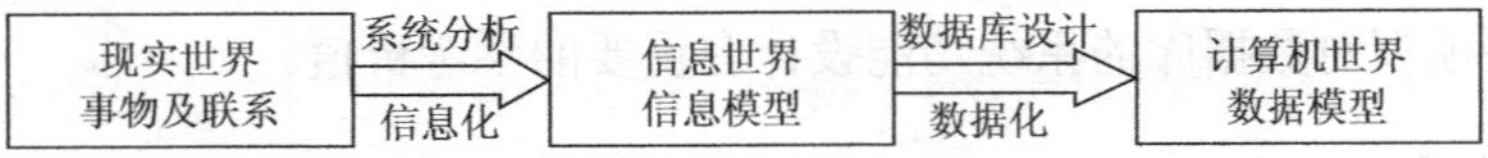

图 1-8 信息的三个世界的联系和转换过程

1.3.2 数据模型的分类

数据库用数据模型来抽象、表示和处理现实世界中的数据和信息。通俗地讲数据模型就是现实世界的模拟。

不同的数据模型实际上是提供给用户模型化数据和信息的不同工具。根据模型应用的不同目的，模型划分为两类，分属于两个不同的层次。

第一层模型是概念层模型，习惯称为概念模型，它按照用户的观点来对数据和信息建模，主要用于数据库的设计。另一层模型是组织层数据模型，简称数据模型，它按照计算机系统的观点对数据建模，主要用于数据库的实现，分为关系数据库、层次数据库和网状数据库。其中，关系数据库是目前最重要的一种数据库。自 20 世纪 80 年代以来，计算机厂商推出的数据库管理系统大多都采用关系型数据库系统。

为了把现实中的具体事物抽象、组织为某一 DBMS 支持的数据模型，人们常首先将现实世界抽象为信息世界，然后将信息世界转换为机器世界。换言之，首先把现实世界中的客观

对象抽象为某一信息结构，即用概念模型描述数据，然后再把概念模型转换为计算机上某一 DBMS 支持的数据模型，这一过程如图 1-9 所示。

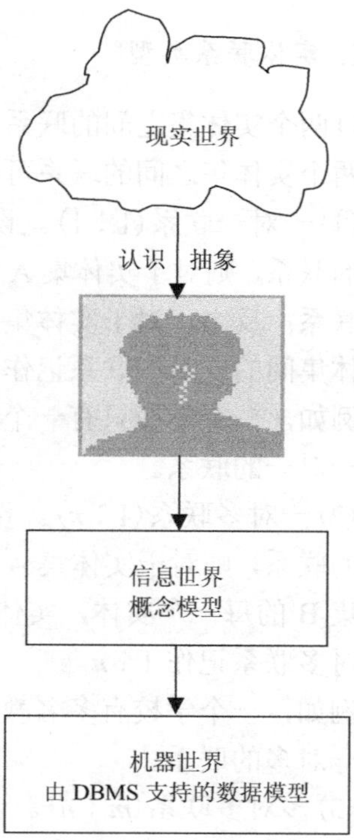

图 1-9 现实世界中客观对象的抽象过程

1.3.3 数据模型的组成要素

一般来讲，数据模型是严格定义的一组概念的集合。这些概念精确地描述系统的静态特性、动态特性和完整性约束条件。因此，数据模型通常由数据结构、数据操作和完整性约束三部分组成。

1. 数据结构

数据结构用于描述系统的静态特性，研究与数据类型、内容、性质有关的对象，如关系模型中的域、属性、关系等。

2. 数据操作

数据库主要有检索和更新(包括插入、删除、修改)两大类操作。数据模型必须定义这些操作的确切含义、操作符号、操作规则(如优先级)，以及实现操作的语言。

3. 数据的约束条件

数据的约束条件是一组完整性规则的集合。完整性规则是给定的数据模型中数据及其联系所具有的制约和储存规则，用以限定符合数据模型的数据库状态及状态的变化，以保证数据正确、有效、相容。此外，数据模型还应该提供定义完整性约束条件的机制。

1.3.4 实体联系(E-R)模型

1. 信息世界中的基本概念

信息世界涉及的概念主要有如下 7 种。

(1)实体(Entity)。客观存在并可相互区别的事物称为实体。实体可以是具体的人、事、物，也可以是抽象的概念或联系。

(2)属性(Attribute)。实体所具有的某一特性称为属性。一个实体可以由若干个属性来刻画。

(3)码(Key)。唯一标识实体的属性集称为码。

(4)域(Domain)。属性的取值范围称为该属性的域。

(5)实体型(Entity Type)。用实体名及其属性名集合来抽象和刻画同类实体称为实体型。

(6)实体集(Entity Set)。同型实体的集合称为实体集。

(7)联系(Relationship)。现实世界中事物内部及事物之间的联系在信息世界中反映为实体内部的联系和实体之间的联系。

2. 实体联系类型

1) 两个实体集之间的联系

两个实体集之间的联系可概括为 3 种：

(1) 一对一联系(1∶1)。设有两个实体集 A 和 B，如果实体集 A 与实体集 B 之间具有一对一的联系，则对于实体集 A 中的每一个实体，在实体集 B 中至多有一个(也可以没有)实体与之联系；反之，对于实体集 B 中的每一个实体，实体集 A 中也至多有一个实体与之联系。两实体集间的一对一联系记作 1∶1。

例如，一个学校只有一个校长，而一个校长只能在一个学校任职，那么学校与校长之间具有一对一的联系。

(2) 一对多联系(1∶*n*)。设有两个实体集 A 和 B，如果实体集 A 与实体集 B 之间只有一对多的联系，则对于实体集 A 的每一个实体，实体集 B 中有一个或多个实体与之联系；对于实体集 B 的每一个实体，实体集 A 中至多有一个实体与之联系。实体集 A 与实体集 B 之间的一对多联系记作 1∶*n*。

例如，一个学校有多名教师，而每个教师只能在一个学校里教学，那么学校与教师之间具有一对多的联系。

(3) 多对多联系(*m*∶*n*)。设有两个实体集 A 和 B，如果实体集 A 与实体集 B 之间具有多对多的联系，则对于实体集 A 的每一个实体，实体集 B 中有一个或多个实体与之联系；反之，对于实体集 B 中的每一个实体，实体集 A 中也有一个或多个实体与之联系。实体集 A 与实体集 B 之间的多对多联系记作 *m*∶*n*。

例如，学校里的教师可以参加多种体育组织，而一个组织也可以由多名教师组成，则体育组织与教师具有多对多的关系。

实际上，一对一是一对多联系的一个特例，而一对多又是多对多联系的一个特例。图 1-10 是两个实体集联系的例子，是用 E-R 图表示两个实体集之间的 1∶1，1∶*n* 或 *m*∶*n* 联系的实际例子。

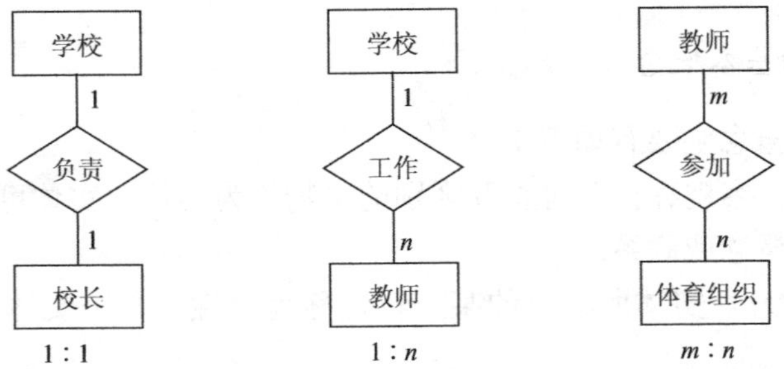

图 1-10　两个实体集联系的例子

2) 多实体集之间的联系

两个以上的实体集之间也存在联系，其联系类型为一对一、一对多、多对多共 3 种。

(1) 多实体集之间的一对多联系。设有实体集 E_1，E_2，…，E_n，如果它们之间存在一对多的联系，则对于实体集 E_j(j=1，2，…，i–1，i+1，…，n)中的一个给定实体，最多只和其

他实体集 $E_i(i\neq j)$ 中的一个实体相联系，则称 E_j 与 E_1，E_2，…，E_j+1，…，E_n 之间的联系是一对多的。

例如，在图 1-11(a)中，一门课程可以有若干教师讲授，一个教师只讲授一门课程；一门课程使用若干本参考书，每一本参考书只供一门课程使用。所以，课程与教师、参考书之间的联系是一对多的。

(2)多实体集之间的多对多联系。在两个以上的多个实体集之间，当一个实体集与其他实体集之间均存在多对多联系，而其他实体集之间没有联系时，这种联系称为多实体集间的多对多联系。

例如，有三个实体集：供应商、项目、零件，一个供应商可以供给多个项目多种零件；每个项目可以使用多个供应商供应的零件；每种零件可由不同供应商供给。因此，供应商、项目、零件三个实体型之间是多对多的联系，如图 1-11(b)所示。

3)实体集内部的联系

实际上，在一个实体集的实体之间也可以存在一对多或多对多的联系。

例如，职工是一个实体集，职工中有领导，而领导自身也是职工。职工实体集内部具有领导与被领导的联系，即某一个职工领导若干名职工，而一个职工仅被一个领导所管，这种联系是一对多的联系，如图 1-12 所示。

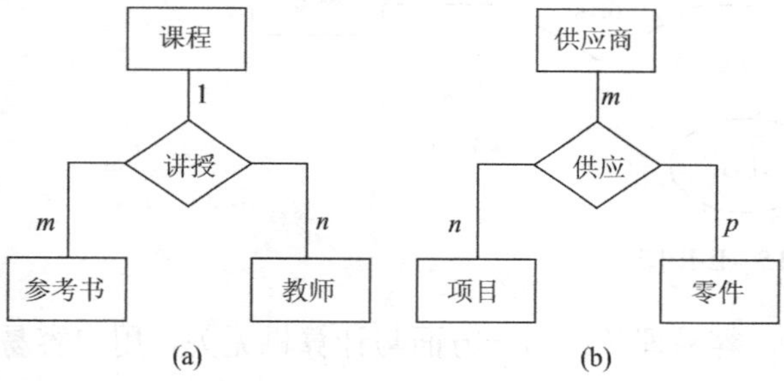

图 1-11　三个实体集联系的实例

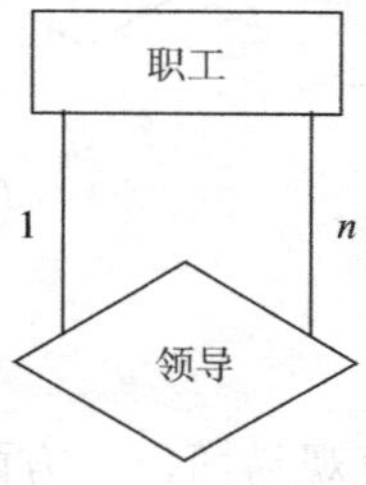

图 1-12　同一实体集内部的一对多联系实例

3. 概念模型的表示方法

概念模型是对信息世界的建模，概念模型应当能够全面、准确地描述出信息世界中的基本概念。概念模型的表示方法很多，其中最为著名和使用最为广泛的是 Chen 于 1976 年提出的实体-联系方法(Entity-Relationship Approach，即 E-R 图)，该方法用 E-R 图来描述现实世界的概念模型。E-R 图也称为 E-R 模型，提供表示实体集、属性和联系的方法。在 E-R 图中：

(1)用长方形表示实体集，长方形内写明实体集名称。

(2)用椭圆形表示实体集的属性，并用线段将其与相应的实体集连接起来。例如，学生具有学号、姓名、性别、年龄和所在系，共 5 个属性，用 E-R 图表示，如图 1-13 所示。

由于实体集的属性比较多，有些实体可具有多达上百个属性，所以在 E-R 图中，实体集的属性可不直接画出，而通过数据字典的方式表示(即文字说明方式)。无论使用哪种方法表示实体集的属性，都不能出现遗漏属性的情况。

(3)用菱形表示实体集间的联系，菱形内写上联系名，并用线段分别与有关实体集连接起来，同时在线段旁标出联系的类型。如果联系具有属性，则该属性仍用椭圆框表示，仍需要用线段将属性与其联系连接起来。联系的属性必须在E-R图上标出，不能通过数据字典说明。例如，供应商、项目和零件之间存在有供应联系，该联系有供应量属性，如图1-14所示。

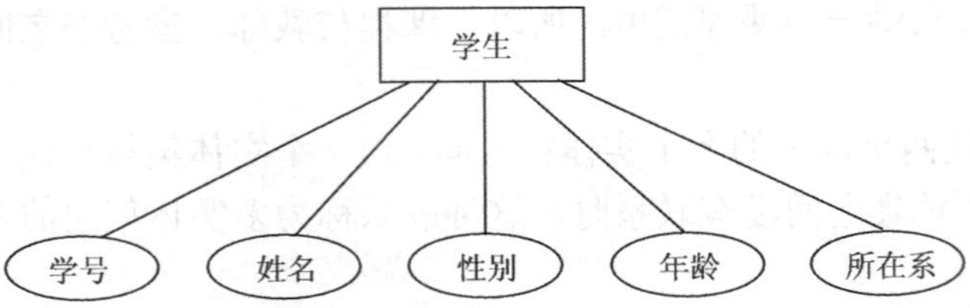

图1-13　学生及属性的E-R图

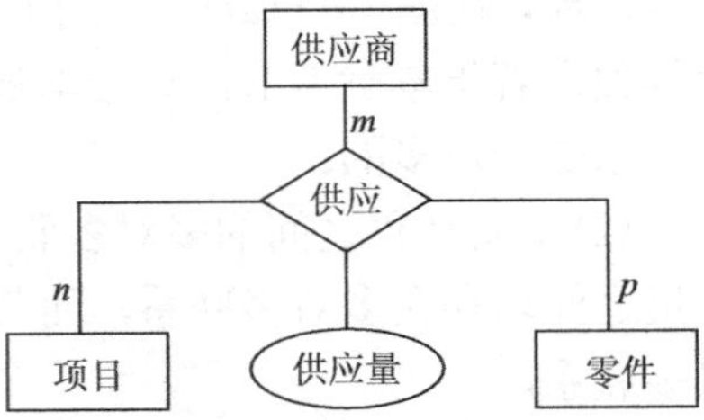

图1-14　实体间联系的属性及其表示

下面用E-R图来表示学校教师授课情况的概念模型，如图1-15所示，教师属性有系部、姓名；课程属性有编号、名称；学生属性有学号、姓名、班级及年龄。

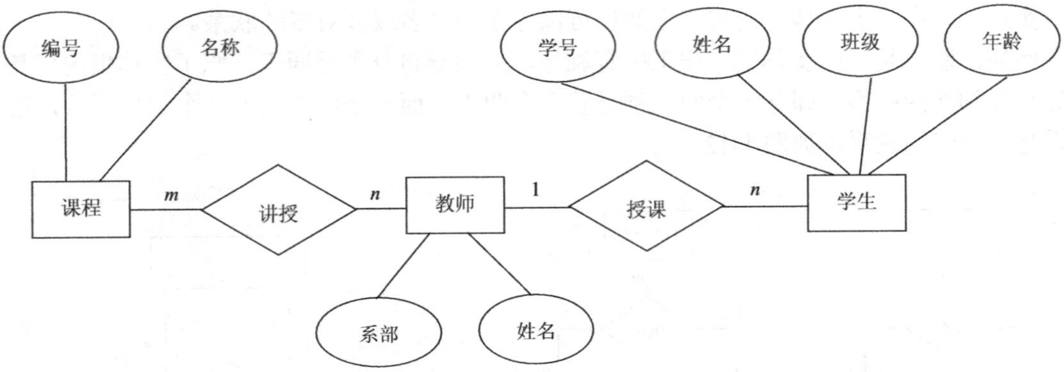

图1-15　E-R图

E-R图直观易懂，一方面接近人的思维，容易理解；另一方面与计算机无关，用户容易接受。随着E-R图深入使用，人们可对E-R图作多方面的扩展以表达更为复杂的情况。因此，若能准确地画出应用系统的E-R图，就说明已彻底明白了问题，以后就可以根据E-R图，结合具体的DBMS类型，将其演变为该DBMS所能支持的数据模型。

1.3.5　常用的结构数据模型

数据库系统中最常使用的数据模型是层次模型、网状模型和关系模型。本节较详细地介绍了这三种数据模型的结构特点和完整性约束条件，并分析对照它们的性能，指出各自的优缺点。

1. 层次模型

层次模型是数据库系统中最早出现的数据模型，层次数据库系统采用层次模型作为数据的组织方式。层次数据库系统的典型代表是IBM公司的数据库管理系统(Information Management System，IMS)。层次模型用树型结构来表示各类实体及实体间的联系。

1)层次模型的定义

在数据结构中，定义满足下面两个条件的基本层次联系的集合为层次模型：

(1)有且仅有一个结点没有双亲结点，这个结点称为根结点。

(2)除根结点之外的其他结点有且只有一个双亲结点。

2)层次模型的数据表示方法

层次模型中的数据用下列方法表示:

在层次模型中，实体集使用记录表示；记录型包含若干个字段，字段用于描述实体的属性；记录值表示实体；记录之间的联系使用基本层次联系表示。层次模型中的每个记录可以定义一个排序字段，排序字段也称为码字段，其主要作用是确定记录的顺序。如果排序字段的值是唯一的，则它能唯一地标识一个记录值。

在层次模型中，使用结点表示记录。记录之间的联系用结点之间的连线表示，这种联系是父子之间一对多的实体联系。层次模型中同一双亲的子女结点称为兄弟结点，没有子女结点的结点称为叶结点。图 1-16 给出一个层次模型的例子。在图 1-16 中，R_1 为根结点，R_2 和 R_3 都是 R_1 的子女结点，R_2 和 R_3 为兄弟结点；R_4 和 R_5 是 R_3 的子女结点，R_4 和 R_5 也为兄弟结点；R_2、R_4 和 R_5 为叶结点。

3)层次模型的特点

层次模型像一棵倒立的树，只有一个根结点，有若干个叶结点，结点的双亲是唯一的。

图 1-17 是一个教学院系的数据结构图，该层次数据结构有 4 个记录。在结构中，院系记录是根结点，它有院系编号、院系名称和办公地点 3 个数据项，其两个子女结点是教研室和学生记录。教研室记录是院系的子女结点，还是教师的双亲结点。教研室记录由教研室编号、教研室名两个数据项组成；学生记录由学号、姓名、年龄三个数据项组成。教师记录由职工号、姓名和专业方向 3 个数据项组成。学生与教师是叶结点，它们没有子女结点。在该层次数据结构中，院系与教研室、教研室与教师、院系与学生均是一对多的联系。

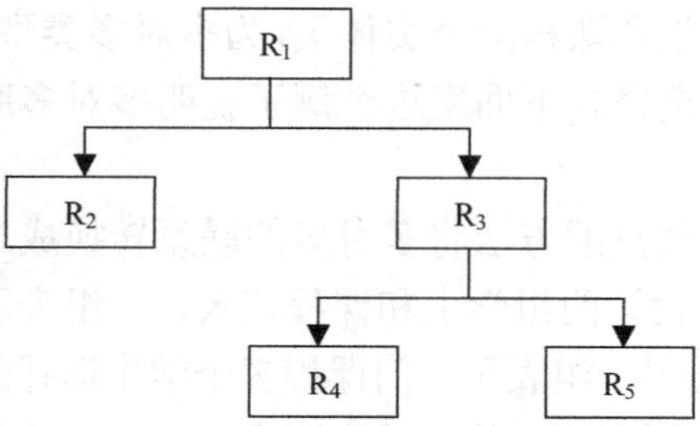

图 1-16　一个层次模型的示例

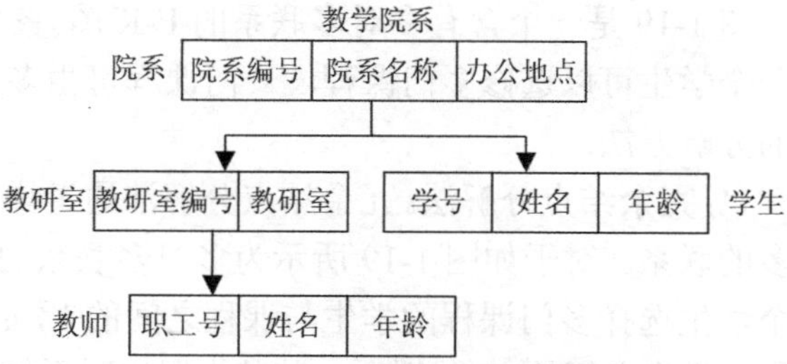

图 1-17　教学院系的数据模型图

图 1-18 表示教学院系数据对应的一个实例:表示根记录值为“D10,计算机系,9 号楼”，它与教研室的“C01，硬件教研室”和“C02，软件教研室”有联系。同时，也与学生记录的“02001，张三，20”和“02002，李四，21”有联系。这 4 个位于子女结点的记录值是它对应的上层结点记录值的属记录值，而它们对应的上层记录值是首记录值。

图 1-18 还表示，硬件教研室有属记录值“92001，王海，电器”和“92002，张铮，自动化”，软件教研室有“92003，许明，数据库”和“92004，陈真，人工智能”。层次结构数据的一个实例由一个根记录值和它的全部属记录值组成，全部属记录值包括属记录、属记录的属记录等，直到位于叶结点的属记录。

层次模型具有一个基本特点：对于任何一个给定的记录值，只有按其路径查看，才能

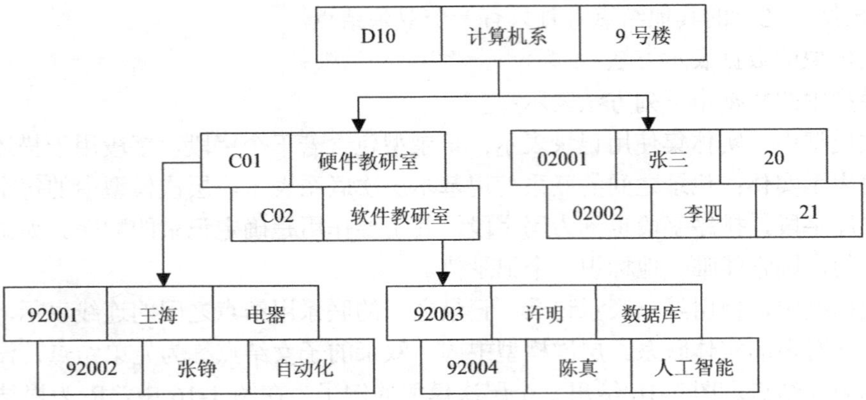

图 1-18　教学院系数据库的一个实例

显示出它的全部意义，没有一个子女记录值能够脱离双亲记录值而独立存在。例如，对于图 1-18 中的学生记录值(02001，张三，20)，如果不指出它的双亲结点，就不知道它是哪个院系的学生。

虽然理论上认为一个层次模型可以包含任意个记录和字段，但任何实际的系统都会因为存储容量或者实现复杂度的原因，对层次模型中包含的记录个数和字段个数进行限制。

4)层次模型中多对多联系的表示

前面提到，层次模型只能表示一对多(包括一对一)的联系，而不能直接表示多对多的联系。当有多对多联系需要在层次模型中表示时，应采用分解的方法，即将多对多的联系分解成一对多的联系，使用多个一对多联系来表示一个多对多联系。分解方法主要有两种：冗余结点法和虚拟结点法。

图 1-19 是一个含有多对多联系的 E-R 图。图中有学生和课程两个实体集，为多对多类型，即一个学生可以选修多门课程，一门课程可由多个学生选修。下面用这个例子说明多对多联系的分解方法。

(1)冗余结点分解法。冗余结点分解法通过增加冗余结点的方法将多对多的联系转换成一对多的联系。对于如图 1-19 所示为多对多联系的实例，设计两组学生和课程记录，一组表示一个学生选择多门课程的学生与课程之间的 1∶n 联系；另一组表示一门课程多个学生选择的课程与学生之间的 1∶n 联系，其基本层次联系如图 1-20 所示。显然，使用冗余结点分解法使数据库中存在冗余的学生和课程记录。

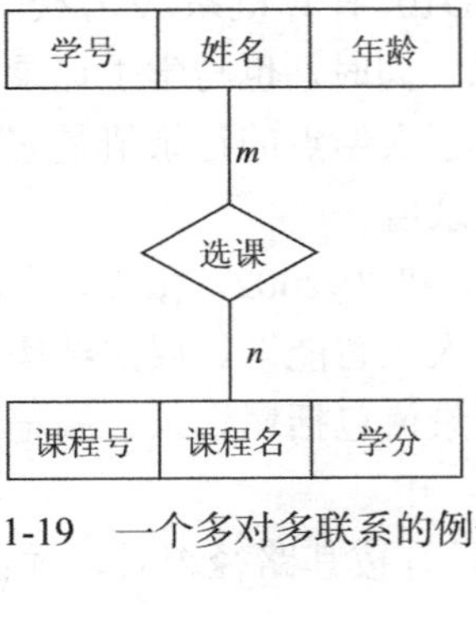

图 1-19　一个多对多联系的例子

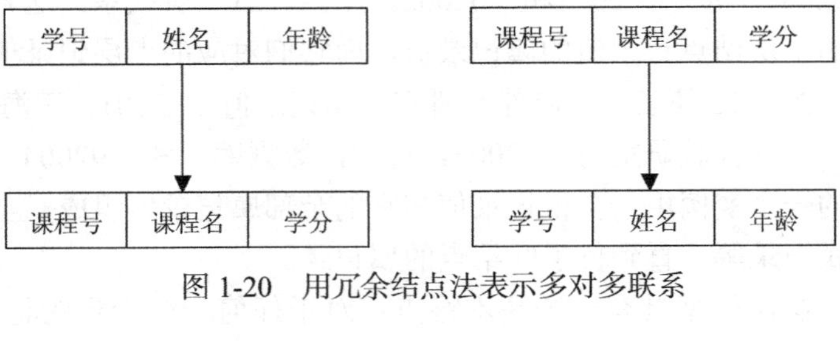

图 1-20　用冗余结点法表示多对多联系

(2) 虚拟结点分解法。所谓虚拟结点，就是一个指引元，该指引元指向所代替的结点。虚拟结点分解法通过使用虚拟结点，将实体集间的多对多联系分解为多个层次模型，然后用多个层次模型表示一对多联系。将图 1-20 中的冗余结点转换为虚拟结点，可得到具有虚拟结点的基本层次联系，如图 1-21 所示。

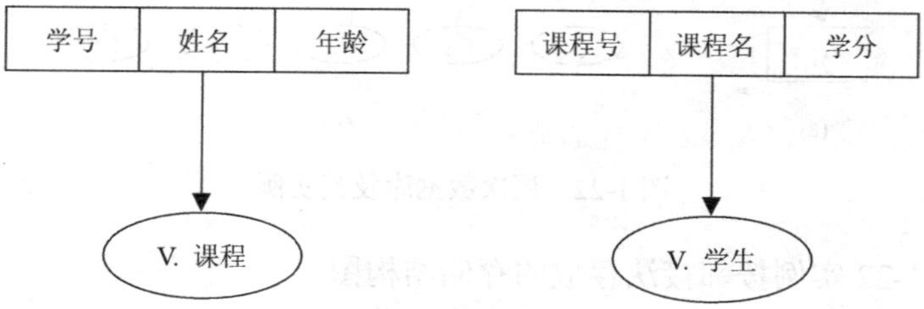

图 1-21　用虚拟结点法表示多对多联系

上面两种方法各有所长。冗余结点法的优点是结构清晰，允许结点改变存储位置；缺点是占用存储空间大，有潜在的不一致问题。虚拟结点法的优点是占用存储空间小，能够避免潜在的不一致问题；缺点是结点改变存储位置时可能引起虚拟结点指针改变。

5) 层次模型的数据操作和完整性约束条件

层次模型的数据操作主要是数据的查询、插入、删除和修改。层次模型必须满足的完整性约束条件如下所述。

(1) 在进行插入记录值操作时，如果没有指明相应的双亲记录值(首记录值)，则不能插入子女记录值(属记录值)。

例如，在图 1-17 的层次数据库中，若转学来一个学生，但还没有为该学生指明院系，则不能将该学生记录插入到数据库中。

(2) 进行删除记录操作时，如果删除双亲记录值(首记录值)，则相应的子女结点值(属记录值)也同时被删除。

例如，在图 1-18 的层次数据库中，若删除软件教研室记录，则该教研室的教师数据全部丢失；若删除计算机系记录，则计算机系所有的学生和教研室记录全部被删除，相应的所有教师记录也被全部删除。

(3) 进行修改记录操作时，应修改所有相应记录，以保证数据一致。

例如，在图 1-20 的层次模型中，若修改一个学生的年龄，则两处学生记录值的年龄字段都要执行修改操作。同样，增加一个学生记录值时，也同时对两处的学生记录执行插入操作，结果不仅使得操作麻烦，还特别容易引起数据不一致问题。

6) 层次模型的存储结构

在层次数据库中，不但存储数据，而且还存储数据之间的层次联系。层次模型数据的存储一般使用邻接法和链接法来实现。

(1) 邻接存储法：按照层次树前序穿越的顺序，把所有记录值依次邻接存放，即通过物理空间相邻的位置来安排(或隐含)层次顺序，实现存储。

例如，对于图 1-22(a) 的数据模型，它的一个实例如图 1-22(b) 所示。

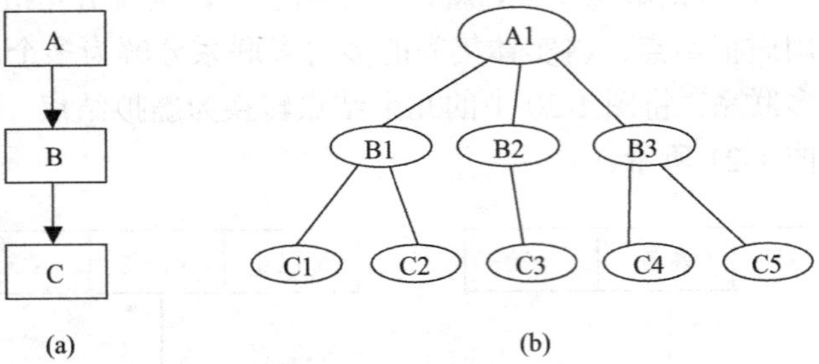

图 1-22　层次数据库及其实例

图 1-23 为图 1-22 实例按邻接法存放的存储结构图。

A1	B1	C1	C2	B2	C3	B3	C4	C5	A2	…

图 1-23　邻接法存储结构的实例

(2)链接存储法：用指引元来反映数据之间的层次联系，主要有子女-兄弟链接法和层次序列链接法两种方法。

① 子女-兄弟链接法：子女-兄弟链接法要求每个记录设两个指引元，一个指引元指向它的最左边子女记录值(属记录值)，另一个指引元指向它最近的兄弟记录。

对于图 1-22(b)中的实例，如果用子女-兄弟链接法表示，其结构如图 1-24 所示。

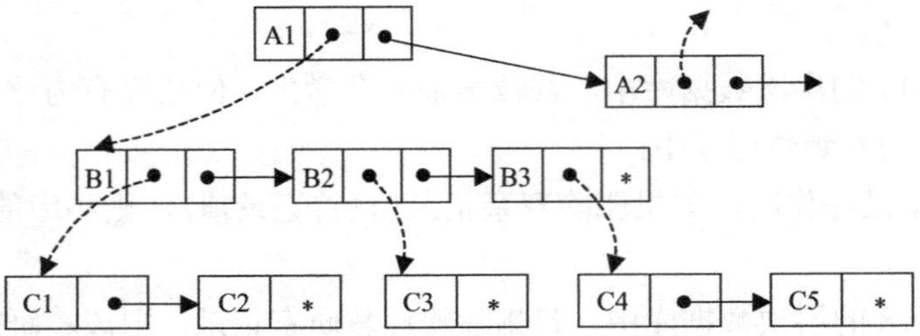

图 1-24　子女-兄弟链接法

② 层次序列链接法：层次序列链接法按树的前序穿越顺序，链接各记录值。

对于图 1-22(b)中的实例，如果用层次序列链接法表示，其结构如图 1-25 所示。

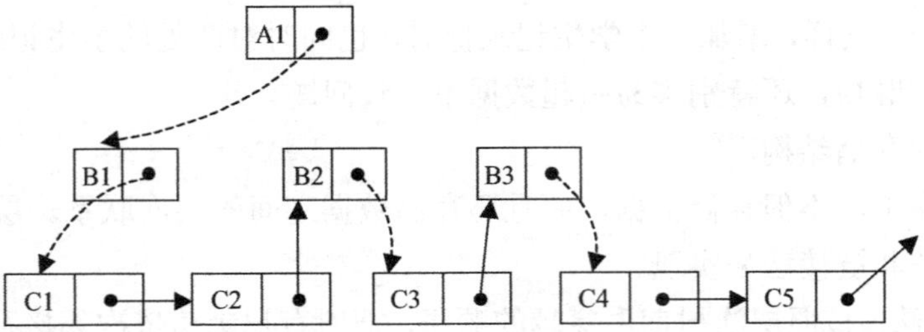

图 1-25　层次序列链接法

2. 网状模型

在现实世界中，许多事物之间的联系是非层次结构的，它们需要使用网状模型表示。网状数据库系统是采用网状模型作为数据组织方式的数据库系统。网状数据库系统的典型代表是 DBTG 系统，也称 CODASYL 系统。它是 20 世纪 70 年代数据系统语言研究会(Conference on Data System Language，CODASYL)下属的数据库任务组(DataBase Task Group，DBTG)提出的一个系统方案。DBTG 系统虽然不是实际的数据库软件系统，但是它提出的基本概念、方法和技术对于网状数据库系统的研制和发展产生了重大的影响，后来不少的数据库系统都采用 DBTG 模型，如 HP 公司的 IMAGE、Univac 公司的 DMS1100、Honeywell 公司的 IDS/2 等。

1)网状模型结构的基本特征

满足以下两个条件的基本层次联系的集合称为网状模型：

(1)有一个以上的结点没有双亲。

(2)结点可以有多于一个的双亲。

图 1-26 所示为网状模型的例子。

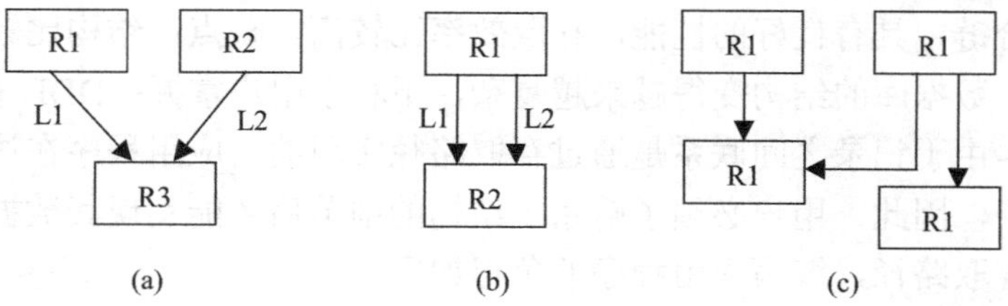

图 1-26　网状模型的例子

网状模型的结构比层次模型的结构更普遍，它允许多个结点没有双亲，也允许结点有多于一个的双亲。此外，网状模型还允许两个结点之间有多种联系(称之为复合联系)。因而，网状模型可以更直接地描述现实世界。

2)网状模型的数据表示方法

(1)同层次模型一样，网状模型也使用记录和记录值表示实体集和实体；每个结点也表示一个记录，每个记录可包含若干个字段。

(2)网状模型中的联系用结点间的有向线段表示。每个有向线段表示一个记录间一对多的联系。网状模型中的联系称为系。由于网状模型中的系比较复杂，两个记录之间可以存在多种系，一个记录允许有多个双亲记录，所以网状模型中的系必须命名。用系名标识不同的系。

例如，图 1-26(a)中 R3 有两个双亲记录 R1 和 R2，因此把 R1 与 R3 之间的联系命名为 L1，R2 与 R3 之间的联系命名为 L2。另外，网状模型允许有复合链，即两个记录间可以有两种以上的联系，如图 1-26(b)所示。

层次模型实际上是网状模型的一个特例。

3)网状模型的完整性约束条件

网状数据模型记录间的联系比较复杂。一般来说，它没有层次模型那样严格的完整性约束条件，但具体的网状数据库系统对数据操作有一些限制条件，提供一定的完整性约束。例如，DBTG 在模式 DDL 中，提供定义 DBTG 数据库完整性的若干个概念和语句，它们是：

(1)支持记录码的概念。码即唯一标识记录的数据项的集合。

(2)保证一个联系中双亲记录和子女记录之间是一对多的联系。

(3)可以支持双亲记录和子女记录之间某些约束条件。例如，有些子女记录要求双亲记录存在时才能插入，双亲记录删除时也连同删除。

4) 网状模型的存储结构

由于网状模型记录之间的联系比较复杂，因而如何实现记录之间联系的问题是网状数据模型存储结构中的关键。网状数据模型常用的存储方法是链接法，包括单向链接、双向链接、环状链接、向首链接等。此外，网状数据模型还使用其他的存储方法，如指引元阵列法、二进制阵列法、索引法等。

5) 网状模型和层次模型比较

网状数据模型和层次模型相比较，双方各有其自身的优缺点。

(1) 层次模型的主要优缺点。优点：数据模型本身比较简单；系统性能优于关系模型和网状模型；能够提供良好的完整性支持。缺点：在表示非层次的联系时，只能通过冗余数据(易产生不一致问题)或创建非自然的数据组织(引入虚拟结点)来解决；对插入和删除操作的限制条件比较多；查询子女结点必须通过双亲结点；由于结构严密，层次命令趋于程序化。

(2) 网状数据模型的主要优缺点。优点：能够更直接地描述现实世界，一个结点可以有多个双亲，允许复合链，具有良好的性能，存取效率比较高。缺点：结构比较复杂，而且随着应用环境的扩大，数据库的结构变得越来越复杂，不利于用户掌握；DDL 和 DML 较复杂，用户不容易使用；由于记录之间联系是通过存取路径实现的，应用程序在访问数据时必须选择适当的存取路径，因此，用户必须了解系统结构的细节后才能实现其数据存取，程序员要为访问数据设置存取路径，编写应用程序的负担加重。

3. 关系模型

1) 关系数据模型的数据结构

在用户看来，一个关系模型的逻辑结构是一张二维表，由行和列组成。有关概念如下所述。

关系(Relation)：对应通常说的表，如表 1-2 所示。

元组(Tuple)：表中的一行即为一个元组。

属性(Attribute)：表中的一列即为一个属性； 一个表往往有多个属性；为了区分属性，给每一个列起一个属性名。同一个表中的属性应具有不同的属性名。

主码(Primary Key)：表中的某个属性组，可以唯一确定一个元组。

域(Domain)：属性的取值范围，如表 1-2 中性别域是(男，女)。

分量(Element)：元组中的一个属性值。

表 1-2　学生学籍表

学号	姓名	性别	年龄	所在系
08001	张力	男	18	计算机系
08002	李丽	女	19	计算机系
08003	赵海	男	20	外语系
⋮	⋮	⋮	⋮	⋮

关系模式(Relation Mode)：对关系的描述，一般表示为：

关系名(属性 1，属性 2，…，属性 n)

例如，学生学籍(学号，姓名，性别，年龄，所在系)。

2)关系模型中的数据全部用关系表示

在关系模型中，实体及实体间的联系都用关系来表示。例如，在关系模型中，学生、课程、学生与课程之间的联系表示为：

学生(学号，姓名，性别，年龄，所在系)；

课程(课程号，课程名)；

选修(学号，课程号，成绩)。

关系模型要求关系必须是规范化的，最基本的条件是关系的每一个分量必须是一个不可分的数据项，即不允许表中有表。

3)关系数据模型的操作与完整性约束

关系数据模型的操作主要包括查询、插入、删除和更新数据。这些操作必须满足关系的完整性约束条件。关系模型中的数据操作是集合操作，操作对象和操作结果都是关系，即若干元组的集合。

关系模型把存取路径向用户隐蔽，用户只要指出“干什么”，不必详细说明“怎么干”，从而大大地提高了数据的独立性，提高了用户生产率。关系数据库标准操作语言是 SQL。

4)关系数据模型的存储结构

在关系数据模型中，实体及实体间的联系都用表来表示。在数据库的物理组织中，表以文件形式存储，每一个表通常对应一种文件结构。

5)关系数据模型的优缺点

优点：关系模型是建立在严格的数学概念基础上的，无论实体，还是实体之间的联系都用关系来表示，对数据的检索结果也是关系(即表)，因此，概念单一，数据结构简单、清晰；关系模型的存取路径对用户透明，从而具有更高的数据独立性，更好的安全保密性，也简化了程序员的工作和数据库开发建立的工作。

缺点：由于存取路径对用户透明，查询效率往往不如非关系数据模型。因此，为了提高性能，必须对用户的查询请求进行优化，从而增加开发数据库管理系统的负担。

6)关系模型与非关系模型比较

与非关系数据模型相比，关系数据模型具有下列特点：

(1)关系数据模型建立在严格的数学基础之上。关系及其系统的设计和优化由数学理论指导，因而容易实现且性能好。

(2)关系数据模型的概念单一，容易理解。在关系数据库中，无论实体还是联系，无论操作的原始数据、中间数据还是结果数据都用关系表示。这种概念单一的数据结构使数据操作方法统一，也使用户易懂易用。

(3)关系数据模型的存取路径对用户隐蔽。用户根据数据的逻辑模式和模式进行数据操作，而不必关心数据的物理模式情况，无论计算机专业人员，还是非计算机专业人员使用起来都很方便，数据的独立性和安全保密性都较好。

(4)关系模型中的数据联系是靠数据冗余实现的。关系数据库不可能完全消除数据冗余。由于数据冗余效率较低，所以关系模型的空间效率和时间效率都较低。

基于关系模型的优点，关系数据模型自诞生以后发展迅速，深受用户的喜爱：计算机硬件的飞速发展，更大容量、更高速度的计算机一定程度上弥补了关系模型的缺点。因而，关系数据库始终保持其主流数据库的地位。

1.4 数据库系统的模式结构

1.4.1 数据库系统模式的概念

模式是数据库中全体数据的逻辑结构和特征的描述，它仅涉及数据型的描述，不涉及具体的值。模式的一个具体值称为模式的一个实例。同一个模式可以有很多实例。模式是相对稳定的，而实例是相对变动的，因为数据库中的数据是在不断更新的。模式反映数据的结构及其联系，而实例反映数据库某一时刻的状态。

虽然数据库管理系统产品种类很多，支持不同的数据模型，使用不同的数据库语言，建立在不同的操作系统之上，数据的存储结构也各不相同，但它们在体系结构上通常都采用三级模式结构并提供两级映象功能。

1.4.2 数据库的三级模式

美国国家标准学会(ANSI)所属标准计划和要求委员会在 1975 年公布的研究报告把数据库系统内部体系结构分为三级：外模式、模式和内模式。

1. 模式

模式是数据库中全体数据的逻辑结构和特征的描述，是所有用户的公共数据视图。数据库模式以某一种数据模型为基础。

定义模式时不仅定义数据的逻辑结构(如数据记录由哪些数据项构成，数据项的名称、类型、取值范围等)，而且定义与数据有关的安全、完整要求，定义这些数据之间的联系。

2. 外模式

外模式也称为子模式或用户模式，是数据库用户(包括应用程序员和最终用户)看见和使用的局部数据逻辑结构和特征的描述，是数据库用户的数据视图，是与某一应用相关的数据的逻辑表示。

3. 内模式

内模式也称为存储模式，是数据物理结构和存储结构的描述，是数据在数据库内部的表示方式(例如，索引按照什么方式组织；数据是否压缩存储，是否加密；数据的存储记录结构有何规定)。一个数据库只有一个内模式。

4. 三级模式结构的优点

(1)保证数据的独立性。将模式和内模式分开，保证数据的物理独立性；将外模式分开，保证数据的逻辑独立性。

(2)简单用户接口。按照外模式编写应用程序或输入命令，而不需要了解数据库内部的存储结构，方便用户使用系统。

(3) 有利于数据共享。在不同的外模式下可由多个用户共享系统中数据，减少数据冗余。

(4) 利于数据的安全保密。在外模式下根据要求进行操作，只能对限定的数据操作，保证了其他数据的安全。

数据库系统的三级模式结构图如图 1-27 所示。

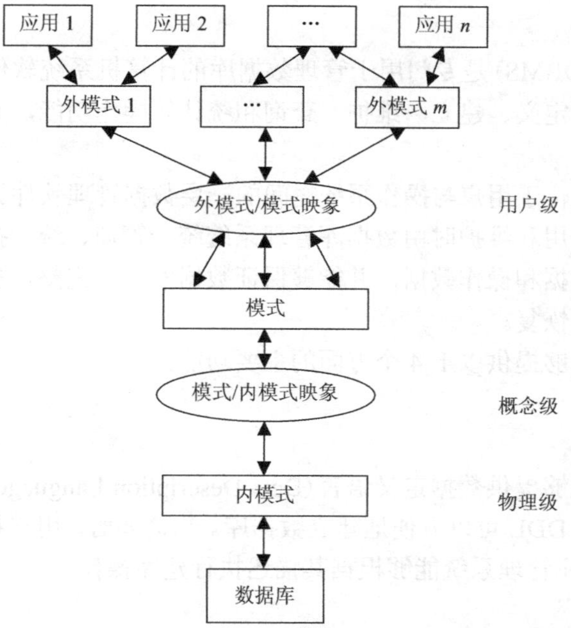

图 1-27　数据库系统的三级模式结构

1.4.3　数据库的二级映象功能与数据独立性

数据库系统的三级模式是数据的三个抽象级别，使用户能在逻辑上处理数据，而不必关心数据在计算机内部的存储方式，把数据的具体组织交给 DBMS 管理。为了能够在内部实现这三个抽象层次的联系和转换，DBMS 在三级模式之间提供二级映象功能。

1. 模式/内模式映象

数据库中的模式和内模式都只有一个，所以模式/内模式映象是唯一的。它确定数据的全局逻辑结构与存储结构之间的对应关系。存储结构变化时，模式/内模式映象也应有相应的变化，使其概念模式仍保持不变，即把存储结构变化的影响限制在概念模式之下，这使数据的存储结构和存储方法较高地独立于应用程序，通过映象功能保证数据存储结构的变化不影响数据的全局逻辑结构的变化，从而不必修改应用程序，即确保数据的物理独立性。

2. 外模式/模式映象

数据库中的同一模式可以有任意多个外模式。对于每一个外模式，都存在一个外模式/模式映象。它确定数据的局部逻辑结构和全局逻辑结构之间的对应关系。例如，在原有的记录型之间增加新的联系，或在某些记录型中增加新的数据项时，数据的总体逻辑结构改变，外模式/模式映象也发生相应的变化，这一映象功能保证数据的局部逻辑结构不变。由于应用程序是依据局部逻辑结构编写的，所以应用程序不必修改，从而保证数据与程序间的逻辑独立性。

1.5 数据库管理系统的功能

数据库管理系统(DBMS)是专门用于管理数据库的计算机系统软件。数据库管理系统能够为数据库提供数据的定义、建立、维护、查询和统计等操作功能，并有对数据完整、安全进行控制的功能。

数据库管理系统是位于用户与操作系统之间的一层数据管理软件。

数据库在建立、运用和维护时由数据库管理系统统一管理、统一控制。数据库管理系统使用户能方便地定义数据和操作数据，并能够保证数据安全、完整，多用户对数据的并发使用及发生故障后的系统恢复。

数据库管理系统能够提供以下 4 个方面的主要功能。

1. 数据定义功能

数据库管理系统能够提供数据定义语言(Data Description Language，DDL)，并提供相应的建库机制。用户利用 DDL 可以方便地建立数据库。当需要时，用户将系统的数据及结构情况用 DDL 描述，数据库管理系统能够根据其描述执行建库操作。

2. 数据操作功能

实现数据的插入、修改、删除、查询、统计等数据存取操作的功能称为数据操作功能。数据操作功能是数据库的基本操作功能，数据库管理系统通过提供数据操作语言(Data Manipulation Language，DML)实现其数据操作功能。

3. 数据库的建立和维护功能

数据库的建立功能是指数据的载入、转储、重新组织功能及数据库的恢复功能。数据库的维护功能指数据库结构的修改、变更及扩充功能。

4. 数据库的运行管理功能

数据库的运行管理功能是数据库管理系统的核心功能，包括并发控制、数据的存取控制、数据完整性条件的检查和执行、数据库内部的维护等。所有数据库的操作都在这些控制程序的统一管理下进行，以保证计算机事务正确运行，保证数据库正确有效。

1.6 数据库系统的组成

数据库系统是指带有数据库并利用数据库技术进行数据管理的计算机系统。整个数据库系统主要由计算机硬件系统、计算机软件系统、数据库用户和数据库组成。

1. 数据库系统需要的硬件资源及对硬件的要求

硬件系统指存储和运行数据库系统的硬件设备，包括 CPU、内存、大容量的存储设备、外部设备等。

由于数据库系统是建立在计算机硬件基础之上的，它在必需的硬件资源支持下才能工作，因而系统的计算机设备配置情况是影响数据库运行的重要因素。支持数据库系统的计算机硬件资源包括 CPU、内存、外存及其他外部设备，外部设备主要包括某个具体的数据库系统所需的数据通信设备和数据输入输出设备。数据通信设备满足用户间的数据传递和数据共享要求，如计算机网络和多用户数据传输设备。数据输入输出设备满足某些特殊的数据 I/O 要求，如图形扫描仪、大屏幕的显示器及激光打印机等。

数据库系统数据量大、数据结构复杂、软件内容多，因而要求其硬件设备能够快速处理它的数据。这就需要硬件的数据存储容量大、数据处理速度和数据输入输出速度快。在进行数据库系统的硬件配置时，应注意以下 3 个方面的问题。

1）计算机内存尽量大

由于数据库系统的软件构成复杂，包括操作系统、DBMS、应用程序及数据库，工作时它们都需要一定的内存作为程序工作区或数据缓冲区，所以数据库系统与其他计算机系统相比需要更多的内存支持。计算机内存的大小对数据库系统性能的影响是非常明显的，内存大就可以建立较多较大的程序工作区或数据缓冲区，以管理更多的数据文件和控制更多的程序过程，进行比较复杂的数据管理，并更快地进行数据操作。每种数据库系统对计算机内存的大小都有下限的要求，如果计算机内存达不到其最小要求，系统无法正常工作。

2）计算机外存也尽量大

由于数据库中的数据量大和软件种类多，它必然需要较大的外存空间来存储其数据文件和程序文件。计算机外存主要有软磁盘、磁带和硬盘，其中硬盘是最主要的外存设备。数据库系统要求硬盘的数据容量尽量大，硬盘大带来以下 3 个优点：①可以为数据文件和数据库软件提供足够的空间，满足数据和程序的存储需要。②可以为系统的临时文件提供存储空间，保证系统能正常运行。③硬盘越大数据搜索时间越短，从而加快数据存取速度。

3）计算机的数据传输速度快

由于数据库的数据量大但操作复杂度不大，数据库工作时需要经常进行内外存的交换操作，这就要求计算机不仅有较强的通道能力，而且要求数据存取和数据交换的速度快。虽然计算机的运行速度由 CPU 计算速度和数据 I/O 的传输速度两者决定，但是对于数据库系统来说，加快数据 I/O 的传输速度是提高运行速度的关键，提高数据传输速度是提高数据库系统效率的重要指标。

2. 数据库系统的软件组成

数据库系统体系结构中的硬件及软件关系如图 1-28 所示。数据库系统中的软件包括操作系统、数据库管理系统（DBMS）、主语言系统、应用程序软件和用户数据库。它们的作用如下所述。

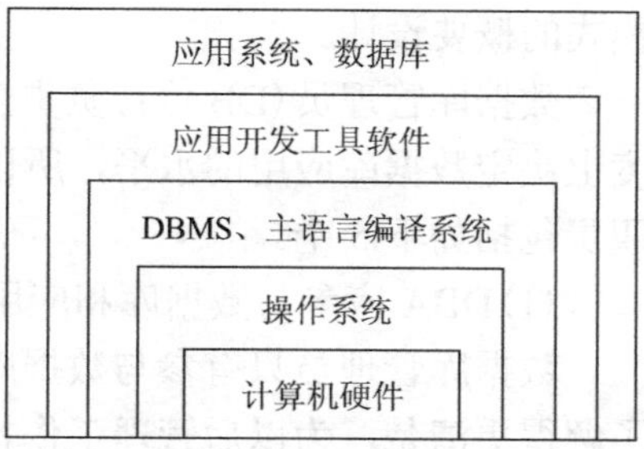

图 1-28　数据库系统的系统结构

1）操作系统或汉字操作系统

操作系统是所有计算机软件的基础，在数据库系统中有支持 DBMS 及主语言系统工作的作用。如果管理的信息中有汉字，则需要中文操作系统，以提供汉字的输入、输出方法和汉字信息的处理方法。

2) 数据库管理系统和主语言系统

数据库管理系统是为定义、建立、维护、使用及控制数据库而提供的有关数据管理的系统软件。主语言系统是为应用程序提供如程序控制、数据输入输出、功能函数、图形处理、计算方法等数据处理功能的系统软件。由于数据库的应用很广泛，涉及的领域很多，DBMS 不可能全部提供其功能。因而，应用系统的设计与实现需要 DBMS 和主语言系统配合才能完成：首先，它使得 DBMS 只需要考虑如何把有关数据管理和控制的功能处理好而不考虑其他功能，可使其操作便利、功能更好；其次，可使应用系统根据使用要求自由地选择主语言(常用的主语言有 C、Cobol、PL/1、Fortran 等)，使用户灵活地选择语言；最后，由于 DBMS 可以与多种语言配合使用，等于使这些主语言都具有数据库管理功能，或使 DBMS 具有其主语言的功能，这显然拓宽了数据库及主语言的应用领域，使它们能够发挥更大的作用。

3) 应用开发工具软件

应用开发工具是 DBMS 为应用开发人员和最终用户提供的高效率、多功能的应用生成器、第四代计算机语言等各种软件工具，如报表生成器、表单生成器、查询和视图设计器等，它们为数据库系统的开发和使用提供良好的环境和帮助。

4) 应用系统及数据库

数据库应用系统包括为特定应用环境建立的数据库、开发的各类应用程序及编写的文档资料，它们是一个有机整体。数据库应用系统涉及各个方面，如信息管理系统、人工智能、计算机控制和计算机图形处理等。通过运行数据库应用系统，可以实现对数据库中数据的维护、查询、管理和处理操作。

3. 数据库系统的人员组成及数据库管理员的职责

数据库系统中有多种用户，分别扮演不同的角色，承担不同的任务。不同的用户有以下 4 种。

最终用户：具体操作应用系统，通过应用系统的用户界面使用数据库来完成其业务活动。数据库的模式结构对最终用户是透明的。

应用程序员：以外模式为基础编制具体的应用程序，操作数据库，数据库的映象功能保证他们不必考虑具体的存储细节。

系统分析员：因为要负责应用系统的需求分析与规范说明，从总体上了解、设计整个系统，因此他们必须与用户及数据库管理员相结合，确定系统的软硬件配置并参与数据库各级模式的概要设计。

数据库管理员(DBA)：负责全面管理和控制数据库系统，数据库管理员的素质在一定程度上决定数据库应用的水平，所以他们是数据库系统中最重要的人员。数据库管理员的主要职责包括如下 5 个。

(1) DBA 应参与数据库和应用系统的设计。

数据库管理员只有参与数据库及应用程序的设计，才可能对数据库结构及程序设计方法了解得更清楚，为以后管理工作打下基础。同时，由于数据库管理员是用户，对系统应用的现实世界非常了解，能够提出更合理的要求和建议，所以有 DBA 参与系统及数据库的设计可以使其更合理。

(2) DBA 应参与决定数据库的存储结构和存取策略的工作。

数据库管理员综合各用户的应用要求和数据库设计员共同决定数据的存储结构和存取策略，使数据的存储空间利用更合理，存取效率更高。

(3) DBA 负责定义数据的安全要求和完整条件。

数据库管理员的重要职责是保证数据库的安全性和完整性。DBA 负责定义各用户的数据使用权限、数据保密级别和数据完整的约束条件。

(4) DBA 负责监视和控制数据库系统的运行，以及系统的维护和数据恢复工作。

数据库管理员负责监视系统的运行，及时处理系统运行过程中出现的问题，排除系统故障，保证系统能够正常工作。在日常工作中，数据库管理员负责记录数据库使用的日志文件，通过日志文件了解数据库的使用和更改的情况。数据库管理员还定期对数据进行备份，为以后处理历史数据和数据恢复提供条件。当系统由于故障而造成数据库被破坏时，数据库管理员根据日志文件和数据备份进行数据恢复工作，使数据库能在最短的时间恢复到正确状态。

(5) DBA 负责数据库的改进和重组。

数据库管理员负责监视和分析系统的性能，使系统的空间利用率和处理效率总是处于较高的水平。当发现系统出现问题或由于长期的数据插入、删除操作造成系统性能低时，数据库管理员按一定策略对数据库进行改造或重组工作。当数据库的数据模型发生变化时，系统的改造工作也由数据库管理员负责。

1.7 小　　结

本章概述数据库的基本概念，对常见的数据库相关定义和术语进行描述。通过对数据管理技术发展的阐述，说明数据库系统的特点和优点。

数据模型是数据库系统的核心和基础。本章介绍数据模型的分类，概念模型详细介绍 E-R 模型，数据模型分别介绍层次模型、网状模型和关系模型并相应地对比。

最后介绍数据库系统的模式结构和组成结构。数据库系统的三级模式两层映象的系统结构保证数据具有较高的逻辑独立性和物理独立性；数据库系统的组成使读者了解数据库系统的使用人员，尤其是 DBA 的作用相当重要。

本章概念较多，是学习数据库知识的基础，因此对于最基本的知识应掌握，比较复杂和抽象的定义可在学习后续章节以后再回来理解和掌握。

习　　题

1. 简述数据库与 DBMS 的联系。
2. 数据库系统的优点与缺点分别是什么？
3. 数据库系统怎样保证数据的物理独立性与逻辑独立性？
4. 数据库管理员的主要职责是什么？
5. 根据下例场景描述画出完整的 E-R 图。

物资管理涉及的实体：

(1) 仓库：属性有仓库号、面积、电话号码。

(2)零件：属性有零件号、名称、规格、单价、描述。

(3)供应商：属性有供应商号、姓名、地址、电话号码、账号。

(4)项目：属性有项目号、预算、开工日期。

(5)职工：属性有职工号、姓名、年龄、职称。

实体之间的联系：

(1)一个仓库可以存放多种零件，一种零件可以存放在多个仓库中。用库存量来表示某种零件在某个仓库中的数量。

(2)一个仓库有多个职工当仓库保管员，一个职工只能在一个仓库工作。

(3)职工之间具有领导、被领导关系，即仓库主任领导若干保管员。

(4)一个供应商可以供给若干项目多种零件，每个项目可以使用不同供应商供应的零件，每种零件可由不同供应商供给。

6. 请根据实际情况，画出与学校环境对应的E-R图。

第 2 章　关系数据库基础

2.1　关系模型的基本概念

关系数据库系统是支持关系模型的数据库系统。按照数据模型的 3 个要素，关系模型由数据结构、关系操作集合和完整性约束三部分组成。

2.1.1　关系模型概述

关系模型(Relational Model)是数据库系统中最重要的一种模型。本节从它的三个组成部分对关系模型进行简要概述。

1. 数据结构

在用户看来，关系模型中数据的逻辑结构是一张二维表。在关系模型中，现实世界的实体及实体之间的联系均用关系来表示。

2. 关系操作

采用集合操作方式，即操作的对象和结果都是集合。这种操作方式称为一次一集合的方式(set-at-a-time)，而非关系数据模型的数据操作方式则为一次一记录的方式(record-at-a-time)。

关系模型中常用的关系操作包括两类：一类是查询操作(Query)，选择(Select)、投影(Project)、连接(Join)、除(Divide)、并(Union)、交(Intersection)、差(Difference)等都属于查询操作；一类是更新操作，增加(Insert)、删除(Delete)、修改(Update)都属于更新操作。

表达(或描述)关系操作的关系数据语言是一种非过程化的语言，即用户不必求助循环结构就可以完成数据操作，它可以分为三类(表 2-1)。

表 2-1　关系数据语言的分类

关系代数语言		如 ISBL
关系演算语言	元组关系演算语言	如 APLHA，QUEL
	域关系演算语言	如 QBE
具有关系代数和关系演算双重特点的语言		如 SQL

(1)关系代数语言：用对关系的运算来表达查询要求的方式。

(2)关系演算语言：用谓词来表达查询要求的方式。按谓词变元不同的基本对象分为元组关系演算和域关系演算。关系代数、元组关系演算和域关系演算三种语言在表达能力上是完全等价的，它们均是抽象的查询语言。这些抽象的语言与具体的DBMS中实现的实际语言并不完全一样。它们能用作评估实际系统中查询语言能力的标准或基础。

(3) 介于关系代数和关系演算之间的语言 SQL (Structured Query Language)。

SQL 不仅具有丰富的查询功能，而且具有数据定义和数据控制功能，是集数据查询、数据定义(DDL)、数据操作(DML)和数据控制(DCL)于一体的关系数据语言。它充分体现了关系数据语言的特点和优点，是关系数据库的标准语言。

3. 完整性约束

关系模型允许定义三类完整性：实体完整性、参照完整性和用户自定义完整性。其中，实体完整性和参照完整性是关系模型必须满足的完整性约束条件，应该由关系系统自动支持。

2.1.2 关系数据结构

在关系模型中，无论是实体，还是实体之间的联系均由单一的结构类型，即关系(表)来表示，下面给出一个表示学生的关系，如表 2-2 所示。关系模型是建立在集合代数的基础上的，本节从集合论的角度给出关系数据结构的形式化定义。

表 2-2 一个表示学生的关系

学号	姓名	性别	年龄	系别	专业	班级
08001	张力	男	18	计科系	软件工程	02
08002	李丽	女	19	电气系	通信工程	04
08003	赵海	男	20	机械系	自动控制	01
08004	张娜	女	17	计科系	电子商务	02

1. 关系

1) 域(Domain)

域是一组具有相同数据类型的值的集合。域一般用大写字母 D 表示，如 D_1，D_2，…，D_n 等。其中，域中数据的个数称为域的基数。

例 2-1-1 自然数、整数、实数、长度小于 25 个字节的字符串集合、{1，2，3}等都可以是域。

2) 笛卡儿积(Cartesian Product)

给定一组域 D_1，D_2，…，D_n，这些域中可以存在相同的域。D_1，D_2，…，D_n 的笛卡儿积为

$$D_1 \times D_2 \times \cdots \times D_n = \{ (d_1, d_2, \cdots, d_n) \mid d_i \in D_i, i=1, 2, \cdots, n \}$$

其中，每一个元素 $(d_1, d_2, \cdots, d_n)$ 称为一个 n 元组(n-tuple)或简称元组(Tuple)，即行。元素中的每一个值 $d_i(i=1, 2, 3, \cdots, n)$ 称为一个分量(Component)，即列。如果 $D_i(i=1, 2, \cdots, n)$ 为有限集，其基数为 $m_i(i=1, 2, \cdots, n)$，则 $D_1 \times D_2 \times \cdots \times D_n$ 的基数为 $m_1 \times m_2 \times \cdots \times m_n$。

笛卡儿积可表示为一个二维表。表中的每行对应一个元组，表中的每列对应一个域。

例 2-1-2 设 $D_1=\{a, b\}$, $D_2=\{c, d, e\}$, $D_3=\{f, g\}$则

$$D_1 \times D_2 \times D_3=\{(a,c,f), (a,c,g), (a,d,f), (a,d,g), (a,e,f), (a,e,g), (b,c,f), (b,c,g), (b,d,f), (b,d,g), (b,e,f), (b,e,g)\}$$

结果用二维表格表示，如表 2-3 所示。

表 2-3 $D_1 \times D_2 \times D_3$

D_1	D_2	D_3	D_1	D_2	D_3
a	c	f	b	c	f
a	c	g	b	c	g
a	d	f	b	d	f
a	d	g	b	d	g
a	e	f	b	e	f
a	e	g	b	e	g

3) 关系(Relation)

$D_1 \times D_2 \times \cdots \times D_n$ 的子集称为在域 D_1，D_2，…，D_n 上的关系，用 $R(D_1, D_2, \cdots, D_n)$ 表示。这里 R 表示关系的名称，n 是关系的目或度(Degree)。

关系中的每个元素是关系中的元组，通常用 t 表示。

当 n=1 时，称该关系为单元关系(Unary Relation)，或一元关系。

当 n=2 时，称该关系为二元关系(Binary Relation)。

关系是笛卡儿积的有限子集(一般情况下取有限子集才能表示某一具体含义)，如

D_1(表示导师集合)=(张连发，王定一)

D_2(表示学生集合)=(李超，刘成)

则 D_1 和 D_2 的笛卡儿积为

$D_1 \times D_2$={(张连发，李超)，(张连发，刘成)，
(王定一，李超)，(王定一，刘成)}

但是，原则上一个导师可以指导多个学生，一个学生只能有一个导师，因此只能取 $D_1 \times D_2$ 的子集来表示导师和学生之间的关系，即{(张连发，李超)，(张连发，刘成)}或{(王定一，李超)，(王定一，刘成)}或{(张连发，李超)，(王定一，刘成)}或{(张连发，刘成)，(王定一，李超)}。

因此，关系也是一个二维表，表的每行对应一个元组，表的每列对应一个域。由于域可以相同，为了加以区分，必须对每列起一个名称，称为属性(Attribute)。N 目关系必有 n 个属性，属性的名称唯一。若关系中某一属性组的值能唯一地标识一个元组，则称该属性组为候选码(Candidate Key)。若一个关系有多个候选码，则选定其中一个为主码(Primary Key)。主码的诸属性称为主属性(Prime Attribute)，不包含在任何候选码中的属性称为非码属性(Non-key Attribute)。在最简单的情况下，候选码只包含一个属性；在最极端的情况下，关系模式的所有属性组是这个关系模式的候选码，称为全码(All-Key)。

例 2-1-3 学生选课数据库中有三个关系：

学生(<u>学号</u>，姓名，性别，年龄，系别)

课程(课号，课名)

成绩(学号，课号，成绩)

其中，带下划线的部分给出每个关系的候选码(或称主码)。

关系在具体的数据库中称为表，具体表的建立步骤在不同数据库管理系统下不一样。结合第 3 章和第 4 章内容，大家可以选择不同的表在 Server 2008 和 MySQL 中建立关系。

4)关系的性质

关系是用集合代数的笛卡儿积定义的，是元组的集合，因此关系具有以下性质：

(1)列是同质的(Homogeneous)，即每一列中的分量是同一类型的数据，来自同一个域。

(2)不同的列可出自同一个域，称其中的每一列为一个属性，不同的属性给予不同的属性名。

(3)列的顺序无所谓，即列的次序可以任意交换。

(4)任意两个元组不能完全相同。

(5)行的顺序无所谓，即行的次序可以任意交换。

(6)所有属性值都是原子的，即每一个分量都必须是不可分的数据项，不允许属性又是一个二维关系。

表 2-4　工资关系

姓名	工　资		
	基本工资	职 贴	奖 金
黎明	500	120	600
周涛	800	200	500

例 2-1-4　下面的工资关系(表 2-4)不符合关系的规范化要求，在数据库中是不允许的，因为表示工资的属性不是一个原子分量。

2. 关系模式

关系的描述称为关系模式(Relation Schema)。一个关系模式应当是一个五元组。它可以形式化地表示为 $R(U, D, \text{dom}, F)$。其中，R 为关系名，U 为组成该关系的属性名集合，D 为属性组 U 中属性所来自的域，dom 为属性向域的映象集合，F 为属性间数据的依赖关系集合。

关系模式通常可以简记为 $R(A_1, A_2, \cdots, A_n)$。其中，R 为关系名，$A_1, A_2, \cdots, A_n$ 为属性名。域名及属性向域的映象常常直接说明为属性的类型、长度。

例 2-1-5　一个表示学生的关系可以简记为

学生(学号，姓名，性别，年龄，籍贯，班级，系别)

关系实际上就是关系模式在某一时刻的状态或内容。关系模式是型，关系是它的值。关系模式是静态稳定的，而关系是动态且随时间不断变化的，因为关系操作在不断地更新数据库中的数据。在实际应用中，常把关系模式和关系统称为关系，可以从上下文中加以区别。

3. 关系数据库

在一个给定的现实世界领域中，相应于所有实体及实体之间联系的关系集合构成一个关系数据库。

关系数据库有型和值之分。关系数据库的型称为关系数据库模式，是对关系数据库的描述，是关系模式的集合。关系数据库的值称为关系数据库，是关系的集合。关系数据库模式与关系数据库通常统称为关系数据库。

2.1.3 关系数据库完整性规则

数据完整性由完整性规则来定义，关系模型的完整性规则是对关系的某种约束。在关系模型中，数据的约束条件通过三类完整性约束条件来描述，它们是实体完整性、参照完整性和用户自定义的完整性。为了维护数据库中的数据完整性，在对关系数据库执行插入、删除和修改等操作时，必须遵守这三类完整性规则。其中，实体完整性和参照完整性是关系模型必须满足的完整性约束条件，称为关系的两个不变条件，由关系数据库管理系统自动支持。

1. 实体完整性(Entity Integrity)

实体完整性规则：若属性 *A* 是基本关系 *R* 的主属性，则属性 *A* 不能取空值。

例 2-1-6 在关系“学生(学号，姓名，性别，年龄，籍贯，班级，系别)”中，学号作为学生关系的主属性，则学号不能取空值。在关系“选课(学号，课号，成绩)”中，学号和课号一起作为选课关系的主属性，则学号和课号都不能取空值。

关系模型是用关系来描述实体及实体之间的关系，所以在关系数据库中一个关系对应现实世界中的一个实体集，关系中的每一个元组对应一个实体。现实世界中的每一个实体都是可区分的，在关系中用主键唯一地标识一个实体(元组)，若一个实体(元组)的主键值为空值(所谓空值是“不知道”或“无意义”的值)，说明存在某个不可标识的实体，这和实体的概念是矛盾的，即存在不可标识的实体，因此限定关系中的主键值不能为空。关系的这种约束条件称为实体完整性。

在关系数据库系统中，用户在建立关系模式时，应定义该模式的某些属性为主键，然后由系统负责维护该模式下任何一个关系中的元组。在这些属性上不能取空值，以保证关系数据库系统中的任何一个关系都满足实体完整性约束条件。

实体完整性在表创建或者表修改时用 Primary Key(主键)实现，不同关系数据库管理系统中实现和设置的过程和方法可能不一样。

2. 参照完整性(Referential Integrity)

在介绍参照完整性前，先给出外键的定义。

外键(Foreign Key)：设 *F* 是基本关系 *R* 的一个或一组属性，但不是关系 *R* 的码。如果 *F* 与基本关系 *S* 的主码 *KS* 相对应，则称 *F* 是基本关系 *R* 的外键。外键一般是用于建立和加强两个表数据之间链接的一列或多列。通过将保存表中主键值的一列或多列添加到另一个表中，可创建两个表之间的链接。这个列就成为第二个表的外键。例如，给出学生和成绩两个关系：学生(学号，年龄，性别)，成绩(学号，所选课号，成绩)。学号作为学生关系的主键，同时也是成绩关系的外键。

参照完整性规则：用于约束外键，即若 *F*(属性或属性集合)是关系 *R* 中对应关系 *S* 的外键，则对于 *R* 中每个元组在 *F* 上的值必须为以下值：

(1)或者取空值(*F* 的每个属性值均为空)。

(2)或者等于 *S* 中某个元组的主键值。

关系 *R* 和 *S* 可以是相同的关系。

例 2-1-7 以例 2-1-3 的学生选课数据库为例。

成绩关系中的“学号”是对应学生关系的外键，则成绩关系中的学号只能取空值或者等于学生关系中某个学号值；成绩关系中的“课号”是对应课程关系的外键，则课号只能取空值或者等于课程关系中的某个课号值。

参照完整性在表创建或者表修改时用外键实现，不同关系数据库管理系统中实现和设置的过程和方法可能不一样。

实体完整性和参照完整性由关系数据库管理系统自动维护。

3. 用户自定义完整性

实体完整性和参照完整性是任何关系数据库系统应满足的数据约束条件。同时，关系数据库系统还允许用户定义某一具体数据库所涉及的数据必须满足的约束条件。这种约束条件是对数据在语义范畴的描述，由具体应用环境来决定，这就是用户自定义的完整性。

例 2-1-8 限定学生关系中的年龄为 13~35 岁。

用户自定义的完整性应由用户利用 DBMS 提供定义这类完整性的方法，定义用户数据应满足的约束条件，然后由 DBMS 负责检验用户数据库是否满足用户自定义的完整性。

用户自定义完整性在表创建或者表修改时用具体约束实现(Check、Unique 等)，不同关系数据库管理系统中实现的约束条件和设置条件可能不一样。

2.2 关系代数

关系代数是一种抽象的查询语言，是关系数据操作语言的一种传统表达方式，它用对关系的运算来表达查询。

关系代数的运算对象是关系，运算结果亦为关系。关系代数用到的运算包括四类：集合运算符、专门的关系运算符、算术比较符和逻辑运算符，如表 2-5 所示。

关系代数的运算按不同的运算符可分为两类。

1) 传统的集合运算

如并、交、差、广义笛卡儿积。这类运算将关系看成元组的集合，其运算是从关系的 “水平”方向，即行的角度来进行的。

2) 专门的关系运算

如选择、投影、连接、除。这类运算不仅涉及行，而且涉及列，表达实用系统中应用最普遍的查询操作。

表 2-5 关系代数运算符

运算符		含义	运算符		含义
集合 运算符	$\cup$ $-$ $\cap$	并 差 交	运算比较符	$>$ $\geqslant$ $\leqslant$ $<$ $=$ $\neq$	大于 大于等于 小于等于 小于 等于 不等于
专门的关系 运算符	$\times$ σ π $\bowtie$ $\div$	广义笛卡儿积 选择 投影 连接 除	逻辑 运算符	$\neg$ $\wedge$ $\vee$	非 与 或

2.2.1 传统的集合运算

传统的集合运算是一个二目运算，包括并、差、交、广义笛卡儿积四种运算，所谓二目运算，就是指在两个关系中进行的一种运算，并且这两个关系必须满足相容关系，即设关系 R 和关系 S 具有相同的目 n(即两个关系都有 n 个属性)，且相应的属性取自同一个域，则称关系 R 和关系 S 是相容的。如果两个关系是相容的，则可以在这两个关系之间进行并、差、交三种传统的关系运算。如果两个关系是不相容的，则只能进行广义笛卡儿积运算。

设关系 R 和关系 S 是相容的，t 代表元组变量，现将各种运算分别介绍如下。

1. 并(Union)

关系 R 与关系 S 的并记作：$R \cup S=\{t|t \in R \vee t \in S\}$。

结果关系是由属于 R 或属于 S 的元组组成，且结果仍为 n 目关系，但结果关系应消除重复元组。

2. 差(Difference)

关系 R 与关系 S 的差记作：$R-S=\{t|t \in R \wedge t \notin S\}$。

R 和 S 的差，即在关系 R 中减去 R 和 S 的相同元组，结果关系由属于 R 而不属于 S 的所有元组组成，且仍为 n 目关系。

3. 交(Intersection)

关系 R 与关系 S 的交记作：$R \cap S=\{t|t \in R \wedge t \in S\}$。

R 和 S 的交包含关系 R 和 S 的相同元组，结果关系由既属于 R，又属于 S 的元组组成，且仍为 n 目关系。关系的交也可以用差来表示，即 $R \cap S=R-(R-S)$。

4. 广义笛卡儿积(Extended Cartesian Product)

两个分别为 n 目和 m 目的关系 R 和 S 的广义笛卡儿积是一个$(n+m)$列元组的集合。元组的前 n 列是关系 R 的一个元组，后 m 列是关系 S 的一个元组。若 R 有 k_1 个元组，S 有 k_2 个元组，则关系 R 和关系 S 的广义笛卡儿积有 $k_1 \times k_2$ 个元组，记作：$R \times S=\{(a_1,a_2,\cdots,a_m,b_1,b_2,\cdots,b_n)|(a_1,a_2,\cdots,a_m) \in R \wedge (b_1,b_2,\cdots,b_n) \in S\}$。

例 2-2-1 表 2-6(a)、(b)分别为具有三个属性列的关系 R 和 S，表 2-6(c)为关系 R 与 S 的并，表 2-6(d)为关系 R 与 S 的交，表 2-6(e)为关系 R 与 S 的差，表 2-6(f)为关系 R 和 S 的广义笛卡儿积。

表 2-6 传统的集合运算举例

(a)关系 R

D	E	F
d_1	e_2	f_1
d_2	e_3	f_1
d_1	e_1	f_2

(b)关系 S

D	E	F
d_1	e_1	f_2
d_2	e_3	f_2
d_2	e_1	f_2

(c) 关系 $R \cup S$

D	E	F
d_1	e_2	f_1
d_2	e_3	f_1
d_1	e_1	f_2
d_2	e_3	f_2
d_2	e_1	f_2

(d) 关系 $R \cap S$

D	E	F
d_1	e_1	F_2

(e) 关系 R-S

D	E	F
d_1	e_2	f_1
d_2	e_3	f_1

(f) 关系 $R \times S$

D	E	F	D	E	F
d_1	e_2	f_1	d_1	e_1	f_2
d_1	e_2	f_1	d_2	e_3	f_2
d_1	e_2	f_1	d_2	e_1	f_2
d_2	e_3	f_1	d_1	e_1	f_2
d_2	e_3	f_1	d_2	e_3	f_2
d_2	e_3	f_1	d_2	e_1	f_2
d_1	e_1	f_2	d_1	e_1	f_2
d_1	e_1	f_2	d_2	e_3	f_2
d_1	e_1	f_2	d_2	e_1	f_2

2.2.2 专门的关系运算

专门的关系运算包括选择、投影、连接、除等运算。下面给出这些关系运算的定义。

1. 选择(Selection)

关系 R 上的选择操作是根据某些条件对关系 R 水平分割，即从行的角度选择符合条件的元组，记作：$\sigma_F(R)=\{t|t\in R\wedge F(t)=$ ‘真’ $\}$。其中，F 表示选择条件，是一个逻辑表达式，取逻辑值“真”或“假”。它有两种成分：

(1) 运算对象，即常量(用引号括起来)、元组分量(属性名或列的序号)。

(2) 运算符，即算术比较运算符，($>$、$\geqslant$、$<$、$\leqslant$、$=$或$\neq$)、逻辑运算符($\neg$，$\wedge$，$\vee$)。

逻辑表达式 F 由逻辑运算符连接各算术表达式组成。算术表达式的基本形式为 $X_1\theta Y_1$。其中，θ 是运算符，可以是$>$、$\geqslant$、$<$、$\leqslant$、$=$或$\neq$。X_1、Y_1 可以是属性名、常量或简单函数。属性名也可以用它的序号来代替。

例 2-2-2 表 2-7(a) 表示关系 R。2-7(b) 和 (c) 分别表示在关系 R 上所产生选择操作的结果。

(1) 查询 B 等于 b_1 的信息，$\sigma_{B='b_1'}(R)$ 或 $\sigma_{2='b_1'}(R)$。其中，下角标“2”为 B 的属性序号。结果如表 2-7(b) 所示。

(2) 查询 C 小于 7 的信息，$\sigma_{C<7}(R)$ 或 $\sigma_{3<7}(R)$。其中，下角标“3”为 C 的属性序号。结果如表 2-7(c) 所示。

表 2-7　选择运算举例

(a)关系 R

A	B	C
a_1	b_1	5
a_2	b_3	8
a_3	b_1	7
a_1	b_2	2

(b)

A	B	C
a_1	b_1	5
a_3	b_1	7

(c)

A	B	C
a_1	b_1	5
a_1	b_2	2

2. 投影(Projection)

关系 R 上的投影操作是对关系 R 垂直分割，即从列的角度进行运算，消去某些列，并重新安排列的顺序，记作：$\pi_A(R)=\{t[A]|t\in R\}$，其中 A 为 R 中的属性列。

注　投影运算可能出现相同的元组，应删除重复的元组，因此投影运算一般减少属性数，也有可能减少元组数。

例 2-2-3　以表 2-7(a)关系 R 为例，求其在属性 B 上的投影：$\pi_B(R)$ 或 $\pi_2(R)$。结果如表 2-8(a)所示。

投影之后不仅取消原关系中的某些列，而且还可能取消某些元组，因为取消某些属性列后，就可能出现重复行，应取消这些完全相同的行。R 关系原来有 4 个元组，而投影结果取消重复的 b_1 元组，因此只有 3 个元组。

例 2-2-4　仍以表 2-7(a)关系 R 为例，求其在属性 A 和属性 B 上的投影：$\pi_{A,B}(R)$ 或 $\pi_{1,2}(R)$。结果如表 2-8(b)所示。

表 2-8　投影运算举例

(a)

B
b_1
b_3
b_2

(b)

A	B
a_1	b_1
a_2	b_3
a_3	b_1
a_1	b_2

3. 连接(Join)

连接也称为 θ 连接。它是从两个关系的笛卡儿积中选取属性间满足一定条件的元组，因此连接运算的结果是笛卡儿积的子集，记作：$R \underset{A\ \theta}{\bowtie} S=\{\widehat{t_r t_s}\ |t_r\in R\wedge t_s\in S\wedge t_r[A]\theta t_s[B]\}$。其中，$A$ 和 B 分别为 R 和 S 上度数相等且可比的属性组，θ 是比较运算符。连接运算从 R 和 S 的广义笛卡儿积 $R\times S$ 中选取(R 关系)在 A 属性组上的值与(S 关系)在 B 属性组上的值满足比较关系 θ 的元组。

连接运算中有两种最重要最常用的连接：等值连接和自然连接。

θ 为“=”的连接运算称为等值连接。它是从关系 R 与 S 的广义笛卡儿积中选取 A，B 属性值相等的那些元组，即等值连接为 $R \underset{A=B}{\bowtie} S=\{\widehat{t_r t_s}\ |t_r\in R\wedge t_s\in S\wedge t_r[A]=t_s[B]\}$。

自然连接是一种特殊的等值连接，要求两个关系中进行比较的分量必须是相同的属性组，并且在结果中把重复的属性列删除，即若 R 和 S 具有相同的属性组 B，则自然连接可记作：$R \bowtie S = \{\widehat{t_r t_s} \mid t_r \in R \wedge t_s \in S \wedge t_r[A] = t_s[B]\}$。

一般的连接操作是从行的角度进行运算，但自然连接还需要取消重复列，所以是同时从行和列的角度进行运算。

例 2-2-5 设表 2-9(a)和(b)分别为关系 R 和关系 S，表 2-9(c)为 $R \underset{R.F<S.G.}{\bowtie} S$ 的结果，表 2-9(d)为等值连接 $R \underset{R.E=S.E.}{\bowtie} S$ 的结果，表 2-9(e)为自然连接 $R \bowtie S$ 的结果。

表 2-9 连接运算举例

(a) R

D	E	F
d_1	e_1	5
d_2	e_3	10
d_1	e_1	12
d_1	e_2	7

(b) S

E	G
e_1	4
e_3	9
e_1	3
e_2	16
e_5	8

(c)

D	$R.E$	F	$S.E$	G
d_1	e_1	5	e_3	9
d_1	e_1	5	e_2	16
d_1	e_1	5	e_5	8
d_2	e_3	10	e_2	16
d_1	e_1	12	e_2	16
d_1	e_2	7	e_3	9
d_1	e_2	7	e_2	16
d_1	e_2	7	e_5	8

(d)

D	$R.E$	F	$S.E$	G
d_1	e_1	5	e_1	4
d_1	e_1	5	e_1	3
d_2	e_3	10	e_3	9
d_1	e_1	12	e_1	4
d_1	e_1	12	e_1	3
d_1	e_2	7	e_2	16

(e)

D	E	F	G
d_1	e_1	5	4
d_1	e_1	5	3
d_2	e_3	10	9
d_1	e_1	12	4
d_1	e_1	12	3
d_1	e_2	7	16

4. 除(Division)

给定关系 $R(X,Y)$ 和 $S(Y,Z)$，其中 X、Y、Z 为属性组。R 中的 Y 与 S 中的 Y 可以有不同的属性名，但必须出自相同的域集。R 与 S 的除运算得到一个新的关系 $P(X)$，P 是 R 中满足下列条件的元组在 X 属性列上的投影：元组在 X 上分量值 x 的象集 Y_x 包含 S 在 Y 上投影的集合，记作：$R \div S = \{t_r[X] \| t_r \in R \wedge \pi_Y(S) \subseteq Y_x\}$，其中 Y_x 为 x 在 R 中的象集，$x = t_r[X]$，除操作同时从行和列角度进行运算。

例 2-2-6 设关系 R，S 分别为表 2-10(a)和(b)，$R \div S$ 的结果为表 2-10(c)。

在关系 R 中，D 可以取 4 个值$\{d_1, d_2, d_3, d_4\}$，其中：

d_1 的象集为$\{(e_1, f_2), (e_2, f_1), (e_2, f_3)\}$；

d_2 的象集为$\{(e_3, f_7), (e_2, f_3)\}$；

d_3的象集为{(e_4，f_6)}；

d_4的象集为{(e_2，f_3)}。

S在(E，F)上的投影为{(e_1，f_2)，(e_2，f_1)，(e_2，f_3)}。

显然，只有d_1的象集$(E,F)_{d_1}$包含S在(E,F)属性组上的投影，所以$R \div S=\{d_1\}$。

表 2-10　除运算举例

(a) R

D	E	F
d_1	e_1	f_2
d_2	e_3	f_7
d_3	e_4	f_6
d_4	e_2	f_3
d_1	e_2	f_1
d_2	e_2	f_3
d_1	e_2	f_3

(b) S

E	F	G
e_1	f_2	g_1
e_2	f_1	g_1
e_2	f_3	g_2

(c)

D
d_1

2.2.3　关系代数举例

在关系的代数运算中，把由 5 个基本操作(并、差、笛卡儿积、投影和选择)经过有限次复合得到的表达式称为关系代数表达式。这种表达式的运算结果仍然是一个关系，可以用关系代数表达式表示各种数据查询操作。

例 2-2-7　设学生选课数据库中有三个关系：

学生(<u>学号</u>，姓名，性别，年龄，系别)

课程(<u>课号</u>，课名，学分)

选课(<u>学号，课号</u>，成绩)

注　具体数据可以参考表 4-2~表 4-4 中的数据。

下划线标识每个关系的关键字，要求用关系代数表达式表达每个查询语句。

具体题目如下所述。

(1)查询计算机系的学生信息：

$$\sigma_{系别=\text{‘计算机系’}}(学生)或\sigma_{5=\text{‘计算机系’}}(学生)$$

(2)查询学生的学号、姓名和年龄：

$$\pi_{学号,姓名,年龄}(学生)或\pi_{1,2,4}(学生)$$

(3)查询课程号为 002 的学生学号与成绩：

$$\pi_{学号,成绩}(\sigma_{课号=\text{‘002’}}(选课))或\pi_{1,3}(\sigma_{2=\text{‘002’}}(选课))$$

该表达式表示先对关系“选课”执行选择操作，然后执行投影操作。

(4)查询选修课程号为 003 或 005 的学生学号和成绩：

$$\pi_{学号,成绩}(\sigma_{课号=\text{‘003’}\vee 课号=\text{‘005’}}(选课))或\pi_{1,3}(\sigma_{1=\text{‘003’}\vee 1=\text{‘005’}}(选课))$$

(5)查询选修课程号为 001 的学生学号与姓名：

$$\pi_{学号,姓名}(\sigma_{课号=\text{‘001’}}(学生\bowtie 选课))或\pi_{1,2}(\sigma_{1=\text{‘001’}}(选课\bowtie 学生))$$

由于这个查询涉及关系“学生”和“选课”，因此先对这两个关系执行自然连接操作，然后再执行选择和投影操作。

(6) 查询选择课程名为“应用数学”的学生学号和姓名：

$\pi_{学号,姓名}(\sigma_{课名='应用数学'}(学生 \bowtie 选课 \bowtie 课程))$ 或 $\pi_{1,2}(学生 \bowtie 选课 \bowtie \sigma_{1='应用数学'}(课程))$

(7) 查询选修全部课程的学生姓名：

编写这个查询语句的关系代数表达式的过程如下所述。

学生选课情况可用操作 $\pi_{学号,课号}(选课)$ 表示；

全部课程可用操作 $\pi_{课号}(课程)$ 表示；

选修全部课程的学生学号可用除操作表示，操作结果是学号集：

$$\pi_{学号,课号}(选课) \div \pi_{课程号}(课程)$$

从学号求学生姓名可用自然连接和投影操作组合而成：

$$\pi_{姓名}(学生 \bowtie (\pi_{学号,课号}(选课) \div \pi_{课号}(课程)))$$

(8) 查询既选修 001 号课程，又选修 003 号课程的学生姓名和系别：

$$\pi_{姓名,系别}(\pi_{学号}(\sigma_{课号='001'}(选修)) \cap \pi_{学号}(\sigma_{课号='003'}(选修) \bowtie 学生))$$

(9) 查询没有选修 003 号课程的学生姓名：

$$\pi_{姓名}(学生) - \pi_{姓名}(\sigma_{课号='003'}(选修) \bowtie 学生)$$

(10) 查询选修“数据库”课程的学生姓名：

$$\pi_{姓名}(\sigma_{课名='数据库'}(课程) \bowtie 选修 \bowtie 学生)$$

总结 根据关系代数相关运算和上面的几个例子，可总结出运算关系代数题目的一般步骤(以上面第(8)题为例)：

(1) 根据题目描述，确定查询的内容，如果确定只列出部分列，则需要用投影运算，把需要的列写在 π 后。该题目查询“姓名”、“系别”，所以在 π 后面写上“姓名”、“系别”。

(2) 确定题目中涉及的条件，用选择运算表示，把条件表达式表示出来。该题目条件是“选修 001 号课程，又选修 003 号课程”，如果写成：课号=‘001’ ∧课号=‘003’，则表示课号既是 001，又是 003，在表中肯定找不到这样的数据，而结合本题目描述，这样表示是错误的。这个条件如何表示？实际上，找到选修 001 的学号和选修 003 的学号的交集即可，所以表示成 $\pi_{学号}(\sigma_{课号='001'}(选修)) \cap \pi_{学号}(\sigma_{课号='003'}(选修))$。

(3) 确定查询的内容涉及哪些表，如果有多个表，肯定要进行连接操作。该题目涉及学生表和选课表，需要进行连接操作，即

$$\pi_{学号}(\sigma_{课号='001'}(选修)) \cap \pi_{学号}(\sigma_{课号='003'}(选修) \bowtie 学生$$

(4) 最后，再综合进行检查，最终写出结果：

$$\pi_{姓名,系别}(\pi_{学号}(\sigma_{课号='001'}(选修)) \cap \pi_{学号}(\sigma_{课号='003'}(选修)) \bowtie 学生)$$

2.3 关 系 演 算

把数理逻辑的谓词演算推广到关系运算中就是关系演算。按照不同的谓词变元，关系演算分为元组关系演算和域关系演算两种。前者以元组为变量，简称元组演算；后者以域为变量，简称域演算。

2.3.1 元组关系演算

元组关系演算(Tuple Relational Calculus)以元组变量作为谓词变元的基本对象。本节主要

介绍具体的关系演算语言和抽象的元组关系演算。

1. 元组关系演算语言(ALPHA)

一种典型的元组关系演算语言是 Codd 提出的 ALPHA，这一语言虽然没有实际实现，但关系数据库管理系统 INGRES 所用的 QUEL 是参照 ALPHA 研制的，与 ALPHA 十分类似。ALPHA 主要有 GET、PUT、HOLD、UPDATE、DELETE、DROP 六条语句，语句的基本格式是

操作语句　　工作空间名(表达式)：操作条件

其中，表达式用于指定语句的操作对象，它可以是关系名或属性名，一条操作语句可以同时操作多个关系或多个属性；操作条件是一个逻辑表达式，用于将操作对象限定在满足条件的元组中，操作条件可以为空。除此之外，还可以在基本格式的基础上加上排序要求、定额要求等。

下面以例 2-2-7 为例，具体介绍各条语句的操作方法。

(1) 检索操作，用 GET 语句实现。

① 简单检索，即不带条件的检索。

例 2-3-1　查询所有被选修的课程号码。

```
GET  W(选课.课程号)
```

这里条件为空，表示没有限定条件。W 为工作空间名。

例 2-3-2　查询所有学生的数据。

```
GET  W(学生)
```

② 限定的检索，即带条件的检索。

例 2-3-3　查询计算机系(Computer System，CS)中年龄小于 20 岁学生的学号和年龄。

```
GET  W(学生.学号, 学生.年龄): 学生.系别='CS'∧学生.年龄<20
```

③ 带排序的检索。

例 2-3-4　查询计算机科学系(CS)学生的学号、年龄，并按年龄降序排序。

```
GET  W(学生.学号,学生.年龄):学生.系别='CS' DOWN 学生.年龄
```

④ 带定额的检索。

例 2-3-5　取出一个计算机系学生的学号。

```
GET  W(1)(学生.学号): 学生.系别='CS'
```

所谓带定额的检索是指规定检索出的元组的个数，方法是在 W 后的括号中加上定额数量。排序和定额可以一起使用。

例 2-3-6　查询计算机系年龄最大的 3 个学生学号及其年龄，并按年龄降序排列

```
GET W(3)(学生.学号,学生.年龄):学生.系别='IS' DOWN 学生.年龄
```

⑤ 用元组变量的检索。因为元组变量是在某一关系范围内变化的，所以元组变量又称为范围变量(Range Variable)。元组变量主要有两方面的用途：

a. 简化关系名。在处理实际问题时，如果关系名很长，使用起来不方便，这时可以设一个较短名称的元组变量来简化关系名。

b. 操作条件中使用量词时必须用元组变量。元组变量是动态的概念，一个关系可以设多个元组变量。

例 2-3-7 查询计算机系学生的姓名。

```
RANGE 学生 S
GET W(S.姓名):S.系别='CS'
```

这里元组变量 S 的作用是简化关系名“学生”

⑥ 用存在量词的检索。

例 2-3-8 查询选修 2 号课程的学生姓名。

```
RANGE 选课 SC
GET W(学生.姓名):∃SC(SC.学号=学生.学号∧SC.课号='2')
```

⑦ 带有多个关系的表达式的检索。

在上面所举的各例中，虽然查询时可能会涉及多个关系，即公式中可能涉及多个关系，但查询结果都在一个关系中，即查询结果表达式中只有一个关系。实际上，表达式是可以有多个关系的。

例 2-3-9 查询成绩为 90 分以上的学生姓名与课程名。

```
RANGE 选课 SC
GET W (学生.姓名,课程.课名):∃SC(SC.成绩≥90∧SC.学号=学生.学号∧课程.课号=SC.课号)
```

本查询所要求的结果学生名和课程名分别在“学生”和“课程”两个关系中。

⑧ 用全称量词的检索。

例 2-3-10 查询不选 1 号课程的学生姓名。

```
RANGE 选课 SC
GET W(学生.姓名):∀SC(SC.学号≠学生.学号∨SC.课号≠'1')
```

⑨ 用两种量词的检索。

例 2-3-11 查询选修全部课程的学生姓名。

```
RANGE 课程 C
选课 SC
GET W(学生.姓名):∀C∃SC(SC.学号=学生.学号∧SC.课号=C.课号)
```

⑩ 用蕴含(Implication)的检索。

例 2-3-12 查询最少选修了 2006002 学生所选课程的学生学号。

本例题的求解思路是：对 Course 中所有的课程依次检查每一门课程，看 2006002 是否选修该课程，如果选修，则再看某一个学生是否也选修该门课。如果对于 2006002 所选的每门课程该学生都选修，则该学生为满足要求的学生。把所有这样的学生全都找出来即完成本题。

```
RANGE 课程 C
选课 SX
选课 SY
GET W(学生.学号):∀C(∃SX(SX.学号='2006002'∧SX.课号=C.课号)∃SY(SY.学号=学生.学号∧SY.课号=C.课号))
```

⑪ 集函数。

用户在使用查询语言时，经常有一些简单的计算，如求符合某一查询要求的元组数，求某个关系中所有元组在某属性上值的总和或平均值等。为了方便用户，关系数据语言建立有关这类运算的标准函数库供用户选用。这类函数通常称为集函数(Aggregation Function)或内部函数(Build-in Function)。关系演算提供 COUNT，TOTAL，MAX，MIN，AVG 等集函数，其含义如表 2-11 所示。

例 2-3-13 查询学生所在系的数目。

```
GET W (COUNT(学生.系别))
COUNT 在计数时会自动排除重复的“系别”值。
```

表 2-11 关系演算中的集函数

函数名	功能
COUNT	对元组计数
TOTAL	求总和
MAX	求最大值
MIN	求最小值
AVG	求平均值

例 2-3-14 查询信息系学生的平均年龄。

GET W(AVG(学生.年龄):学生.系别='IS')

(2)更新操作。

① 修改操作。修改操作用 UPDATE 语句实现，其步骤是：

• 首先用 HOLD 语句将要修改的元组从数据库中读到工作空间中。

• 然后用宿主语言修改工作空间中元组的属性。

• 最后用 UPDATE 语句将修改后的元组送回数据库中。

注意 单纯检索使用 GET 语句即可，但为修改数据而读元组时必须使用 HOLD 语句，HOLD 语句是带并发控制的 GET 语句。

例 2-3-15 把 2006005 学生从计算机科学系转到信息系。

```
HOLD W (学生.学号, 学生.系别): 学生.学号='2006005'
MOVE 'IS' TO W.系别 (用宿主语言进行修改)
UPDATE W (把修改后的元组送回“学生”关系)
```

该例用 HOLD 语句读 2006005 的数据，而不用 GET 语句。

如果修改操作涉及两个关系，那么应执行两次 HOLD-MOVE-UPDATE 操作序列。

修改主码的操作是不允许的，如不能用 UPDATE 语句将学号 2006004 改为 2006003。如果需要修改关系中某个元组的主码值，只能先用删除操作删除该元组，然后再把具有新主码值的元组插入到关系中。

② 插入操作。插入操作用 PUT 语句实现，其步骤是：

• 首先用宿主语言在工作空间中建立新元组。

• 然后用 PUT 语句把该元组存入指定的关系中。

例 2-3-16 学校新开设一门数据结构，其课程号为 8。插入该课程元组。

```
MOVE '8' TO W.课号
MOVE '数据结构' TO W.课名
PUT W (课程)(把 W 中的元组插入指定关系 Course 中)
```

PUT 语句只对一个关系操作，即表达式必须为单个关系名。如果插入操作涉及多个关系，必须多次执行 PUT 操作。

③ 删除。删除操作用 DELETE 语句实现，其步骤为：

• 用 HOLD 语句把要删除的元组从数据库中读到工作空间中。

• 用 DELETE 语句删除该元组。

例 2-3-17 学号为 2006008 的学生因故退学，删除该学生元组。

```
HOLD W (学生): 学生.学号='2006008'
DELETE W
```

例 2-3-18 将学号 2006012 改为 2006080。

```
HOLD W (学生):学生.学号='2006012'
DELETE W
MOVE '2006080' TO W.学号
MOVE '王兰' TO W.姓名
MOVE '女' TO W.性别
MOVE '20' TO W.年龄
MOVE 'IS' TO W.系别
PUT W (学生)
```

例 2-3-19 删除全部学生。

```
HOLD W (学生)
DELETE  W
```

由于“选课”关系与“学生”关系之间具有参照关系，为了保证参照完整性，删除“学生”关系中全部元组的操作导致 DBMS 自动执行删除“选课”关系中全部元组的操作：

```
HOLD W (选课)
DELETE W
```

2. *元组关系演算*

在元组关系演算中，元组关系演算表达式简称为元组表达式，其一般形式为$\{t|P(t)\}$。其中，t是元组变量，表示一个元数固定的元组，t必须是$P(t)$中唯一的自由元组变量；P是公式，可看成是程序设计语言中的条件表达式；$\{t|P(t)\}$表示满足公式P所有元组t的集合，实际上是元组演算的结果关系。所以，一个关系可用一个元组表达式表示。

元组关系演算的原子谓词公式有三类：

(1) $R(t)$。R是关系名，t是元组变量，$R(t)$表示t是R的元组，于是关系R可表示为$\{t|R(t)\}$。

(2) $t[i]\theta C$或$C\theta t[i]$。$t[i]$表示元组变量t的第i个分量，C是常量，θ为算术比较运算符。$t[i]\theta C$或$C\theta t[i]$表示元组t的分量i与常量C满足比较关系θ。例如，$t[6]=12$表示t的第 6 个分量的值等于 12。

(3) $t[i]\theta u[j]$。t和u是两个元组变量，$t[i]\theta u[j]$表示元组t的第i个分量与元组u的第j个分量满足比较关系θ。例如，$t[2]>u[4]$表示t的第 2 个分量必须大于u的第 4 个分量。

在一个公式中，如果没有对元组变量使用存在量词$\exists$或全称量词$\forall$，那么这些元组变量称为自由元组变量。上述原子公式中所出现的元组变量在自身关系的范围内均为自由变量。若一个公式对元组变量使用存在量词$\exists$或全称量词$\forall$，则称这些元组变量为约束变量。公式的定义是可递归的，描述如下：满足公式P所有元组t的集合实际上是元组演算的结果关系。因此，一个关系可用一个元组表达式表示。

(1) 每个原子公式是一个公式。其中的元组变量是自由变量。

(2) 设P_1和P_2是公式，那么下列四项也是公式。

• $\neg P_1$表示命题：若P_1为真，则$\neg P_1$为假；若P_1为假，则$\neg P_1$为真。

• $P_1 \wedge P_2$表示命题：若P_1、P_2同时为真，则$P_1 \wedge P_2$亦为真；否则，$P_1 \wedge P_2$为假。

• $P_1 \vee P_2$表示命题：若P_1、P_2之中有一个为真或两个均为真，则$P_1 \vee P_2$为真；否则，$P_1 \vee P_2$为假。

• $P_1 \Rightarrow P_2$表示命题：若P_1为真同时P_2为假，则$P_1 \Rightarrow P_2$为假；否则，$P_1 \Rightarrow P_2$为真。公式中的元组变量性质(指自由性或约束性)与P_1和P_2保持一致。

(3)设P_1是公式，t是P_1中的元组变量，那么下列两项也是公式。

• $(\exists t)(P_1)$表示命题：若有一个t使P_1为真，则$(\exists t)(P_1)$为真；否则，$(\exists t)(P_1)$为假。

$(\exists t)$是一个量词，其含义为“存在这样的t”或“至少有这样一个t”。元组变量t在P_1中是自由的，在$(\exists t)(P_1)$中是约束的。P_1中其他元组变量的自由或约束性质在$(\exists t)(P_1)$中没有改变表示命题：若P_1为真，则$\neg P_1$为假；若P_1为假，则$\neg P_1$为真。

• $(\forall t)(P_1)$表示命题：“对所有的t，使P_1都为真，则$(\forall t)(P_1)$为真；否则，$(\forall t)(P_1)$为假”。$(\forall t)$也是一个量词，其含义为“对所有的t”或“对任意一个t”。元组变量t在P_1中是自由的，在$(\forall t)(P_1)$中是约束的。P_1中其他元组变量的自由或约束性质在$(\forall t)(P_1)$中没有改变。

(4)在公式中，各种运算符的优先级从高到低依次为θ；∃和∀；¬；∧和∨；⇒。加括号时，括号中的运算优先。

(5)所有公式均按上述的规则经有限次复合求得，除此之外构成的都不是公式。

根据数理逻辑的谓词演算规则，公式可等价变换，下面是3个常用的等价变换：

• $P_1 \wedge P_2$等价于$\neg(\neg P_1 \vee \neg P_2)$

$P_1 \vee P_2$等价于$\neg(\neg P_1 \wedge \neg P_2)$

• $P_1 \Rightarrow P_2$等价于$\neg P_1 \vee P_2$

• $(\exists t)(P_1(t))$等价于$\neg(\forall t)(\neg P_1(t))$

$(\forall t)(P_1(t))$等价于$\neg(\exists t)(\neg P_1(t))$

2.3.2 域关系演算

域关系演算(Domain Relational Calculus)以元组变量的分量(即域变量)，作为谓词变元的基本对象。

本节主要介绍具体的域关系演算语言(QBE)和抽象的域关系演算。

1. 域关系演算语言(Query By Example，QBE)

1975年，由Zloof提出的QBE是一个很有特色的域关系演算语言。它是一种高度非过程化的基于屏幕表格的查询语言，用户通过终端屏幕编辑程序以填写表格的方式构造查询要求，而查询结果也是以表格的形式显示，因此非常直观，易学易用。

下面仍以例2-2-7为例，具体介绍QBE语句的操作方法。

1)检索操作

(1)简单查询。

例2-3-20 查询计算机系全体学生的姓名。

操作步骤：

① 用户提出要求；

② 屏幕显示空白表格；

③ 用户在最左边一栏输入关系名“学生”；

学生					

④ 系统显示该关系的属性名；

学生	学号	姓名	性别	年龄	系别

⑤ 用户在上面构造查询要求；

学生	学号	姓名	性别	年龄	系别
		P. T			CS

T 是示例元素，即域变量，QBE 要求示例元素下面一定加下划线。CS 是查询条件，不加下划线。P. 是操作符，表示打印(Print)，实际上是在屏幕上显示。

查询条件中可以使用比较运算符，其中“=”可以省略。

示例元素是这个域中可能的一个值，它不必是查询结果中的元素。比如，求信息系的学生，只要给出任意一个学生名即可，而不必是信息系的某个学生名。

因此对于上例也可构造查询要求：

学生	学号	姓名	性别	年龄	系别
		P. 张明			CS

这里的查询条件是“系别= ‘CS’”，其中“=”系别省略。

⑥ 屏幕显示查询结果。

学生	学号	姓名	性别	年龄	系别
		张明			CS
		王露露			
		金聪明			

根据用户的查询要求，求出信息系的学生姓名。

例 2-3-21 查询全体学生的全部数据。

学生	学号	姓名	性别	年龄	系别
	P. 2006008	P. 张明	P. 男	P. 19	P. CS

显示全部数据也可以简单地把 P. 操作符作用在关系名上。因此本查询也可以简单地表示如下：

学生	学号	姓名	性别	年龄	系别
P.					

(2) 条件查询。

例 2-3-22 求年龄大于 18 岁的学生学号。

学生	学号	姓名	性别	年龄	系别
	P. 2006008		>18		

例 2-3-23 求计算机系年龄大于 18 岁的学生学号。

本查询的条件是“系别= ‘CS’ ”和“年龄>18”两个条件的“与”。在 QBE 中，表示两个条件的“与”有两种方法：

(1)把两个条件写在同一行上：

学生	学号	姓名	性别	年龄	系别
	P．2006008			＞18	CS

(2)把两个条件写在不同行上，但使用相同的示例元素值：

学生	学号	姓名	性别	年龄	系别
	P．2006008				CS
	P．2006008			＞18	

例 2-3-24 查询计算机系或者年龄大于 18 岁的学生学号。

本查询的条件是“系别=‘CS’”和“年龄＞18”两个条件的“或”。在 QBE 中，把两个条件写在不同行上，并且使用不同的示例元素值，即表示条件的“或”。

学生	学号	姓名	性别	年龄	系别
	P．2006008				CS
	P．2006008			＞18	

对于多行条件的查询，如例 2-3-23 的第 2 种情况和例 2-3-24，先输入哪一行是任意的，查询结果相同。这样允许查询者以多种方式进行查询，十分灵活和自由。

例 2-3-25 查询既选修 1 号课程，又选修 3 号课程的学生学号。

该查询条件是在一个属性中的“与”关系，只能用例 2-3-23 的第 2 种情况实现。

选课	学号	课号	成绩
	P．2006008	1	
	P．2006008	3	

例 2-3-26 查询选修 1 号课程的学生姓名。

本查询涉及“选课”和“学生”两个关系。在 QBE 中，实现这种查询的方法是通过相同的连接属性值把多个关系连接起来。

学生	学号	姓名	性别	年龄	系别
	P．2006008	P．张明			

选课	学号	课号	成绩
	P．2006008	1	

这里的示例元素“学号”是连接属性，它在两个关系中的值相同。

例 2-3-27 查询未选修 1 号课程的学生姓名。

这里查询条件用到逻辑“非”。在 QBE 中，表示逻辑“非”的方法是将逻辑“非”写在关系名下面。

学生	学号	姓名	性别	年龄	系别
	P．2006008	P．张明			

选课	学号	课号	成绩
¬	P．2006008	1	

表 2-12 QBE 中的集函数

函数名	功能
CNT	求元组个数
SUM	求总和
AVG	求平均值
MAX	求最大值
MIN	求最小值

(3) 集函数。

为了方便用户，QBE 提供一些集函数，主要包括 CNT、SUM、AVG、MAX、MIN 等，其含义如表 2-12 所示。

例 2-3-28 查询计算机系学生的平均年龄。

学生	学号	姓名	性别	年龄	系别
				P. AVG. ALL	CS

2) 更新操作

(1) 修改操作。修改操作符为“U.”，在 QBE 中，关系的主码不允许修改，如果需要修改某个关系的主码，只能先删除该元组，然后再插入新的主码的元组。

例 2-3-29 将学号为 2006008 的学生的年龄改为 20 岁。

这是一个简单的修改操作，不包含算术表达式，因此可以有两种表示方法。

将操作符“U.”放在值上。

学生	学号	姓名	性别	年龄	系别
	2006008			U. 20	

将操作符“U.”放在关系上。

学生	学号	姓名	性别	年龄	系别
U.	2006008			20	

例 2-3-30 将学号为 2006008 的学生年龄加 1。

该修改操作涉及表达式，所以只能将操作符“U.”放在关系上。

学生	学号	姓名	性别	年龄	系别
	2006008			<u>20</u>	
U.	2006008			<u>20</u>+1	

例 2-3-31 将计算机系所有学生的年龄都加 1。

学生	学号	姓名	性别	年龄	系别
	2006002			<u>19</u>	CS
U.	2006002			<u>19</u>+1	

(2) 插入操作。插入操作符为“I.”。新插入的元组必须有码值，其他属性值可以为空。

例 2-3-32 将计算机系男生 2006003，姓名王真，年龄 18 岁存入数据库。

学生	学号	姓名	性别	年龄	系别
I.	2006003	王真	男	18	CS

(3) 删除操作。删除操作符为“D.”。

例 2-3-33 删除学生 2006009。

学生	学号	姓名	性别	年龄	系别
D.	2006009				

由于“选课”关系和“学生”关系之间具有参照关系，为保证参照完整性，删除 2006009 学生后，通常还应删除 2006009 学生选修的全部课程。

选课	学号	课号	成绩
D.	2006009		

2. 域关系演算

域关系演算类似于元组关系演算，不同的是公式中的变量不是元组变量，而是表示元组变量各个分量的域变量。域变量的变化范围是某个值域，而不是一个关系。域演算表达式的一般形式为$\{t_1t_2,\cdots,t_k|P(t_1,t_2,\cdots,t_k)\}$，可以像元组演算一样定义域演算的原子公式和公式。

原子公式也有三种形式：

(1) $R(t_1,t_2,\cdots,t_k)$。R是k元关系，t_i是域变量或常量。$R(t_1,t_2,\cdots,t_k)$表示有属性$t_1,t_2,\cdots,t_k$。

(2) $t_i\theta C$或$C\theta t_i$。t_i为元组变量t的第i个分量，C为常量，θ为算术比较运算符。

(3) $t_i\theta u_j$。t_i为元组变量t的第i个分量，u_j为元组变量u的第j个分量，θ为算术比较运算符。

公式的定义也是可递归的：

(1) 每个原子公式是一个公式。

(2) 设P_1和P_2是公式，则$\neg P_1$、$P_1\wedge P_2$、$P_1\vee P_2$、$P_1\Rightarrow P_2$也是公式。

(3) 若$P(t_1,t_2,\cdots,t_k)$是公式，则$(\exists t_i)(P)$和$(\forall t_i)(P),(i=1,2,\cdots,k)$也是公式。

(4) 在公式中，各种运算符的优先级从高到低依次为θ、$\exists$和$\forall$、$\neg$、$\wedge$和$\vee$、$\Rightarrow$。加括号时，括号中的运算优先。

(5) 所有公式均按上述的规则经有限次复合求得，除此之外构成的都不是公式。

自由域变量、约束域变量等概念和元组演算是一样的，这里不予重复。元组表达式可以转换成域表达式。

2.3.3 关系运算的安全限制

为了使计算机能有效地处理关系运算，必须对关系运算进行限制，使关系运算不致产生无限关系(无限存储空间)和无穷验证(无穷运算)。这就是关系运算的安全问题。

导致关系运算产生无限关系和无穷验证的原因主要是：一些运算或表达式可能产生无穷关系和无穷运算。

关系元组的安全限制：就是对关系演算表达式施加某些限制条件或对表达式中的变量取值规定一个范围，使之不产生无限关系和无穷运算的方法。

安全限制通常对任何一个表达式$\{t|\Phi(t)\}$都规定一个有限符号集DOM(Φ)，使Φ的演算结果、中间结果所产生的关系及其元组的各个分量都必须属于DOM(Φ)，即当元组表达式$\{t|\Phi(t)\}$满足下列条件时是安全的：

(1) 如果t使$\Phi(t)$为真，则t的每个分量是DOM(Φ)中的元素。

(2) 对于Φ中每一个形如$(\varpi u)(W(u))$的子表达式，若u使$W(u)$为真，则u的每个分量是DOM(Φ)中的元素。

(3) 对于Φ中每一个形如$(\Pi u)(W(u))$的子表达式，若u使$W(u)$为假，则u的每个分量必属于DOM(Φ)。换言之，如u某一分量不属于DOM(Φ)，则$W(u)$为真。

2.4 小　　结

本章系统而详尽地讲解关系数据库的重要概念，包括关系模型的数据结构、关系的完整性及关系操作。介绍用代数方式或逻辑方式来表达的关系语言，即关系代数、元组关系演算和域关系演算。

关系代数运算包括传统的集合运算和专门的关系运算，用关系代数实现数据查询功能十分重要，读者应加强练习，熟练掌握。

习　　题

1. 试述关系数据语言的分类和特点。
2. 定义并理解下列术语：域、笛卡儿积、关系、关系模式。
3. 试述关系模型的完整性规则。在参照完整性中，为什么外部码属性的值也可以为空？
4. 试述等值连接和自然连接的联系和区别。
5. 设有一个商品销售数据库，包括“供应商”、“零件”、“工程项目”、“供应情况”四个关系模式。设有下列表示商品销售的关系模式：

S(S#，SNAME，CITY)

P(P#，PNAME，COLOR，WEIGHT)

J(J#，JNAME，CITY)

SPJ(S#，P#，J#，QTY)

其中，S 表示 SUPPLIER(供应商)，S#为供应商代号，SNAME 为供应商名称，CITY 为供应商所在城市，主键为 S#； P 表示 PART(零件)，P#为零件代号，PNAME 为零件名称，COLOR 为零件颜色，WEIGHT 为零件重量，主键为 P#；J 表示 JOB(工程)，J#为工程编号，JNAME 为工程名称，CITY 为工程所在城市，主键为 J#；SPJ 表示供应关系，S#是为指定工程提供零件的供应商代号，P#为所提供的零件代号，J#为工程编号，QTY 表示提供的零件数量，主键为 S#，P#，J#，外部键分别为 S#，P#，J#。

以下是各关系中的数据：

S 表

S#	SNAME	CTTY
S1	为民	北京
S2	康乐	上海
S3	创新	南京
S4	高科	郑州

P 表

P#	PNAME	COLOR	WEIGHT
L1	螺母	白色	12
L2	螺栓	红色	15
L3	齿轮	黑色	30
L4	螺丝刀	黄色	16
L5	切口	白色	45

J 表

J#	JNAME	CITY
X1	半导体厂	武汉
X2	拖拉机厂	深圳
X3	造船厂	太原
X4	收割机厂	内蒙古

SPJ 表

S#	P#	J#	QTY
S1	L2	X1	300
S3	L4	X2	100
S5	L3	X4	350
S1	L5	X3	500
S4	L2	X1	700
S1	L1	X3	300
S3	L2	X4	200
S4	L3	X2	150

试用关系代数、ALPHA 语言、QBE 语言完成下列查询；

(1) 求供应给项目 X3 的供应商编号；

(2) 求供应零件 L2 给项目 X1 的供应商编号；

(3) 求供应工程 X1 红色零件的供应商名称；

(4) 求供应给项目 X4 的郑州供应商供应情况；

(5) 求能提供零件 L3 的供应商信息；

(6) 求没有使用北京供应商提供的黑色零件的项目名称。

第 3 章　SQL Server 2008 数据库管理系统

3.1　SQL Server 简介

SQL Server 是 Microsoft 公司推出的数据库产品，在市场上占有重要的地位，在电子商务、数据仓库和数据库解决方案中都有重要的应用。下文从 SQL Server 的发展历史、版本、安装及基本操作等方面进行介绍。

3.1.1　SQL Server 的发展历史

学习 SQL Server 2008 之前，首先来了解 SQL Server 的发展历史。

SQL Server 是 Microsoft 公司开发的一款功能强大的数据库服务器平台，起源于 Sybase SQL Server，1988 年推出第一个版本 SQL Server 1.0。在 20 多年的时间里已发展多个版本，在功能和性能方面日臻完善。表 3-1 列出 SQL Server 从诞生到现在的发展史。

表 3-1　SQL Server 的发展历史

时间	版本	介绍
1988 年	SQL Server 1.0	Microsoft、Sybase 和 Ashton-Tate 合作，在 Sybase SQL Server 的基础上开发出来，基于 OS/2 操作系统
1990 年	SQL Server 1.1	1.0 版的微小升级
1992 年	SQL Server 4.2	桌面型数据库，与 Windows 集成，界面友好，适用于小部门管理数据
1995 年	SQL Server 6.0	重写核心数据库系统，提供低价小型商业应用数据库方案，功能更为丰富
1996 年	SQL Server 6.5	在市场上取得巨大成功
1998 年	SQL Server 7.0	包含初始的 Web 支持，得到广泛应用
2000 年	SQL Server 2000	功能和性能都十分完善，包含三个组件 (DB, OLAP, English Query)，至今仍有人使用
2005 年	SQL Server 2005	支持.NET framework 类库，支持商业智能 (Business Intelligence)
2008 年	SQL Server 2008	最强大最新的 SQL Server 版本，安全、高效、智能、可扩展

3.1.2　SQL Server 2008 的版本

早在 2000 年 Microsoft 推出 SQL Server 2000 时，世界商用数据库领域就已呈现 SQL Server、Oracle 和 DB2 三足鼎立的局面。SQL Server 2008 是迄今为止最全面最强大的 SQL Server 版本，具有安全、高效、智能和可扩展的特点，可以满足对数据的不同操作需求。

与以往版本相比，SQL Server 2008 的新特点主要表现在以下 3 个方面。

(1) 扩展 SQL Server 中已有的支持，可以添加 CPU，使数据库按需扩展。

(2) 可以不改动应用程序而对数据库加密。

(3) 通过与 Microsoft Office 2007 集成，提升对商业智能 (Business Intelligence) 的支持，用户操作和管理数据库的界面更加友好、直观。

SQL Server 2008 分为多个版本，其功能和用途各不相同。表 3-2 列出 SQL Server 2008 的各种版本及其简介。

表 3-2　SQL Server 2008 的各种版本

版　本	简　介
标准版 (SQL Server 2008 Standard Edition)	是一个提供数据管理和业务智能完整的数据平台，为部门级应用提供优良的可管理性和易用性，可运行于拥有 75 台以下计算机的小型企业环境
企业版 (SQL Server 2008 Enterprise Edition)	是一个综合的数据平台，为关键业务应用提供企业级的可扩展性、数据仓库、安全、高级分析和报表支持等高级商业智能功能
工作组版 (SQL Server 2008 WorkGroup Edition)	是运行分支位置数据库的理想选择，具有良好的可信赖性，易于升级到标准版或企业版
开发者版 (SQL Server 2008 Developer Edition)	允许开发者构建和测试基于 SQL Server 的任一类型应用，仅限于开发和测试使用，可以升级到企业版
Web 版 (SQL Server 2008 Web Edition)	为 Web 应用而设计，成本较低
移动版 (SQL Server 2008 Compact 3.5 Edition)	免费的嵌入式数据库，用于基于 Windows 平台的各种移动设备、桌面和 Web 客户端应用程序
学习版 (SQL Server 2008 Express Edition)	免费的微型版本，是学习和构建桌面及小型服务器应用程序的理想选择，拥有核心的数据库功能，可无缝升级到其他版本

3.2　SQL Server 2008 的安装

在安装 SQL Server 2008 之前，首先确定要安装的版本。目前，Microsoft 发布了多种版本。Microsoft 为提高 SQL Server 2008 的普及率，在网站上提供可免费下载的版本。下面以在 Windows XP 环境下 (Windows 7 环境下的安装步骤和 Windows XP 下的步骤基本相同) 安装 Microsoft SQL Server 2008 R2 Express Service Pack1 为例，演示 SQL Server 2008 的安装过程，安装文件可从 Microsoft 的网站上下载，如果计算机为 32 位的，则下载的文件名称为 SQLEXPR_x86_CHS.exe，下载的地址为 http://www.microsoft.com/zh-cn/download/details.aspx?id=26729。

该版本支持如下功能：

- 存储过程、触发器、函数和视图。
- 关系数据、XML、FILESTREAM 和空间数据，可存储所有类型的业务数据。
- 除与 SQL Server Reporting Services 中的 Microsoft 2007 Office System 集成外，还改进了性能、可用性和可视化。

- 通过利用现有的 T-SQL 技术、ADO.NET 实体框架和 LINQ 简化开发工作。
- 与 Visual Studio 和 Visual Web Developer 紧密集成。

3.2.1 计算机的要求

任何软件的安装都对计算机的软硬件环境有一定的要求，如果安装环境不能满足软件的最低运行标准，那么很可能安装失败；即使安装成功，在运行时也很可能会出现不可预料的错误。所以，在安装 SQL Server 2008 之前，读者有必要了解 SQL Server 2008 的不同版本数据库对计算机环境的具体要求。

以 SQL Server 2008 Enterprise 版本为例，根据 SQL Server 2008 提供的资料，就 SQL Server 2008 Enterprise 版本对计算机系统的要求进行说明，说明针对 32 位操作系统。

表 3-3 列出 SQL Server 2008 的安装对 32 位系统的要求。

表 3-3 SQL Server 2008 安装的要求

项目	要求
CPU	与 Pentium III 兼容的处理器，速度最低为 1 GHz 或更快的处理器
内存	最小：512 MB 建议：2 GB 或更大
硬盘	根据不同的组件，需要的硬盘空间不同。 2.2 GB 以上的硬盘空间
显示器	分辨率 1024 × 768 像素以上
操作系统	Windows 7 Windows Server 2003 Windows Server 2008 Windows Server 2008 R2 Windows Vista Windows XP
需要的软件	Microsoft Windows Installer 4.5 或更高版本 Microsoft Internet Explorer 6 SP1 或更高版本

以上仅仅是 SQL Server 2008 Enterprise 对 32 位计算机系统要求的简单介绍，而 SQL Server 2008 的不同版本对配置的要求也略有不同。当前主流计算机都能够轻松运行 SQL Server 2008。

3.2.2 数据库引擎的安装

安装条件符合后，双击下载的 SQLEXPR_x86_CHS.exe 文件，弹出一个 extracting Files 窗口，等待数秒钟后 extracting Files 执行完毕，出现一个如图 3-1 所示的“SQL Server 安装中心”界面。

单击“全新安装或向现有安装添加功能”，出现正在处理当前操作的提示信息，等待数秒钟后，出现如图 3-2 所示的“SQL Server 2008 R2 安装程序”窗口。

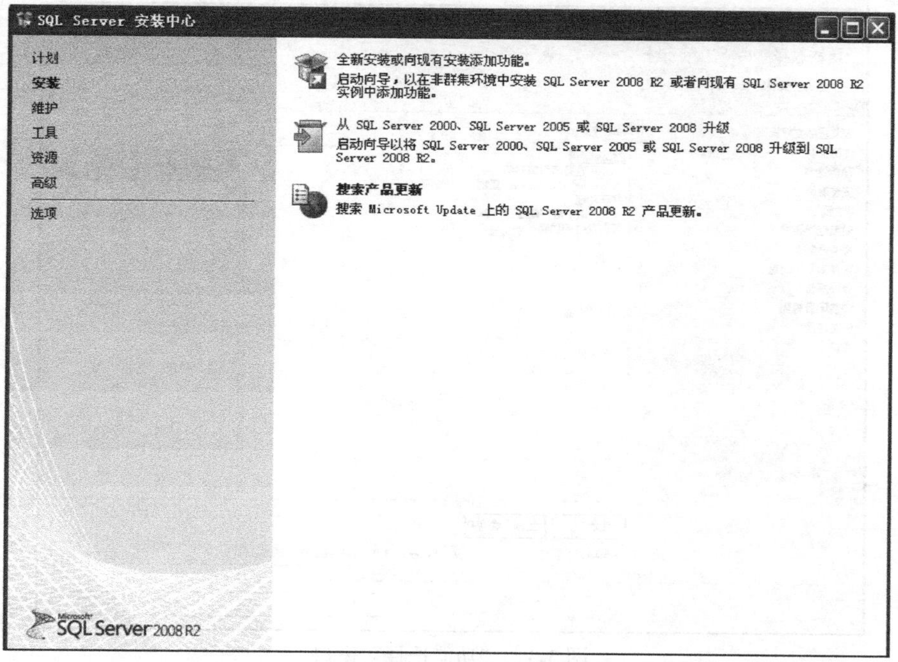

图 3-1　SQL Server 安装中心

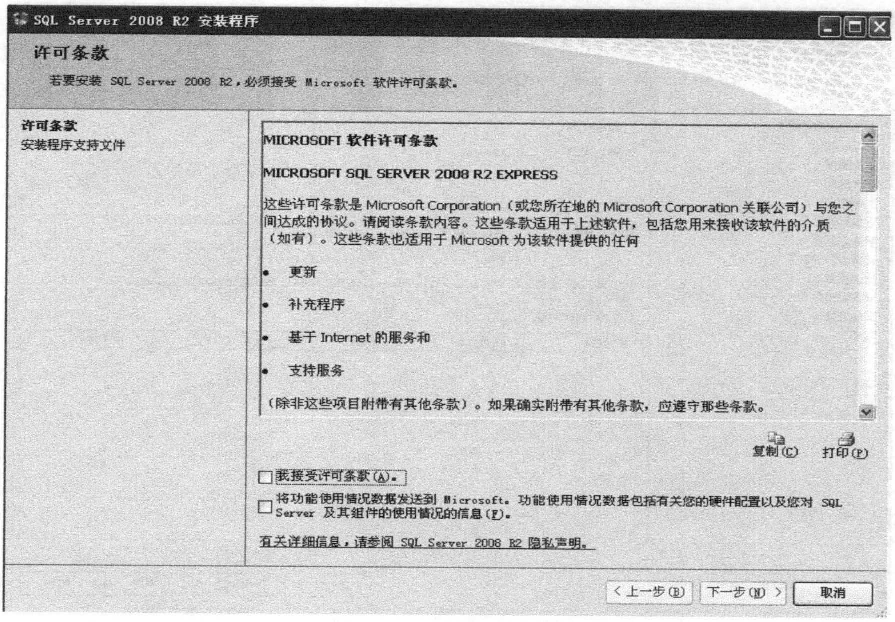

图 3-2　安装程序许可条款

勾选窗口中的“我接受许可条款”，然后单击“下一步”按钮，出现一个安装程序支持规则窗口。在这个窗口中，如果出现 “性能计数器注册表配置单元一致性”的状态为失败的情况，则需要修改注册表，然后重新运行，进行规则检查，直至通过为止。具体如何修改注册表，可上网搜索解决，此处不再详述。

验证通过后，出现一个功能选择的窗口，如图 3-3 所示。

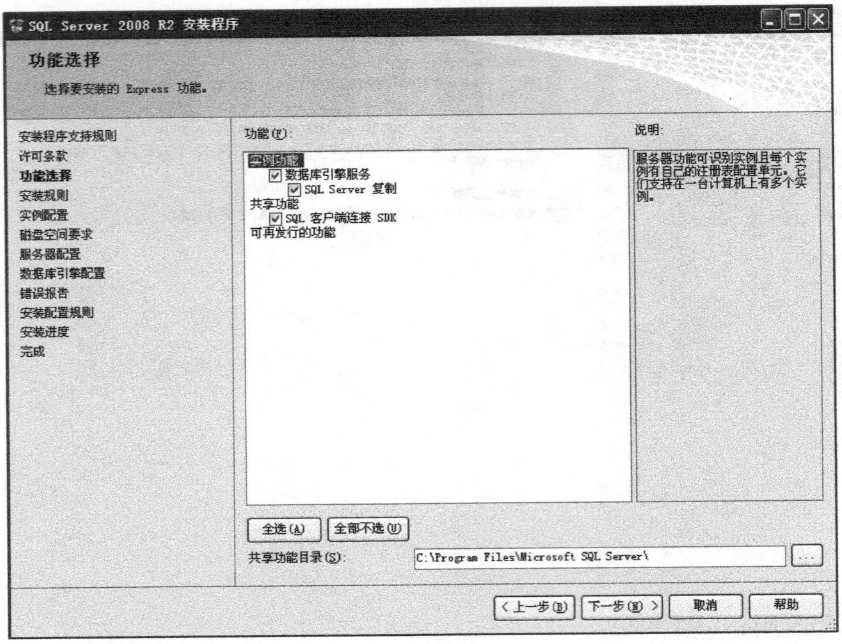

图 3-3　“功能选择”窗口

单击“全选”按钮，然后单击“下一步”按钮，弹出一个“实例配置”窗口，如图 3-4 所示。

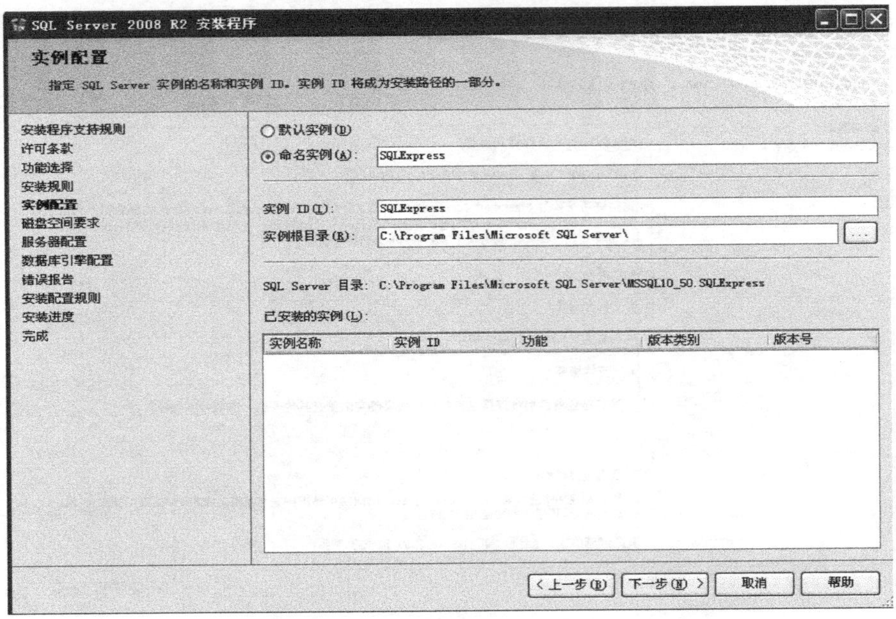

图 3-4　“实例配置”窗口

如果计算机只安装一个 SQL Server 版本，可选择“默认实例”；若装有 SQL Server 2005 等其他版本，则一定选择“命名实例”。安装系统检查计算机已安装的 SQL Server 实例，显示在已安装的实例表中。此处，选择“命名实例”，实例名为 SQLExpress，然后单击“下一步”按钮继续。

接下来系统弹出一个“服务器配置”窗口，单击“对所有 SQL Server 2008 R2 服务使用相同帐户”。然后可在弹出的窗口中在帐户名下拉列表中选择“NT AUTHORITY\NETWORK SERVICE”并确定，如图 3-5 所示。

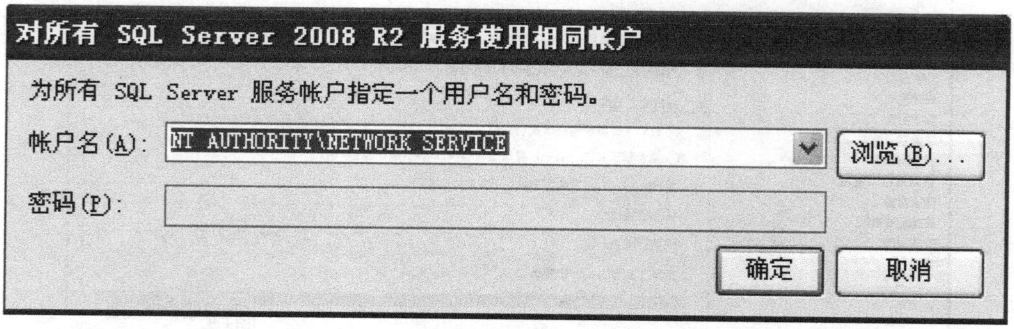

图 3-5　选择服务帐户

然后单击“服务器配置”窗口中的“下一步”按钮，如图 3-6 所示。

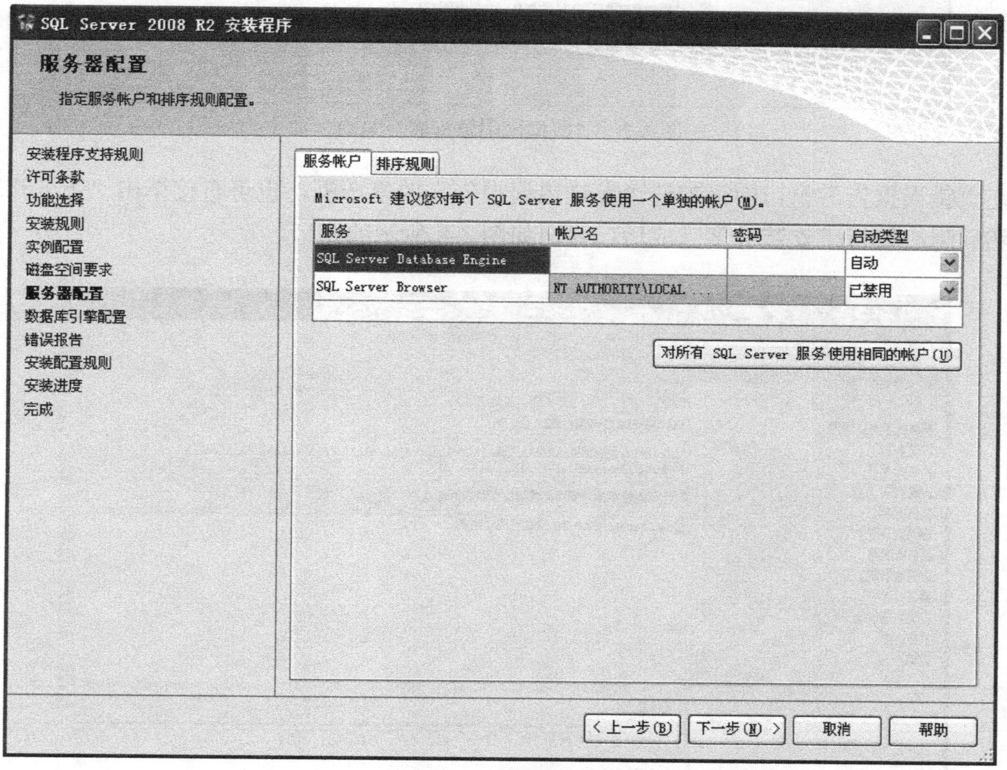

图 3-6　“服务器配置”窗口

接下来，程序打开一个“数据库引擎配置”窗口，在此窗口中可以对数据库引擎进行配置，包括身份验证模式、数据目录、用户实例和 FILESTREAM 等，如图 3-7 所示。

在“帐户设置”中可以根据需要选择“身份验证模式”，在此选择“混合模式”，并输入设置的密码及确认密码，添加当前用户作为 SQL Server 的管理员。也可在“数据目录”中设置各种数据库的安装目录及备份目录。然后，单击“下一步”按钮继续安装。

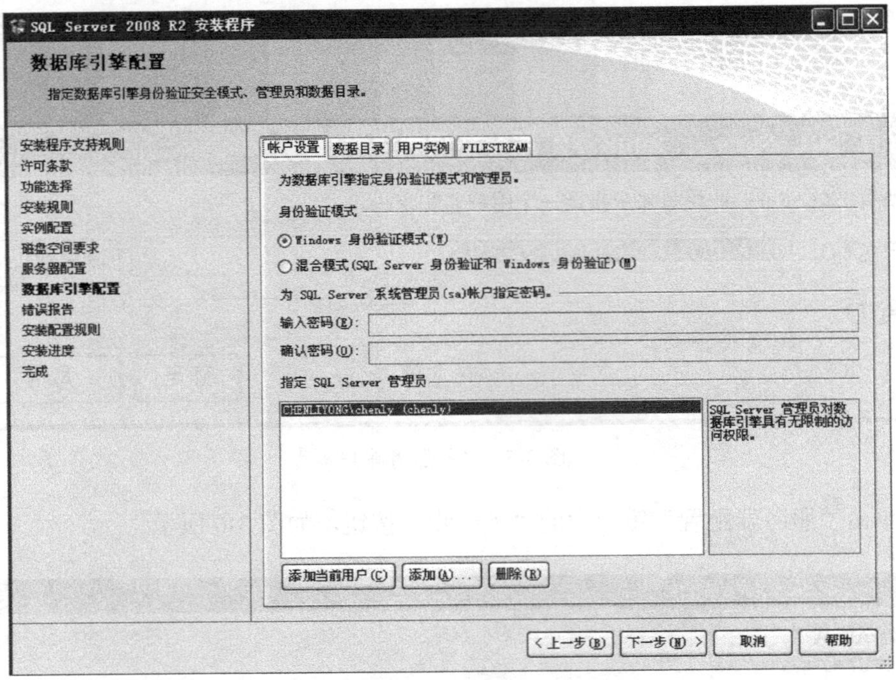

图 3-7　“数据库引擎配置”窗口

在“错误报告”窗口中可勾选“发送错误报告”的复选框，也可直接单击“下一步”按钮，然后耐心等待，安装进度完成后，弹出如图 3-8 所示的窗口。

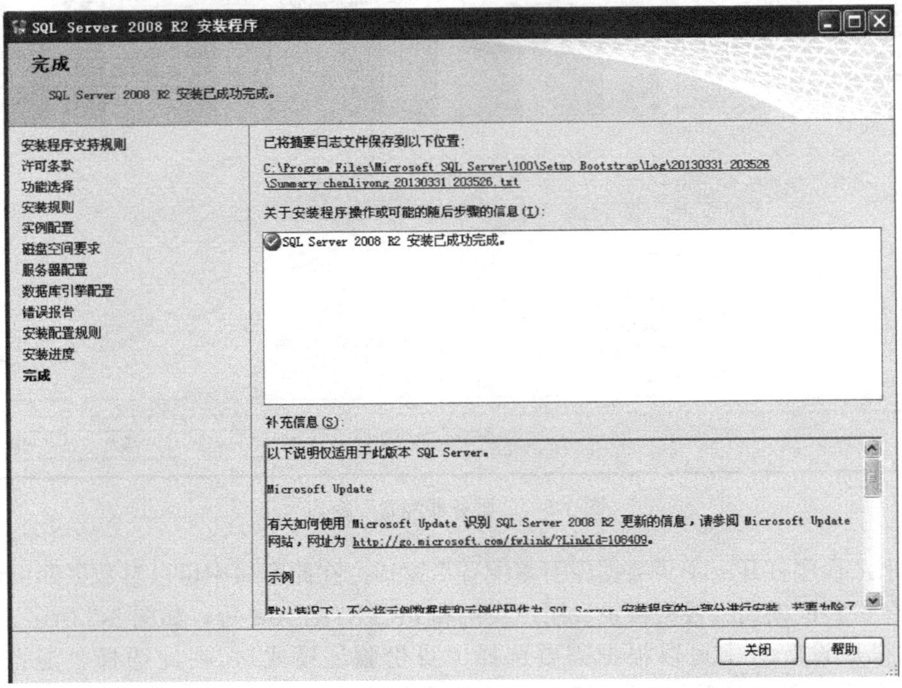

图 3-8　“完成”窗口

单击“关闭”按钮。至此，SQL Server 2008 的数据库引擎安装完成。

3.2.3 管理工具的安装

从 Microsoft 的网站上下载文件：SQLManagementStudio_x86_CHS.exe，此文件为数据库系统管理的安装文件。双击运行，弹出一个“SQL Server 安装中心”窗口，单击左侧的“安装”选项，并单击右侧的“全新 SQL Server 独立安装或向现有安装添加功能”，如图 3-9 所示。

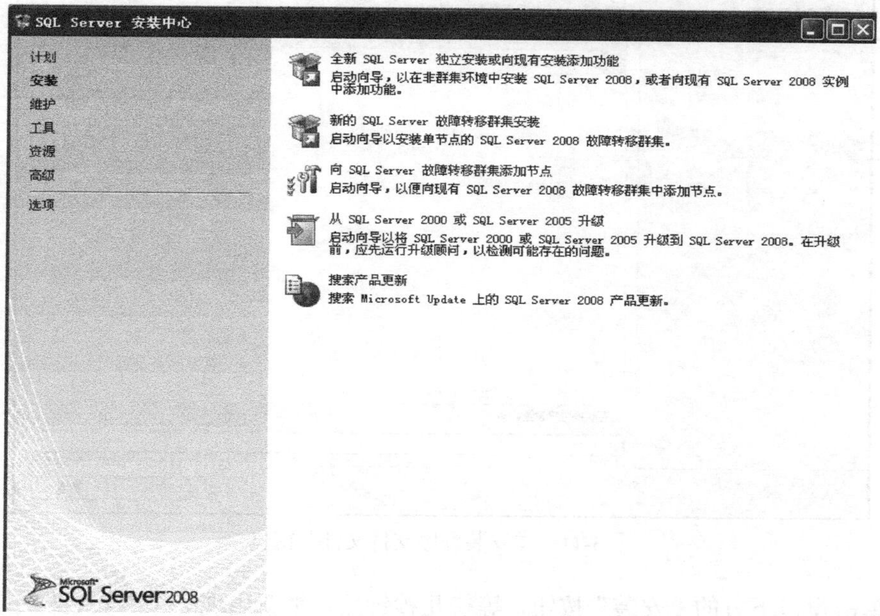

图 3-9 “SQL Server 安装中心”窗口

等待数秒钟后，出现一个“安装程序支持规则”窗口，如果在规则中出现如图 3-10 所示的重新启动计算机的状态为失败的情况，则重新启动计算机。

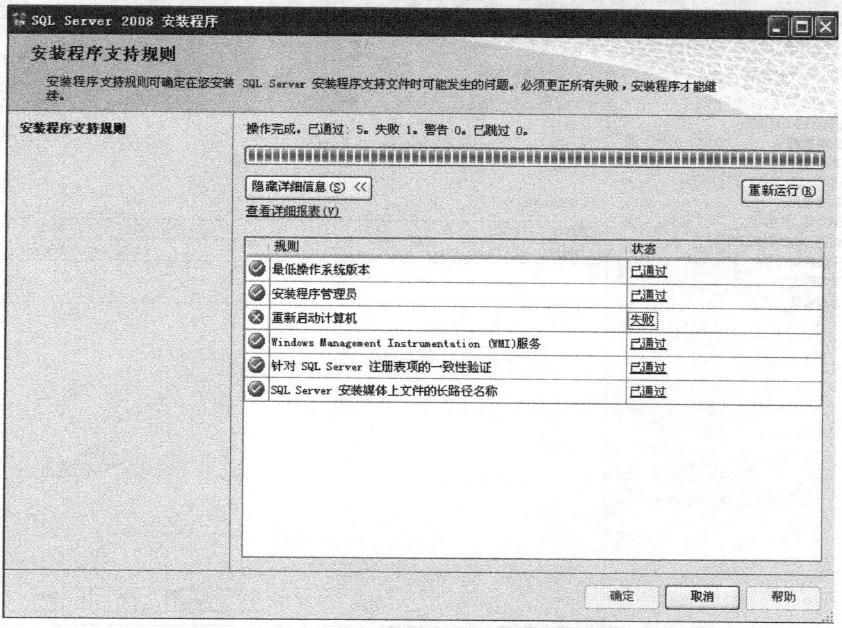

图 3-10 “安装程序支持规则”窗口

重启计算机后，重新双击 SQLManagementStudio_x86_CHS.exe 文件进行安装，此时，规则全部通过。单击“下一步”按钮，此时会出现一个“安装程序支持文件”窗口，如图 3-11 所示。

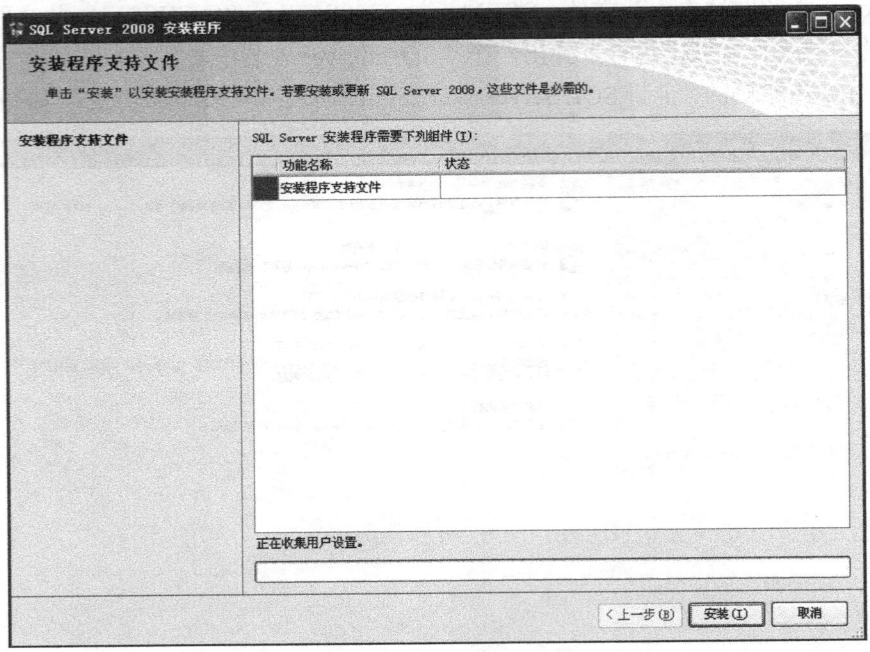

图 3-11　“安装程序支持文件”窗口

直接单击窗口下方的“安装”按钮，等待几秒钟后，重新出现一个“安装程序支持规则”窗口，如果没有失败的选项，直接单击“下一步”按钮。

此时出现一个“安装类型”窗口，如图 3-12 所示，此处采用默认选项，单击“下一步”按钮，出现一个“产品密钥”窗口，如图 3-13 所示，继续单击“下一步”按钮。

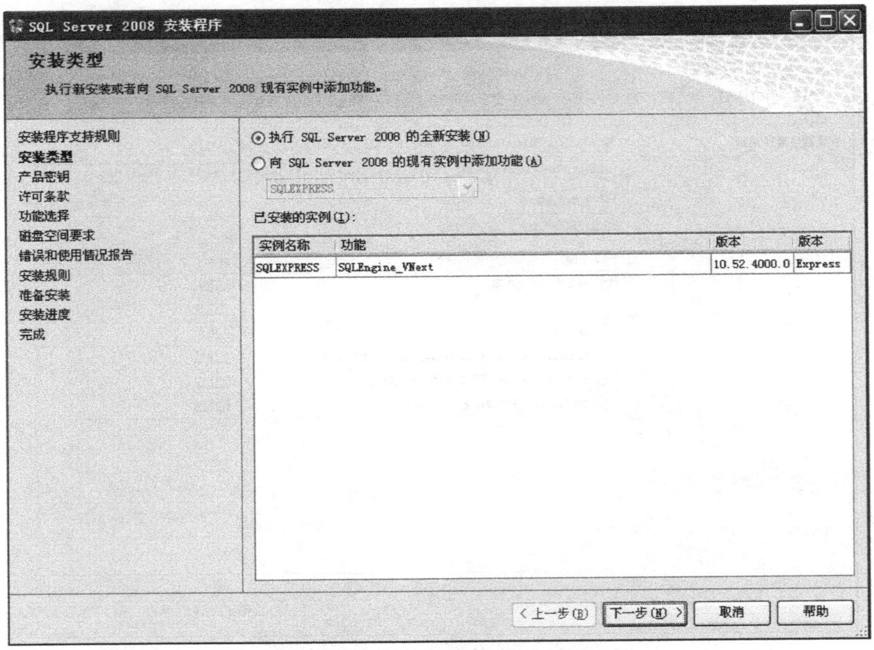

图 3-12　“安装类型”窗口

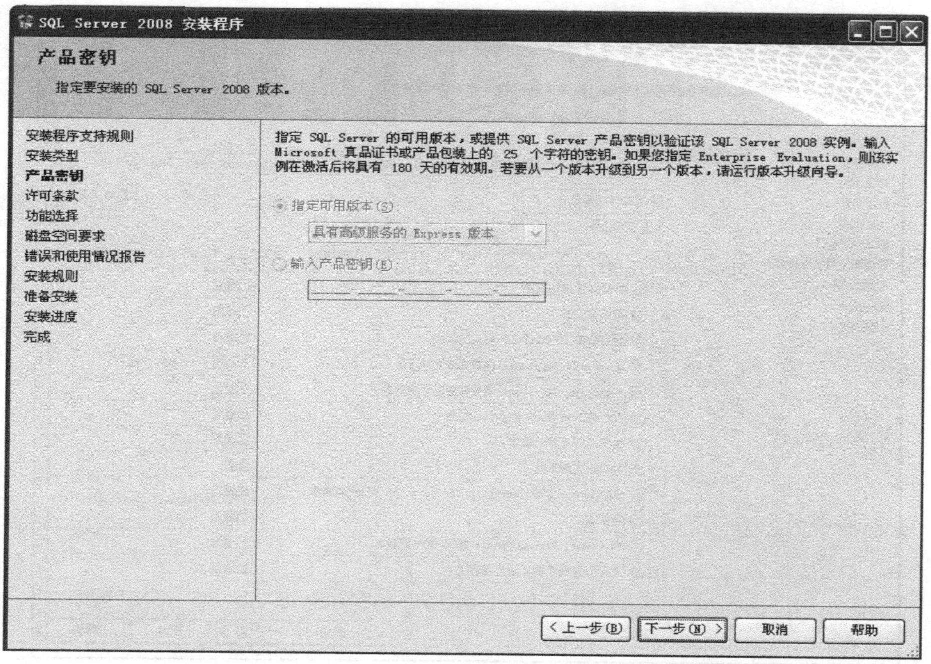

图 3-13 “产品密钥”窗口

然后出现一个“许可条款”窗口，选中“我接受许可条款”，然后单击“下一步”按钮。在出现的“功能选择”窗口中，选择功能，此处单击“全选”按钮，然后单击“下一步”按钮，如图 3-14 所示。

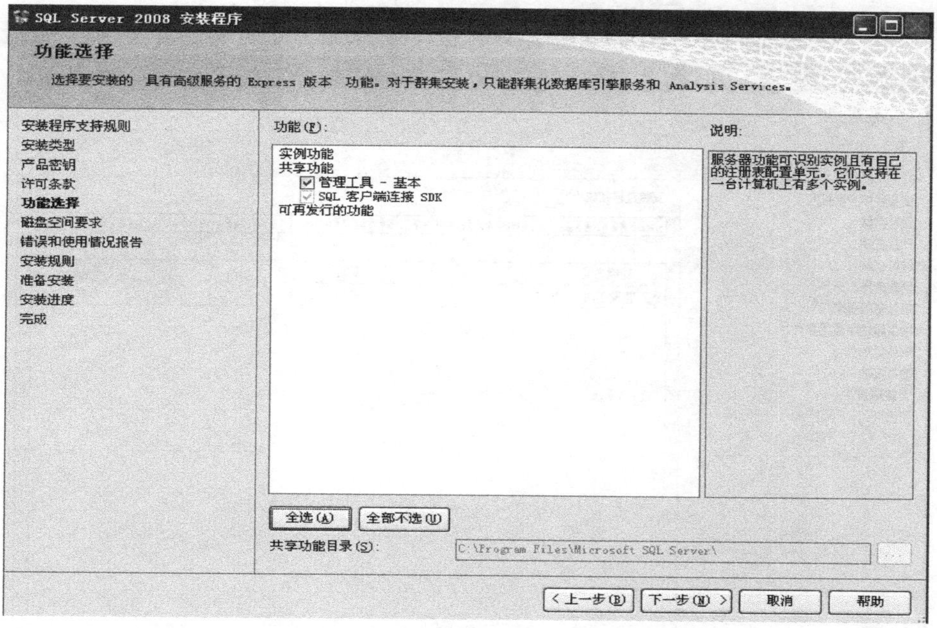

图 3-14 “功能选择”窗口

然后出现“磁盘空间要求”，直接单击“下一步”按钮。在出现的“错误和使用情况报告”中，可选中复选框然后单击“下一步”按钮，也可直接单击“下一步”按钮，之后出现一个“安装规则”窗口，如图 3-15 所示。

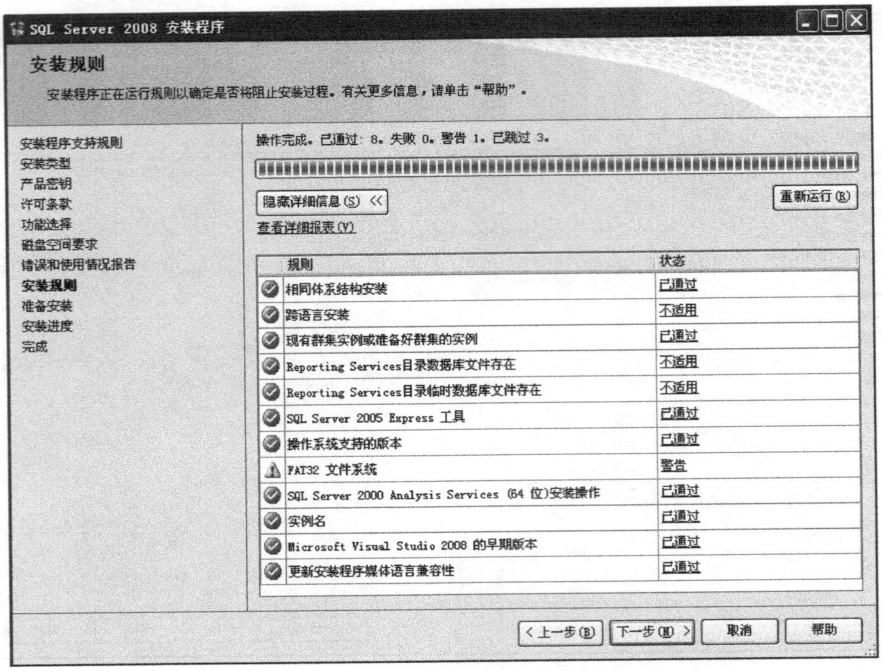

图 3-15 “安装规则”窗口

此窗口出现一些状态为不适用的规则及系统类别的警告，无须理会，直接按“下一步”按钮。

接下来出现“准备安装”窗口，用户可根据需求设置安装的目录，此处采用默认的路径，直接单击“安装”按钮，等待安装进度完成，出现如图 3-16 所示的窗口。

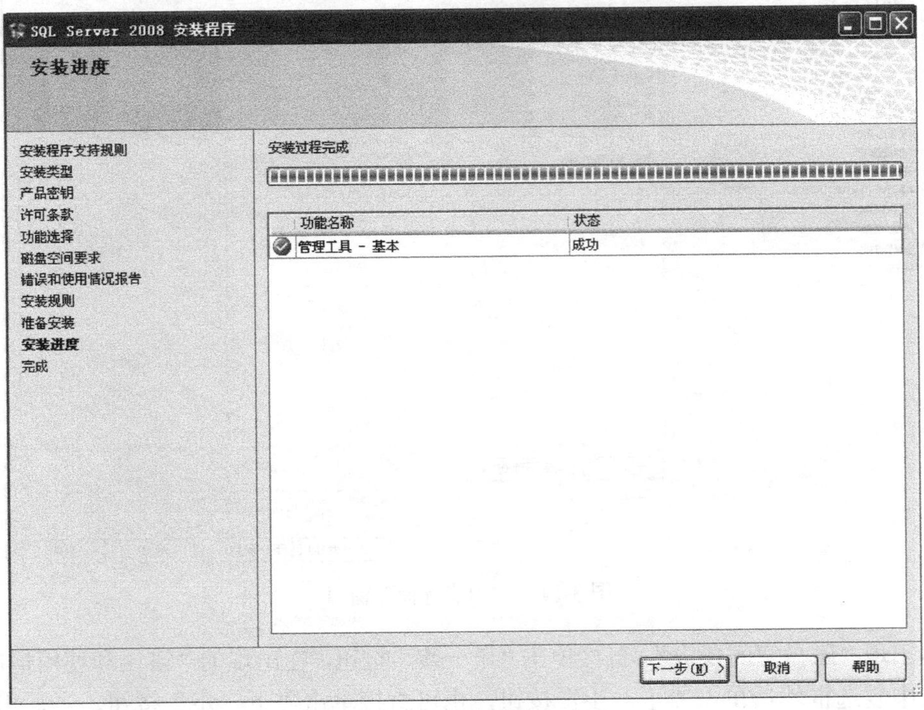

图 3-16 “安装进度”窗口

单击“下一步”按钮，出现 SQL Server 2008 安装已成功完成的窗口，单击窗口中的“关闭”按钮，至此，管理工具安装结束。

单击“开始”→“所有程序”→“SQL Server 2008”，出现一个 SQL Server Management Studio 选项。这便是适才安装的 SQL Server 2008 的基本管理工具，如图 3-17 所示。

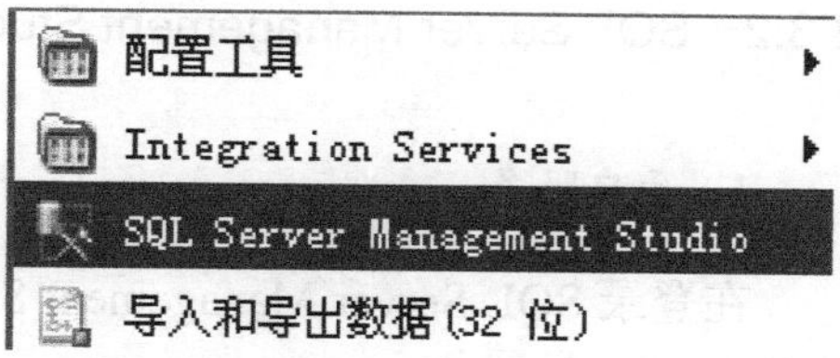

图 3-17　SQL Server 2008 的基本管理工具

在此需要说明的是，很多网站提供的下载安装包都集成数据库引擎和管理工具的功能，如果用户使用的是集成版的安装文件，安装时就不需要分两步进行。

3.3　SQL Server Management Studio 环境介绍

SQL Server Management Studio 是 SQL Server 2008 的主要管理工具和开发工具，习惯上依然可以把它称为企业管理器。SQL Server Management Studio 是一个集成环境，用于访问、配置、管理和开发 SQL Server 所有的组件。利用 SQL Server Management Studio，开发人员可以完成对数据的操作，包括数据的增加、删除、修改及数据的导入/导出等，SQL Server Management Studio 组合大量的图形工具和丰富的脚本编辑器，使各种技术水平的开发人员和管理员都能访问 SQL Server。较之早期版本，SQL Server Management Studio 提供更多的功能。本节简要介绍 SQL Server Management Studio。

3.3.1　SQL Server Management Studio 的常用功能

SQL Server Management Studio 包括以下常用的功能。

- 支持 SQL Server 的多数管理任务。
- 用于 SQL Server 数据库引擎管理，创作的单一集成环境。
- 用于管理 SQL Server 数据库引擎、Analysis Services、Reporting Services、Notification Services，以及 SQL Server Compact 中对象的新管理对话框。使用这些对话框可以立即执行操作，将操作发送到代码编辑器或将其编写为脚本以供以后执行。
- 非模式，以及大小可调的对话框允许在打开某一对话框的情况下访问多个工具。
- 常用的计划对话框使用户可以在以后执行管理对话框的操作。
- 在 Management Studio 环境之间导出或导入 SQL Server Management Studio 服务器注册。
- 保存或打印由 SQL Server Profiler 生成的 XML 显示计划或死锁文件，以后进行查看，或将其发送给管理员以进行分析。
- 新的错误和信息消息框提供详细信息，使用户可以向 Microsoft 发送有关消息的注释，将消息复制到剪贴板；可以通过电子邮件轻松地将消息发送给支持组。
- 集成的 Web 浏览器可以快速浏览 MSDN 或联机帮助。
- 从网上社区集成帮助。
- SQL Server Management Studio 教程可以帮助用户充分利用许多新功能，并可以快速提高效率。

- 具有筛选和自动刷新功能的新活动监视器。
- 集成的数据库邮件接口。

3.3.2 SQL Server Management Studio 中的工具窗口

1. 开启服务

在登录 SQL Server Management Studio 之前，首先确定 SQL Server 的服务是否开启，方法是：

单击“开始”按钮，选择“所有程序”→“Microsoft SQL Server 2008 R2”→“配置工具”→“SQL Server 配置管理器”并单击，弹出一个窗口，如图 3-18 所示。

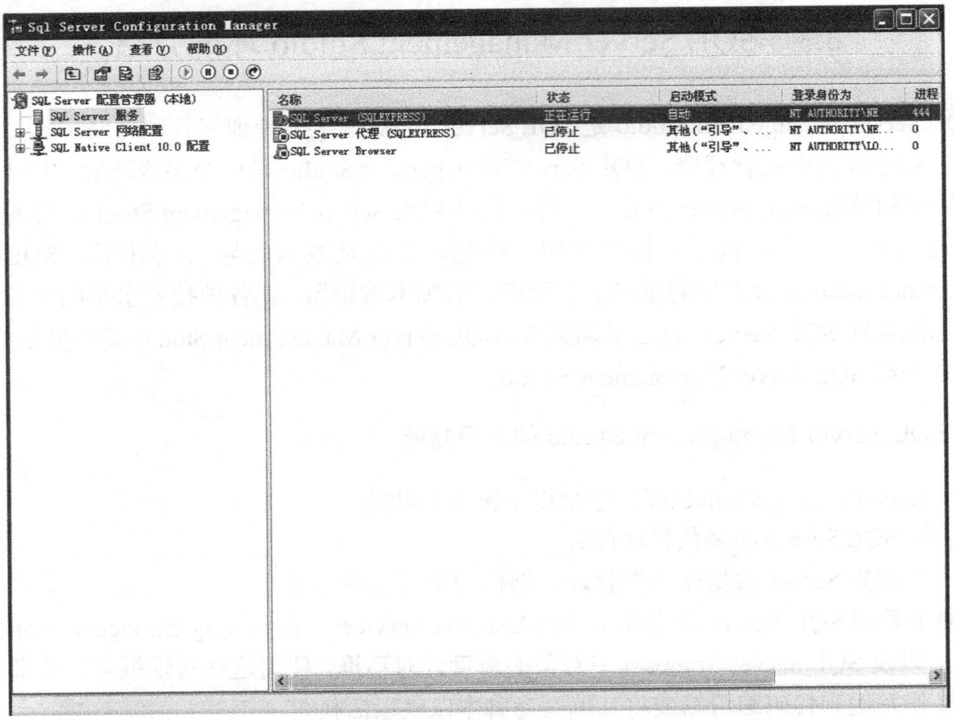

图 3-18 SQL Server Configuration Manager 窗口

选中左侧的“SQL Server 服务”，如果在右侧的“SQL Server(SQLEXPRESS)”状态栏信息显示“正在运行”，则说明服务已经启动；如果状态显示命令“已停止”，则可选中此行信息，然后右击，在弹出的菜单中选择“启动”命令，等待数秒钟，服务即启动。

如果希望服务自动启动，则可选中此行信息，然后右击，在弹出的菜单中选择“属性”命令，此时弹出一个窗口，窗口中有 4 个选项卡，切换到“服务”选项卡，将“启动模式”改为“自动”，之后单击窗口中的“确定”按钮即可。这样，不需要手动启动服务，每次开启计算机时，服务自动启动。

2. 连接到服务器

服务开启后，单击“开始”→“所有程序”→“SQL Server 2008”→“SQL Server Management

Studio”，出现一个“连接到服务器”窗口，如图 3-19 所示。

“连接服务器”窗口包含如下 5 个选项。

(1)服务器类型，该选项共包含如下 5 个部分。

① 数据库引擎：用于存储、处理和保护数据的核心服务。

② Reporting Services：报表服务。它提供工具和服务，可以帮助开发人员创建、部署和管理报表，并提供了扩展和自定义报表功能的编程功能。

③ Analysis Services：多维数据分析。Microsoft SQL Server 2008 可协助组织建立企业规模全面的分析解决方案，这些方案可通过熟悉的工具提供可执行的深入洞察能力。

④ SQL Server Compact Edition：SQL Server 提供的一种紧凑型的数据库。

⑤ Integration Services：是一个可用于生成企业级数据集成和数据转换解决方案的平台。

(2)服务器名称：待连接的数据库服务器名称。

(3)身份验证：SQL Server 支持 Windows 身份验证模式和混合模式。这两种身份验证模式的区别有：

① Windows 身份验证：利用 Windows 的用户/密码登录。

② SQL Server 身份验证：利用 SQL Server 的用户名/密码登录。

(4)用户名：登录用户名。

(5)密码：登录用户的密码。

选择服务器的类型为“数据库引擎”，服务器的名称为安装时创建的实例名称，身份验证可直接采用 Windows 身份验证的方式，然后单击“连接”按钮即可登录数据库。

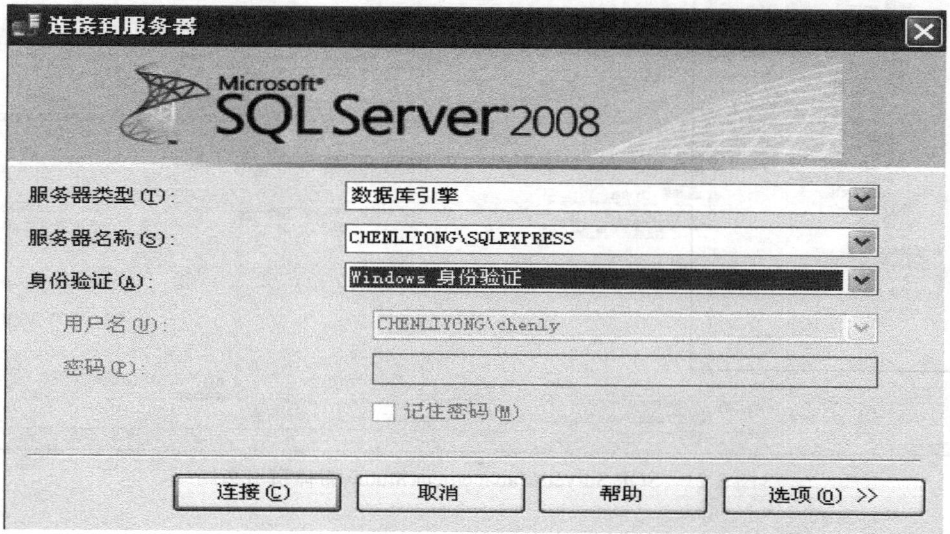

图 3-19　“数据库登录”窗口

3. SQL Server Management Studio 的整体环境界面

SQL Server Management Studio 为所有开发和管理阶段提供很多功能强大的工具窗口。图 3-20 为 SQL Server Management Studio 展开对象资源管理器中部分选项后的主窗口。

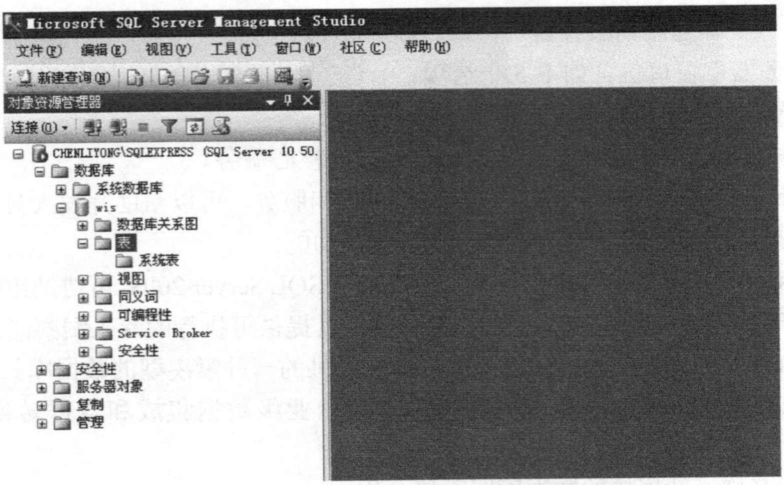

图 3-20　SQL Server Management Studio 主窗口

SQL Server Management Studio 包括菜单栏、工具栏、对象资源管理器等主要的部分，下面简单介绍该环境。为了便于说明，用数字将 SQL Server Management Studio 进行区域划分，如图 3-21 所示。

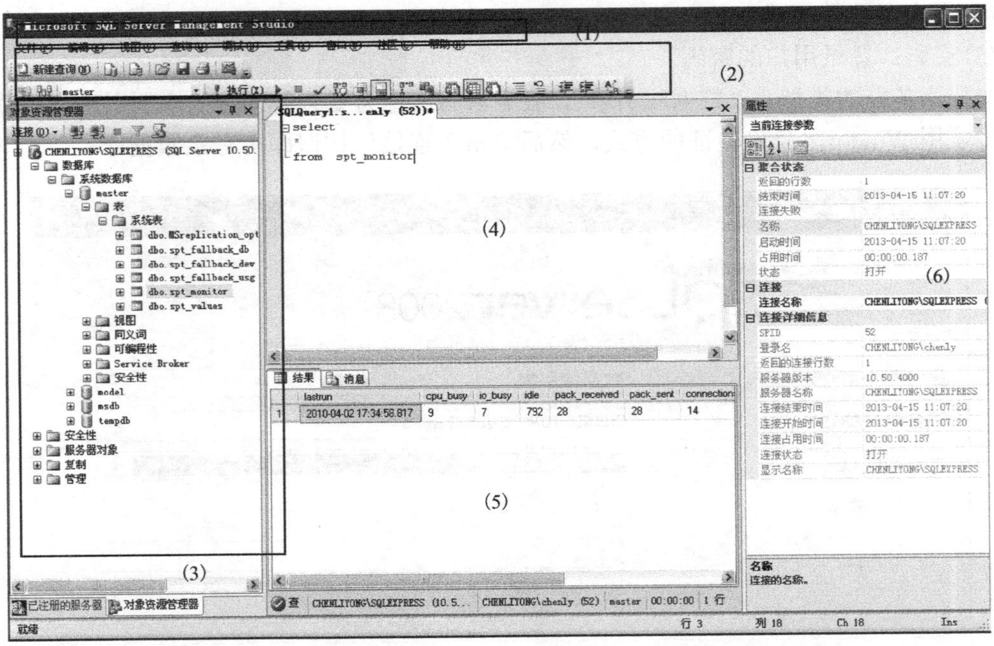

图 3-21　SQL Server Management Studio 整体窗口布局

图 3-21 中编号(1)～(6)所指部分说明如下。

(1) SQL Server Management Studio 的菜单栏，列出所有可操作的菜单。

(2) SQL Server Management Studio 的工具栏，列出部分常用的工具。

(3) SQL Server Management Studio 的对象资源管理器，用于管理对象，具体功能会在下文进行详细的介绍。

(4) SQL Server Management Studio 的查询编辑器，可在此区域输入待执行的命令等，此部分在下文进行详细介绍。

(5)查询结果列表窗口，执行查询后在此区域将查询结果输出。

(6)属性窗口，利用它可以查看对应查询编辑器窗口的各种属性。

4. 对象资源管理器

对象资源管理器是服务器中所有数据库对象的树视图。此树视图可以包括 SQL Server 数据库引擎、Analysis Services、Reporting Services、Integration Services 和 SQL Server 2008 Compact Edition 的数据库。

对象资源管理器包括与其连接的所有服务器的信息。利用对象资源管理器，可以连接到 SQL Server 数据库引擎、Analysis Services、Integration Services、Reporting Services 及 SQL Server Compact 3.5 SP1 的实例。并为它们的对象提供视图，显示一个用于管理这些服务的用户界面。对象资源管理器的功能因服务类型不同而稍有差异，但通常包括数据库的开发功能及所有服务器类型的管理功能。

为打开“对象资源管理器”，在工具栏的“视图”下单击“对象资源管理器”选项即可。

(1)连接，可选择连接的对象，如果连接数据库引擎，弹出登录 SQL Server Management Studio 时的“连接到服务器”窗口。

(2)如果断开当前的连接，可右击服务器的名称，在弹出的菜单中选择“断开连接”。

对象资源管理器可以帮助开发人员快速定位待操作的对象，主要有以下 3 个功能。

(1)按完整名称或部分名称、架构或日期进行筛选。

(2)异步填充对象，并可以根据对象的元数据筛选对象。

(3)访问复制服务器上的 SQL Server 代理以进行管理。

5. 查询编辑器

SQL Server Management Studio 可以有多个查询编辑器窗口，以标签页的形式存放。利用它可以处理各种 SQL 语句及数据库记录等。

打开查询编辑器的步骤是进入“文件”→“新建”列表，单击“数据库引擎查询”选项，此时出现“查询编辑器”窗口。为在当前连接的基础上增加一个“查询编辑器”窗口，那么在“新建”列表中选择“使用当前连接查询”即可，也可在工具栏中直接单击“新建查询”。

该窗口主要包含以下组件：

(1)查询编辑器标签，多个查询编辑器以标签的形式存在。

(2)查询编辑器编辑区，此窗口用于编写待执行的脚本。

(3)结果区，用于显示查询结果。查询结果可以以网格或文本的方式显示，快捷控制方式在“SQL 编辑器”中进行切换。

(4)消息区，用于显示当前运行脚本时由服务器返回的错误、警告和信息等。每次运行脚本，消息列表都发生变化。

(5)客户端统计信息区，用于显示不同类别查询执行的相关信息。连续查询执行中的统计信息与平均值一起列出。从“查询”菜单选择“重置客户端统计信息”可重置平均值。快捷控制该区域是否出现的方式是在“SQL 编辑器”中进行切换。

3.4 SQL Server的基本操作

安装完SQL Server 2008后，系统默认带有4个数据库，分别是master、model、msdb、tempdb。其中，master数据库存储的是SQL Server 2008中所有的系统级信息，如系统级的配置参数、所有登录账户的信息、链接服务器信息和初始化信息等，它是SQL Server 2008中最重要的数据库。model数据库是在SQL Server 2008实例上创建的所有数据库的模板。msdb数据库由SQL Server代理用于计划警报和作业。Tempdb数据库保存所有在数据库中创建的临时表和存储过程，是连接到SQL Server实例所有的用户都可使用的全局资源。

3.4.1 创建与查看用户数据库

虽然系统默认安装4个数据库，但是通常在使用的过程中须创建新的数据库。SQL Server 2008提供两种创建数据库的方法，分别是通过数据定义语言(DDL)创建和通过图形化界面创建。下面分别加以介绍。

1. 使用DDL命令创建数据库

如果使用默认参数创建数据库，则DDL命令非常简单，当需要为待创建的数据库指定参数时，语法较为复杂，具体的语法格式如下：

```
CREATE DATABASE db_name
[ ON  [ PRIMARY ]
[<文件说明> [ ,…n ]]
[<文件组> [ ,…n ] ] ]
[LOG ON {<文件说明>[ ,…n ] } ]
```

上述语法说明如下。

(1) CREATE DATABASE：创建数据库的命令，后面所跟的db_name即为用户自定义待创建的数据库名称，该名称的定义需符合标示符命名规则，最大长度不超过128个字符，且在SQL Server的实例中必须是唯一的。如果所有参数均使用默认值，则命令即为上述语句中的第一行，其后全部均可省略。

(2) PRIMARY关键字：指定列表定义主文件。在<文件说明>中指定的第一个文件称为主文件，一个数据库只能有一个主文件。

(3) ON：用来指定存储数据库数据的磁盘文件。该关键字后面可跟随以逗号分隔的<文件说明>列表项，该列表项用于定义主文件组的数据文件；主文件组的文件列表后可跟随以逗号分隔的<文件组>列表项，用于定义用户文件组及其文件。

(4) LOG ON：创建日志文件的命令，后面跟以逗号分隔，用来定义日志文件的<文件说明>项列表。如果没有指定LOG ON，系统将自动创建一个日志文件，大小约为该数据库所有数据文件大小总和的25%或512KB，取两者的较大值。

注意 方括号括起来的部分表示可选项及参数，可以省略。上式中的<文件说明>[,…n]表示可以出现*n*个<文件说明>。

例3-4-1 创建一个职工信息管理系统wis。

操作步骤如下所述。

(1) 创建一个文件夹：E:\SQL Server\wis。

(2) 启动 SQL Server Management Studio 窗口，在服务器类型的下拉列表中选择数据库引擎，在服务器名称中选择安装 SQL Server 2008 时创建的实例，身份验证可直接采用 Windows 身份验证的方式，然后单击“连接”。

(3) 在默认情况下，在工具栏的第一个位置有一个“新建查询”按钮，单击“新建查询”按钮，创建一个查询窗口，也可使用“新建查询”的快捷键：Alt+N。

(4) 在打开的查询窗口中输入创建职工信息管理系统 wis 的命令：

```
CREATE DATABASE wis                    --指定待创建的数据库名称为 wis
ON PRIMARY                             --定义在主文件组上的文件
(
        NAME=mis_data,                 --指定主数据文件的逻辑名称
        FILENAME='E:\SQL Server\wis\wis.mdf',  --指定主数据文件的物理名称
        SIZE=10MB,                     --设置初始大小为 10MB,MB 可省略
        MAXSIZE=unlimited,             --设置最大限制为无限大
        FILEGROWTH=5%                  --指定增长速度为 5%
)
LOG ON                         --定义事物日志文件
(
        NAME=mis_log,                  --定义事物日志文件的逻辑名称
        FILENAME='E:\SQL Server\wis\wis.ldf',  --定义事物日志文件的物理名称
        SIZE=1,                        --设置初始大小为 1MB
        MAXSIZE=100,                   --设置最大限制为 100MB
        FILEGROWTH=1                   --指定增长速度为 1MB
)
```

(5) 单击工具栏中的“执行”按钮，如果执行成功，则在命令窗口下方的消息中提示命令已成功完成。

通过以上步骤，即可通过命令窗口创建名称为 wis 的数据库，重新打开 SQL Server Management Studio 窗口，即可看见已创建的数据库。

2. 通过对象资源管理器创建数据库

还以创建一个职工信息管理系统 wis1(因上面已经创建过一个 wis，所以为了避免创建一个已经存在的数据库，将这次创建的数据库名称改为 wis1) 为例，具体操作步骤如下所述。

(1) 展开“对象资源管理器”窗口中实例名前面的“+”。

(2) 在弹出的“数据库”上右击，在弹出的快捷菜单中选择“新建数据库”命令。

(3) 单击“新建数据库”命令后，弹出一个“新建数据库”窗口，窗口的左上方有三个选项，弹出时的窗口默认为“常规”选项，在“常规”选项中可以指定数据库的名称、数据库的位置及初始大小等，此处在右侧的“数据库名称”文本框中输入数据库名称 wis1，其他选项采用默认值，窗口如图 3-22 所示。

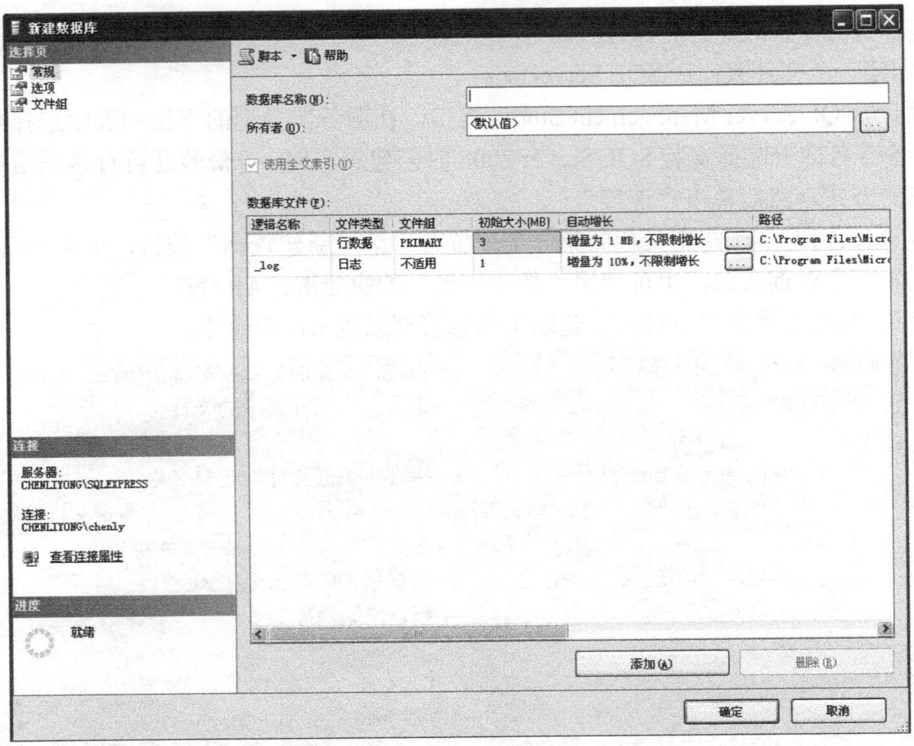

图 3-22　“新建数据库”窗口

除了可设置“选择页”中的“常规”页面外，还可以单击“选项”、“文件组”选项对其他内容进行设置。“选项”页面主要包括数据库的排序规则、恢复模式、兼容级别、ANSI 设置，自动收缩等。“文件组”页面主要用于查看和修改文件组信息。

(4) 单击“常规”页面窗口下方的“确定”按钮即可。

通过以上步骤创建完成后，重新展开“对象资源管理器”中的数据库，可看到已创建的数据库。

3. 查看数据库

可以通过查询 sys.database 表的内容来查看当前数据库中有哪些数据库，查询语句如下：

```
select * from sys.databases
```

如果只查询某一个数据库，可在语句后面添加 where 条件，如查看已创建的数据库 wis，可通过以下语句完成：

```
select * from sys.databases where name='wis'
```

语句成功执行后，输出窗口列出 wis 数据库的很多详细信息。具体的查询语句定义在后续章节中讲到。

3.4.2　修改用户数据库

数据库创建完成后，还可以对数据库进行修改。可以通过 ALTER DATABASE 语句对数据库进行修改，也可以直接选中待修改的数据库，右击属性，打开“数据库属性”对话框进行修改。

1. 使用 ALTER DATABASE 语句修改数据库

使用 ALTER DATABASE 语句可以修改现有的数据库文件或文件组文件，也可以添加和删除数据库中的文件或文件组。部分语法格式如下：

```
ALTER DATABASE db_name
{
ADD  FILE <文件说明>[,…n]
    [TO FILEGROUP 文件组名称]
| ADD  LOGFILE <文件说明>[,…n]
| REMOVE  FILE 逻辑文件名
| ADD  FILEGROUP 文件组名称
| REMOVE  FILEGROUP 文件组名称
| MODIFY  NAME= 新数据库名
| MODIFY  FILE <文件说明>
| MODIFY  FILEGROUP 文件组名称 { 文件组属性 | NAME=新文件组名称}
}
```

各参数说明如下。

- db_name：待修改的数据库名称。
- ADD FILE：指定待添加的文件，该文件由后面的<文件说明>指定。<文件说明>的定义如下：

```
<文件说明>::=
 (
NAME=逻辑文件名
 [, NEWNAME=新逻辑文件名]
 [, FILENAME='物理文件名']
 [, SIZE=大小]
 [, MAXSIZE={最大限制 | UNLIMITED}]
 [, FILEGROWTH=增长量]
)
```

- TO FILEGROUP：表示将指定的文件添加到其后指定的文件组中。
- ADD LOGFILE：表示将其后指定的日志文件添加到指定的数据库中。
- REMOVE FILE：从数据库系统中删除文件描述，并删除物理文件。
- ADD FILEGROUP：指定待添加的文件组。
- REMOVE FILEGROUP：从数据库中删除文件组。只有当文件组为空时才能将其删除。
- MODIFY FILE：表示待更改指定的文件，更改选项包括文件的名称、大小、增长情况和最大限制，且一次只能更改这些属性中的一种。
- MODIFY NAME= 新数据库名：表示要重新命名数据库的名称。
- MODIFY FILEGROUP 文件组名称 {文件组属性 | NAME=新文件组名称}：指定待修改的文件组和所需的改动情况：如果指定“文件组的名称”和“文件属性”，则表示修改文件组的属性；如果指定“文件组的名称”和“NAME=新文件组名称”，则表示将此文件组的名称改为新文件组的名称。

例 3-4-2 修改职工信息管理系统 wis，向系统中添加一个包含两个数据文件的文件组和一个事务日志文件。

语句如下：

```
ALTER DATABASE wis
ADD FILEGROUP data1
ALTER DATABASE wis
ADD FILE
(
 NAME=wis1,
 FILENAME='E:\SQL Server\wis\wis1.ndf',
 SIZE=1,
 MAXSIZE=40,
 FILEGROWTH=5%,
)
(
 NAME=wis2,
 FILENAME='E:\SQL Server\wis\wis2.ndf',
 SIZE=1,
 MAXSIZE=20,
 FILEGROWTH=1,
)
TO FILEGROUP data1
ALTER DATABASE wis
ADD LOG FILE
(
 NAME=wislog3,
 FILENAME='E:\SQL Server\wis\wislog1.ldf',
 SIZE=1,
 MAXSIZE=40,
 FILEGROWTH=1
)
```

例3-4-3 将数据库wis的文件名改为wisystem。

语句如下：

```
ALTER DATABASE wis
MODIFY NAME=wisystem
```

2. 使用“数据库属性”对话框修改数据库

除了使用 ALTER DATABASE 语句修改数据库外，还有一种通过“数据库属性”对话框修改数据库的方法，具体操作如下：

(1) 展开“对象资源管理器”窗口中实例名前面的“+”。

(2) 在弹出的“数据库”上右击，在弹出的快捷菜单中选择“属性”。系统弹出一个如图 3-23 所示的窗口。

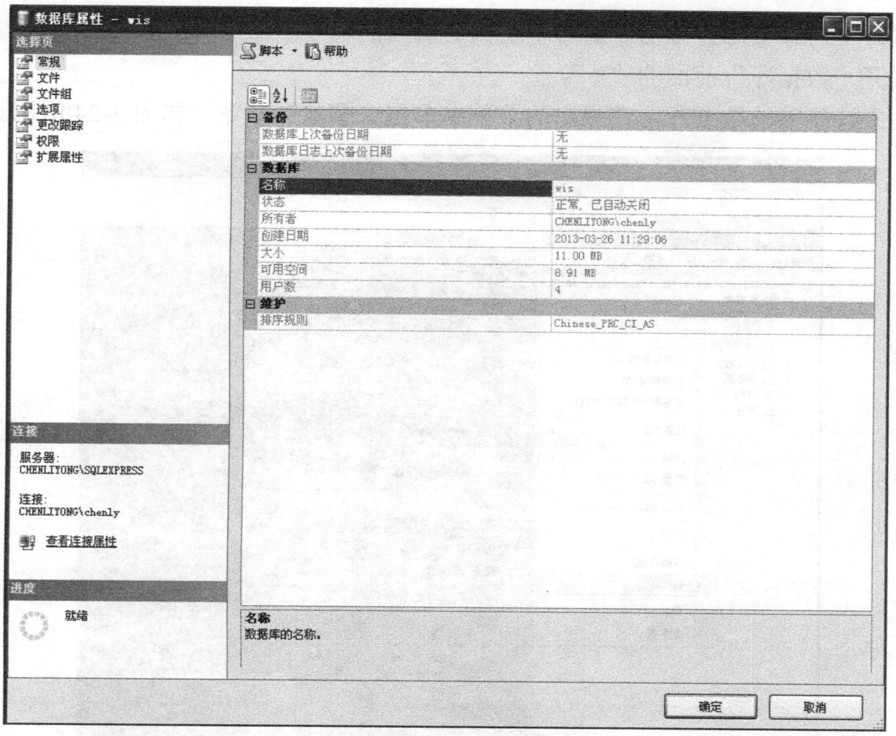

图 3-23 “数据库属性”窗口

可以根据需求情况选择右上方的“选择页”来对数据库文件及属性进行修改。下面对部分常用的选择页进行简单的介绍。

- 常规：默认弹出的页面，该页列出数据库的名称、状态、创建日期和大小等信息。
- 文件：可创建新的数据库文件及修改数据库文件的属性。
- 文件组：可查看文件或删除文件组。若需要删除文件组，则需先将文件组中的文件移出，文件组才能删除。
- 选项：在该选择页可修改数据库的排序规则，恢复模式及兼容级别等信息。

3.4.3 删除用户数据库

1. 使用命令删除数据库

使用 DROP DATABASE 命令可以删除数据库，语法如下所述。

```
DROP DATABASE db_name [1,…n]
```

- db_name：待删除的数据库名称。
- [1,…n]：表示可有多个数据库的名称。

例如

```
DROP DATABASE wis
```

注意 命令删除时，命令执行后没有确认信息。所以，删除数据库时应慎重。

2. 使用向导删除数据库

SQL Server 2008 提供利用向导删除数据库的方法，具体步骤如下：

(1) 展开“对象资源管理器”窗口中实例名前面的“+”。

(2) 展开“数据库”前面的“+”。

(3) 右击待删除的数据库，在弹出的菜单中单击“删除”命令，如图 3-24 所示。

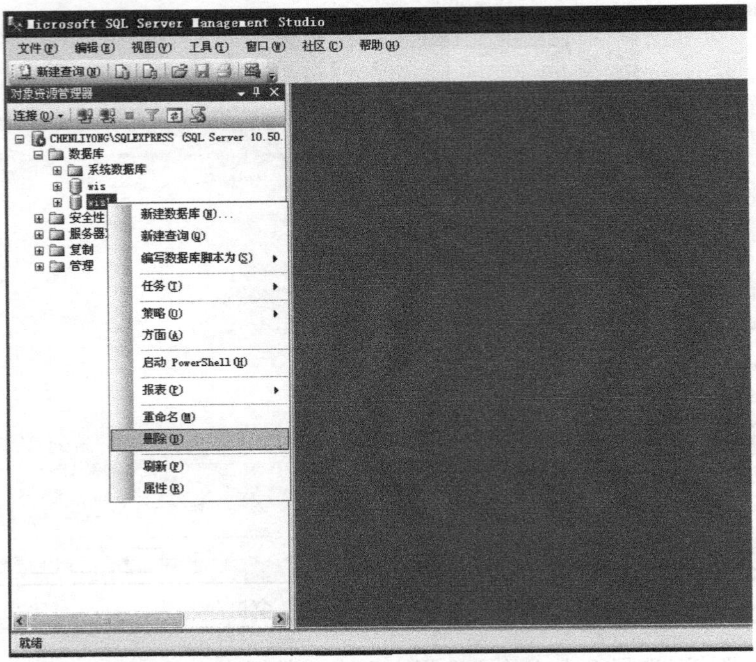

图 3-24　利用向导删除数据库

(4) 弹出“删除对象”窗口，如图 3-25 所示，可根据需要勾选复选框，然后单击“确定”按钮即可。

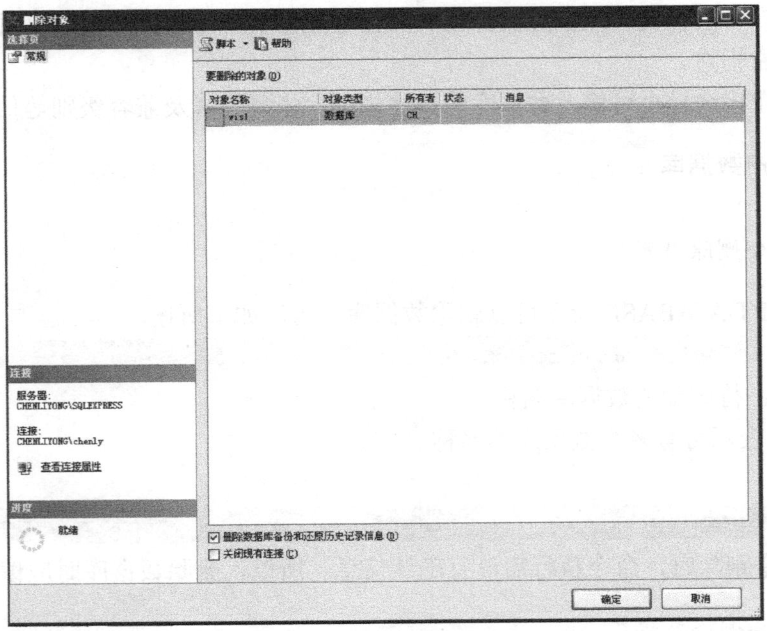

图 3-25　“删除对象”窗口

3.5 小　　结

本章首先介绍SQL Server的发展历史，然后列出SQL Server 2008的版本信息，详细描述SQL Server 2008及管理工具的安装过程；最后介绍SQL Server的基本操作，包括如何创建数据库、查看数据库、修改数据库和删除数据库等。本章是学习后面各章的基础，请务必引起足够的重视。

习　题

1. 找一台未安装SQL Server 2008的计算机，练习安装SQL Server 2008。

2. 采用Windows身份验证的方式登录数据库管理系统，并完成以下操作。

(1)查看数据库中已存在哪些数据库，并了解每个数据库的作用。

(2)查看Master数据库中所包含的表。

3. 分别采用命令和对象资源管理器的方式创建一个学生信息管理系统数据库SIS。

第 4 章　关系数据库标准语言

4.1　SQL 概述

SQL 是“结构化查询语言”(Structured Query Language)的缩写，是一种介于关系代数与关系演算之间的语言，是一种用来与关系数据库管理系统通信的标准计算机语言。其功能包括数据查询、数据操作、数据定义和数据控制 4 个方面，是一个功能极强的通用关系数据库语言。目前，已成为关系数据库的标准语言。

4.1.1　SQL 的发展

SQL 是 1974 年由 Boyce 和 Chamberlin 提出的，1975~1979 年 IBM 公司 San Jose Research Laboratory 研制的关系数据库管理系统原型系统 System R 实现了这种语言。这种语言由于其功能丰富、语言简洁、使用方法灵活、方便易学，受到用户及计算机工业界欢迎，被众多计算机公司和软件公司所采用。经各公司的不断修改、扩充和完善，SQL 最终发展成为关系数据库的标准语言。

1986 年，美国国家标准局(ANSI)公布 SQL86 标准，1987 年国际标准化组织(ISO)也通过这一标准，作为关系数据库的标准语言。此后，ANSI 经过不断完善和发展，1989 年 ISO 第二次公布 SQL 标准(SQL89 标准)。目前，新的 SQL 标准是 1992 年制定的 SQL92 国际标准，在 1993 年通过，简称 SQL2。在 SQL2 基础上增加许多新特征，产生了 SQL3 标准，表示第三代 SQL 语言，在 1999 年提出，改称 SQL：1999，是为了避免千年虫现象在数据库标准命名中出现。这一标准到目前还没有通过，但是一些数据库厂商在其新的数据库产品中都已经开始加入 SQL3 标准中的一些新内容，如 SQL Server 2005、Oracle10g 等。

自 SQL 成为国际标准语言以后，各个数据库厂家纷纷推出各自支持的 SQL 软件或与 SQL 接口的软件。大多数数据库均用 SQL 作为共同的数据存取语言和标准接口，使不同数据库系统之间的互操作有共同的基础。各厂家又在 SQL 标准的基础上进行扩充，形成各自的语言。比如，Microsoft 公司推出的 SQL Server，扩充 SQL 标准后称为 Transact-SQL，简称 T-SQL。因此，有人把确立 SQL 为关系数据库语言标准及其后的发展称为是一场革命。

大多数数据库开发商支持 SQL92，但并不是完全符合这个标准。读者在使用某个 DBMS 产品时，应仔细阅读系统提供的有关手册。本书遵循 SQL92 标准向大家介绍语句。为使大家增进认识，通过开源数据库产品 MySQL 和 Microsoft 公司数据库产品 SQL Server 阐述部分特性，这与标准 SQL92 有一些偏离。

4.1.2　SQL 特点

SQL 集数据查询(Data Query)、数据操作(Data Manipulation)、数据定义(Data Definition)和数据控制(Data Control)功能于一体，语言风格统一，充分体现关系数据语言的特点和优点。使用 SQL 语句可以独立完成数据管理的核心操作。SQL 语言具有下列 6 个特点。

1. 综合统一

SQL 集数据定义语言(Data Definition Language，DDL)、数据操作语言(Data Manipulation Language，DML)、数据控制语言(Data Control Language，DCL)的功能于一体，语言风格统一，可以独立完成数据库生命周期中的全部活动，包括定义关系模式、录入数据以建立数据库、查询、更新、维护、数据库重构、数据库安全控制等一系列操作要求。

2. 高度非过程化

非关系数据模型的数据操作语言是面向过程的语言，用其完成某项请求，必须指定存取路径(如早期的 FoxPro)。用 SQL 进行数据操作，用户只需提出“做什么”，而不必指明“怎么做”，因此用户无需了解存取路径，存取路径的选择及 SQL 语句的操作过程由系统自动完成。这不但大大减轻用户负担，而且有利于提高数据独立性。所以，SQL 是高度非过程化的，即一条 SQL 语句可以完成过程语言多条语句的功能。

3. 面向集合的操作方式

非关系数据模型采用的是面向记录的操作方式，任何一个操作其对象都是一条记录。SQL 采用集合操作方式，不仅查找结果可以是元组的集合，而且一次插入、删除、更新操作的对象也可以是元组的集合。

4. 以同一种语法结构提供两种使用方式

SQL 既是自含式语言，又是嵌入式语言。且在两种不同的使用方式下，SQL 的语法结构基本上是一致的。作为自含式语言，它能够独立地用于联机交互的使用方式，用户可以在终端键盘上直接输入 SQL 命令对数据库进行操作。作为嵌入式语言，SQL 语句能够嵌入到高级语言(如 C、C++、VC、C#、Java、PowerBuilder)程序中，供程序员设计程序时使用。

5. 语言简捷，易学易用

SQL 功能极强，设计巧妙，语言十分简洁。

6. SQL 支持关系数据库三级模式结构

数据库三级模式：内模式对应于存储文件，模式对应于基本表，外模式对应于视图。基本表是本身独立存在的表；视图是从基本表或其他视图中导出的表，它本身不独立存储在数据库中，即数据库中只存放视图的定义而不存放视图对应的数据，这些数据仍存放在导出视图的基本表中，因此视图是一个虚表。用户可以用 SQL 对视图和基本表进行查询。对用户而言，视图和基本表都是关系，而存储文件对用户是透明的。

4.1.3 SQL 基本概念

1. SQL 支持的关系数据库三级模式

SQL 支持关系数据库三级模式结构。其中，外模式对应于视图和部分表，模式对应于表，内模式对应于存储文件。

2. SQL 的基本概念

由图 4-1 可知，SQL 既可以对基本表进行操作，也可以对视图进行操作。基本表是本身独立存在的表，在 SQL 中一个关系就对应一个表。视图是从基本表或其他视图中导出的表，它本身不独立存储在数据库中，即数据库中只存放视图的定义而不存放视图对应的数据，这些数据仍存放在导出视图的基本表中，因此视图是一个虚表。视图和部分表的逻辑结构组成外模式，基本表的逻辑结构组成模式，存储文件的逻辑结构组成内模式。存储文件的物理文件结构是任意的。用户可以用 SQL 对视图和表进行查询。对用户而言，视图和表都是关系，而存储文件对用户是透明的，由具体的实现系统决定。

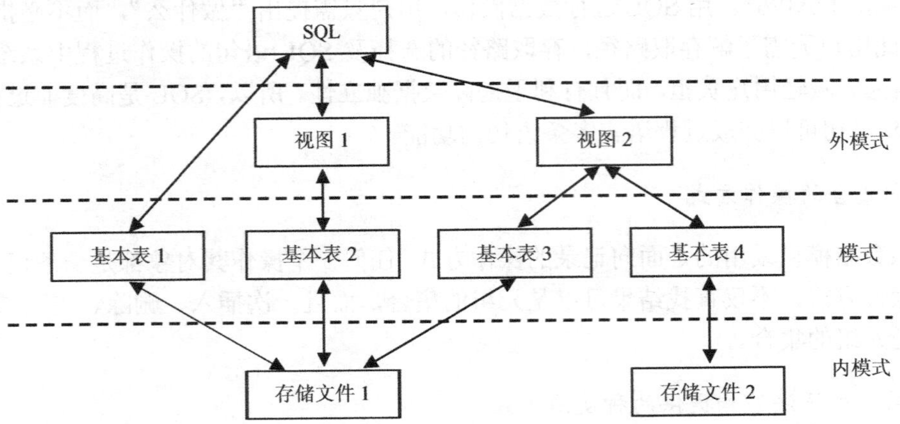

图 4-1　SQL 对关系数据库模式的支持

3. SQL 的功能

1) 数据定义功能

通过 DDL 实现，可用来支持创建、删除、修改数据库对象(如数据库、表、索引、视图等)等。定义关系数据库的模式、外模式、内模式。常用 DDL 语句包含的动词有 CREATE、ALTER、DROP。

2) 数据操作功能

数据操作功能通过 DML 实现，广义的 DML 包括数据查询和数据更新两种语句：数据查询指对数据库中的数据进行查询、统计、排序、分组、检索等操作；数据更新指对数据的插入、删除、修改等操作；狭义的 DML 指数据更新。

3) 数据控制功能

数据库的数据控制功能指数据的安全、完整和事务控制功能。SQL 主要通过 GRANT、REVOKE、ROLLBACK、COMMIT 实现安全中的权限控制，称之为数据控制语言(DCL)。

4.1.4　SQL 分类简介

可执行的 SQL 语句的种类数目极多，SQL 设计非常巧妙，结构简洁，功能强大，简单易学，只用 9 个核心动词就完成数据定义、数据查询、数据操作、数据控制的大部分功能。使用 SQL 可以执行任何功能：从一个简单的表查询，到创建表和存储过程，到设定用户权限。本部分重点讲述如何从数据库中检索、更新数据和定义对象。表 4-1 是 SQL 的 9 个核心动词和所属的类型。

表 4-1 SQL 核心动词

SQL 功能	所使用的动词
数据定义	CREATE、ALTER、DROP
数据查询	SELECT
数据操作	INSERT 、UPDATE 、DELETE
数据控制	GRANT 、REVOKE

(1) CREATE：创建一个新的对象，包括数据库、表、索引、视图等对象，创建不同对象时 CREATE 动词后的关键字不同，分别用 DATABASE、TABLE、INDEX、VIEW 实现。

(2) ALTER：在一个对象建立之后，修改对象的结构设计，包括数据库、表、视图等对象结构。可以跟 ADD、DROP、ALTER 三个子句，但每个语句只能跟其中一个子句。

(3) DROP：删除对象，包括数据库、表、索引、视图等对象，不同对象删除时 DROP 动词后的关键字不同。确保该对象，以及相关内容确实无用时才能使用 DROP 删除，因为删除对象时把对象中所有的内容都删除掉。

(4) SELECT：从一个表或多个表或视图中检索列和行，具有数据查询、统计、分组、排序的功能，是 SQL 中最核心的动词，包含五个子句。

(5) INSERT：向一个表或视图中插入行，可以一次插入一行，也可以插入多行。

(6) UPDATE：修改表中已存在的某些列的值，可以修改所有行的某些列值，也可以修改部分行的某些列值，主要由 UPDATE、SET、WHERE 子句构成。

(7) DELETE：根据指定条件从一个表或视图中删除行。

(8) GRANT：向数据库中的用户授以操作权限，可以实现数据库的安全控制。

(9) REVOKE：收回以前显式(使用 GRANT 语句授予)授予给当前数据库中用户的权限，但如果从其他角色或用户继承相应的权限，则该用户还具有相应的权限。

4.1.5 示例说明

以一个“学生选课”数据库 Students 为例说明 SQL 语句的各种用法。该数据库包括三个表：

(1)“学生”表 Student 由学号(Sno)、姓名(Sname)、性别(Ssex)、年龄(Sage)、所在系(Sdept)五个属性组成，可记为 Student(Sno，Sname，Ssex，Sage，Sdept)，其中 Sno 为主码。

(2)“课程”表 Course 由课程号(Cno)、课程名(Cname)、先修课号(Cpno)、学分(Ccredit)四个属性组成，可记为 Course(Cno，Cname，Cpno，Ccredit)，其中 Cno 为主码。

(3)“学生选课”表 SC 由学号(Sno)、课程号(Cno)、成绩(Grade)三个属性组成，可记为 SC(Sno，Cno，Grade)，其中(Sno，Cno)为主码。

三个表的示例数据如表 4-2~表 4-4 所示。空白处代表为空(NULL)。

表 4-2　Student 表

Sno	Sname	Ssex	Sage	Sdept
08001	张力	男	18	cs
08002	李丽	女	19	is
08003	赵海	男	20	ma
08004	张娜	女	17	cs
08005	刘晨	男	18	is
08006	刘丹丹	女	17	ma
08007	刘立	男	21	cs
08008	王江	男	19	cs
08009	高晓	男	20	is
08010	张丽	女	19	cs

表 4-3　Course 表

Cno	Cname	Cpno	Ccredit
001	数据库	005	4
002	高等数学		2
003	信息系统	001	4
004	操作系统	006	3
005	数据结构	007	4
006	数据处理		2
007	C 语言	006	4

表 4-4　SC 表

Sno	Cno	Grade	Sno	Cno	Grade
08001	002	100	08004	001	90
08001	003	95	08005	007	97
08001	004	90	08005	002	37
08001	006	100	08006	003	
08002	002	98	08008	001	50
08002	003		08008	003	80
08003	001	99	08009	001	89
08003	002	80	08009	004	90
08003	003	98	08010	008	100

4.2　数据定义语言

SQL 数据定义功能包括四部分：定义数据库，定义基本表，定义视图，定义索引。其中，数据库、基本表的定义可以包括创建、修改和删除三个方面；视图和索引的定义包括创建和删除两个方面。通过 CREATE、ALTER、DROP 三个核心动词完成数据定义功能。具体的数据定义动词和相关语句如表 4-5 所示。本节主要讨论表和索引的定义。视图相关内容见 4.6 节。

表 4-5　SQL 的数据定义语句

动词	语　句	功　能
CREATE	CREATE DATABASE	创建数据库
	CREATE TABLE	创建表
	CREATE VIEW	创建视图
	CREATE INDEX	创建索引
ALTER	ALTER DATABASE	修改数据库
	ALTER TABLE	修改表的结构设计
DROP	DROP　DATABASE	删除数据库
	DROP　TABLE	删除表
	DROP　VIEW	删除视图
	DROP　INDEX	删除索引

4.2.1 定义基本表

1. 创建基本表

SQL 使用 CREATE TABLE 语句创建基本表，其一般格式如下：

```
CREATE TABLE <表名>(<列名><数据类型> [列级完整性约束条件]
                  [,<列名><数据类型> [列级完整性约束条件]…]
                  [,<表级完整性约束条件>]);
```

一般语法格式中出现的一些符号说明如下所述。

- < >表示里面的内容在该语句中是必选的，真正书写语句时必须去掉；
- [ ]表示里面的内容是可以选择的，真正书写语句时必须去掉；
- |表示前后内容地位是相同的，一般在一个语句中只能选择其中之一；
- { }表示里面的内容是一个整体，真正书写语句时必须去掉；
- ( )表示语法中里面内容是个整体，真正书写语句时必须带上；
- ，表示语法中前后部分是并列的关系，真正书写语句时必须带上；
- ；表示语句的结束，真正书写语句一般情况下可以省略，有时必须带上；
- …表示省略，省略内容跟该符号前面内容格式一致，真正书写语句时必须去掉。

这些符号在本书出现的其他语法格式中含义相同，与 MySQL 帮助和 SQL Server 联机丛书上面出现的语法格式中符号含义相同。所有语句中的标点都是半角状态符号。

语法说明如下。

(1)<表名>，所要定义的基本表名，一般自行命名，命名时根据不同的数据库管理系统要求和该表存放的数据特征起一个符合规范的明确名称。

(2)<列名>，表由一个或多个属性(列)组成。建表时必须定义列名及每列所使用的数据类型，列名在表内必须为唯一的，一个表至少包含一个列。

(3)<数据类型>，定义表的各个列(属性)时需指明其数据类型和长度，不同的数据库管理系统支持的数据类型不完全相同，应根据实际使用的 DBMS 来确定。不同数据库管理系统支持的数据类型比较如表 4-6 所示。

表 4-6 SQL Server 数据类型与 MySQL 数据类型比较(部分数据类型)

SQL Server		MySQL	
数据类型名称	说 明	数据类型名称	说 明
BIT	1 位，值为 0 或 1	BIT	1 位，值为 0 或 1
INT/SMALLINT	4 字节整数/2 字节整数	INT/SMALLINT	4 字节整数/2 字节整数
TINYINT	字节类型 0~255 之间整数	TINYINT	字节型 0~255 之间整数
BIGINT	长整型	BIGINT	长整型
NUMERIC(P，S)/DECIMAL(P，S)	小数类型，P 为精度，S 为小数位	DEC(M，D)/DECIMAL(M，D)	M+2 字节数，定点小数类型，M 为精度，D 为小数位
FLOAT	浮点数类型	FLOAT/DOUBLE	4 字节浮点数类型/8 字节浮点数
CHAR(n)/VAR	固定长度/可变长字符类型、	CHAR(n)/VAR	固定长度/可变长字符类型、

续表

SQL Server		MySQL	
数据类型名称	说　明	数据类型名称	说　明
CHAR(n)	n=1~8000 字节	CHAR(n)/TEXT	n=1~8000 字节/只能保存字符数据
DATETIME/SMALLDATIME	8 字节/4 字节，日期时间型，精确度为 1/300 秒	YEAR/TIME/DATE/DATETIME	年/时间/日期/日期时间类型
UNIQUEIDENTIFIER	16 字节，存放全局唯一标识(GUID)	AUTO_INCREMENT	自动编号属性
BINARY(n)/VAR BINARY(n)	固定长度/可变长度二进制数据	BINARY(n)/VAR BINARY(n)	字节为 n 的定(变)长二进制字符串数据类型
IMAGE/TEXT	二进制数据，大小为 0~2GB	BLOB	大二进制数据
用户自定义类型	基于基本类型自定义	ENUM/SET	枚举类型(最多含 65535/64 成员)

(4)<列级完整性约束条件>，只应用到一个列的完整性约束条件。

(5)<表级完整性约束条件>，应用到多个列的完整性约束条件。

基本列和表级完整性约束条件见表 4-7。

表 4-7　列级和表级完整性约束条件

约束类型	功能描述	MySQL 是否支持	SQL Server 是否支持
NOT NULL(*)	防止空值进入该列	√	√
UNIQUE(**)	防止重复值进入该列	√	√
PRIMARY KEY(***)	进入该列所有的值是唯一的，且不为 NULL	√	√
FOREIGN KEY(***)	定义外码，限制外码要么取空，要么取相应的主码值	√	√
DEFAULT(*)	默认约束，将该列常用的值定义为默认值，减少数据输入	√	√
CHECK(**)	检查约束，通过约束条件表达式设置列值应满足的条件	√	√

* 表示列级约束。

** 表示列级约束或表级约束，分别取决于是否应用于一个或多个列。

*** 表示当定义为单一属性码(主码或外码)时是列约束，当定义为组合码时是表约束。

例 4-2-1　建立学生表 Student，由学号 Sno、姓名 Sname、性别 Ssex、年龄 Sage、所在系 Sdept 五个属性组成，每个属性根据所指的内容分别采用相应字符或数值数据类型。

```
CREATE TABLE Student
(Sno Char(5),Sname Char(20),Ssex Char(2),Sage Smallint,Sdept Char(15));
```

注　该语句在 MySQL 和 SQL Server 两个具体的 DBMS 中都可以正常执行。

该语句在 MySQL 中执行的步骤如下所述。

进入 DOS 命令行，如图 4-2 所示，在 DOS 提示符后输入“mysql-u root-p”，按 Enter 键，

提示输入密码，输入指定密码后按 Enter 键进入 mysql 提示符，后面输入“use test”，以打开 test 数据库，然后输入上面创建表的语句后按 Enter 键，提示查询运行成功，使用 show tables 语句可以查看建立的 Student 表。

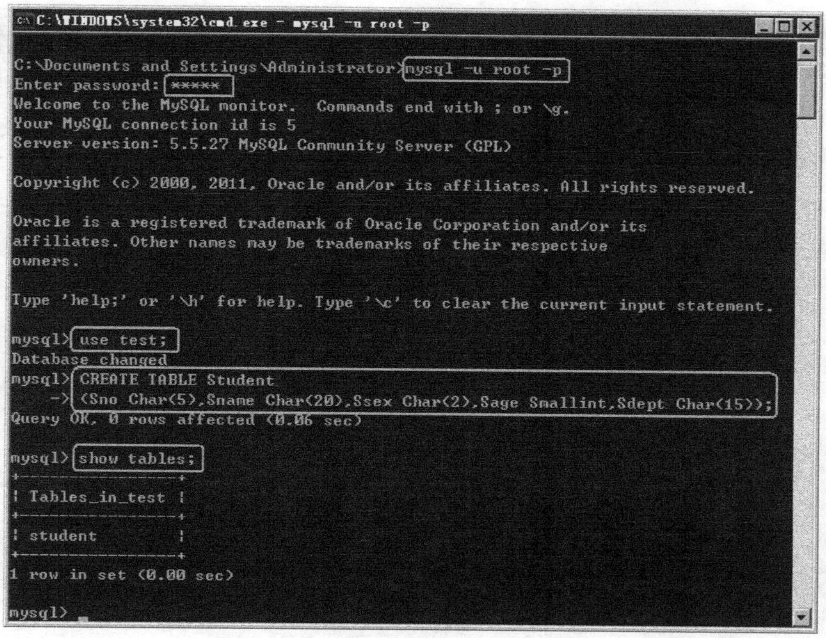

图 4-2　“MySQL 命令行”窗口

DOS 命令行下输入编辑文本比较麻烦。为了方便使用，借助 MySQL 第三方工具 Navicat 8 for MySQL 来完成相关查询，在该工具下该语句的执行步骤如下所述。

(1) 打开第三方工具 Navicat 8 for MySQL，在当前连接下新建一个 MySQL 数据库 students，如图 4-3 所示。

图 4-3　“Navicat 8 for MySQL 程序”窗口

(2) 在图 4-3 中，单击“确定”按钮，然后单击左边树形节点 localhost 展开，选中新建的 students 数据库双击，然后在“查询”对象上右击，弹出的菜单中选择“创建查询”命令，打开如图 4-4 所示的“创建查询”窗口。

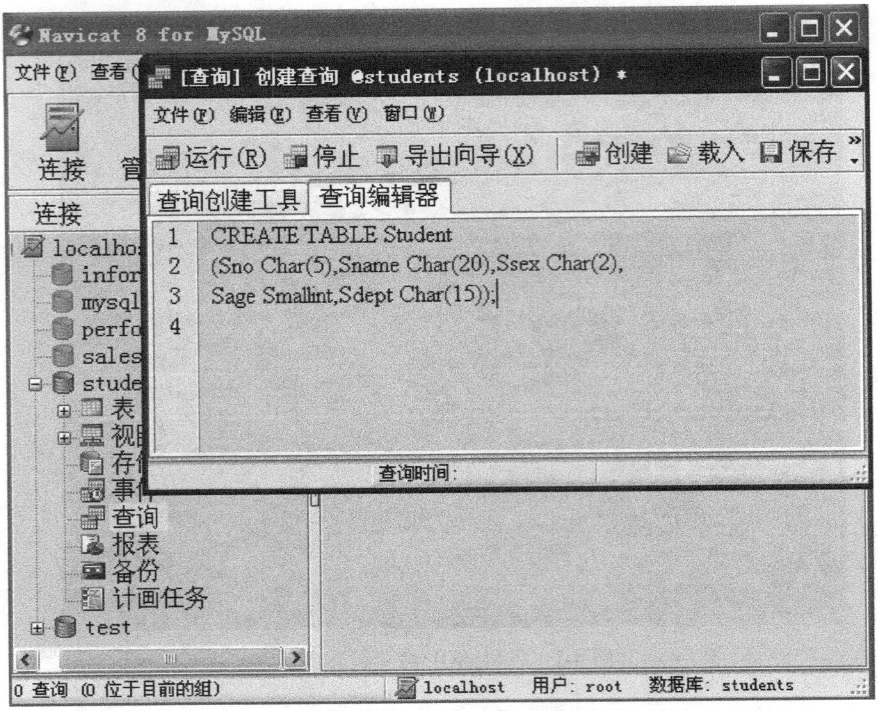

图 4-4 “创建查询”窗口

(3) 在图 4-4 的“查询编辑器”中输入上面创建表的语句，单击“运行”按钮执行。

(4) 如果运行成功，在 students 数据库下面的“表”对象中可以查看到新建的表；如果把查询保存下来，单击“创建查询”窗口中的“保存”按钮，在弹出的“查询名”窗口中输入保存的名称，然后单击“确定”按钮即可。

该语句在 SQL Server 中运行的步骤：

(1) 从“开始”菜单找到“程序”→“Microsoft SQL Server 2008”→“SQL Server Management Studio”命令，单击，弹出如图 4-5 所示“连接到服务器”窗口。

图 4-5 “连接到服务器”窗口

(2) 单击“连接”按钮，进入 SQL Server Management Studio 主界面，如图 4-6 所示。

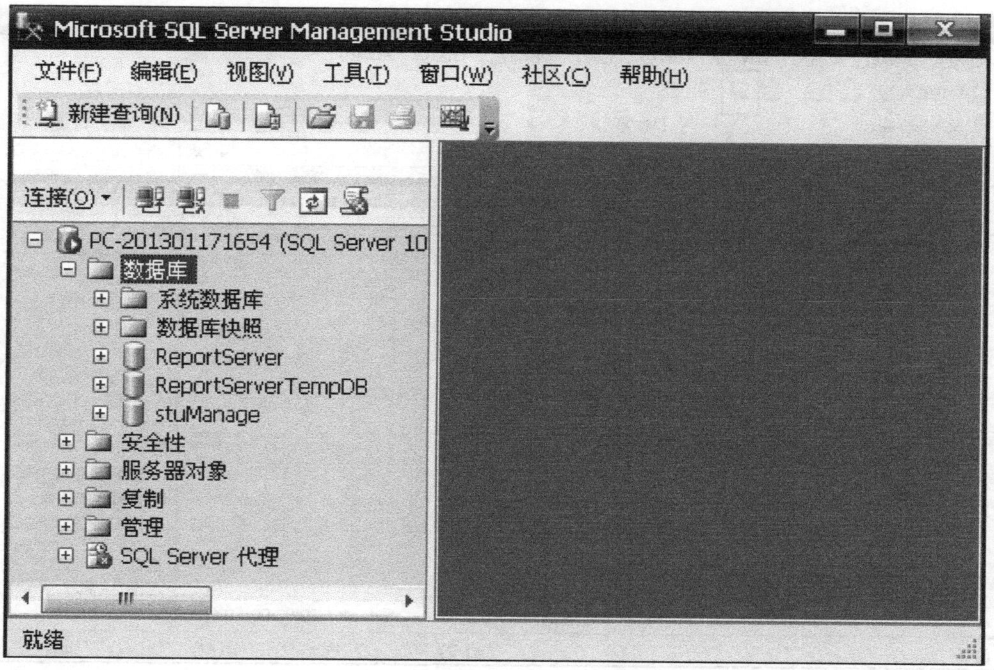

图 4-6 SQL Server Management Studio 主界面

(3) 在图 4-6 的“对象浏览器”窗口中找到“数据库”节点，右击，在弹出菜单中选择“新建数据库”命令，打开如图 4-7 所示的“新建数据库”窗口，在“数据库名称”文本框中输入新建的数据库名 students，单击“确定”按钮，新建的数据库 students 显示到“对象浏览器”的树形列表中，如图 4-8 所示。

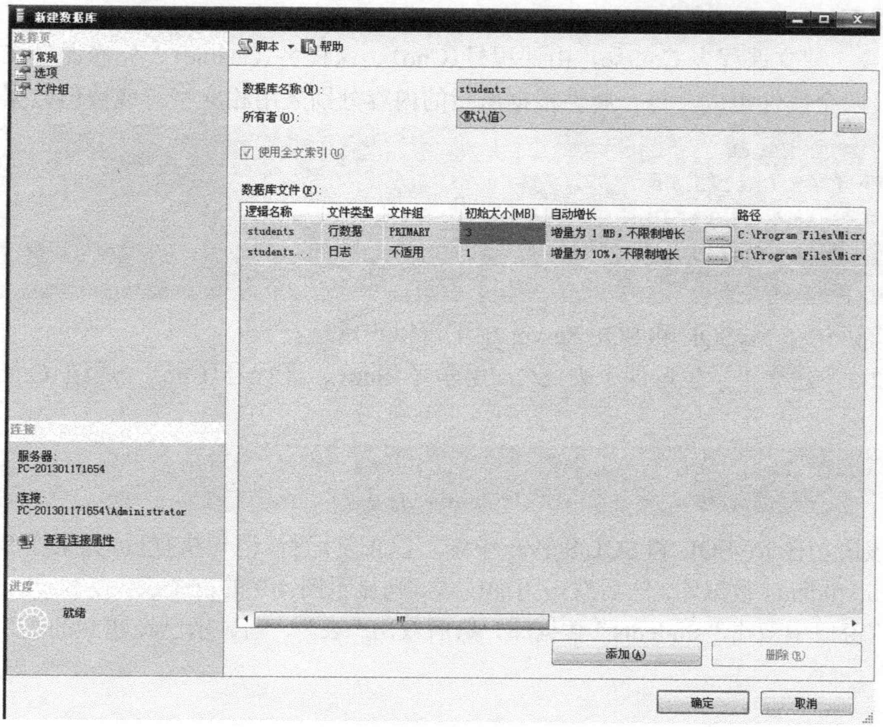

图 4-7 “新建数据库”窗口

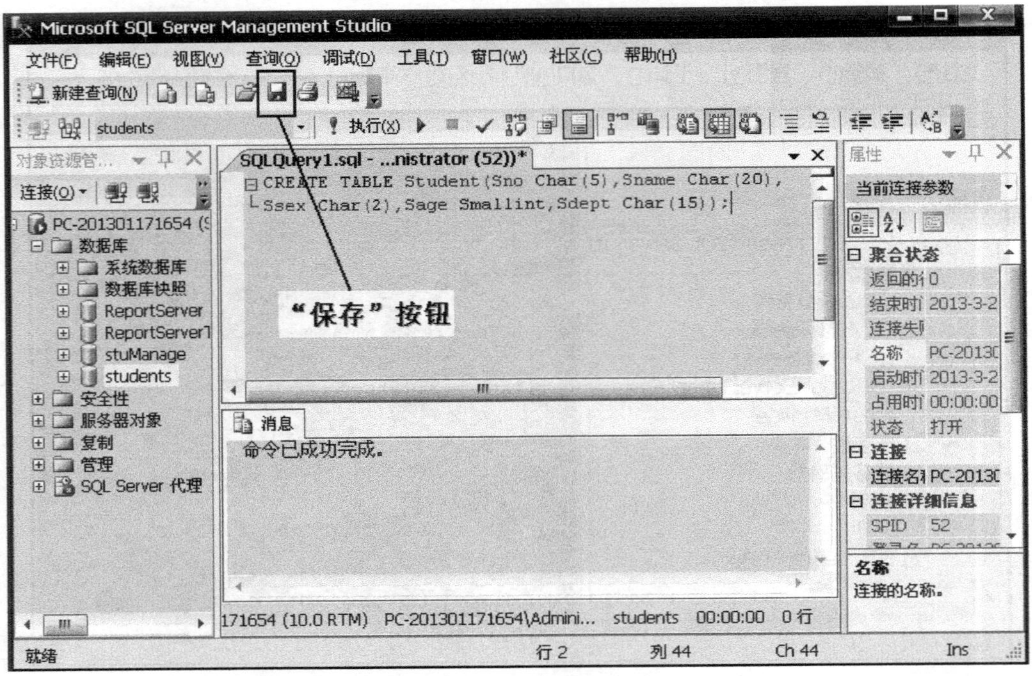

图 4-8 “代码编辑器”窗口

(4) 在图 4-8 中，在新建的 students 数据库上右击，弹出菜单，单击“新建查询”命令，右面空白窗格中出现以 SQL Query1.sql 为名的代码编辑器窗口，窗口中即可输入例 4-2-1 中的代码，输入完后单击工具栏上面的“执行”按钮即可运行该语句，下面“消息”窗格中是该语句执行结果的提示消息。为保存该查询语句可以单击工具栏上的“保存”按钮，输入查询名字后保存。

例 4-2-2 建立课程表 Course，由课程号(Cno)、课程名(Cname)、先修课号(Cpno)、学分(Ccredit)四个属性组成，每个属性根据所指的内容分别采用相应字符或数值数据类型。

```
CREATE TABLE Course
   (Cno Char(3),
   Cname Char(30),
   Cpno Char(3),
   Ccredit Smallint);
```

注 该语句在 MySQL 和 SQL Server 中都可以正常运行。

例 4-2-3 建立“学生选课”表 SC，由学号(Sno)、课程号(Cno)、成绩(Grade)三个属性组成。

```
CREATE TABLE SC
   (Sno Char(5),Cno Char(3),Grade Int);
```

注 该语句在 MySQL 和 SQL Server 中都可以正常运行。语句执行后，如果在 SQL Server 工具中双击 students 数据库，然后双击下面的表，则显示图 4-9 的三个表；在 Navicat 工具“对象浏览器”窗口中双击“students”数据库，然后双击“表”，则显示已经建立的表，如图 4-10 所示。

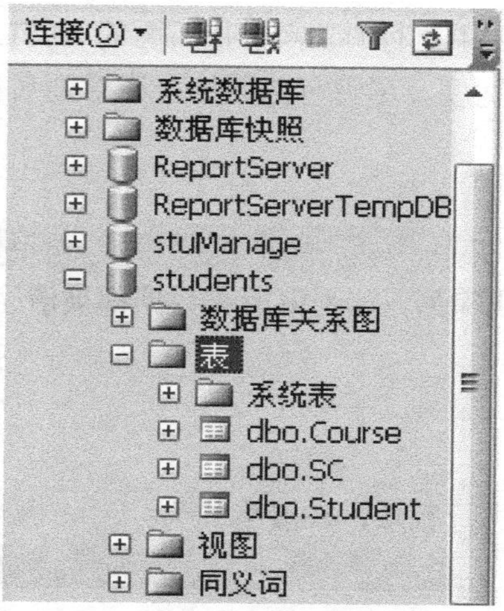

图 4-9 “SQL Server 已创建表对象”窗口

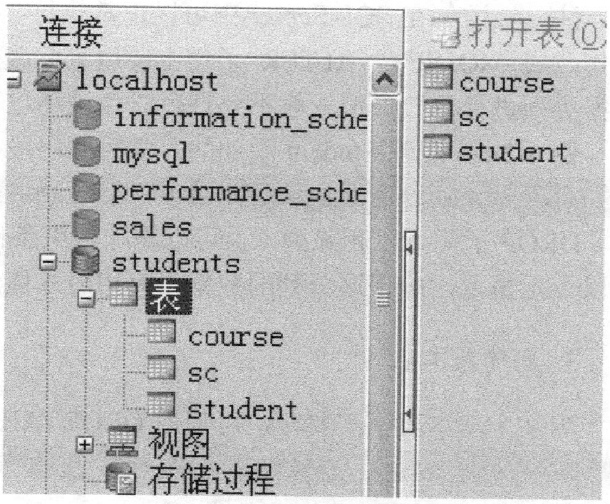

图 4-10 “Navicat 工具中已创建表对象”窗口

2. 修改基本表

在建立或导入一个数据表之后，用户可能需要修改表的设计。这时可以使用 ALTER TABLE 语句。但是，改变现存表的结构可能会导致用户丢失一些数据。比如，改变一个域的数据类型，导致数据丢失或舍入错误，这取决于用户现在使用的数据类型。改变数据表，也可能破坏用户的应用程序中涉及所改变的域的部分。所以，用户在修改现有表的结构之前一定格外小心。

使用 ALTER TABLE 语句，用户可以增加，删除改变列或域，也可以增加或删除一个约束条件。还可以为某个域设定默认值，但是一次只能修改一个域。

```
ALTER TABLE 语句基本格式为:
ALTER TABLE <表名>
    [{ADD { <新列名><数据类型>[列级完整性约束]}}]|{CONSTRAINT<约束名> <约束类型>}
    |{DROP{CONSTRAINT <完整性约束名>} |{COLUMN <列名>}}
|[ALTER COLUMN <列名> <数据类型>];
```

<表名>指定需要修改的基本表，必须存在。

ADD 子句用于增加新列，同时指明增加新列的数据类型和完整性约束条件，也可以直接增加约束条件。

DROP 子句用于删除指定的完整性约束条件或者列。

ALTER 子句用于修改原有的列定义。

注　三个子句在每个 ALTER TABLE 语句中只能出现一个。MySQL 中用 Modify 子句修改列。

例 4-2-4　向 Student 表增加“入学时间”列，其数据类型为日期型。

```
ALTER TABLE Student  ADD Scome DATETIME;
```

不论基本表中原来是否已有数据，新增加的列一律为空值。如果原来表中已有数据，添加的新列不能设置 NOT NULL。

例 4-2-5　将年龄列的数据类型改为字节整数(Tinyint)。

```
ALTER TABLE Student  ALTER COLUMN Sage Tinyint;
```

注　该语句在 SQL Server 中可以正常执行，在 MySQL 中执行时，需要把后面的 ALTER 子句改成 MODIFY。ALTER 子句主要用来修改原有的列宽度。尽管有些系统允许对列名和数据类型进行修改，但一般不允许，以免破坏已有数据。

例 4-2-6　删除 Student 添加的入学时间字段 Scome。

```
ALTER TABLE Student  DROP COLUMN Scome;
```

DROP 子句可以删除列，也可以删除约束条件。如果删除列，该列中所有数据都被清空，所以一定慎重，确保这个列的数据没有用时才能删除。

3. 删除基本表

当某个基本表不需要时，可使用 DROP TABLE 语句进行删除，一般格式为：

```
DROP TABLE <表名>
```

例 4-2-7　删除 Student 表。

```
DROP TABLE Student;
```

基本表一旦删除，表中的数据和在此表上建立的索引都自动删除，视图仍保留，但无法使用。所以，确保表确实无用时再删除。

4.2.2　完整性约束的实现

关系数据库的完整性主要包括实体完整性、参照完整性和用户自定义完整性三种类型。表 4-7 列出 SQL 语句中实现的完整性约束条件。

建表时，通常还可以定义与该表有关的完整性约束条件，这些完整性约束条件被存入系统的数据字典中，当用户操作表中数据时由 DBMS 自动检查该操作是否违背这些完整性约束条件。如果完整性约束条件涉及该表的多个属性列，则必须定义在表级上，称为表级约束；如果完整性约束条件只涉及表中一个列，则称为列级约束；一般约束既可以定义在列级，也可以定义在表级。完整性约束条件既可以由 RDBMS 内部自动命名，也可以由用户明确给出约束的名称。建议建立约束时指定名称，方便以后引用。

另外，在表建立后，也可以添加相应的约束条件，如果表中已有数据，添加约束条件时，保证表中数据不能违背新添加的约束条件，否则添加约束条件失败，即在 CREATE TABLE 和 ALTER TABLE 语法中都涉及约束条件的表示。下面举例说明在 SQL 语句中实现完整性约束。

例 4-2-8　在例 4-2-1 所建的 Student 表中，学号属性的列级完整性约束条件限制该列数据值不能为空(NULL)，并且其值唯一。该完整性约束条件由 RDBMS 内部定义，性别属性的完整性约束条件由用户自定义约束表达式，并对该约束命名为 Csex。

该题目描述的约束条件实际上可以在建立表的过程中直接实现，具体的语法如下：

```
CREATE TABLE Student
(Sno Char(5)NOT NULL UNIQUE,Sname Char(20),Ssex Char(2),
Sage Smallint DEFAULT 20,Sdept Char(15),
CONSTRAINT Csex  CHECK(Ssex in ('男','女')));
```

如果 Student 表已经建立，可以通过 ALTER TABLE 语句实现该题目描述的约束条件。具体实现的语法如下所述。

```
ALTER TABLE Student
    ALTER COLUMN Sno Char(5)NOT NULL UNIQUE;
```

注 该语句在 MySQL 中执行时，ALTER 子句换为 MODIFY，在 SQL Server 中执行时需要把 UNIQUE 约束放在另外一个 ALTER TABLE …ADD 语句中实现(添加约束)。

```
ALTER TABLE Student
ADD CONSTRAINT DF_Sage DEFAULT 20 FOR Sage;
```

注 该语句在 SQL Server 中可正常执行，在 MySQL 中不执行，可以使用如下语句实现：

```
ALTER TABLE Student  MODIFY Sage tinyint DEFAULT 20 ;
```

添加 CHECK 约束用下面语句实现：

```
ALTER TABLE Student
ADD CONSTRAINT Csex  CHECK( Ssex in ('男', '女'));
```

这三个语句不能合到一个中，因为一个 ALTER TABLE 语句只能跟 ALTER、ADD、DROP 三个子句中的一个。但是，后两个语句因为都用 ADD 子句实现，所以可以合并，语句如下(SQL Server 中可以实现)：

```
ALTER TABLE Student
ADD CONSTRAINT df_Sage DEFAULT 20 FOR Sage,CONSTRAINT Csex  CHECK( Ssex
in ('男','女'));
```

例 4-2-9 在例 4-2-1 中建立的 Student 表中，学号属性为主键(Primary Key)，该完整性约束由用户自定义约束名为 PK_Sno。实现语句如下：

```
ALTER TABLE Student
ADD CONSTRAINT PK_Sno PRIMARY KEY(Sno);
```

例 4-2-10 在例 4-2-2 中建立的 Course 表中，课程号属性为主键(Primary Key)，该完整性约束由用户自定义约束名为 PK_Cno，先修课号(Cpno)必须是存在的课程号或者为空，所以可以建成外键约束，该完整性约束由用户自定义约束名为 FK_Cpno。具体的实现语句为：

```
ALTER TABLE Course
ADD CONSTRAINT PK_Sno PRIMARY KEY(Cno),CONSTRAINT FK_Cpno FOREIGN KEY
    (Cpno)REFERENCES Course(Cno);
```

该语句在 MySQL 中执行时需要在逗号后面加 ADD。在 SQL Server 中执行时提示不能在允许空值的列上建立主键约束，所以应该先把 Cno 设置成 NOT NULL。

例 4-2-11 在例 4-2-3 建立的 SC 表上，(Sno，Cno)为主键。Sno 和 Cno 为外键。如果建立表的过程中 Student 表 Sno 列已经建成主键，Course 表的 Cno 已经建成主键，则可以通过下列语句直接建表时实现题目要求：

```
CREATE TABLE SC
    (Sno Char(5)FOREIGN KEY REFERENCES Student(Sno),
     Cno Char(3)FOREIGN KEY REFERENCES Course(Cno),
     Grade Int,Constraint PK_SC PRIMARY KEY (SNO,CNO));
```

该语句在 SQL Server 中可以正常执行，在 MySQL 中执行时需要把 FOREIGN KEY 关键字去掉，否则不执行。

如果SC表已经建立，可以通过下面语句实现题目要求：

```
ALTER TABLE SC
ADD CONSTRAINT PK_SC PRIMARY KEY(Sno,Cno),CONSTRAINT FK_Sno FOREIGN
```

```
    KEY(Sno)REFERENCES Student(Sno),CONSTRAINT FK_Cno FOREIGN
    KEY(Cno)REFERENCES Course(Cno);
```

须保证 Student(Sno)和 Course(Cno)已经建成主键。该语句在 MySQL 实现时须每个逗号后面加一个 ADD。

例 4-2-12 删除学生表中对学生性别的约束定义 Csex。

```
ALTER TABLE Student
DROP CONSTRAINT Csex;
```

4.2.3 索引的定义与维护

1. 索引的作用

假设须找书本中的某一个句子。可以逐页搜索，这须花很多时间。通过使用书本的索引(目录)，可以很快找到搜索的主题。可以认为表的索引就是表中数据的目录。索引是建立在表上的，不能单独存在，如果删除表，则表上的索引随之消失。

在进行数据查询时，如果不使用索引，就需要将数据文件分块，逐个读到内存中进行查找的比较操作。如果使用索引，可先将索引文件读入内存，根据索引项找到元组的地址，然后再根据地址将元组数据读入内存；由于索引文件中只含有索引项和元组地址，文件很小，而且索引项经过排序，索引可以很快读入内存并找到相应元组地址，从而极大地提高查询的速度。对一个较大的表来说，通过索引，一个通常花费几个小时完成的查询只要几分钟就可以完成。

使用索引可保证数据唯一。索引的定义包括数据唯一的内容。在对相关的索引项进行数据输入或数据更改时，系统须进行检查，确保数据唯一。

索引可加快连接速度。在两个关系进行连接操作时，系统需要在连接关系中对每一个被连接字段进行查询操作。如果每个连接文件的连接字段上建有索引，可以大大加快连接速度，如实现学生和选课的连接操作，如果在选课表的学号字段(外码)上建立索引，则数据连接速度非常快。

2. 索引的类型

索引分为两种：聚簇索引和非聚簇索引。

在聚簇索引中，索引树的叶级页包含实际的数据；记录的索引顺序与物理顺序相同；非常类似于目录表，目录表的顺序与实际页码顺序一致。

在非聚簇索引中，叶级页指向表中的记录，记录的物理顺序与逻辑顺序没有必然关系。非簇聚索引更像书的标准索引表。索引表的顺序与实际的页码顺序是不同的。一本书也许有多个索引，如也许同时有主题索引和作者索引。同样，一个表也可以同时有多个非聚簇索引。

3. 索引的建立原则

(1)索引的建立与维护由 DBA 和 DBMS 完成。索引由 DBA 和 DBO(表的属主)负责建立与删除，其他用户不得随意建立与删除。维护工作由 DBMS 自动完成。

(2) 大表应当建索引，小表不必建索引，不宜建较多索引。索引占用文件目录和存储空间。当基本表数据增删改时，索引文件都随之变化，以与基本表保持一致。

(3) 根据查询要求建立索引。对于一些查询频度高，实时性高的数据须建立索引。

(4) 主键列默认自动建立聚簇索引。

(5) 外键或在表连接操作中经常用到的列建议建立索引，可以加快连接查询速度。

(6) 常被搜索键值范围的列建议建立索引，如对于条件 Sage between 18 and 20 建议在 Sage 列建立索引。

(7) 常以排序形式访问的列、在 ORDER BY 字句后出现的列，建索引可以预排序；

(8) 常在聚集操作中处于同一组的列：GROUP BY 字句后的列一般建索引。

(9) 很少在查询中被引用的列不建立索引。

(10) 包含较少唯一值的列不建立索引。

4. 建立索引

使用 CREATE INDEX 语句建立索引，一般格式为：

```
CREATE[UNIQUE][CLUSTERED|NONCLUSTERED]INDEX <索引名>
    ON <表名> (<列名 1>[<次序>][,<列名 2>[<次序>]]…);
```

(1) 表名：指定待建立索引的基本表名，一个表可以建立多个索引。

(2) 索引可以建立在该表的一列或多列上，在单一列上建立的索引称为单一索引，多个列上建立的索引称为组合索引；各列之间用逗号分隔，每个列名后面还可以用〈次序〉指定索引值的排序次序，包括 ASC(升序)和 DESC(降序)两种，默认值为 ASC。

(3) UNIQUE 表示此索引的每一个索引值只能对应唯一的数据记录。输入数据时如果出现重复值，则弹出错误消息，这和 UNIQUE 约束一致。

(4) CLUSTERED 表示待建立的索引是聚簇索引，NONCLUSTERED 表示建立的索引是非聚簇索引。MySQL 不支持聚簇和非聚簇，语法中不能包含这两个关键字。

例 4-2-13　为学生-课程数据库中的 Student、Course、SC 共 3 个表建立索引。其中 Student 表按学号建立唯一索引，Course 表按课程号升序建立唯一索引，SC 表按学号升序和课程号降序建立唯一索引。

```
CREATE UNIQUE INDEX Stusno ON Student(Sno);
CREATE UNIQUE INDEX Coucno ON Course(Cno);
CREATE UNIQUE INDEX SCno ON SC(Sno ASC,Cno DESC);
```

上面 3 个创建索引的语句在 MySQL 中都可以正常执行，执行后可以按下列步骤查看索引(以第一个语句建立的索引查看为例)。

(1) 切换到 Navicat 8 for MySQL 窗口，单击连接下面的“students 数据库对象”列表中的“表”对象，在右边窗格中选中“Student”表对象上右击，在弹出的菜单中单击“设计表”命令，打开“表设计”窗口，如图 4-11 所示。

(2) 单击窗口中的“索引”选项卡，下面即显示该表建立的索引信息，可以在该窗口查看、修改和删除索引信息。如果表原来建立的有 Unique 约束或者主键，在该窗口中也可以找到，因为主键和 Unique 约束自动创建索引。

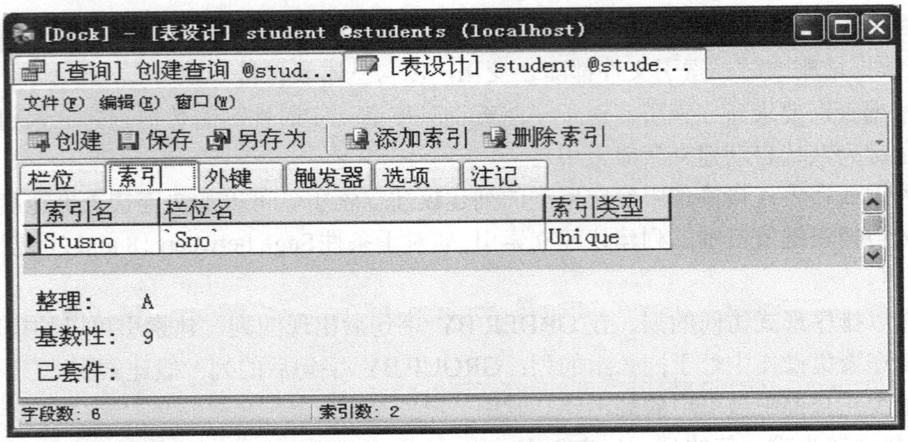

图 4-11 “表设计”窗口

5. 删除索引

索引已经建立，由系统来选择和维护，用户无权干预。有些索引的维护反而加重系统的负担，必须删除这些不必要的索引。使用 DROP INDEX 语句删除，一般格式为

```
DROP INDEX <索引名称> ON <表名>
```

注 该语法中的 ON<表名>在 MySQL 中执行时必须带上，SQL Server 中不需要。

例 4-2-14 删除表 SC 的索引 SCno。

```
DROP INDEX SCno ON SC;
```

如果上述语句在 SQL Server 中运行，须把 ON SC 删除。删除索引时，系统同时从数据字典中删除有关该索引的描述。

4.3 数据查询语句

平时遇到的许多项目都用到数据库，数据库是为更方便有效地管理信息而存在的，人们希望数据库可以随时提供所需要的数据信息，因此对用户来说数据查询是数据库最重要的功能。查询是每个项目的核心操作，也是数据库的核心操作。数据查询功能指根据用户的需要，以一种可读的方式从数据库中提取数据。SQL 提供 SELECT 动词进行数据的查询，该语句具有灵活的使用方式和丰富的功能。可以实现数据的查询、统计、分组、汇总和排序等多种功能。本节讲述数据查询的实现方法，即 SELECT 语句的使用方法。

4.3.1 Select 语句的一般语法

(1) SELECT [ALL|DISTINCT]<目标列表达式>[，<目标列表达式>]…

(2) FROM <表名或视图名>[，<表名或视图名>]…

(3) [WHERE <行条件表达式>]

(4) [GROUP BY <列名 1>，[列名 2][，…][HAVING 组条件表达式]]

(5) [ORDER BY <列名 1> [ASC | DESC][，…]];

SELECT 语句共有 5 个子句，其中 SELECT 和 FROM 语句为必选子句，而 WHERE 、

GROUP BY、ORDER BY 子句为任选子句。整个 SELECT 语句的含义是，根据 WHERE 子句的行条件表达式，从 FROM 子句指定的表或视图中查找满足条件的元组，如果有 GROUP BY 子句，则将结果按 GROUP BY 后的分组字段(GROUP BY 后跟的字段)分组，分组字段中列值相等的元组为一个组，每个组产生结果表中的一条记录。通常在每组中作用集函数。如果有 HAVING 短语，则只有满足指定条件的组才能输出。按 SELECT 子句中的目标列表达式，选出元组中的属性值，形成结果表。最后，如果有 ORDER BY 子句，结果表再按排序字段(OREDER BY 后的字段)及指定的排列次序排序。

这 5 个子句书写时一定按语法中的先后顺序。另外，为了美观和不容易出错，每个子句尽量占一行。在机器内部执行时的顺序是②③④①⑤，即先确定从哪个数据源查找，然后确定过滤条件。如果有分组子句，对过滤后的记录分组；如果分组有限制条件，则对分组进一步限制，然后把符合过滤条件和分组后符合分组条件记录的对应列查询出来，最后对结果进行排序。

1. SELECT 子句

指明待检索的结果集的目标列。目标列的构成为：

```
< 目标列表达式 > ::=
{      * | { 表名 | 视图名| 表别名}.*| { 列名 | 表达式 } [ [ AS ] 列别名]
  |列别名 = 表达式      }      [ ,…n ]
```

表达式包含由运算符、列、常量构成的运算式和常量两种类型。如果使用两个基本表(或视图)中同名的列名，在列名前面加表名限定，即使用“<表名>.<列名>”。如果目标列前面有 DISTINCT 关键字，则应重复值。

2. FROM 子句

指明数据源，即从哪(几)个表(视图)中进行数据检索。表(视图)间用逗号“，”进行分隔。

3. WHERE 子句(行条件子句)

过滤 FROM 子句中给出的数据源中的数据通过条件表达式限制查询必须满足的条件。DBMS 在处理语句时，以行为单位，逐个考查每个行是否满足条件，过滤不满足条件的行。WHERE 条件的特点是一次作用一行记录，表中每行记录都过滤一遍，所以在条件中不能出现集合函数(分组函数)。

4. GROUP BY 子句(分组子句)

对满足 WHERE 子句的行指明按照 GROUP BY 子句中所指定的某个(几个)列的值对整个结果集进行分组。GROUP BY 子句使得同组的元组集中在一起，也使数据能够分组进行统计。将每个分组对应结果集中的一个值，所以该子句影响 SELECT 子句后的目标列表达式，要求目标列表达式只能是集合函数或分组字段或者两者的组合。HAVING 短语(分组条件子句)依赖 GROUP BY 子句，作用是对分组进行过滤。没有 GROUP BY，不可能有 HAVING；有 HAVING，一定有 GROUP BY，且 HAVING 后的条件表达式必须是集合函数构成的条件表达式，不能是一般的条件。表达式的作用范围是每个分组，并且一个分组只作用一次，分组逐个起作用。

5. ORDER BY(排序子句)

对查询返回的结果集进行排序。查询结果集可按多个排序列进行排序。每个排序列后面可以跟一个排列次序。排序最终结果和排序列先后顺序有关，如果有两个排序列，先按第一个排序，只有第一个排序列值相等的记录，才考虑用第二个排序列排序。ORDER BY子句仅对检索的数据显示有影响，并不改变表中行的内部顺序。ORDER BY 子句不能出现在子查询中。

4.3.2 简单查询

简单查询是指仅涉及一个数据库表或者视图的查询，也称为单表查询，是一种最简单的查询操作，如选择一个表中某些列值，选择一个表中的特定行等。

1. 选择表中若干列

选择表中若干列，实际上对应于关系运算中的投影运算。主要包含下面 5 种情况：

1) 查询指定列

在很多情况下，表中包含的列很多，而对于某些用户来说只对表中的一部分属性列感兴趣，这时可以通过在 SELECT 子句的<目标列表达式>中选择列出用户感兴趣的列。

例 4-3-1 查询全体学生的学号与姓名。

```
SELECT Sno,Sname
FROM Student;
```

例 4-3-2 查询全部课程的课程名和学分。

```
SELECT Cname,Ccredit
FROM Course;
```

2) 查询全部列

将表中的所有属性列都选出来，有两种方法。一种是在 SELECT 关键字后面列出所有的列名，第二种方法可以简单地用星号(*)代替所有的列，列的显示顺序与其在基表中的顺序相同。

例 4-3-3 查询全体学生的详细记录。

```
SELECT *
FROM Student;
```

该语句无条件地把表的全部信息都查询出来，所以也称为全表查询，是最简单的一类查询，尤其是无须知道表里面到底有哪些列，直接用*代替所有的列。

3) 查询经过计算的列

例 4-3-4 查询所有学生的姓名年龄及出生年份，假设当前年份是 2013 年。

```
SELECT Sname,2013-Sage
FROM Student;
```

实际上，SELECT 后的目标列表达式不仅可以是算术表达式，还可以是常量、函数等。比如，查询当前系统日期时间，MySQL 用 NOW( )函数，SQL Server 用 GETDATE( )函数，可以直接跟在 SELECT 子句后面查询。

4) 对列起别名

在上面的例子中，如果 SELECT 后面跟表达式或者常量或者函数，结果显示时可能是无列名或者是表达式，不能标示该列的含义。因此，可以对这些表达式起别名，如例 4-3-4 中 2013-sage 可以起别名，具体格式是：

```
SELECT Sname,2013-sage AS BIRTHDATE
FROM Student;
```

别名的作用是给表达式起个能表示其含义的名，用户可以通过指定别名来改变查询结果的列标题，对于含算术表达式，以及常量、函数的目标列表达式使用别名尤为有用。当然，对一般的列也可以起别名，如把英文列名起个中文别名等，这样更符合一般用户的习惯。

5) 引用字面值(常量值)

如果在查询表中数据时，目标列表达式中出现常量值，则结果集中有几条记录，该常量值就出现几次，称为字面值。在例 4-3-4 中，为说明 2013-Sage 的含义，可以在其前面再加一个常量字符串“Year of Birth”，即：

```
SELECT Sname, 'Year of Birth',2013 -Sage
FROM Student;
```

该列作用实际上相当于对 2013-Sage 说明，每个学生姓名后面都出现该字面值。

2. 选择表中若干元组

通过目标列表达式的不同形式，可以从一个表中查询用户感兴趣的所有元组的部分或全部列。如果表中元组很多，而用户只对部分元组感兴趣，这时可以通过条件限制和 DISTINCT 关键字限制，让用户选择感兴趣的部分元组的全部或部分列。

1) 用于消除重复行的 DISTINCT 谓词

例 4-3-5 选择所有选修过课程的学生的学号。

```
SELECT Sno
FROM SC;
```

如果有学生选修多门课程，该结果出现许多重复行，可以使用 DISTINCT 删除重复行。

```
SELECT DISTINCT Sno
FROM SC;
```

例 4-3-6 查询所有的系。

因为每个系有多个学生，所以系别有重复值，可以使用 DISTINCT 谓词删除重复行。

```
SELECT DISTINCT Sdept
FROM Student;
```

DISTINCT 后面可以跟多个列，表示多个列组合起来删除重复列，而不是只对 DISTINCT 后第一个列删除重复列。

2) 条件限制

条件限制在查询语句中可以通过 WHERE 条件(行条件)实现，也可以通过 HAVING 条件(组条件)实现，本部分先讨论 WHERE 条件。通过 WHERE 条件可以查询满足指定条件的元组。WHERE 子句常用的查询条件如表 4-8 所示。

表 4-8 常用的查询条件谓词

查询条件	谓 词
比较	=，>，<，>=，<=，!=，<>，!>，！<，NOT +比较运算符条件
确定范围	BETWEEN…AND，NOT BETWEEN…AND
确定集合	IN，NOT IN
是否为空值	IS NULL，IS NOT NULL（而不是 NOT IS NULL）
字符匹配	LIKE，NOT LIKE
逻辑谓词	AND，OR，NOT

(1)比较运算符的使用。

比较运算符用于测试两个数据是否相等于、不等于、小于或大于某个值。用于在选择元组时比较。还可以用逻辑运算符 NOT 对比较运算符构成的条件进行限制，表示条件求“非”。

例 4-3-7 查找选课成绩不及格所有的学生学号、所选课程号和成绩。

```
SELECT Sno,Cno,Grade
FROM SC
WHERE Grade<60;
```

例 4-3-8 查找年龄不大于 20 岁所有学生的姓名和年龄。

```
SELECT Sname,Sage
FROM Student
WHERE Sage<=20;
```

(2)确定范围。

如果根据某个范围的值作为条件选择行，可以使用 BETWEEN…AND，NOT BETWEEN…AND。BETWEEN 和 AND 后跟范围的上限和下限，BETWEEN 后只能跟范围的下限（即小的值），AND 后只能跟范围的上限（即大的值）。这个范围可以是数字范围，也可以是日期时间范围，甚至可以是字符范围，如果是字符范围，按照 26 个英文字母顺序；如果是汉字构成的范围，则按照汉字的汉语拼音中字符的顺序确定范围。

例 4-3-9 查询年龄在 18~20 岁之间的学生姓名、系别和年龄。

```
SELECT Sname,Sdept,Sage
FROM Student
WHERE Sage BETWEEN 18 AND 20;
```

该题目还可以这样表示：

```
SELECT Sname,Sdept,Sage
FROM Student
WHERE Sage >= 18 AND Sage<=20;
```

这说明 BETWEEN…AND 谓词确定的范围是包含上下限的。

例 4-3-10 查询年龄不在 18~20 岁之间的学生姓名、系别和年龄。

```
SELECT Sname, Sdept,Sage
FROM Student
WHERE Sage NOT BETWEEN 18 AND 20;
```

例 4-3-11 查询姓名处于“刘晨”和“张力”之间的学生姓名、系别和年龄。

```
SELECT Sname,Sdept,Sage
```

```
FROM Student
WHERE Sname BETWEEN '刘晨' AND '张力';
```

(3)确定集合。

如果根据指定列表中值的集合作为条件选择行，可以使用 IN 和 NOT IN 运算符。

例 4-3-12 查信息系(1S)、数学系(MA)和计算机科学系(CS)的学生姓名和性别。

```
SELECT Sname,Ssex
FROM Student
WHERE Sdept IN('IS','MA','CS');
```

例 4-3-13 查既不是信息系、数学系，也不是计算机科学系学生的姓名和性别。

```
SELECT Sname,Ssex
FROM Student
WHERE Sdept NOT IN('IS','MA','CS');
```

(4)判断是否为空。

限制条件中用 IS NULL 和 IS NOT NULL 判断指定的列中是否存在空值(NULL)。

例 4-3-14 查找没有成绩的学生学号和对应的课程号。

注意 没有成绩跟成绩为 0 是不一样的。另外，空值是不能与任何其他值进行比较的。所以，成绩为空不能表示成 Grade=NULL，而必须用 IS NULL，所以该题目对应的语句为

```
SELECT Sno,Cno
FROM SC
WHERE Grade IS NULL;
```

例 4-3-15 查找所有有成绩的学生学号和对应的课程号。

```
SELECT Sno,Cno
FROM SC
WHERE Grade IS NOT NULL;
```

这里用 IS NOT NULL 判断不为空，而不是 NOT IS NULL，与 IN 和 BETWEEN 不同。

(5)字符匹配。

一般的查询都是基于一列或 *n* 列的精确值。SQL 为字符型数据提供一个字符匹配机制，即 LIKE 和 NOT LIKE 谓词。通过该机制可以实现模糊查询。

```
LIKE 谓词用于匹配字符串的格式为
[NOT] LIKE '匹配串'
```

含义是查找指定的属性列值与'匹配串'相匹配的元组。匹配串可以是完整的字符串(可以用=代替 LIKE)，也可以含有通配符。不同的 DBMS 提供的通配符不一样。SQL Server 和 MySQL 中的通配符如表 4-9 所示。

表 4-9 SQL Server 和 MySQL 中的通配符

通配符	作 用	MySQL 支持否	SQL Server 支持否	示 例
%	匹配零个或更多字符的任意字符串	√	√	Sname LIKE ‘张%’ 查询姓张的学生
_	匹配单个字符	√	√	Sname LIKE ‘张_’ 姓张且名字两个字

续表

通配符	作　用	MySQL 支持否	SQL Server 支持否	示　例
[]	指定范围或集合中的任何单个字符	√	√	Sdept LIKE '[a-f]S' 以 a-f 任意字母开头，以 S 结尾的系别。MySQL 中用 REGEXP 代替 LIKE
[^]	不属于指定范围或集合的任何单字符		√	Sdept LIKE '[^a-f]S' 不以 a-f 任意字母开头，但以 S 结尾的系别。[^abcdef]

例 4-3-16　查所有姓李的学生学号、姓名和性别。

```
SELECT Sno,Sname,Ssex
FROM Student
WHERE Sname LIKE '李%';
```

例4-3-17　查姓李且全名为3个汉字的学生姓名。

```
SELECT Sname
FROM Student
WHERE Sname like '李__';
```

注意　在有些排序规则下，由于一个汉字占两个字符位置，所以匹配串“李”后面须跟4个_。上面例子在 MySQL 中 UTF8 排序规则下用 4 个_，否则不能查到数据。

例 4-3-18　查名字中第二字为“力”字的学生学号和姓名。

```
SELECT Sno,Sname
FROM Student
WHERE Sname LIKE '_力%';
```

例 4-3-19　查系别以 a~f 间任意字符开头且包含 s 的系别及该系学生的学号和姓名。

```
SELECT Sdept,Sno,Sname
FROM Student
WHERE Sdept LIKE '[a-f]%s%';
```

MySQL 下面用 regexp '[a-f]s'代替 like 子句。

例 4-3-20　查系别不是以 a~f 间任意字符开头，但以 s 结尾的系别及该系学生的学号和姓名。

```
SELECT Sdept,Sno,Sname
FROM Student
WHERE Sdept LIKE '[^a-f]s';
MySQL 无法实现。
```

例 4-3-21　查年龄在 10~19 岁之间的学生姓名和年龄。

```
SELECT Sname,Sage
FROM Student
WHERE Sage regexp '1[0-9]';
```

该例子只能在 MySQL 中能执行。当然该题目也可以用 BETWEEN…AND 实现。

例 4-3-22　查询所有不姓刘的学生姓名和年龄。

```
SELECT Sname,Sage
FROM Student
WHERE Sname NOT LIKE '刘%';
```

(6)逻辑运算符的使用。

可以利用逻辑运算符(AND、OR、NOT)在 WHERE 子句中建立复合条件。复合条件是指含有两个或两个以上条件表达式的条件。AND 表示连接的条件必须都为真时，整个条件才为真；OR 表示连接的条件只要有一个为真，整个条件就为真；NOT 用于取反。

例 4-3-23 查找计算机系所有年龄小于 19 岁的学生信息。

```
SELECT *
FROM Student
WHERE Sdept='CS' AND Sage<19;
```

例 4-3-24 查询年龄小于 19 岁或计算机系的学生信息。

```
SELECT *
FROM Student
WHERE Sdept ='CS' OR Sage<19;
```

IN 谓词实际上是多个 OR 运算符的缩写，所以例 4-3-12 的 WHERE 条件可以表示成

```
WHERE Sdept='cs' OR Sdept='is' OR Sdept='ma';
```

例 4-3-25 查找所有选修课程号为 001 或课程号为 002 的学生学号。

```
SELECT Sno
FROM SC
WHERE Cno='001' OR Cno='002';
```

例 4-3-26 查找所有选课成绩不小于 60 分学生的学号和所选课程号和成绩。

```
SELECT Sno,Cno,Grade
FROM SC
WHERE NOT Grade <= 60;
```

这些条件谓词是查询的基础，所以必须熟练掌握，有些谓词在特定的环境下使用和其他谓词能实现相同的效果，在开始时尽量考虑用多种方法来实现。

(7)算术运算符及表达式的使用。

算术运算符在 SQL 中表达数学运算操作。SQL 的数学运算符只有 4 种，为(加号+)、(减号–)、(乘号*)、(除号/)。SQL 能用表中的数值或字符列来进行简单的运算。运算结果产生的新列不能成为该表的永久字段，仅是为显示之用。

SQL 中由算术运算符、常量、列名、函数等构成的式子称为算术表达式，表达式可以出现在 SELECT 子句中，可以出现在 WHERE 条件中，可以出现在 HAVING 短语中，也可以出现在 ORDER BY 子句中。

例 4-3-27 查询全体学生成绩增长 20%之后的学生学号、课程号和成绩。

```
SELECT Sno,Cno,Grade*(1+0.2)
FROM SC;
```

例 4-3-28 查询 1987 年以后出生的学生姓名和出生年份；

```
SELECT Sname,(2013 -Sage)AS BIRTHDATE
FROM Student
WHERE (2013 - Sage)>1987;
```

还可以对查询出来的结果按出生年份进行排序，只需在 WHERE 语句后面再写上：

```
ORDER BY (2013-Sage)ASC;
```

3) 对查询结果排序

如果没有指定查询结果的显示顺序，DBMS 按其最方便的顺序(通常是元组在表中的先后顺序)输出查询结果，像例 4-3-28 所示的前一个例子。用户也可以用 ORDER BY 子句指定按照一个或多个属性列(排序字段)的升序(ASC)或降序(DESC)重新排列查询结果，其中升序 ASC 为默认值，如例 4-3-28 所示的后一个例子。

例 4-3-29 查询选修 002 号课程的学生学号及其成绩，查询结果按分数的降序排列。

```
SELECT Sno,Grade
FROM SC
WHERE Cno='002'
ORDER BY Grade DESC;
```

例 4-3-30 查询全体学生选课情况，查询结果课程号相同的相邻显示；对选修同一课程的学生号按降序排列。

```
SELECT *
FROM SC
ORDER BY Cno,Sno DESC;
```

有时也可以用 SELECT 子句中出现的列顺序号来作为排序字段使用，如例 4-3-29 中 ORDER BY 后的 Grade 可以写成 2。另外，如果列或者表达式在 SELECT 子句中有别名，也可以直接在 ORDER BY 后面引用别名作为排序字段，如例 4-3-28 所示的后一个例子中在 ORDER BY 后面可以用 BIRTHDATE 代替(2008-Sage)。

4) 分组函数的使用

为了进一步方便用户，增强检索功能，SQL 提供许多分组函数，也称为聚集函数或者集合函数，如表 4-10 所示。

表 4-10 常用的分组函数

函数名	说 明
COUNT(DISTINCT\[ALL]*)	返回查询范围内的行数，包含空值
COUNT[DISTINCT\ALL]<列名>	返回该列为非空值的行数
AVG[DISTINCT\ALL]<列名>	返回该列值的平均值
SUM[DISTINCT\ALL]<列名>	返回该列或表达式值的总和
MAX[DISTINCT\ALL]<列名>	返回该列的最大值
MIN[DISTINCT\ALL]<列名>	返回该列的最小值

注意分组函数中的关键字 DISTINCT 和 ALL。关键字 ALL 用来检验表中的所有行，ALL 为默认设置。DISTINCT 的含义是在计算前删除重复值。

集函数中 AVG 和 SUM 必须作用于数字类型的列，其他可以作用于任何数据类型的列。除了 COUNT(*)外，其他集函数都忽略空值。

例 4-3-31 查询学生总人数。

```
SELECT COUNT(*)
FROM Student;
COUNT(*)不忽略空值，也就是统计时把空记录也统计在里面。
```

例 4-3-32　查询选修课程的学生人数。

```
SELECT COUNT(DISTINCT Sno)
FROM SC;
```

注意　COUNT(列名)忽略列中的空值。

例 4-3-33　计算 002 号课程的学生平均成绩。

```
SELECT AVG(Grade)
FROM SC
WHERE Cno='002';
```

例 4-3-34　查询学习 001 号课程的学生最高分数。

```
SELECT MAX(Grade)
FROM SC
WHERE Cno='001';
```

5)对查询结果分组

GROUP BY 子句可以将查询结果表的各行按一列或多列取值相等的原则进行分组。对查询结果分组的目的是为了细化集函数的作用对象。如果未对查询结果分组，集函数将作用于整个查询结果，即整个查询结果只有一个函数值，否则集函数将作用于每一个组，即每一组都有一个函数值。

例 4-3-35　查询每个系的系名及学生人数。

```
SELECT Sdept,COUNT(Sno)
FROM Student
GROUP BY Sdept;
```

该 SELECT 语句对 Student 表按 Sdept 的取值进行分组，所有具有相同 Sdept 值的元组为一组，然后对每一组作用集函数 COUNT 以求得该组的学生人数。

例 4-3-36　求每门课学生的平均成绩。

```
SELECT Cno,AVG(Grade)
FROM SC
GROUP BY Cno;
```

例 4-3-37　求每个学生的总成绩。

```
SELECT Sno,SUM(Grade)
FROM SC
GROUP BY Sno;
```

须注意的是，GROUP BY 和 SELECT 两个子句是相互影响的，如果确定有 GROUP BY 子句，其后面跟的字段是分组字段，并且能确定分组字段，则 SELECT 子句的选择列表只能是分组字段或者集函数，或者是两者的组合，而不能跟其他的字段；如果可以确定要求的结果中(SELECT 子句)包含某列，且须分组，则分组字段中一定包含该列。一般情况下，题目环境出现“每个、每门”等字眼时一般须进行分组，而分组字段一般可以根据题目要查询的结果来确定，即 SELECT 子句后的列表。

如果分组后还要求按一定的条件对这些组进行筛选，最终只输出满足指定条件的组，则可以使用 HAVING 短语指定筛选条件。

例 4-3-38　查询选修 3 门以上课程的学生学号。

```
SELECT Sno,COUNT(Cno)
FROM SC
GROUP BY Sno HAVING COUNT(*)>3;
```

查选修课程超过 3 门的学生学号，首先对基本表中数据按学号分组。然后求其中每个学生选修几门课，为此用 GROUP BY 子句按 Sno 进行分组，再用集函数 COUNT 对每一组计数。如果某一组的元组数目大于 3，则表示此学生选修的课超过 3 门，应将他的学生号选出来。HAVING 短语指定选择组的条件只有满足条件(即元组个数>3)的组才会被选出来。

例 4-3-39 查询总成绩超过 200 分的学生学号和总成绩。

```
SELECT Sno,SUM(Grade)
FROM SC
GROUP BY Sno HAVING SUM(Grade)>200;
```

HAVING 短语必须依赖 GROUP BY 子句，即存在 GROUP BY 子句时才可能出现 HAVING 短语；反过来，如果能确定某一条件必须跟在 HAVING 后面，则一定有 GROUP BY 子句。

对于 WHERE 子句和 HAVING 短语，后面都跟条件，WHERE 子句与 HAVING 短语的条件主要区别在于：作用对象不同，作用的范围不同，作用的原理不同，条件的构成不同。WHERE 子句作用于基本表或视图，作用范围是整个表或视图，作用时是逐条记录过滤，所以又称为行条件，条件的构成中不能包含集函数； HAVING 短语作用于分组，只能作用于每个分组，且其作用时是一个分组作用一次，所以又称为组条件，该条件只能是包含集函数的条件。

例 4-3-40 查询所有成绩为优秀的学生学号(所有成绩优秀指的是所有成绩不小于 90 分)。

(1)根据题目描述，确定查询的内容，列在 SELECT 后。该题目查询“学号”，所以在 SELECT 后面写上 Sno。

(2)确定查询的内容在哪个表中，把表名写在 FROM 子句后面。该题目查询的内容 Sno 在 Student 和 SC 表中都有。实际上根据题目的其他描述，该题目只涉及 Grade 列、Sno 列，在 SC 表中可以完成该查询，所以可以在 FROM 后写上 SC。

(3)确定题目中涉及的查询条件，把条件表示出来，并确定条件写在 WHERE 后，还是 HAVING 后。该题目条件是“所有成绩为优秀”，如果写成 Grade>=90，则该条件只能写在 WHERE 后面。这样，只要有一门成绩大于等于 90，就会把学号查出来，因为 WHERE 条件的特点是逐条记录过滤整个表中数据，而结合本题目描述，这样是错误的。这个条件如何表示呢？“所有成绩为优秀”实际上只需保证某个学生的最小成绩为优秀即可，因此该条件表示为 MIN(Grade)>=90，这样，该条件只能写在 HAVING 短语中。

(4)根据上一步的查询条件确定该条件在哪个表中，判断该表名在 FROM 后是否已经存在，如果不存在，把表名写在 FROM 后。该题目的查询条件只涉及 Grade 列，肯定在 SC 表。如果 FROM 后没有 SC 表，则把 SC 表写在 FROM 后。

(5)判断该题目是否需要分组，并确定分组字段。根据第 3 步的分析，该语句包含 HAVING 短语。根据前面的讲述，如果有 HAVING，一定有 GROUP BY 子句，所以该题目涉及 GROUP BY 子句，那么分组字段是什么？可以根据前面描述的 GROUP BY 和 SELECT 子句的关系来确定，因为该查询 SELECT 后只有 Sno，所以分组字段中肯定包含 Sno；结合整个题目环境，应该按学号分组，判断每个分组中最小成绩是否大于等于 90，所以该题目分组字段是 Sno。

(6) 判断是否对查询结果排序，若是，确定排序字段，写在 ORDER BY 子句后。该题目没有涉及排序的要求，所以不写 ORDER BY 子句。

根据上面的分析，可以写出语句：

```
SELECT Sno
FROM SC
GROUP BY Sno
HAVING MIN(Grade)>=90;
```

(7) 最后再考虑整个题目的环境，看有没有漏掉的内容，如果有，找出来，写在合适的地方。该题目的条件是 MIN(Grade)>=90，而集函数 MIN 忽略空值。那么，如果某个学生其他成绩都大于等于 90，而有一门没有成绩，这个学生是否符合题目条件？上面表示的完整语句查询的结果是否包含这个学生？查询的结果肯定包含该学生，但他是不符合题目条件的。如何解决这个问题？实际上，应该在执行这些操作前，把只要有一门成绩为空的学生排除。排除这些学生，须用子查询来实现，这是后面涉及的内容。下面是该题目的完整的答案：

```
SELECT Sno
FROM SC
WHERE Sno NOT IN(SELECT Sno FROM SC WHERE Grade IS NULL)
GROUP BY Sno
HAVING MIN(Grade)>=90;
```

4.3.3 连接查询(多表查询)

简单查询只涉及对一个表或者视图的查询，在实际的工作中，有时须在两个或更多的表中进行数据的查询，若一个查询涉及两个以上表，则称为连接查询，或多表查询。连接查询实际上是关系数据库中最主要的查询，主要包含交叉连接查询(非限制连接查询)、等值连接查询、非等值连接查询、自身连接查询、外连接查询和复合条件连接查询。连接查询和单表查询的根本区别是涉及多个表或者视图，而表出现在 FROM 后面，所以连接查询影响的主要子句是 FROM。如果表与表之间有连接条件，则一般在 WHERE 子句中表示。

1. 等值连接

当一个查询涉及数据库的多个表时，一般按照一定的条件把这些表连接在一起，以便能够共同提供用户需要的信息。用来连接两个表的条件称为连接条件或连接谓词，一般格式为

```
[<表名1>.]<列名1><比较运算符>[<表名2>.]<列名2>
```

比较运算符主要有=、>、<、>=、<=、!=。

此外，连接谓词还可以使用如下形式：

```
[<表名1>.]<列名1> BETWEEN [<表名2>.]<列名2> AND [<表名3>.]<列名3>
```

当连接运算符为“=”时，称为等值连接。使用其他运算符，称为非等值连接。连接谓词中出现的列称为连接字段。连接条件中的各连接字段类型必须是可比的，但不必是相同的(名字不一定相同)。

例 4-3-41 查询每个学生及其选修课程的情况。

学生情况存放在 Student 表中，学生选课情况存放在 SC 表中，所以本查询实际上同时涉

及 Student 与 SC 两个表中的数据。这两个表之间的联系是通过两个表都具有的属性 Sno 实现的。查询学生及其选修课程的情况必须将这两个表中学号相同的元组连接起来。这是一个等值连接。完成本查询的 SQL 语句为

```
SELECT Student.*,SC.*
FROM Student,SC
WHERE Student.Sno=SC.Sno;
```

进行多表连接查询时，SELECT 子句与 WHERE 子句中的属性名前都加上表名前缀，这是为了避免混淆。如果属性名在参加连接的各表中是唯一的，则可以省略表名前缀。

假设表中的数据如 4.1.5 小节所示，则执行该查询的过程是，DBMS 首先在 Student 表中找到第 1 个元组，确定元组的 Sno 值 08001，然后从头开始扫描 SC 表，查找 SC 表中所有 Sno=08001 的元组，共找到 4 个元组，每找到 1 个元组，都将 Student 表中第 1 个元组与其拼接起来，这样就形成 2 结果表的前 4 条元组。再找到 Student 表中第 2 个元组，其中 Sno 为 08002，同样的方法可以在 SC 表中找到 Sno=08002 的元组两个，拼接后形成结果集中的第 5~6 个元组。循环执行该过程，最终得到查询的部分结果如表 4-11 所示。

表 4-11　Student 和 SC 表等值连接结果

Sno	Sname	Ssex	Sdept	Sage	Sno	Cno	grade
08001	张力	男	CS	20	08001	001	100
08001	张力	男	Cs	20	08001	002	93
08001	张力	男	Cs	20	08001	004	90
08002	李丽	女	IIS	19	08002	001	98
08005	刘晨	男	IS	18	08005	002	100
08005	刘晨	男	IS	18	08005	003	98
08009	高晓	男	IS	20	08009	001	
08009	高晓	男	IS	20	08009	002	30

2. 非等值连接

连接查询中使用非“=”运算符构成的连接条件称为非等值连接查询。在例 4-3-41 中，如果把“=”换成“>”，“<”，BETWEEN AND 等构成的连接查询是非等值连接查询。

3. 交叉连接(非限制连接)

交叉连接是不带连接谓词(连接条件)的连接。两个表的交叉连接即是两表中元组的交叉乘积，也即其中一表中的每一元组都与另一表中的每一元组拼接，因此结果表往往很大，且会产生一些没有意义的元组。这种连接在产生测试数据等方面有时是非常有用的。

例 4-3-42　假设每个学生选修课程表中的所有课程，试查询每个学生的学号和选修的课程课程号。

```
SELECT Sno,Cno
FROM Student,Course;
```

4. 自身连接

连接操作不仅可以在两个表之间进行，也可以是一个表与其进行连接，这种连接称为表的自身连接。

1) 别名的使用

进行多表连接查询时，为了避免混淆列名，SELECT 子句与 WHERE 子句中的属性名前都加上表名前缀。这样限制列名不仅费时，而且容易出错，特别是在当连接的表具有较长名称时更是如此。为了简化任务，可以用表别名代替表名。表别名写在 FROM 子句的表名后面。一旦给表赋予别名，该别名的使用就必须贯穿整个 SELECT 命令，而不能再使用原来的名称来引用表。尤其是在自身连接时，为了能区分连接的表，必须给表起不同的别名。

例 4-3-43 例 4-3-41 可用别名改写如下：

```
SELECT A. *, B. *
FROM Student A, SC B
WHERE A.Sno=B.Sno;
```

2) 自身连接

在自身连接中，可以给一个表赋予不同的别名，这样可以将一个表看作两个不同的表，与等值连接一样处理。

例 4-3-44 查询每一门课的间接先修课(即先修课的先修课)。

在“课程”表即 Course 关系中，只有每门课的直接先修课信息，而没有先修课的先修课，要得到这个信息，必须先对一门课找到其先修课，再按此先修课的课程号，查找它的先修课程，这相当于将 Course 表与其自身连接后，取第一个副本的课程号与第 2 个副本的先修课号作为目标列中的属性。连接条件是第一个副本中的先修课号与第 2 个副本中的课程号等值连接。写 SQL 语句时，为清楚起见，可以为 Course 表取两个别名，一个是 FIRST，另一个是 SECOND；可以在考虑问题时就把 Course 表想像成是两个完全一样的表，一个是 FIRST 表，另一个是 SECOND 表。见表 4-12、表 4-13。

表 4-12 FIRST 表(Course 表)

Cno	Cname	Cpno	Ccredit
001	数据库	005	4
002	高等数学		2
003	信息系统	001	4
004	操作系统	006	3
005	数据结构	007	4
006	数据处理		2
007	C 语言	006	4

表 4-13 SECOND 表(Course 表)

Cno	Cname	Cpno	Ccredit
001	数据库	005	4
002	高等数学		2
003	信息系统	001	4
004	操作系统	006	3
005	数据结构	007	4
006	数据处理		2
007	C 语言	006	4

完成该查询的 SQL 语句为：

```
SELECT FIRST.Cno, SECOND.Cpno
FROM Course FIRST, Course SECOND
WHERE FIRST.Cpno=SECOND.Cno
```

例 4-3-45 查询和刘晨同在一个系学习的学生。

与例 4-3-44 相似的是，可以把 Student 表虚拟成两个表，分别为 S1，S2，在 S1 中找到“刘晨”所在的记录，然后拿该记录中的系别 Sdept 与 S2 中的 Sdept 等值连接，即可得到题目要求的结果。完成该查询的 SQL 语句为

```
SELECT S2.*
FROM Student S1,Student S2
WHERE S1.Sname='刘晨' AND S1.Sdept=S2.Sdept;
```

注意 这个语句的 SELECT 子句一定写成 S2.*，如果改成 S1.*，结果会出错。

例 4-3-44 中查询每一门课的间接先修课，但是查询结果中只列出 5 门课程的间接先修课，少了‘002’和‘004’课程的间接先修课，如何解决该问题呢？可以用外连接解决。

5. 外连接

在通常的连接操作中，只有满足连接条件的元组才能作为结果输出。如果查找所有学生的选课情况，则没有选课学生的记录不会出现在查询结果当中。但是，有时以 Student 表为主体列出每个学生的基本情况及其选课情况，若某个学生没有选课，则只输出其基本情况信息，其选课信息为空值(NULL)即可，这时须使用外连接(OUTER JOIN)。外连接包括左外连接、右外连接和全外连接三种，对应的运算符通常为 LEFT OUTER JOIN、RIGHT OUTER JOIN、FULL OUTER JOIN。如果使用 LEFT JOIN，则表示左边的表是主表，该表中记录全部显示，即使右边表中没有相关记录。

例 4-3-46 用外连接表示如下：

```
SELECT Student.*,SC.*
FROM Student LEFT JOIN SC   ON Student.Sno=SC.Sno;
```

该外连接如同为右边的表(即 SC 表)增加一个“万能”的行，这个行全部由空值组成，它可以和另一个表(即主表 Student)中所有不能与 SC 表其他行连接的元组进行连接。由于这个“万能”行的各列全部是空值，因此在连接结果中，Student 表中在 SC 中不存在匹配记录的行对应来自 SC 表的属性值全部是空值。结果实际上在表 4-11 基础上多一条‘08007’的学生记录，而该记录对应的 SC 表中列全部为空。

根据外连接的描述，例 4-3-44 为列出全部课程的间接先修课号，须表示如下：

```
SELECT FIRST.Cno,SECOND.Cpno
FROM Course FIRST LEFT JOIN Course SECOND ON FIRST.Cpno=SECOND.Cno;
```

6. 复合条件连接

在上面的连接查询中，WHERE 子句只有一个连接条件，用于连接两个表的谓词。在 WHERE 子句中使用多个条件的连接查询，称为复合条件连接查询。

例4-3-47 查询选修002号课程成绩大于90分的学生情况。

本查询涉及 Student 和 SC 两个表，两个表通过 Sno 进行连接，然后再加上限制条件 Cno=‘002’和 Grade>90，即可得到满足要求的元组。SQL 语句如下：

```
SELECT Student.*
FROM Student,SC
WHERE Student.Sno=SC.Sno AND SC.Cno='002' AND Grade>90;
```

上面的连接查询涉及的都是两个表间的连接，实际上，许多情况下须对 3 个或 3 个以上表进行连接查询。三个以上表的连接实际上也是两个两个连接的。

例 4-3-48 查询选修课程的学生姓名、选修课程名和成绩。

该题目查询的结果 Sname，Cname 和 Grade，涉及 Student，Course 和 SC 三个表，所以对 3 个表进行连接查询。这 3 个表中 SC 表是桥梁，另外两个表都和 SC 有关系，所以可以 Student 和 SC 先连接，再和 Course 连接，也可以 Course 和 SC 先连接，再和 Student 连接。SQL 语句如下：

```
SELECT Sname,Cname,Grade
FROM Student,SC,Course
WHERE Student.Sno=SC.sno AND SC.Cno=Course.Cno;
```

7. 字符串连接查询

字符串连接实际上是直接把字符类型的列用字符串连接运算符“+”连接起来构成的查询。

例 4-3-49 查询每个学生学号、姓名，并把结果显示到一个列中。

```
SELECT Sno+Sname
FROM Student;
```

此语句在 SQL Server 中可以正常执行，但是在 MySQL 中实现字符串连接须用 concat 函数，具体语句如下：

```
SELECT concat(sno,sname)
FROM student;
```

连接查询是对多个表通过连接条件限制构成的查询，所以连接条件非常关键，如果查询语句中少了某个连接条件，结果集的个数可能相差很大，所以涉及多个表时一定注意连接条件的使用和表示。

连接查询比简单查询更复杂，所以开始接触时须掌握解题的步骤，下面通过一个例子了解其步骤。

例 4-3-50 查询所有成绩为优秀的学生姓名(所有成绩优秀指的是所有成绩不小于 90 分)。

(1) 根据题目描述，确定查询的内容，列在 SELECT 后。该题目查询“姓名”，所以在 SELECT 后面写上 Sname。

(2) 确定查询的内容在哪个表中，把表名写在 FROM 子句后面。该题目查询的内容 Sname 在 Student 表中有，在 FROM 后写上 Student。

(3) 确定题目中涉及的查询条件，把条件表示出来，并确定条件写在 WHERE 后，或是 HAVING 后。该题目条件是“所有成绩为优秀”，如果写成 Grade>=90，则该条件只能写在 WHERE 后面。这样，只要有一门成绩大于等于 90，就把学号查出来，因为 WHERE 条件的特点是逐条记录过滤整个表中数据，而结合本题目描述，这样是错误的。这个条件如何表示？“所有成绩为优秀”实际上只需保证某个学生的最小成绩为优秀即可，因此该条件表示为 MIN(Grade)>=90，这样，该条件只能写在 HAVING 短语中。

(4) 根据上一步的查询条件确定该条件在哪个表中，判断该表名在 FROM 后是否已经存在，如果不存在，把表名写在 FROM 后。该题目的查询条件涉及 Grade 列，而该列在 SC 表，所以在FROM后再写上SC表，因为已经有Student表，两个表中间用逗号隔开。

(5)判断该题目是否需要分组，并确定分组字段。根据第3步的分析，该语句包含HAVING短语。根据前面的讲述，如果有HAVING的，则必有GROUP BY子句，所以该题目涉及GROUP BY子句。分组字段是什么呢？可以根据前面描述的GROUP BY和SELECT子句的关系来确定，因为该查询SELECT后只有Sname，所以分组字段中肯定包含Sname。结合整个题目环境，应该按姓名分组，判断每个分组中最小成绩是否大于等于 90，所以该题目分组字段是Sname。

(6)判断是否对查询结果排序，若是，确定排序字段，写在ORDER BY子句后。该题目没有涉及排序的要求，所以不写ORDER BY子句。

(7)如果题目涉及多个表，一定确定这多个表的连接条件，并把条件写到WHERE子句后。该题目涉及两个表，两个表有共同的列Sno，所以通过Sno构成连接条件。

根据上面的分析，可以写出语句：

```
SELECT Sname
FROM Student,SC
WHERE Student.Sno=SC.Sno
GROUP BY Sname
HAVING MIN(Grade)>=90;
```

(8)最后再考虑整个题目的环境有没有漏掉的内容，如果有，写在合适的地方，并且注意语句中引用的列是否在多个表中都存在，如果是，则应该在列名前加上表名限制。该题目的条件，MIN(Grade)>=90，而集函数MIN忽略空值。如果某个学生其他成绩都大于等于90，而有一门没有成绩，这个学生符合题目条件吗？上面表示的完整语句查询的结果包含这个学生吗？查询的结果肯定包含该学生，实际上是不符合题目条件的。如何解决这个问题？实际上应该在执行这些操作前，先把有一门成绩为空的学生排除。为排除这些学生，用子查询来实现，这是后面涉及的内容。下面就是该题目的完整的答案：

```
SELECT Sname
FROM Student,SC
WHERE Student.Sno=SC.Sno AND
Student.Sno NOT IN(SELECT Sno FROM SC WHERE Grade IS NULL)
GROUP BY Sname HAVING MIN(Grade)>=90;
```

4.3.4 子查询(嵌套查询)

在 SQL 中，一个 SELECT-FROM-WHERE 语句称为一个查询块。将一个查询块嵌套在另一个查询块的WHERE子句或HAVING短语条件中的查询称为子查询或嵌套查询，允许根据另一个查询的结果检索数据。其中外层的查询块为外部查询(或为父查询)，而内层的查询块则为内部查询(或为子查询)。须注意的是，子查询中不能包含 ORDER BY 子句，因为ORDER BY 只能对查询的最终结果排序，而子查询只是中间结果。另外，父查询除了是SELECT语句块外，还可以是INSERT、UPDATE或者DELETE。

子查询的求解方法是由里向外处理，即每个子查询在其上一级查询处理前求解，子查询的结果用于建立其父查询的查询条件。使用子查询可以将复杂的查询用一系列简单查询来代替，从而明显增强 SQL 的查询能力。以层层嵌套的方法构造程序正是 SQL 中“结构化”的含义所在。大部分数据库管理系统在内部处理子查询时，把其转化成连接查询来处理。所以，性能方面有时不如连接查询。子查询的优缺点如下所述。

(1)优点：子查询能够将比较复杂的查询分解为几个简单的查询。更符合人们解决问题的一般思路，更好理解。

(2)缺点：子查询的执行过程没有连接操作快。

1. 子查询分类

子查询根据子查询的查询条件是否依赖外层父查询的某个属性值可分成两种：不相关子查询和相关子查询。如果子查询的查询条件依赖外层父查询的某个属性值，称该子查询为相关子查询；反之，称为不相关子查询。另外，子查询根据其返回结果值的数目又可以分成单一行子查询和多行子查询。如果子查询返回结果值的数目为一个值，称为单一行子查询；如果结果集数据为多个值，则称为多行子查询。

2. 子查询引导谓词

子查询的定义中涉及子查询的位置，位于 WHERE 子句或 HAVING 短语条件中，该位置决定子查询的引导谓词，如表 4-14 所示。

表 4-14　子查询的引导谓词

子查询引导词	具体谓词	引导子查询类型			
		单一行	多行	相关	不相关
比较运算符	=，>，<，>=，<=，<>等	√		√	√
比较运算符+ANY(ALL)	>ANY，<ANY，>=ANY，<=ANY 等 >ALL，<ALL，>=ALL，<=ALL 等	√	√	√	√
确定范围	BETWEEN AND，NOT BETWEEN AND	√		√	√
确定集合	IN，NOT IN	√	√	√	√
字符匹配	LIKE，NOT LIKE	√		√	√
存在量词	EXISTS，NOT EXISTS	√	√	√	

3. 具体的子查询

1)比较运算符引导单一行子查询

比较运算符只能实现单个值的比较，所以，只能引导单一行子查询，即要求子查询返回结果数目最多只能是一个值。

例 4-3-51　查询年龄大于所有学生平均年龄的学生的信息。

该题目可以首先找到所有学生的平均年龄，然后找到年龄比该平均年龄大的学生信息即可。所以，可以分步来完成此查询。

(1)确定所有学生的平均年龄。

```
SELECT AVG(Sage)
FROM Student;
```

结果为：18.8

(2) 查询年龄比该平均年龄 18.8 大的学生信息。

```
SELECT *
FROM Student
WHERE Sage>18.8;
```

分两步完成这个查询比较麻烦。实际上，根据子查询的定义，可以把第一步查询块嵌入到第二步查询块的 WHERE 子句中，替换 18.8，以构造第二步查询的条件。其子查询 SQL 语句如下：

```
SELECT *
FROM Student
WHERE Sage>
      (SELECT AVG(Sage)
       FROM Student);
```

须注意的是，子查询构成父查询条件时用小括号括起来。

DBMS 求解该查询时，即在计算机内部执行该查询，实际上也是分步的，类似于分步过程，即首先求解子查询，确定学生平均年龄，得到 18.8，然后求解父查询。用子查询构造查询语句，实际上是把分步过程留给 DBMS 了。

例 4-3-52 查询和刘晨同一年龄的学生信息。

本题目可以首先找到刘晨的年龄，然后找到年龄跟刘晨年龄相同的学生信息即可。根据上面例子的分析过程，可以用子查询实现：

```
SELECT *
FROM Student
WHERE Sage= (SELECT Sage  FROM Student WHERE Sname='刘晨');
```

该查询可以用前面讲过的自身连接查询实现：

```
SELECT S1.*
FROM Student S1, Student S2
WHERE S2.Sname='刘晨' AND S1.Sage=S2.Sage;
```

由此可知，实现同一个查询可以有多种方法，当然不同的方法其执行效率可能有差别，甚至差别很大。

2) 带有 IN 的子查询

用比较运算符只能引导单一行子查询，如果子查询返回结果多于一个值，则不能再使用比较运算符引导，IN 谓词可以引导多行子查询。多行子查询可能返回一行或者多行数据，如果返回一行，可以用“=”替代 IN。

例 4-3-53 查询所有被学生选修过的课程的信息。

```
SELECT *
FROM Course
WHERE Cno IN (SELECT DISTINCT Cno
              FROM SC);
```

说明 (1) 利用子查询查找 SC 表中被学生选修的课程的课程号，因为一门课程可能被多个学生选修，所以课程号可能重复，可以用 DISTINCT 去掉重复值。该子查询可能返回多个值，所以引导时不能再用“=”，必须用 IN。用“=”引导的子查询一定可以换成 IN。

(2) 父查询从 Course 表中查找课程号(Cno)在子查询查找出的课程号范围的课程信息。

例 4-3-54 查询所有未被学生选修的课程的信息。

```
ELECT *
FROM Course
WHERE Cno NOT IN (SELECT DISTINCT Cno
               FROM SC);
```

例 4-3-55 查询选修课程名为数据库的学生信息。

经过分析可知,本查询涉及学生信息和课程名信息。有关学生的信息存放在 Student 表中,有关课程名的信息存放在 Course 表中，但 Student 与 Course 两个表之间没有直接联系，必须通过 SC 表建立它们之间的联系(实际上，从题目中“选修”可知，应该用到 SC 表)。所以，本查询实际上涉及 3 个关系：Student，SC 和 Course。这个查询为多层嵌套子查询，完成此查询的基本思路是:

(1) 首先在 Course 关系中找出数据库课程的课程号 Cno。

(2) 然后在 SC 关系中找出 Cno 等于第一步给出的 Cno 集合中某个元素的 Sno。

(3) 最后在 Student 关系中选出 Sno 等于第二步中求出 Sno 集合中某个元素的元组。

```
SELECT *
FROM Student
WHERE Sno IN
    (SELECT Sno
    FROM SC
        WHERE Cno IN
            (SELECT Cno
              FROM Course
              WHERE Cname='数据库'));
```

本查询同样可以用连接查询实现:

```
SELECT Student.*
FROM Student,SC,Course
WHERE Student.Sno=SC.Sno AND SC.Cno=Course.Cno AND Course.Cname='数据库';
```

由例 4-3-54 和例 4-3-55 可知，查询涉及多个关系时，用嵌套查询逐步求解，层次清楚，易于理解，具备结构化程序设计的优点。当然，有些嵌套查询是可以用连接查询替代(有些是不能替代)的。采用哪种方法，用户可以根据习惯，以及执行效率确定。但是，一般的 DBMS 内部按照连接查询来执行，子查询，在内部执行时系统先把子查询转换成连接查询，然后再执行，这样的效率较低。因此，如果考虑查询的执行效率，能用连接查询实现时尽量用连接查询。

3) 带有 ANY 或 ALL 谓词的子查询

用比较运算符只能引导单一行子查询，如果子查询返回结果多于一个值，还需要这些值和某列进行比较，再使用比较运算符引导时显然无效，可以在比较运算符的基础上再加上 ANY 或 ALL 谓词来解决这个问题。表 4-15 列出了带 ANY、ALL 谓词的多行比较运算符。

表 4-15　多行比较运算符

>ANY	大于子查询结果中的某个值，即大于最小值(>MIN( ))
>ALL	大于子查询结果中的所有值，即大于最大值(>MAX( ))
<ANY	小于子查询结果中的某个值，即小于最大值(<MAX( ))
<ALL	小于子查询结果中的所有值，即小于最小值(<MIN( ))
⋮	⋮

注：ANY 和 ALL 可以与各种比较运算符共同使用，如<>ANY，>=ANY，<=ALL，=ALL 等。

例 4-3-56　查询其他系中比 IS 系某一学生年龄小的学生名单。

```
SELECT *
FROM Student
WHERE Sage<ANY(SELECT Sage
               FROM Student
               WHERE Sdept='IS')       AND Sdept<>'IS'
ORDER BY Sage DESC;
```

说明　(1)DBMS 首先处理子查询找出 IS 系中所有学生的年龄，构成一个集合，因为该年龄集合有多个值，所以不能直接用比较运算符引导，根据题目描述，应该用<ANY。

(2)处理父查询，找所有不是 IS 系(Sdept<>IS)且年龄小于 1)中年龄集合中某一年龄的学生信息，按年龄的降序排列，构造查询结果表。

根据表 4-15，可以用集函数 MAX()来代替<ANY 实现该题目，语句如下：

```
SELECT *
FROM Student
WHERE Sage<(SELECT MAX(Sage)
            FROM Student
            WHERE Sdept=’IS’)   AND Sdept<>’IS’
ORDER BY Sage DESC;
```

该例子之所以可以用比较运算符“<”来引导子查询，因为该子查询返回的结果数即信息系学生年龄中的最大值只有一个，所以是单一行子查询。

例 4-3-57　查询其他系中比 IS 系所有学生年龄都大的学生名单。

```
SELECT Sname, Sage
FROM Student
WHERE Sage>ALL(SELECT Sage
               FROM Student
               WHERE Sdept='IS')AND Sdept<>'IS'
ORDER BY Sage DESC;
```

该题目同样可以用集函数来实现。

实际上，用集函数实现子查询通常比直接用 ANY、ALL 查询效率更高。ANY、ALL 与集函数的对应关系如表 4-16 所示。

表 4-16　ANY、ALL 谓词与集函数及 IN 谓词的等价转换关系

	=	<>	<	>	<=	>=
ANY	IN	—	< MAX	> MIN	<= MAX	>= MIN
ALL	—	NOT IN	< MIN	> MAX	<= MIN	>= MAX

4) BETWEEN、LIKE 引导的子查询

除了上面的谓词可以引导子查询外，BETWEEN 和 LIKE 也可以引导子查询，只不过平时用比较少而已。这两个谓词只能引导单一行子查询。

例 4-3-58　查询年龄处于刘晨和刘立年龄之间的学生信息。

查找年龄在刘晨和刘立年龄之间的学生信息，首先确定刘晨和刘立的年龄，然后用 BETWEEN AND 就可以找到处于两个学生年龄之间的学生信息。SQL 语句如下：

```
SELECT *
FROM Student
WHERE Sage BETWEEN  (SELECT Sage
           FROM Student
           WHERE Sname='刘晨')
        AND (SELECT Sage
             FROM Student
             WHERE Sname='刘立');
```

说明　该例子在 MySQL 和 SQL Server 中都可以正常执行，但在 SQL Server 中用 BETWEEN AND 时 BETWEEN 后面只能跟下限值，AND 后跟上限值。

例 4-3-59　查询和 08001 学生同姓的学生信息。

```
SELECT *
FROM Student
WHERE Sname LIKE (SELECT LEFT(Sname,1)
           FROM Student
           WHERE Sno='08001')+'%'
```

该例子在 MySQL 中执行时把%换成*即可，在 SQL Server 中可正常执行。这里 LEFT 函数的作用是从姓名最左端开始取几个字符，第二个参数 1 表示取 1 个，即取姓名中的姓氏，子查询查到姓氏后连接字符%，即可实现查询和 08001 学生同姓的学生信息。

在上面的子查询的例子中，子查询都只执行一次，其结果用于父查询。子查询的查询条件不依赖父查询，这类子查询称为不相关子查询。不相关子查询是最简单的一类子查询。

5) 相关子查询

上面的查询都是不相关子查询，下面举例说明。

例 4-3-60　查询比本系平均年龄大的学生信息。

为查询比本系平均年龄大的学生信息，根据前面的分析，每查找一个学生都应判断和其同系别学生的平均年龄，也就是每过滤一个学生，须根据该学生系别求得一个该系学生的平均年龄，这样的子查询不能一次执行完，而根据父查询表中选择的数据来决定子查询的执行次数，这和前边的不相关子查询是不同的。该题目用 SQL 语句实现：

```
SELECT *
FROM Student S1
```

```
  WHERE Sage>
   (SELECT AVG(Sage)
    FROM Student S2
    WHERE S1.Sdept=S2.Sdept);
```

该题目用到 Student 表，子查询条件涉及父查询中的列 S1.Sdept，且子查询不能一次执行完。所以，该查询是相关子查询。该查询的执行过程如下：首先取外层查询中 S1 表的第一条记录，根据它与内层查询相关的属性值 Sdept 处理内层查询，取得的第一条记录 S1.Sdept=CS。根据该值，子查询执行结果为 18.8，而第一条记录的 Sage=18，不符合父查询的条件，舍去；再从 S1 表中取第二条记录，Sdept=IS，S1.Sage=19，根据条件子查询结果为 19，S1.Sage>19 显然为假，所以，第二条记录也不符合条件；继续取第三条记录，继续上面的过程，最后可以查到符合条件的记录。

例 4-3-61 查询比本人平均成绩高的学生学号和课程号。

为查询比本人平均成绩高的学生学号和课程号，根据前面的分析，每查找一个学生一门课程成绩都与该学生的平均成绩比较，也就是每过滤一个学生成绩，须根据该学生学号求得该学生的平均成绩，这样的子查询不能一次执行完，而根据父查询表中选择的数据来决定子查询的执行次数。该题目用相关子查询实现。SQL 语句如下：

```
SELECT *
FROM SC S1
WHERE Grade>    (SELECT AVG(Grade)
                 FROM SC S2
                 WHERE S1.Sno=S2.Sno);
```

除了比较运算符可以引导相关子查询外，还有专门的存在量词 EXISTS 和 NOT EXISTS 也可以引导相关子查询。EXISTS 代表存在量词。使用 EXISTS 关键字引入一个子查询时，就相当于进行一次存在测试。外部查询的 WHERE 子句测试子查询返回的行是否存在。子查询实际上不产生任何数据；它只返回 TRUE 或 FALSE 值。

使用 EXISTS 的子查询与其他子查询略有不同：

1) EXISTS 关键字前面没有列名、常量或其他表达式。

2) 由 EXISTS 引入的子查询选择列表通常几乎都由星号 (*) 组成。由于只是测试是否存在符合子查询中指定条件的行，所以不必列出列名。

3) 子查询条件涉及父查询的某列。

例 4-3-62 查询所有选修 001 号课程的学生姓名。

查询所有选修 001 号课程的学生姓名涉及 Student 关系和 SC 关系，可以在 Student 关系中依次取每个元组的 Sno 值，用此 Student.Sno 值检查 SC 关系，若 SC 中存在(EXITS)这样的元组(其 SC.Sno 值等于用来检查的 Student.Sno 值)，并且其 SC.Cno=001，则取此 Student.Sname 送入结果关系。将此写成 SQL 语句：

```
SELECT Sname
FROM Student
WHERE EXISTS (SELECT *
          FROM SC
          WHERE Sno=Student.Sno AND Cno='001');
```

例 4-3-63 查询所有未选修 001 号课程的学生姓名。

```
SELECT Sname
FROM Student
WHERE NOT EXISTS (SELECT *
                  FROM SC
                  WHERE Sno=Student.Sno AND Cno='001');
```

这类查询与前面不相关子查询有一个明显的区别，即子查询的查询条件依赖外层父查询的某个属性值(在本例中是依赖 Student 表的 Sno 值)，称这类查询为相关子查询。求解相关子查询不能像求解不相关子查询那样一次将子查询求解出来，然后求解父查询。相关子查询的内层查询由于与外层查询有关，因此必须反复求值。

从概念上讲，相关子查询的一般处理过程如下：首先取外层查询中 Student 表的第一个元组，根据它与内层查询相关的属性值(即 Sno 值)处理内层查询，若 WHERE 子句返回值为真(即内层查询结果非空)，则取此元组放入结果表，然后再检查 Student 表的下一个元组，重复这一过程，直至 Student 表全部检查完毕为止。

注意，一些带 EXISTS 或 NOT EXISTS 谓词的子查询不能被其他形式的子查询等价替换，但所有带 IN 谓词、比较运算符、ANY 和 ALL 谓词的子查询都能用带 EXISTS 谓词的子查询等价替换。

例 4-3-64 查询选修所有课程的学生姓名和所在系。

由于在 SQL 中没有全称量词∀，但可以用命题逻辑的等价公式把带有全称量词的谓词转换为等价的带存在量词的谓词：$(\forall x)P = \neg(\exists x)(\neg P)$。于是，该题目可以理解为：查询这样的学生，没有一门课程是他不选修的。其 SQL 语句为：

```
SELECT  Sname,Sdept
FROM  Student
WHERE  NOT EXISTS
    (SELECT  *
      FROM  Course
       WHERE  NOT EXISTS
              (SELECT *
                FROM  SC
                WHERE  Sno=Student.Sno AND Cno=Course.Cno));
```

该语句涉及两层嵌套，所以，其执行过程更复杂。下面作一个简单的描述，表中数据参照 4.1.5 小节中三个表中的数据。

首先取外层查询中 Student 表的第一个元组，Sno='08001'，根据它与内层查询相关的属性值(即 Sno 值)处理内层查询，但引用 Sno 列的是第二层子查询。先从第一层子查询表中选数据，选择第一层子查询表 Course 中第一个元组，Cno='001'，根据 Sno='08001'和 Cno='001'执行第二层子查询，即查找 SC 表中是否存在 Sno='08001'AND Cno='001'的记录，结果不存在。所以，第二层子查询没有返回值，则第一层子查询中 WHERE 子句返回值为真(即内层查询结果为空)，第一层子查询返回 Course 表所有值，父查询 WHERE 条件返回假，说明 Student 表中选出的第一个元组不符合条件(因为 Course 表的第一门课程该学生就没有选)舍去。继续取父查询 Student 表中第二个元组，Sno='08002'，然后取第一层子查询 Course 表中第一个元组，Cno='001'，执行第二层子查询，结果不存在，根据前面的分析，该学生肯定未选修全部课程。所以，Sno='08002'的记录舍去。继续取 Student 表第三个元组，Sno='08003'，取第一层子查询 Course 表中第一条元组 Cno='001'，执行第二层子查询，有结果，则第一层子查询 WHERE 条件返回假，第一层子查询没有结果，父查询的 WHERE 条件返回真，这时并不能说明该学生选修了全部课程，因为 Course 表中记录还没有过滤完。所以，继续找 Course 表中第二个元组，Cno='002'，根据条件 Sno='08003'和 Cno='002'执行第二层子查询，仍有结果，继续取 Course 表中第三个元组，执行上面过程，仍有结果。取到 Course 表的第 4 条元组时，Cno='004'；执行第二层子查询时，没有结果，说明该学生未选修 004 这门课程，所以该学生也不符合条件。重复这一过程，直至 Student 表全部检查完毕为止。当取 Student 表中某一个元组时，只有当第一层子查询始终没有结果返回时，才说明该学生选修了全部课程。

例 4-3-65 查询至少选修 08002 的全部课程的学生学号。

本查询可以用逻辑蕴涵来表达：查询学号为 x 的学生，对所有的课程 y，只要 08002 选修课程 y，则 x 也选修 y。由于 SQL 中没有蕴涵逻辑运算，则把该问题转化为只含有已知运算符的逻辑运算，即不存在这样的课程 y，学生 08002 选修 y，而学生 x 没有选。

```
SELECT DISTINCT Sno
FROM SC SC1
WHERE NOT EXISTS
    (SELECT *
     FROM SC SC2
     WHERE SC2.Sno = '08002' AND NOT EXISTS
            (SELECT *
             FROM SC SC3
             WHERE SC3.Sno=SC1.Sno AND SC3.Cno = SC2.Cno));
```

6) 跟在 HAVING 后的子查询

对于例 4-3-64，如果这三个表建立参照关系，可以用下面的方法来实现。

```
SELECT Sname,Sdept
FROM Student
WHERE Sno IN
   (SELECT Sno
   FROM SC
   GROUP BY Sno HAVING COUNT(*)=
                       (SELECT COUNT(*)
                       FROM Course));
```

说明 最内层查询 SELECT COUNT(*) FROM Course 的作用是查询共有多少门课程，如果数据来自 4.1.5 小节中表中数据，则该子查询结果为 7，中间一层查询按 Sno 分组，然后用 COUNT(*) 统计每个分组中记录个数。如果某个分组记录个数等于 7，就说明该学生选修了全部课程；如果分组后组中的课程号存在重复或者某些课程号在 Course 表不存在，即使某分组记录个数为 7，也不能说该学生选修了全部课程。所以，该方法的前提是 SC 表的 Sno 和 Cno 列作主键，且 Cno 作外键(参照 Course 表中 Cno 列)。

同理，对于例 4-3-65，可以用下面的 SQL 语句表示：

```
SELECT Sno
FROM SC
WHERE Cno IN
   (SELECT Cno
```

```
        FROM SC WHERE Sno='08002')
    GROUP BY Sno HAVING COUNT(*)=
                (SELECT COUNT(*)
                  FROM SC
             WHERE Sno='08002');
```

说明 最后子查询 SELECT COUNT(*)FROM SC WHERE Sno='08002'的作用是查询08002共选修多少门课程，如果数据来自4.1.5小节中表中数据，则该子查询结果为2，最外层查询首先按WHERE条件过滤，而条件中涉及的子查询SELECT Cno FROM SC WHERE Sno='08002'作用是查询08002选修的课程号，结果是002和003，则经最外层WHERE条件过滤后把所有选修002或003课程的记录过滤出来，然后按Sno分组。用COUNT(*)统计每个分组中记录个数，如果某个分组记录个数等于 2，就说明该学生选修了全部课程；如果分组后组中的课程号重复，即使某分组记录个数为2，也不能说该学生选修了08002选修的全部课程。所以，该方法的前提是SC表的Sno和Cno列作主键。

7)跟在INSERT、UPDATE和DELETE后的子查询

除了可以把子查询嵌入SELECT的WHERE和HAVING条件中外，可以把子查询嵌入在INSERT语句中，实现数据的批量插入。这种子查询和SELECT语句中的子查询相比区别是，子查询不需要括号，直接跟在INSERT INTO子句下面。子查询还可以嵌套在UPDATE语句的WHERE条件中，更新复杂的表。子查询同样也可以嵌套在DELETE语句的WHERE条件中，用以构造更复杂的执行删除操作的条件。这部分内容在4.4节数据更新语句中详细介绍。

8)子查询的其他使用

子查询实际上还可以作表达式使用，或者用作派生表。当子查询作表达式使用时，所有使用表达式的地方都可以使用子查询代替，这时，子查询被当作一个表达式处理并计算，在整个语句中，只计算一次。因为子查询可以产生一个结果集，所以子查询可以作为派生表来使用，用于代替 FROM 子句中的表。

例 4-3-66 用AVG集函数统计所有学生的平均年龄。

```
SELECT (SELECT SUM(Sage)FROM Student)/COUNT(*),AVG(Sage)
FROM Student;
```

该题目中子查询(SELECT SUM(Sage) FROM Student)作为表达式一部分来使用，求得所有学生年龄之和，然后除以学生个数，得到的结果和直接用 AVG 得到的结果一样。本例子可能没有实际意义，只是为了说明子查询可以这样使用。

例 4-3-67 用子查询作派生表，查询所有学生的学号和姓名。

```
SELECT A.*
FROM (SELECT Sno,Sname FROM Student)A;
```

该题目中子查询(SELECT Sno，Sname FROM Student)作为派生表来使用，求得所有学生学号和姓名，得到结果集，给结果集起别名A，然后在父查询中列出该结果集的所有值。本例子可能没有实际意义，只是为了说明子查询可以这样使用。有时在实现复杂查询时，可以把某个中间结果以子查询表示作为派生表，该派生表可以其他相关表进行连接查询，实现常规方法无法完成的操作。

由上可知，对于一个问题，既可以用连接查询来实现，又可以用子查询实现，两者的区别和联系是什么？下面作一比较：

(1) 几乎所有用连接查询实现的 SELECT 语句都可以重新写成子查询，反之亦然。两者在大部分情况下可以互换。

(2) 连接查询执行时效率往往更高，但书写时容易忘掉连接条件，或者容易写错关系，比如自身连接；子查询可以使某些问题的解决方法变得更为简单，即把问题细分成子问题，然后解决，更符合人们解决问题的习惯，但执行时效率没有连接查询高，因为执行时系统先把子查询转化成连接查询。所以，遇到一个问题尽量用连接查询实现，如果连接查询实现时很复杂或者实现不了，则可以考虑使用子查询实现。

(3) 须即时计算集函数值并把该值用于外部查询中进行比较时，必须用子查询，因为不允许在 WHERE 子句中使用集函数。

(4) 如果查询中的 SELECT 列表所包含的列来自于多个表，必须使用连接查询，因为子查询只能显示来自外部表的信息。

(5) 由相关子查询实现的问题一般不能用连接查询实现。

4.3.5 集合查询

每一个 SELECT 语句都能获得一个或一组元组。若把多个 SELECT 语句的结果合并为一个结果，可用集合操作来完成。集合操作主要包括并操作 UNION、交操作 INTERSECT 和差操作 MINUS。在 SQL 中，只有并操作可以用专门的运算符 UNION 来实现，交操作和差操作只能通过其他方式来实现。

1. 集合的并操作

使用 UNION 运算符，可将多个 SELECT 查询结果合并起来，形成一个完整的查询结果，系统合并时自动去掉重复的元组。注意，参加 UNION 操作的各数据项数目必须相同，对应项的数据类型也必须兼容，否则会出现错误。

例 4-3-68 查询计算机科学系的学生及年龄不大于 19 岁的学生。

```
SELECT *  FROM Student  WHERE Sdept='CS'
UNION
SELECT *  FROM Student  WHERE Sage<=19;
```

本查询实际上是求计算机科学系所有的学生与年龄不大于 19 岁的学生并集。第一个 SELECT 语句查询出计算机系所有的学生，第二个 SELECT 语句查询出年龄小于等于 19 岁所有的学生，取并集并去掉重复的元组，得到结果。实际上该题目也可以直接用复合条件查询来实现，对应的 SQL 语句如下：

```
SELECT *
FROM Student
WHERE Sdept='CS' OR  Sage<=19;
```

例 4-3-69 查询选修课程 001 或者选修课程 002 的学生学号。

本例实际上是查选修课程 001 的学生集合与选修课程 002 的学生集合的并集。

```
SELECT Sno FROM SC WHERE Cno='001'
UNION
SELECT Sno FROM SC WHERE Cno='002';
```

该题目还可以用如下形式表示：

```
SELECT Sno
FROM SC
WHERE Cno='001' OR Cno='002';
```

或者表示成：

```
SELECT Sno
FROM SC
WHERE Cno IN('001' ,'002');
```

2. 集合的交操作

允许找出两个表共有的行，SQL 语句虽然没有提供专门的交运算符，但可以通过其他方式来实现。

例 4-3-70 查询既选修课程 001，又选修课程 002 的学生学号。

本例实际上是查选修课程 001 的学生集合与选修课程 002 的学生集合的交集。

```
SELECT Sno
FROM SC
WHERE Cno='001' AND Cno='002';
```

这样表示肯定是错误的，因为 WHERE 条件的特点是逐条记录过滤的，现在条件要求 Cno='001' AND Cno='002'，即找到一条记录，Cno 列的值有两个，001 和 002，这是不可能的。怎么办？实际上，可以把对 Cno 的两个限制条件中的一个转化成对另外列的限制条件。

```
SELECT Sno
FROM SC
WHERE Cno='001' AND Sno IN
            (SELECT Sno
             FROM SC
             WHERE Cno='002');
```

这样，在 SC 中用 Cno='001' 过滤选修 001 课程的学生，然后用条件 Sno IN 子查询，对选修 001 课程的学号再进行过滤，要求其也选修 002 号课程，得到的结果就是既选修 001，又选修 002 课程的学生号。

当然，该题目也可以用自身连接来实现， SQL 语句如下：

```
SELECT A.Sno
FROM SC A,SC B
WHERE A.Cno='001' AND B.Cno='002' AND A.Sno=B.Sno;
```

对于类似的问题，即对同一个表中的同一个列用等号构成的多个条件不能直接用 AND 连接这些条件，而应该把该列构成的条件分散到对其他列的限制上，用子查询来完成题目要求；通过自身连接分别对虚拟的多个表中的该列进行限制，然后再找出几个虚拟表间的连接条件表示，也可以实现题目要求。

3. 差操作

允许我们确定存在于一个表中但不存在于另一表中的行。不像 UNION 和 INTERSECT 两个运算符，MINUS 运算符没有交换，即表 A MINUS 表 B 的结果通常与表 B MINUS 表 A 的结果不同。SQL 也不存在直接的差运算符，须像交运算一样用其他方式来实现。具体实现的方法依查询。一些 DBMS，如 Oracle 等，厂商在其产品中提供交操作运算符和差操作运算符。

例 4-3-71 查询选修课程 001，但没有选修课程 002 的学生学号。

本例实际上是查选修课程 001 的学生集合与选修课程 002 的学生集合的差集。

```
SELECT Sno
FROM SC
WHERE Cno='001' AND Cno<>'002';
```

这样表示肯定是错误的，因为 WHERE 条件的特点是逐条记录过滤的，现在条件中要求 Cno='001' AND Cno<>'002'，即找到一条记录，Cno 列的值为 001 而不是 002，这样，只要 Cno=001 就符合条件，Cno<>'002'根本起不到作用。怎么办？实际上，可以把 Cno<>'002'限制条件转化成对另外列 Sno 的限制条件

```
SELECT Sno
FROM SC
WHERE Cno='001' AND Sno NOT IN
          (SELECT Sno FROM SC WHERE Cno='002');
```

这样，在 SC 中用 Cno='001'过滤选修 001 课程的学生，然后用条件 Sno NOT IN 子查询对选修 001 课程的学号再进行过滤，要求其没有选修 002 号课程，得到的结果就是选修 001，而没有选修 002 课程的学生号。

对于类似的问题，即对同一个表中的同一个列用等号和不等号构成的两个条件不能直接用 AND 连接这些条件，而只能把不等号构成的条件分散到对其他列的限制上，并用 NOT IN 引导子查询来完成题目要求。比如，查询 08001 选修，但是 08002 没有选修的课程的课程号，也应该按照上述方法实现。

4.4 数 据 更 新

一个数据库能否保持信息正确、及时，很大程度上依赖于数据库更新功能的强弱与实时。数据库的更新包括插入、删除、修改(也称为更新)三种操作。本节分别讲述如何使用这些操作，以便有效地更新数据库。

4.4.1 插入数据

在 MySQL 和 SQL Server 中可以在打开表的数据表视图和 Enterprise Manager 中查看数据库表的数据时添加数据，但这种方式不能应付数据大量插入，需要 INSERT 语句来解决这个问题。SQL 的数据插入语句 INSERT 通常有两种形式：一种是一次插入一个元组，另一种是插入子查询结果。后者可以一次插入多个元组。

1. 插入单个元组

插入单个元组的 INSERT 语句的格式为

```
INSERT INTO<表名>[(<属性列 1>[, <属性列 2>…])]
VALUES(<常量 1>[, <常量 2>]…);
```

其功能是将新元组插入指定表中。其中，新记录属性列 1 的值为常量 1，属性列 2 的值为常

量 2，……。如果某些属性列在 INTO 子句中没有出现，则新记录在这些列上取空值(NULL)。必须注意的是，在表定义时说明 NOT NULL 的属性列不能取空值，否则插入记录失败。如果 INTO 子句中没有指明任何列名，则新插入的记录必须在每个属性列上均有值，且指定的常量值顺序必须和表中出现列的顺序保持一致，否则可能出错。

例 4-4-1 将一个新生记录(学号：08020；姓名：李丹；性别：男；所在系：IS；年龄：18 岁)插入 Student 表。

```
INSERT INTO Student
VALUES('08020', '李丹', '男', 18, 'IS');
```

例 4-4-2 插入一条选课记录('08020'，'001')。

```
INSERT INTO SC(Sno,Cno)
   VALUES('08020', '001');
```

新插入的记录在 Grade 列上取空值。为插入多条数据，则须多次使用 INSERT 语句。VALUES 数据取值与表中对应字段数据类型保持一致。建议“INTO 表名”后的字段列表一般不省略，省略后容易产生常量值和表中字段不对应的错误。

2. 通过子查询向表中插入多条数据

子查询不仅可以嵌套在 SELECT 语句中，用以构造父查询的条件，还可以嵌套在 INSERT 语句中，用以生成待插入的数据。插入子查询的 INSERT 语句语法如下：

```
INSERT INTO<表名>[(<属性列 1>[，<属性列 2>…])]
SELECT[〈属性列 1〉[，〈属性列 2〉…]]
FROM <表名>
[WHERE 子句]
[GROUP BY 子句]
[ORDER BY 子句];
```

其功能是把从子查询中得到的多条数据一次插入表中，实现数据批量插入的功能。

例 4-4-3 对每一个系，求学生的平均年龄，并把结果存入数据库。

对于这道题，首先要在数据库中建立一个有两个属性列的新表，其中一列存放系名，另一列存放相应系的学生平均年龄。

```
CREATE TABLE Deptage
(Sdept CHAR(15)
Avgage Smallin);
```

然后，对数据库的 Student 表按系分组求平均年龄，再把系名和平均年龄存入新表中。

```
INSERT INTO Deptage(Sdept, Avgage)
SELECT Sdept, AVG(Sage)
FROM Student
GROUP BY Sdept;
```

例 4-4-4 如果 Student 和 Course 表中数据已经输入，现在假设每个学生都选修所有课程，这时为减少输入成绩的工作量，对 SC 表如何处理？

对于这道题目，每个学生都选修所有的课程，则在 SC 表中每个学号和每个课程号都要对应一条记录，将来录入成绩时除了录入成绩外，还必须录入学号和课程号，工作量很大。如果先把学号和课程号录入，将来只录入成绩时能大大地减少录入工作量。对于学号和课程号的录入能不能批量实现？根据前面学习的交叉连接，可以对 Student 和 Course 表进行交叉连接查询，取 Sno 和 Cno 两个列构成一个子查询，进行批量插入。具体的实现语法如下：

```
INSERT INTO SC(Sno,Cno)
SELECT Sno,Cno
FROM Student,Course;
```

3. 通过 SELECT INTO 语句创建新表并插入多条数据

SELECT INTO 语句创建一个新表，并用 SELECT 的结果集填充该表。新表的结构由选择列表中表达式的特性定义。SELECT INTO 可将几个表或视图中的数据组合成一个表。语法结构如下：

```
SELECT <列名 1>,<列名 2>,…<表达式 1> AS <别名 1>, …INTO <表名>
FROM <表名 1>,<表名 2>,…
[WHERE 条件表达式]
[GROUP BY 子句]
[ORDER BY 子句];
```

注 INTO 后的表名必须是当前数据库中不存在的表名，FROM 后的表名必须是数据库中存在的表名。如果例 4-4-4 实现时数据库中不存在 SC 表，则可以用下面的语句实现创建 SC 表，并追加数据到 SC 表中。

```
SELECT Sno,Cno,0 AS Grade INTO SC
FROM Student,Course;
```

如果 SELECT 后有表达式或常量，必须给其起别名，否则语句运行失败。如果只建立对应的表结构而不追加数据，则可以在上面语句 FROM 子句后加 “WHERE 1<>1”，执行后只建立 SC 表结构，而不向 SC 追加数据。该语句在 MySQL 中无法实现。为实现它，须使用

```
CREATE TABLE 表名 AS 子查询;
```

4.4.2 修改数据

修改操作又称为更新操作，其语句的一般格式为

```
UPDATE<表名>
SET <列名 1>=<表达式 1>[, <列名 2>=<表达式 2>]…
[WHERE<条件>];
```

其功能是修改指定表中满足 WHERE 子句条件的元组。其中，SET 子句用于指定修改方法，即用<表达式>的值取代相应的属性列值。如果省略 WHERE 子句，则表示修改表中所有的元组。该语句在实现批量数据修改时非常有效。

1. 修改某一个元组的值

例 4-4-5 将学生 08001 的年龄改为 22 岁。

```
UPDATE Student
```

```
SET Sage=22
WHERE Sno='08001';
```

2. 修改多个元组的值

例 4-4-6 学生的年龄随着时间的推移而增长，现在将所有学生的年龄加 1。

```
UPDATE Student
SET Sage=Sage+1;
```

3. 带子查询的修改语句

因为 UPDATE 有 WHERE 子句，而 WHERE 子句后面可以跟子查询，所以子查询也可以嵌套在 UPDATE 语句中，用以构造执行修改操作的条件。

例 4-4-7 将计算机科学系全体学生的成绩置零。

```
UPDATE SC
SET Grade=0
WHERE 'CS'=(SELECT Sdept
  FROM Student
  WHERE Student. Sno=SC.Sno);
```

说明 批量更新计算机系学生的成绩，在 WHERE 条件当中使用子查询检查 SC 表中哪些学生是计算机系的。该子查询是相关子查询。

该题目也可以用不相关子查询来实现，具体的语句如下：

```
UPDATE SC
SET Grade=0
WHERE Sno IN(SELECT Sno
    FROM Student
    WHERE Sdept='CS');
```

例 4-4-8 把选修了课程名为数据库的学生的数据库成绩改为 0。

```
UPDATE SC
SET Grade=0
WHERE Cno =(SELECT Cno
        FROM Course
        WHERE Cname='数据库');
```

说明 因为不知道数据库课的课程号，则采用子查询的方式查询课程号，再对选修了该课程的学生成绩更新。

使用 UPDATE 语句时，关键是设定用于进行判断的 WHERE 条件表达式。UPDATE 语句一次只能操作一个表，这会带来一些问题。例如，学号为 08002 的学生因病休学一年，复学后将其学号改为 09089，由于 Student 表和 SC 表都有关于 08002 的信息，因此两个表都修改，这只能通过两条 UPDATE 语句进行，在执行了第一条 UPDATE 语句之后(为成功执行，须把原表中主键、外键约束条件删除)，数据库中的数据已处于不一致状态，因为这时实际上已没有学号为 08002 的学生，但 SC 表中仍然记录关于 08002 学生的选课信息，即数据的参照完整性受到破坏。只有执行第二条 UPDATE 语句之后，数据才重新处于一致状态。执行完一条语句之后，如果机器突然出现故障，无法再继续执行第二条 UPDATE 语句，则数据库中的数据将永远处于不一致状态。因此必须保证这两条 UPDATE 语句要么都修改，要么都不修改。为解决这一问题，数据库系统通常都引入事务机制。另外，如果表间建立关系，实际上 SQL Server 可以通过级联更新实现(MySQL 不存在级联更新)。

在 SQL Server 中，设置级联更新的步骤如下：

(1) 从“开始”菜单→“程序”→“Microsoft SQL Server Management Studio”单击，出现“Microsoft SQL Server Management Studio”窗口，在窗口中“对象资源管理器”下找到“数据库”节点，从中找到 Student、Course 和 SC 三个表所在的数据库单击，在右边窗格中找到 SC，在 SC 上右击鼠标，弹出的快捷菜单中单击“修改表”按钮弹出“表-dbo.SC”窗口，点击工具栏上的“关系”图标，弹出“外键关系”窗口，两个窗口如图 4-12 所示。

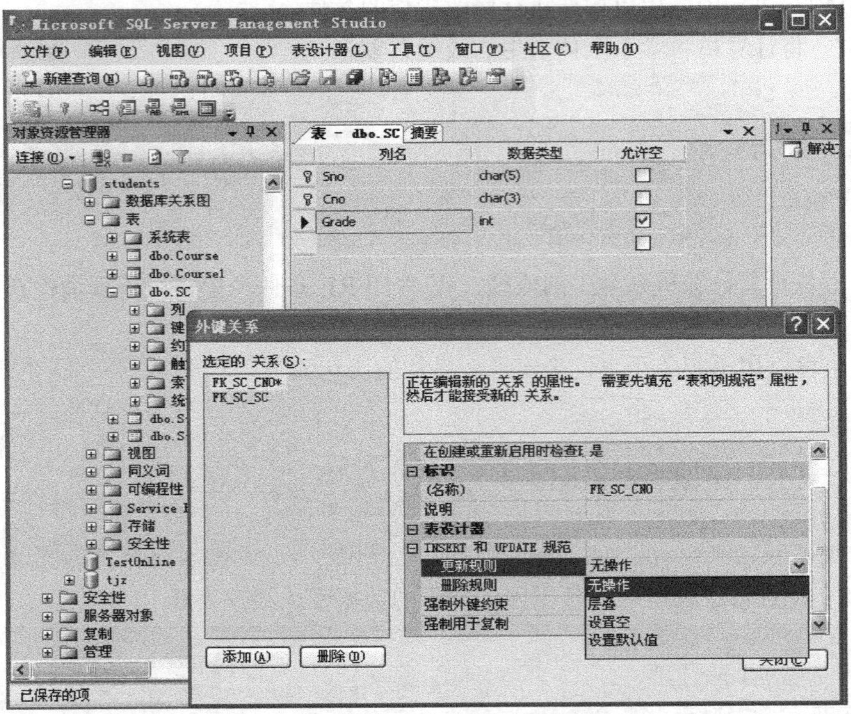

图 4-12 “修改表”窗口和“外键关系”窗口

(2) 在“外键关系”窗口中选中某个外键，打开“INSERT 和 UPDATE 规范”，在“更新规则”后下拉列表中选择“层叠”，然后点“关闭”按钮，再点击工具栏上的“保存”按钮，级联更新设置完成。

4.4.3 删除数据

如果表中有多余数据，可以在打开表时手工删除数据，也可以用 SQL 语句删除数据。删除语句的一般格式为

```
DELETE
FROM<表名>
[WHERE <条件>]
```

DELETE 语句的功能是从指定表当中删除满足 WHERE 子句条件的所有元组。如果省略

WHERE 子句，表示删除表中全部元组，但表的定义仍存在，即删除的是表中的数据，而不是表的定义。

1. 删除某一个元组的值

例 4-4-9 删除学号为 08020 的学生记录。

```
DELETE
FROM Student
WHERE Sno='08020';
```

DELETE 操作也是一次只能操作一个表，因此同样会遇到 UPDATE 操作中提到的数据不一致问题。比如，08020 学生被删除后，有关他的选课信息也应同时删除，而这必须用一条独立的 DELETE 语句完成。MySQL 和 SQL Server 提供级联删除的方法，通过建立外码的形式，设置级联删除，在删除一个表中数据时，相关表的信息同时删除；或设置当有级联数据时不允许删除数据。具体设置参照图 3-15 和图 3-17，选中“级联删除相关记录”复选框即可实现级联删除功能。

2. 删除多个元组的值

例 4-4-10 删除所有的学生选课记录。

```
DELETE
FROM SC;
```

这条 DELETE 语句使 SC 成为空表，它删除了 SC 的所有元组。

3. 利用子查询删除数据

子查询同样也可以嵌套在 DELETE 语句中，用以构造执行删除操作的条件。

例 4-4-11 删除计算机系所有学生的选课记录。

```
DELETE
FROM SC
WHERE 'CS'=(DELETE Sdept
            FROM Student
            WHERE Student.Sno=SC.Sno);
```

或者

```
DELETE
FROM SC
   WHERE Sno IN(DELETE Sno
           FROM Student
           WHERE Sdept='CS');
```

4.4.4 更新语句对约束的影响

关系数据库完整性约束主要包括实体完整性、参照完整性和用户自定义的完整性三种，其中前两种是关系模型必须满足的约束条件，由关系数据库管理系统自动支持。这三种完整性约束又可细分，如表 3-4 所示，当向表插入、修改和删除数据时可能违背某些约束，用表

4-17 表示。

由表 4-17 可知，当向表中插入数据时，可能违背除 DEFAULT 之外所有的约束。比如：如果没有向 NOT NULL 的列指定值，则违背 NOT NULL 约束；如果向 UNIQUE 约束的列插入重复值，则违背 UNIQUE 约束；如果向 PRIMARY KEY 约束的列插入重复值或没有指定值，则违背 PRIMARY KEY 约束；如果向外键表中外键列插入主键表中主键列不存在的值，则违背 FOREIGN KEY 约束，即违背参照完整性规则；如果向定义 CHECK 约束的列插入条件限制外的数据，则违背 CHECK 约束。

当对表中数据进行修改时，即执行 UPDATE 语句时，可能违背除 DEFAULT 之外所有的约束。比如：如果把不允许为空的列值改成空值，则违背 NOT NULL 约束；如果把不允许重复值的列值更改成有重复的值，则违背 UNIQUE 约束；如果把主键列改成空值，或者改成重复值，则违背 PRIMARY KEY 约束；如果把外键表中的外键列值更改成主键表中主键列不存在的值，则违背 FOREIGN KEY 约束，当更改主键表中主键列的值时，如果外键表的外键列有相关记录，并且没有设置级联更新选项，则违背 FOREIGN KEY 约束；如果把定义 CHECK 约束的列值改成条件范围之外，则违背 CHECK 约束。

当删除表中数据，即执行 DELETE 语句时，可能违背 FOREIGN KEY 约束。比如：删除主键表中记录时，如果外键表中存在相关记录，且没有定义级联删除选项时，违背 FOREIGN KEY 约束。

由此可见，在进行插入、修改、删除数据时，如果遇到错误，在语法正确的前提下，应该首先考虑是否违背某种约束。

表 4-17　数据更新语句可能违背的约束

约束类型	INSERT 是否违背	UPDATE 是否违背	DELETE 是否违背
NOT NULL	√	√	
UNIQUE	√	√	
PRIMARY KEY	√	√	
FOREIGN KEY	√	√	√
DEFAULT			
CHECK	√	√	

4.5　SQL 的数据控制功能

数据库控制又称为数据库保护，包括四个方面，即安全控制、完整控制、并发控制和数据库恢复。本节仅讨论安全控制。SQL 的数据控制功能指控制数据库用户对数据的存取权力。

4.5.1　数据库安全控制

数据库的安全是指保护数据库，防止不合法的使用所造成的数据泄露和破坏。数据库系统中保证数据安全的主要措施是进行存取控制，即规定不同用户对于不同数据对象所允许执行的操作，并控制各用户只能存取他有权存取的数据。不同的用户对不同的数据应具有何种操作权力是由 DBA 和表的建立者(即表的属主)根据具体情况决定的，SQL 则为 DBA 和表的属主定义与回收这种权力提供手段。

存取权控制包括权力的授予、拒绝和撤销。权力授予和撤销命令由数据库管理员或特定应用人员使用。系统在对数据库操作前，先核实相应的用户是否有权在相应的数据上进行所要求的操作。

1. 认证

认证是引用某种机制，确认用户是不是他或她所声称的人。认证能在操作系统或 DBMS 级执行，任何一种情况下系统管理员或数据库管理员为每一个用户建立一个账号或用户名，并为这些用户分配口令。为了访问数据库，用户必须运行一个应用程序，并且使用各自的账号和口令与数据库连接。

2. 授权机制

授权可以理解为授予用户权力或特权，允许用户访问该系统或系统的对象(表、视图等)，或收回用户的权限。可以通过授权及回收权限的 SQL 语句来执行这些操作。一个用户连接到某个数据库，并不说明其可以访问数据库中的数据，应根据用户权限大小分配相应的操作，也可以收回对用户的授权。用户权限一般分为三类：系统权限、对象权限和隐含特权。

1)隐含特权

系统内置权限是用户不需要授权就可以拥有的数据操作权。如数据库管理员(DBA)就可以进行数据库内的各种操作，数据库拥有者(DBO)和数据库对象拥有者可对各自的数据进行任何操作。

2)系统权限(语句权限)

它又称为语句权限，相当于对 DDL 语句的扩展。系统权限允许用户对数据库实施管理行为的特权，主要包括创建或删除数据库、创建或删除用户、删除或修改数据库对象等。不同数据库系统规定的系统权限不同。现以 SQL Server 为例，系统特权如表 4-18 所示。

表 4-18　SQL Server 中的系统特权

系统特权	说　明	系统特权	说　明
CREATE DATABASE	创建数据库	CREATE TABLE	定义基本表
CREATE DEFAULT	定义默认	CREATE VIEW	定义视图
CREATE PROCEDURE	定义存储过程	BACKUP DATABASE	备份数据库
CREATE RULE	定义规则	BACKUP LOG	备份日志文件

3)对象特权

对象权限是指用户对数据库中的表、视图、存储过程等对象的操作权限，SQL Server 中的对象权限见表 4-19。

表 4-19　SQL Server 中的对象特权

对　象	对象特权	说　明
表、视图	SELECT、INSERT、UPDATE、DELETE、ALL PRIVILEGES	对表或视图的查询、插入、修改和删除操作
表和视图的字段	SELECT、UPDATE、REFERENCES（字段名）	对表和视图中的字段查看、修改和引用
存储过程	EXECUTE	运行存储过程

4.5.2　数据操作权限的设置

1. 授权语句

SQL 用 GRANT 语句向用户授予操作权限，GRANT 语句的一般格式为

```
GRANT<权限 1>[,<权限 2>]…
[ON<对象名>]
TO<用户 1>[,<用户 2>],
[WITH GRANT OPTION];
```

其语义为将对指定操作对象的指定操作权限(系统权限或对象权限)授予指定的用户。

可以同时授予权限给一个或多个具体用户，也可以是 PUBLIC，即全体用户。如果指定 WITH GRANT OPTION 子句，则获得某种权限的用户还可以把获得的权限授予其他用户。

系统权限的授权者可以为 DBA、或通过 WITH GRANT OPTION 子句获得授权许可的用户。

对象授权的授权者可以为 DBA、对象的拥有者，或通过 WITH GRANT OPTION 子句获得授权许可的用户。

SQL Server 中建立用户的语句：

```
    sp_addlogin noruser,admin,student--建立登录 noruser,密码 admin，默认数据库
students
    sp_adduser noruser,noruser--建立用户 noruser,属于 noruser 登录,然后以 noruser
身份登录查询分析器
```

建立数据库和视图能成功吗？执行不了，因为没有权限。

例 4-5-1　把创建数据库和视图的权限授予用户 noruser。

```
GRANT CREATE DATABASE,CREATE VIEW TO noruser;
```

该语句执行时必须以 DBA 身份登录，否则无法执行。该语句执行成功后，以 noruser 身份登录，执行 CREATE DATABASE 或者 CREATE VIEW 语句都可以成功。

例 4-5-2　把修改 Sname，查询 Student 表的权限授予用户 noruser。

```
GRANT UPDATE(Sname),SELECT ON Student TO noruser;
```

例 4-5-3　把 Student 表上的所有权限授予用户 noruser，并且允许 noruser 向其他用户授予本权限。

```
GRANT ALL PRIVILEGES ON student TO noruser
WITH GRANT OPTION
```

ALL PRIVILEGES 代表所有权限。

2. 收回权限

数据库管理员、数据库拥有者、数据库对象拥有者可以通过 REVOKE 语句将其他用户的操作权限收回。REVOKE 语句的一般格式为

```
REVOKE<权限 1>[,<权限 2>,…]
[ON<对象名>]
FROM<用户 1>[,<用户 2>];
```

例 4-5-4 把用户 noruser 修改 Sname 的权限收回。

```
REVOKE UPDATE(Sname)ON Student FROM noruser;
```

例 4-5-5 收回所有用户对表 Student 的查询权限。

```
REVOKE SELECT ON student FROM PUBLIC;
```

例 4-5-6 把用户 noruser 对创建视图的权限收回。

```
REVOKE CREATE VIEW FROM noruser;
```

所以，SQL 提供非常灵活的授权机制。用户对自行建立的基本表和视图拥有全部的操作权限，并且可以用 GRANT 语句把其中某些权限授予其他用户。被授权的用户如果有“继续授权”的许可，还可以把获得的权限再授予其他用户。DBA 拥有对数据库中所有对象的所有权限，并可以根据应用的需要将不同的权限授予不同的用户。而所有授予的权力在必要时又都可以用 REVOKE 语句收回，只能收回显式授予的权限，但用户还有可能从其他地方继承该权限。为让用户彻底失去该权限，须用 DENY 语句。

4.5.3 拒绝权限

拒绝用户执行某一操作，而不管是显示授予；还是继承，这时可以用 DENY 语句。其一般语法格式为：

```
DENY <权限 1>[,<权限 2>,…]
 [ON<对象名>]
TO<用户 1>[,<用户 2>];
```

例 4-5-7 拒绝所有用户对表 employees 的查询权限。

```
DENY SELECT ON employees FROM PUBLIC;
```

例 4-5-8 拒绝用户 noruser 创建数据库和视图的权限。

```
DENY CREATE DATABASE,CREATE VIEW TO noruser;
```

4.6 视　　图

4.6.1 视图概述

1. 什么是视图

视图是从一个或几个基本表(或视图)导出的表，与基本表不同，是一个虚表。它是用户查看数据库表中数据的一种方式，是基于某个查询结果的虚拟表。用户通过它来浏览表中感兴趣的部分或全部数据，而数据的物理存放位置仍然在表中，这些表称作视图的基表。数据

库只存放视图的定义，而不存放视图对应的数据，这些数据仍存放在原来的基本表中。基本表中的数据发生变化，从视图中查询出的数据也就随之改变。从这个意义上讲，视图就像一个窗口，透过它可以看到数据库中的数据及其变化。

视图一经定义，可以和基本表一样被查询、删除，也可以在一个视图之上再定义新的视图，但对视图的更新(增、删、改)操作有一定的限制。视图的维护工作由DBMS自动完成。

视图实际上有过滤数据的作用。定义视图的查询语句可以从一个表、多个表或者其他视图中引用数据。分布式数据库查询语句还可以定义、引用不同数据源的数据库视图。

一般而言，视图的内容包括：基表列的子集或行的子集；两个或者多个基表的联合；两个或者多个基表的连接；基表的统计汇总；另外一个视图的子集；视图和基表的混合。

视图和表是有本质区别的：视图在数据库中存储视图的定义，而不是查询的数据。当DBMS 处理视图的操作时，它在数据库中找到视图的定义，然后把对视图的查询转化为对基本表的查询。MySQL 和 SQL Server 都支持视图，本部分涉及内容在两个软件中应该都可以运行。

2. 视图的作用

视图常用于聚焦、简化和定制用户对数据库的感知和控制，它也可以作为一种安全机制，以便使用户只能通过视图来访问数据，而不给其访问基表的权限。

视图有下列优点：

(1) 聚焦特定的数据。视图使用户只能看到和操作与他们有关的数据，不需要了解和使用的数据不加入视图，这样可以提高数据的安全程度。

(2) 简化数据操作。通过将复杂查询(如多表的连接查询)定义为视图，可以简化操作，不必在每次需要数据时都提供所需的限制条件等。

(3) 定制用户数据。视图可以让使用同一数据库的不同用户看到不同的数据。当不同的用户使用同一个数据库时，在相同的基本表上制作出不同的视图。

(4) 视图对重构数据库提供一定程度的独立逻辑。

在关系数据库中，数据库的重构造往往是不可避免的。重构数据库最常见的方法是将一个基本表“垂直” 或“水平”地分成多个表。例如，将学生关系 Student(Sno，Sname，Ssex，Sage，Sdept)分为 SX(Sno，Sname，Sage)和 SY(Sno，Ssex，Sdept)两个关系。

这时，原表 Student 为 SX 表和 SY 表自然连接的结果。建立一个视图 Student：

```
CREATE VIEW Student(Sno,Sname,Ssex,Sage,Sdept)
AS
SELECT SX.Sno,SX.Sname,SY.Ssex,SX.Sage,SY.Sdept
FROM SX,SY
WHERE SX.Sno=SY.Sno;
```

尽管数据库的逻辑结构改变，但应用程序并不需要修改，因为新建立的视图定义了用户原来的关系，使用户的外模式保持不变，用户的应用程序通过视图仍然能够查找数据。

视图只能在一定程度上提供数据的独立逻辑，如由于对视图的更新是有条件的，因此应用程序中修改数据的语句可能因基本表结构的改变而改变。

(5) 合并分离的数据。使用 UNION 关键字可以将两个或更多基于不同表的查询结果合并为一个单独的结果集，可以将这样的结果集创建为一个视图，让用户看起来如同一个单独的表。

(6) 屏蔽数据库的复杂性（隔离变化）。用户不必了解复杂的数据库中的表结构，并且数据库表的更改也不影响用户对数据库的使用。

(7) 简化用户权限的管理。只需授予用户使用视图的权限，而不必指定用户只能使用表的特定列。

(8) 便于数据共享。各用户不必定义和存储各自所需的数据，便可共享数据库的数据，这样同样的数据只需存储一次。

使用视图也有其相应的缺点。例如，有时会造成系统性能下降，并且会使用户对数据的修改受到很大限制等。

4.6.2 定义视图

1. 视图的建立

SQL 用 CREATE VIEW 命令建立视图，其一般格式为

```
CREATE VIEW<视图名>[(<列名 1>[,<列名 2>]…)]
AS
<子查询>
[WITH CHECK OPTION];
```

格式说明：

(1) 选项 WITH CHECK OPTION 强制所有通过视图修改（UPDATE、INSERT 和 DELETE）的数据满足<子查询>语句中指定的条件。通过视图修改一条记录时，WITH CHECK OPTION 保证修改的数据被提交前仍然可以通过视图看到。如果不使用该选项，那么通过视图添加或修改数据记录时，如果它们不满足定义视图的查询条件（即 SELECT_STATEMENT 语句中指定的条件），则它们将从视图中消失。

(2) 组成视图的属性列全部省略或全部指定。若不指定视图的属性列，则视图的属性为<子查询>中 SELECT 子句的目标列。以下情况需指定全部属性列名称：

①视图的属性列含有集函数或表达式；

②子查询使用多个表或视图，其中含有相同的属性名；

③在视图中使用新的列名。

例 4-6-1 建立计算机系学生的视图。

```
CREATE VIEW VW_Student_CS
AS
SELECT Sno,Sname,Sage
FROM Student
WHERE Sdept='CS';
```

本例省略视图 VW_Student_CS 的列名，表示该视图由子查询中 SELECT 子句中的 3 个目标列名组成。DBMS 执行 CREATE VIEW 语句的结果只是把对视图的定义存入数据字典，并不执行其中的 SELECT 语句。只是在对视图查询时，才按视图的定义从基本表中将数据查询出来。

例 4-6-2 由 Student、Course、SC 三个表，定义计算机系一个学生的成绩视图，其属性包括学号、姓名、课程名、成绩。

```
CREATE VIEW VW_Stugrade(Stuno,Stuname,Stucourse,Stugrade)
AS
SELECT Student.Sno,Student.Sname,Course.Cname,SC.grade
FROM Student,Course,SC
WHERE (Student.Sno=SC.Sno)AND (Course.Cno=SC.Cno)AND Sdept='CS';
```

例 4-6-3 将学生学号、总成绩、平均成绩定义成一个视图。

```
CREATE VIEW VW_GradeState
AS
SELECT Sno,SUM(grade)AS Totalgrade,AVG(grade)AS Avg
FROM SC
GROUP BY Sno;
```

例 4-6-4 将有不及格情况的学生学号、姓名、课程名、成绩定义成一个视图，并限制对视图的更新操作不能超过视图限制条件。

```
CREATE VIEW VW_StuFail
AS
SELECT Student.Sno,Student.Sname,Course.Cname,SC.grade
FROM Student,Course,SC
WHERE (Student.Sno=SC.Sno)AND (Course.Cno=SC.Cno)AND Grade<60
WITH CHECK OPTION;
```

例 4-6-5 将有先修课的课程号、课程名、学分定义成一个视图，便于查询。

```
CREATE VIEW VW_PCourse
AS
SELECT Cno,Cname,Ccredit
FROM Course
WHERE Cpno IS NOT NULL;
```

2. 视图的修改

在使用一个视图的过程中，用户可以根据需要，对其定义进行修改。使用 ALTER VIEW 语句可以修改视图的定义。其语法格式为

```
ALTER VIEW <视图名>[(<列名 1>[，<列名 2>]…)]
AS
<子查询>
[WITH CHECK OPTION];
```

通过该语句对视图的定义进行修改，但不影响相关的存储过程或触发器，也不更改权限。可以修改视图中包含的列，可以修改视图来源的基本表，也可以修改视图对应的限制条件。

例 4-6-6 将例 4-6-4 建立的 VW_StuFail 视图，更改为成绩为优秀的学生学号、姓名、课程名、成绩，并限制对视图的更新操作不能超过视图限制条件。

```
ALTER VIEW VW_StuFail
AS
SELECT Student.Sno,Student.Sname,Course.Cname,SC.grade
FROM Student,Course,SC
WHERE (Student.Sno=SC.Sno)AND (Course.Cno=SC.Cno)AND Grade>=90
```

```
WITH CHECK OPTION;
```

4.6.3 查询视图

视图一经定义，用户就可以如同基本表那样对它进行查询。但是，视图中不含有通常意义的元组，视图查询实际上是对基本表的查询，其查询结果是从基本表得到的。所以，同样一个视图查询，在不同执行时间可能得到不同的结果，因为在这段时间里，基本表可能发生变化。

例 4-6-7 对例 4-6-1 中的视图 VW_Student_CS 找出年龄小于 20 的那些学生。

```
SELECT *
FROM  VW_Student_CS
WHERE Sage<20;
```

首先把它转换成对基本表 Student 的查询，即

```
SELECT *
FROM Student
WHERE Sdept='CS' AND Sage<20
```

然后执行对基表 Student 的查询。

4.6.4 更新视图

由于视图最终建立在表的基础上，所以对视图的插入、更新、删除等各种操作最终都转化成对基本表的操作。对用户来说，转换的过程是透明的。视图可以和基本表一样被查询，但利用视图进行数据增、删、改的操作受到一定的限制，只有具有一定权限的用户方可执行特定操作。为了保护数据完整性，需要确保任何通过视图的更新都不会影响该视图能够查询的数据。可以通过在创建视图时带 WITH CHECK OPTION 选项进行限制。

例 4-6-8 对例 4-6-1 中视图 VW_Student_CS 上学生 08001 的姓名改为 ZHANG LI。

```
UPDATE VW_Student_CS
SET Sname='ZHANG LI'
WHERE Sno='08001';
```

修改时首先将它转换成对基本表 Student 的更新：

```
UPDATE Student
SET Sname='ZHANG LI'
WHERE Sno='08001' AND Sdept='CS';
```

但是，并非对所有视图都能修改，即有些视图上的更新不能转换成对其基本表的等价操作，如对例 4-6-3 将学生学号、总成绩、平均成绩定义成的视图 VW_GradeState，将学号为 08001 学生的平均成绩改为 90 分：

```
UPDATE VW_GradeState
SET AVG=90
WHERE Sno='08001';
```

由于视图 VW_GradeState 中的一个元组是由基本表 SC 中若干元组经过分组再求平均得到的，所以，对视图 VW_GradeState 的更新无法转换成对 SC 的等价的更新操作。因此，该视图是不可更新的。什么样的视图可更新?若一个视图是从单个基本表导出的，并且只是去掉

某些行和列(不包括关键字)，称这类视图为行列子集视图。行列子集视图是可更新的。哪些视图是不能更新的呢？一般的数据库系统不支持以下 5 种视图的数据更新操作。

(1) 由两个以上基本表导出的视图。

(2) 视图的字段来自表达式或函数。

(3) 视图中有分组子句，或使用 DISTINCT 语句。

(4) 视图定义中有嵌套查询，且内层查询涉及与外层一样导出该视图的基本表。

(5) 在一个不允许更新的视图上定义的视图。

4.6.5 删除视图

一个视图不管是否可更新，都可以删除。其语句格式是：

```
DROP VIEW<视图名>;
```

一个视图被删除后，与该视图有关的操作不能再执行，由该视图导出的其他视图也失效，但仍然存在于数据字典当中，用户应该使用 DROP VIEW 语句将其一一删除。

视图建好后，若导出此视图的基本表被删除，该视图将失效，但一般不会自动删除。

4.7 小　结

本章系统而详尽地讲解了 SQL。SQL 是关系数据库语言的工业标准，各个数据库厂商支持的 SQL 在遵循标准的基础上常常会作不同的扩充或修改。本章结合 MySQL 和 SQL Server 两个具体的 DBMS 对其支持的 SQL 进行讲述，实际上许多例子在如 Oracle、Sybase、DB2、Informix、Easybase、MySQL 等众多数据库管理系统上都能运行，也有一些例子在某些 DBMS 上稍作修改后才能运行。

SQL 可以分为数据定义、数据查询、数据更新、数据控制四大部分，有时人们把数据更新称为数据操作，或把数据查询与数据更新合称为数据操作。本章重点对数据查询、数据更新、数据定义和数据控制进行讲解。另外，加入视图操作的相关内容。最后还对嵌入式 SQL 进行描述。

数据查询功能最复杂、最丰富，读者应加强练习，熟练掌握。数据更新功能以后也经常用到，希望读者熟练掌握。

习　题

1. SQL 的英文全称和中文翻译各是什么？
2. 简述 SQL 的主要特点。
3. 试说明基本表、导出表、视图、索引等术语的概念，为什么使用视图、索引？
4. 简述 DCL、DML、DDL 等的意义。
5. 简述数据库权限的作用。
6. 试说明系统特权和对象特权的概念。
7. 试说明授予和收回特权的 SQL 语法格式，并举例说明。
8. 根据第 2 章习题第 5 题的描述，完成下面题目。

(1) 用 SQL 的 DDL 创建 S，P，J，SPJ 四个基本表。

(2) 写出完成下列各题的语句序列，并且上机验证、打印出操作结果：

① 取出所有工程的全部细节；

② 取出所在城市为上海所有工程的全部细节；
③ 取出重量最轻零件的号码；
④ 取出为工程 X1 提供零件的供应商代号；
⑤ 取出为工程 X1 提供零件 P1 的供应商代号；
⑥ 取出由供应商 S1 提供零件的工程名称；
⑦ 取出供应商 S1 提供的零件的颜色；
⑧ 取出为工程 X1 提供红色零件的供应商代号；
⑨ 取出为所在城市为上海的工程提供零件的供应商代号；
⑩ 取出为所在城市为上海或北京的工程提供红色零件的供应商代号；
⑪ 取出供应商与工程所在城市相同的供应商提供的零件代号；
⑫ 取出上海的供应商提供给上海任一工程的零件代号；
⑬ 取出至少一个和工程不在同一地的供应商提供零件的工程代号；
⑭ 取出上海供应商不提供任何零件的工程代号；
⑮ 至少用 S1 供应商所供应的全部零件的工程号；
⑯ 没有使用天津供应商生产的红色零件的工程号。

第二篇　数据库设计

第 5 章 数 据 建 模

通过前面的讨论，已经对数据库系统的基本知识有一定的了解。那么如何设计数据库？从本章开始学习数据库设计。简单来讲，数据库系统是关于数据的组织和管理的系统，而且可以认为，数据库归根结底是对现实世界的一种描述。因此，进行数据库设计，首先应该从现实世界入手，通过一定的方法对其特征进行抽象，以达到更好的组织、管理及方便的操作等目的，而这些都是在计算机世界中进行。由此可见，数据库的设计过程本质上讲就是将现实世界中的数据搬到计算机世界。本章及后续的章节讨论数据库的设计，下面从建模开始探讨。

5.1 建模工具简介

暂且不讨论建模本身，先从工具入手，从中看到具体而完整的建模过程和分类。本节介绍常用的建模工具，不仅为了掌握工具的基本使用方法，更为重要的是对数据建模有一个具体而完整的认识。

5.1.1 建模工具的作用

工具是为了更好地进行工作而被创造出来的事物，建模工具也是如此。在计算机领域，用户应更好地掌握不同的工具，同时也应该创造出更好的工具。而且，工具就是软件或者其集合。对于本门课程来讲，建模工具具有如下作用。

1. 提高设计数据库的效率

通过建模工具可以方便地进行数据库各个阶段的设计，建模工具从概念设计、逻辑设计到物理设计都提供完整的解决方案。

2. 科学化设计数据库的进程

设计数据库的复杂度取决于现实应用的复杂度。一般而言，设计者将面临较为复杂的应用，因此数据库的设计一般都是较为复杂的。尽管已有严格的理论指导，也可能面临复杂的设计，而且具体情况也会因人而异，必将呈现出不同风格的设计，这样不利于数据库的设计。建模工具的引入，实际上是经过大量实践采用众家之长而形成的科学合理的设计规范，这样就可以极大限度规范化设计数据库的进程，削弱或者消除人为因素影响，使得数据库设计更加科学。

3. 指导设计者进行数据库的设计

建模工具是众多数据库设计专家集体智慧的体现，使用数据建模工具相当于有专家指导，从而使设计者能得到有效的帮助和指导。

5.1.2 三种常见的建模工具

本节对三种常用的工具进行逐一介绍，包括 Power Designer，Microsoft Office Visio 和 ERWin，其中使用较为广泛而且功能相对较强的是 Power Designer，这也是讨论的重点。

1. Power Designer

Power Designer 是 Sybase 公司的 CASE 工具集，是一款开发人员常用的数据库建模工具。它可以分别从概念数据模型(Conceptual Data Model，CDM)和物理数据模型(Physical Data Model，PDM)两个层次对数据库进行设计。其中，概念数据模型描述的是与具体数据库无关的实体定义和实体关系定义；物理数据模型是在概念数据模型的基础上针对目标数据库管理系统的具体化。这里重点讨论前者，后续章节进行物理设计阶段的学习。

下面开始学习 Power Designer，其界面如图 5-1 所示。

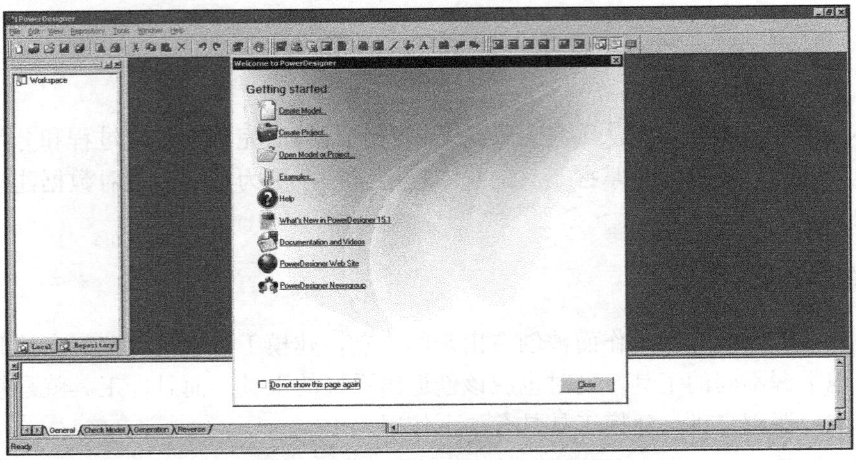

图 5-1　Power Designer 系统界面

图 5-1 中的中间区域是欢迎页，由此可以快速地进入设计模式，该界面是比较传统的系统界面，菜单栏、工具栏、工作区、输出区、状态栏等一应俱全，具体的界面细节不再赘述。本章的后续章节结合“学生选课”数据库 Students，详细介绍 Power Designer 的使用方法。

2. Microsoft Office Visio

这是一款简单易用的数据库建模工具，是 Microsoft 公司的产品。在数据库建模层面，功能没有 Power Designer 强大，但是伴随 Office 套件的广泛使用而得到长足的发展和广泛的应用，因为它和 Office 具有良好的兼容性和天然的融合度。本部分以 Microsoft Office Visio 2007 为例进行简单的介绍。

主界面如图 5-2 所示。由此主界面可以看到 Visio 的强大功能。

选择数据库模型图，然后进入图 5-3 所示界面，发现这个界面比 Power Designer 更加友好，很容易在里面进行概念模型构建。比如，在图 5-4 的界面中，可以很方便地添加实体的属性和相关定义。

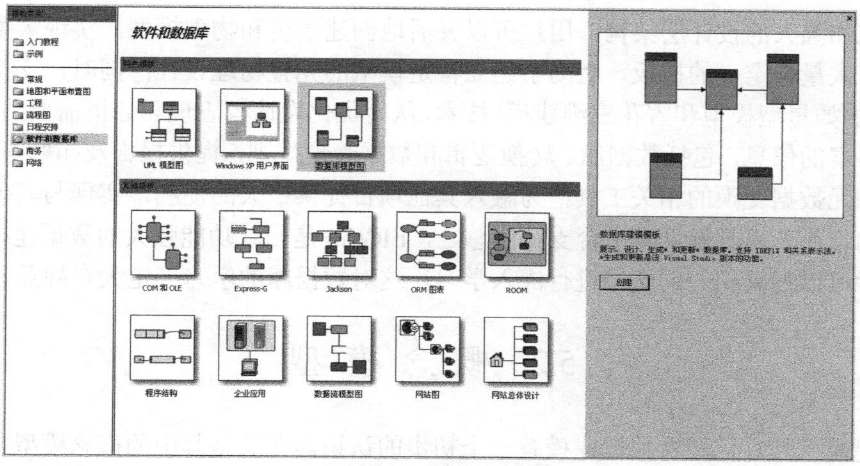

图 5-2　Visio 系统界面

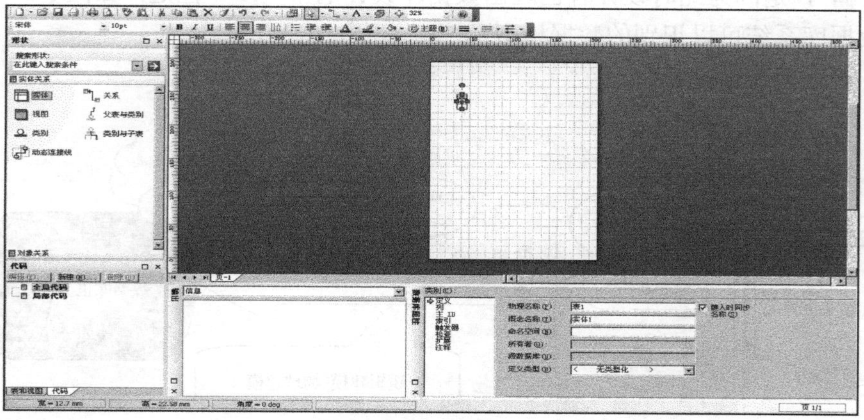

图 5-3　构建 CDM

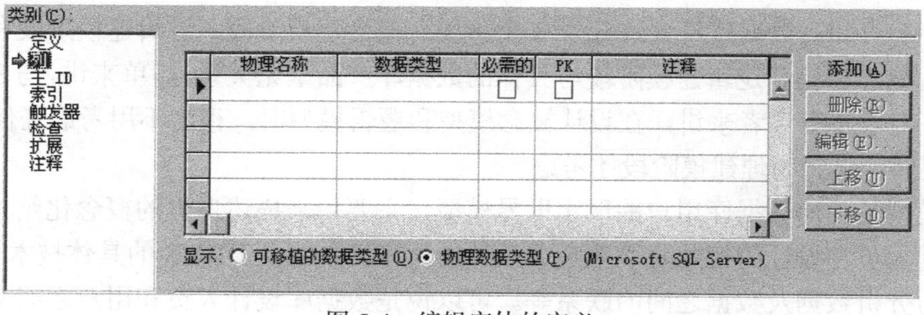

图 5-4　编辑实体的定义

Visio 的功能虽然不及 Power Designer，但是它与 SQL Server 2008 的契合度很高，而且拥有简单易用的界面，还是深受欢迎的。如果 Visio 的功能有所欠缺，可以将其创建的 CDM 导入其他工具中，如 Power Designer 或者 ERWin 中，就可以进行后续的操作。在此不再详细讨论。

3. ERWin

ERWin 的全称是 AllFuusin ERWin Data Modeler，是 CA 公司 AllFuusin 品牌下的数据建模工具，支持各主流数据库系统。其设计图支持 MS Office 的直接拷贝。它具有结构复杂数据的可视化和强大的设计层架构，用户可以灵活地创建逻辑和物理模型，实现大型模型管理功能；拥有大量自定义的模板，有助于建立特定模型的完整物理设计；同时，支持数据仓库的特定模式(如星型模型和雪花三维建模)技术，从而优化设计者表现和分析需要的数据仓库；可以捕捉丰富的信息，包括数据源、转换逻辑和数据管理规则，提供报告及印刷等高级功能，而且集成和元数据交换的相关工具；为融入其他项目提供极大的便利，实现与其他数据建模工具很好的合作，而且提供多平台支持。总之，ERWin 是一款功能强大的数据建模工具。有兴趣的同学可以参阅相关的文档进行深入学习，这对数据库的学习一定大有裨益。

5.2 概 念 模 型

通过建模工具，已经对数据建模有一个初步的认识，尤其是其中的概念模型(Conceptual Model)。概念模型就像一座桥梁，一端通向现实世界，另一端可以模糊地看到计算机世界。之所以“模糊”，是因为此时设计者已迈出数据库设计的第一步。但是，如图 5-5 所示，设计者已得到数据库系统可以识别的数据模型。

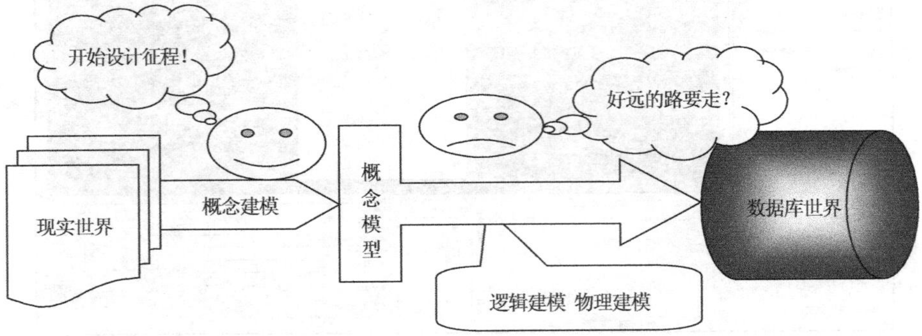

图 5-5 数据库设计过程中的概念模型

由图 5-5 可知，数据建模大致分为 3 个阶段：概念建模阶段、逻辑建模阶段和物理建模阶段。其中，概念建模和逻辑建模阶段与具体的数据库产品毫无关系，简单来讲，与 SQL Server 没有关系。对于本书读者来讲，在设计概念模型和逻辑模型时，根本不用考虑任何有关 SQL Server 的层面，直到物理建模阶段才考虑。

概念模型是面向数据库用户的现实世界模型，主要用来描述世界的概念化结构。它使数据库的设计人员在设计的初始阶段不考虑具体的计算机系统及 DBMS 的具体技术等因素，而是集中精力分析数据及数据之间的联系等。可以说是数据库设计人员和用户之间交流沟通的一种平台或者结果的体现。

概念模型用于信息世界的建模，一方面应该具有较强的语义表达能力，能够方便直接表达应用中的各种语义知识；另一方面应该简单、清晰、方便用户理解。实际上，在利用建模工具设计 Students 时看到的 E-R 图就是概念模型的具体体现。

5.2.1 信息世界中的基本概念

信息世界中有 7 个基本概念与概念模型密切相关，下面分别说明。

1. 实体

在介绍 Power Designer 时，已经接触到这个概念。实体(Entity)，也称为实例，对应现实世界中可区别于其他对象的“事件”或“事物”。例如，学校中的每个学生、名胜景区中的每一个景区等。

2. 属性

每个实体都有用来描述实体特征的一组性质，称之为属性(Attribute)，一个实体由若干个属性来描述，如学生实体可由学号、姓名、性别、年龄、所在系等属性组成。

3. 实体集

实体集(Entity Set)是具体相同类型及相同性质实体的集合。例如，学校所有学生的集合可定义为“学生”实体集，“学生”实体集中的每个实体均具有学号、姓名、性别、年龄、所在系等性质。

4. 实体类型

实体类型(Entity Type)是实体集中每个实体所具有共同性质的集合，如“学生”实体类型为：学生{学号，姓名，性别，年龄，所在系}。实体是实体类型的一个实例，在含义明确的情况下，实体、实体类型通常互换使用。

5. 标识符

实体类型中的每个实体包含唯一标识它的一个或一组属性，这些属性称为实体类型的标识符(Identifier)，如“学号”是学生实体类型的标识符，“景区名称”、“景区所在的市区名称”共同组成“景区”实体类型的标识符。注意：这是一个组合，因为单独的景区名称或者景区所在的市区名称都不足以唯一标识一个景区。当然这里假定同一个市区内没有同名的景区，如果现实中碰到这种问题，就说明设计有问题，应重新定义标识符，现实的需求才是一切问题的根基和一切方法的检验标准。

有些实体类型可以有几组属性充当标识符，选定其中一组属性作为实体类型的主标识符，其他的作为次标识符。这在构建 Students 的过程中已经见证过。

6. 域

域(Domain)是一组具有相同数据类型值的集合。属性的取值范围来自某一个域，如性别的域为(“男”,“女”)。

7. 联系

联系(Relationship)是指实体集之间或实体集内部实例之间的连接。实体之间可以通过联系来相互关联。与实体和实体集对应，联系也可以分为联系和联系集，联系集是实体集之间的联系，联系是实体之间的联系，联系是具有方向的。联系和联系集在含义明确的情况下均可称为联系。在某些情况下，实体或者实体集内部也存在联系，如在实体“课程”中，先修课程本身就是一个课程。

按照实体类型中实例之间数量的对应关系，通常可将联系分为 4 类，即一对一(ONE TO ONE)联系、一对多(ONE TO MANY)联系、多对一(MANY TO ONE)联系和多对多联系(MANY TO MANY)。

这里仅给出一对多联系的定义。若实体型 E_1，E_2，…，E_n 之间存在联系，对于实体型 E_j(j=1，2，…，i–1，i+1，…，n)中的一个实体，最多只和 E_i 中的一个实体相联系，则 E_i 与 E_1，E_2，…，E_{j-1}，E_{j+1}，E_n 之间的联系是一对多的。

在实际应用中，一般面对的都是两个实体或者实体集之间联系。

5.2.2 概念模型的表示方法

1. E-R 图

概念模型以实体-联系(Entity-Relationship，E-R)理论为基础，并对这一理论进行扩充。它从用户的观点出发对信息进行建模，主要用于数据库的概念级设计。

通常先将现实世界抽象为概念世界，然后再将概念世界转为机器世界。将现实世界中的客观对象抽象为实体和联系，它并不依赖具体的计算机系统或某个 DBMS 系统。

传统的 E-R 图只有 4 种元素，如图 5-6 所示。

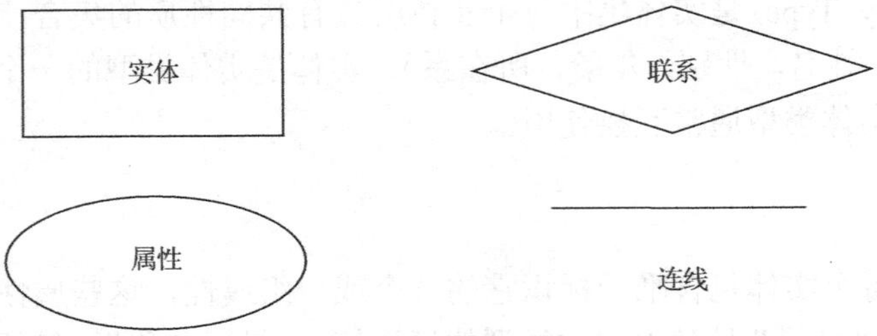

图 5-6 E-R 图的组成要素

下面结合 Students 数据库及 Power Designer 建模工具，对数据建模进行具体而深入的探讨。

1)进行需求分析

正如前面所说，进行数据库的设计首先必须面向现实，这里的“现实”就是学生选课的问题域。根据实际情况分析出：关键需考虑学生、课程两方面信息。对于学生来讲，最为关心的是学号、姓名、性别、年龄、所在系(Sdept)，这完全是根据实际情况而定的，不是必须“怎样”，而是真正地从实际出发；对于课程，关心的是课程号、课程名、先修课号和学分。这是两个最为重要的因素，但是需求还没有分析完毕，此时不知道选课的具体情况，因此用恰当的结构对选课的细节进行记录，具体的信息为学号、课程号、成绩。由此，学生选课的全部信息都具备。

值得强调的是，需求分析一定要和用户进行深入的沟通和交流。需求分析是整个设计过程的基础，是相当关键的一步，需要极大的精力和充足的时间，其充分和精确程度直接决定数据库设计的成败和质量。在实际开发中，应有具体的需求分析文档，以保证需求分析科学有效地进行。

2)进行概念模型构建

根据需求分析，开始建立概念模型。首先绘制出传统的 E-R 图，如图 5-7 所示。

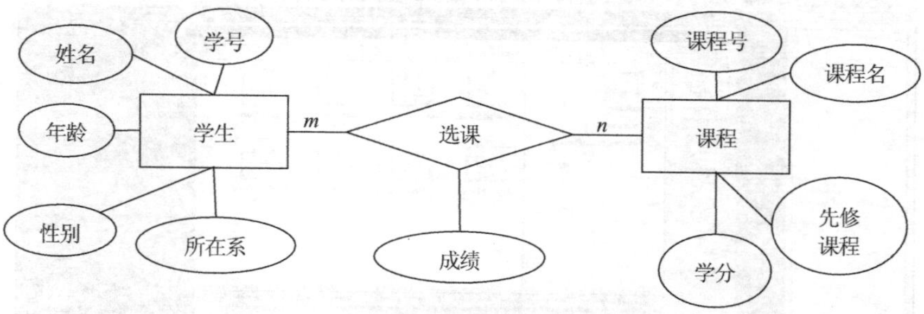

图 5-7　学生选课数据库的 E-R 图

2. CDM

CDM 是建立在 E-R 图基础之上的，CDM 是一组严格定义的模型元素集合，这些模型元素精确地描述系统的静态特性、动态特性，以及完整性约束条件等，其中包括数据结构、数据操作和完整性约束三部分。其中，数据结构表达为实体和属性；数据操作表达为实体中记录的插入、删除、修改、查询等操作；完整性约束表达为数据的自身完整性约束(如数据类型、检查、规则等)和数据间的参照完整性约束(如联系、继承联系等)。

下面利用 Power Designer 工具对 Students 数据库进行具体的设计，其步骤如下所述。

(1)首先创建模型，如图 5-8 所示。

(2)进入图 5-9，选择 Conceptual Data。如果没有出现该选项，可以单击 Model types 按钮，然后再选择 Conceptual Data。在 Model name 文本框中输入 Students_CDM，给 CDM 命名。

(3)单击 OK 按钮，进入图 5-10，右上角为工具栏，展示概念模型中的全部要素，图中标出实体和联系工具，通过该工具栏向中央的编辑区绘制 E-R 图，由此完成概念模型的构建过程。在图 5-11 中，单击 Entity 按钮后，鼠标指针变成实体，然后在编辑区单击，在编辑区绘制一个 Entity，最后在工作区中双击 Entity_1 的图标，系统弹出实体编辑窗体。

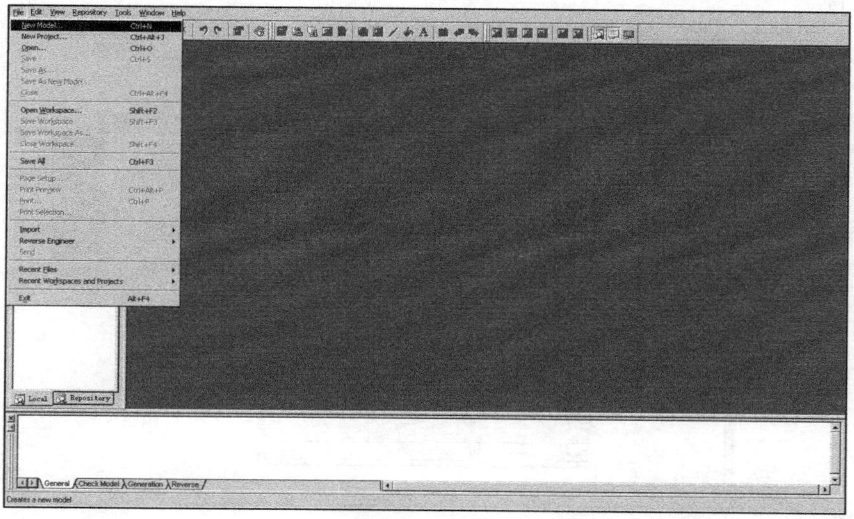

图 5-8　创建新的模式

(4)完成 Student 实体的设计。为清晰起见，图 5-12 和图 5-13 显示图 5-11 中的实体编辑窗体，分别编辑 Student 的名称和属性。图 5-14 显示 Student 完成后的情形。

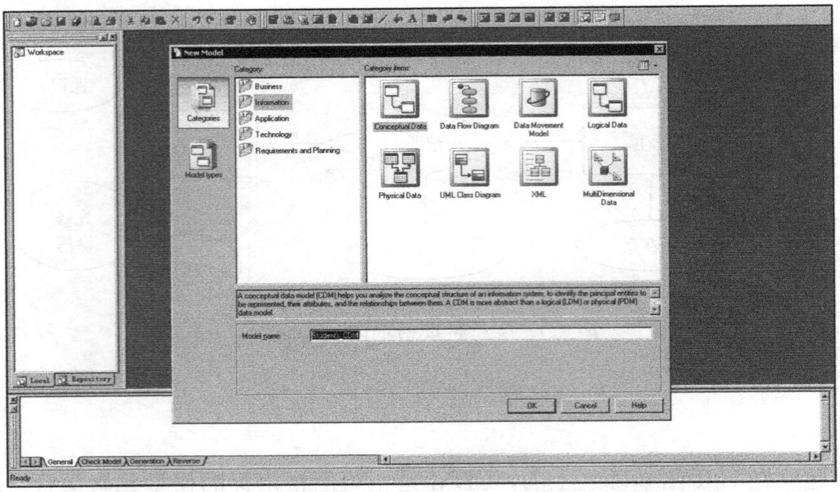

图 5-9　创建 Conceptual Data Model

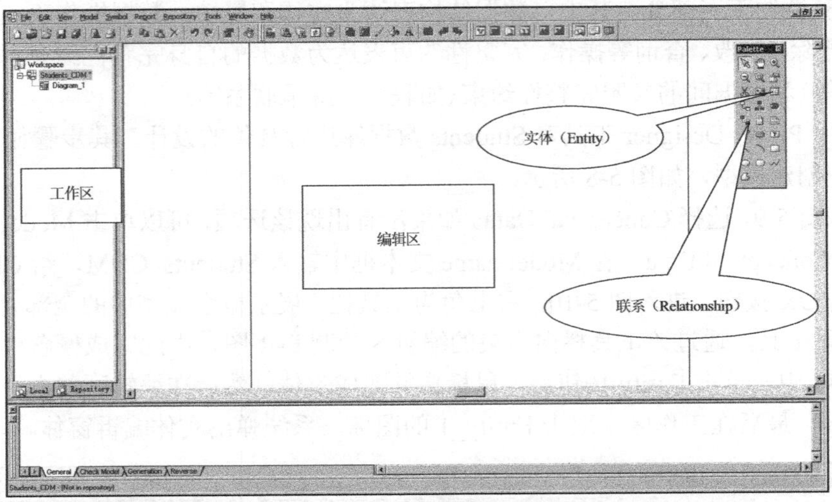

图 5-10　概念建模界面

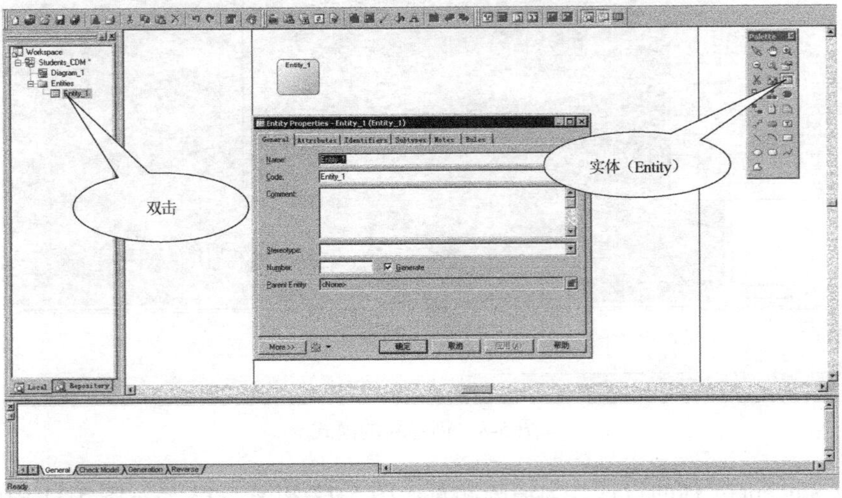

图 5-11　实体构建界面

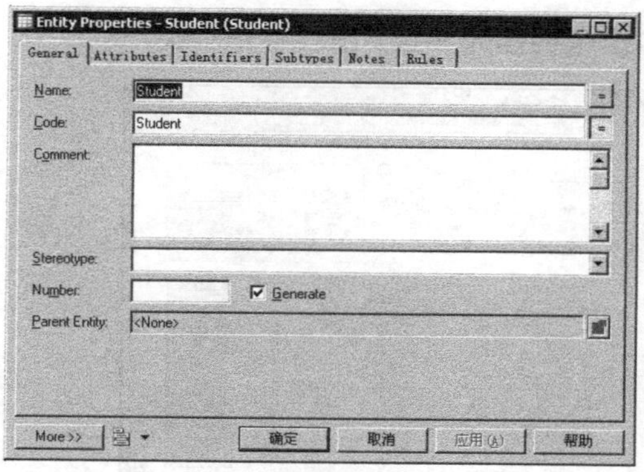

图 5-12　定义实体的名称

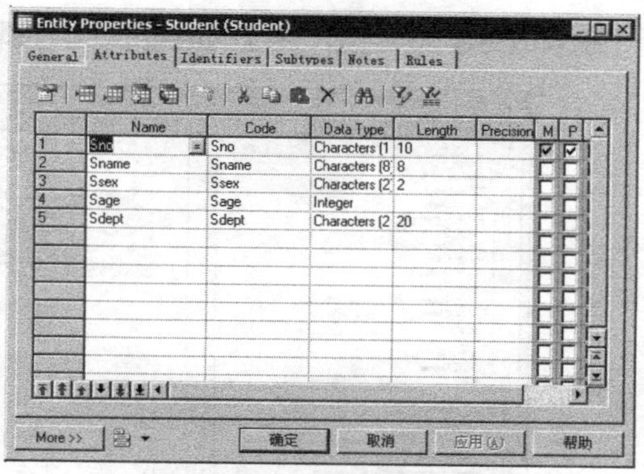

图 5-13　定义实体的属性

(5) 同样的方法完成 Course 的设计，如图 5-15 所示。

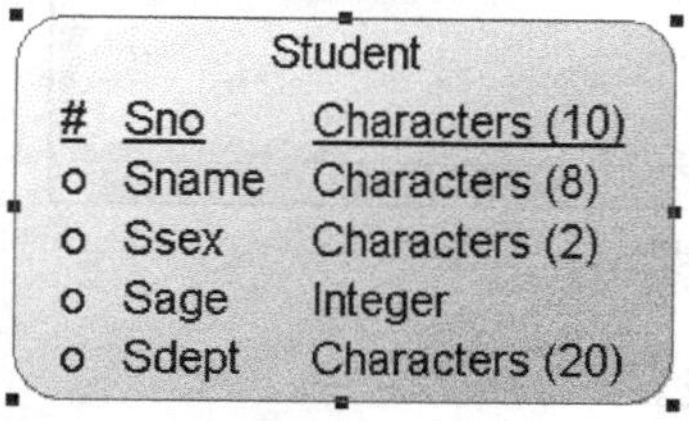

图 5-14　Student 设计完成后的界面

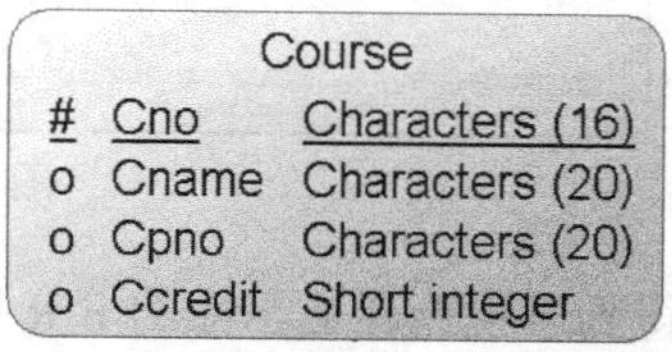

图 5-15　Course 设计完成后的界面

(6) 构建选课联系，首先加入联系，如图 5-16 所示。注意这一步在选择工具后用左键在两个实体间滑动，即可加入联系。用同样的方法将其改名为 SC，然后再修改其联系的类型为多对多，如图 5-17 所示。由于这是一种多对多的联系，因此可以通过右键完成转化为实体的过程，如图 5-18 所示。

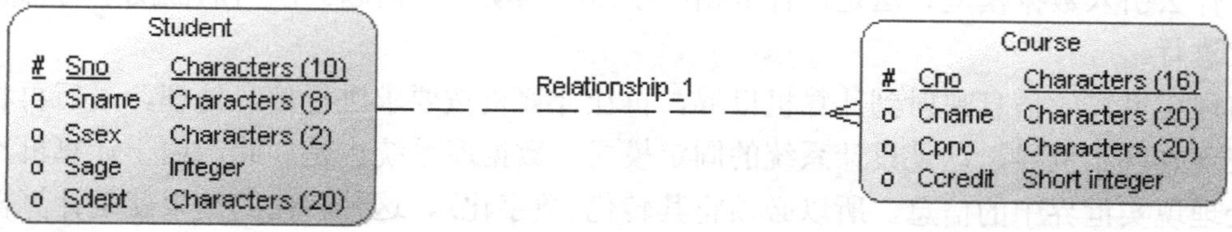

图 5-16　增加联系

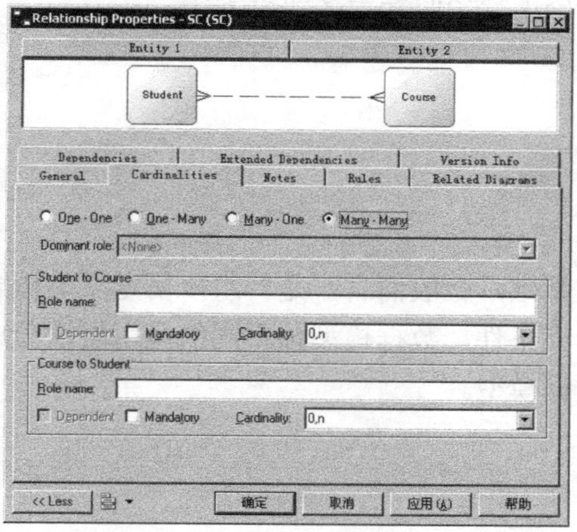

图 5-17　修改 SC 为多对多的联系

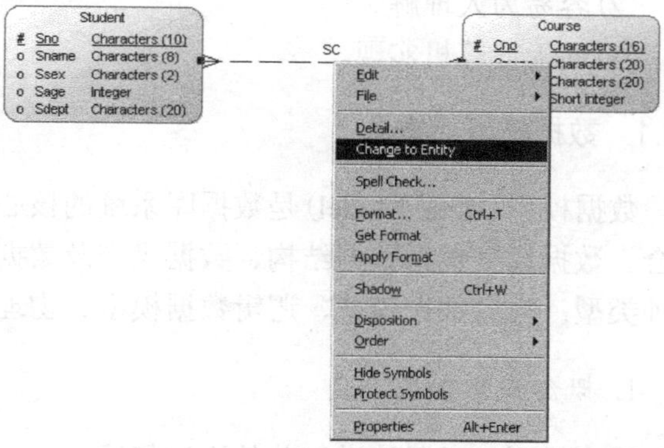

图 5-18　将 SC 转化为实体

(7) 修改 SC 的属性，增加 Grade，此时概念模型构建完毕，如图 5-19 所示。

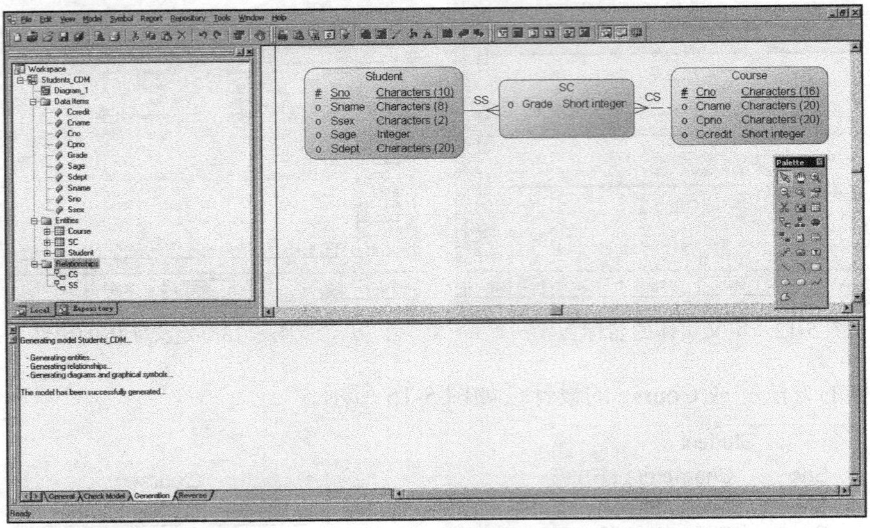

图 5-19　概念建模的结果

到此得到学生选课数据库的 E-R 图，概念设计完成。

5.3　数 据 模 型

上一节探讨了概念模型，已了解概念模型的基本概念和重要作用，实际上它是一种数据模型。下面对数据模型进行讨论。

为什么引入数据模型？这是进行数据库学习必须明白的问题。因为后面的学习都将在此基础上进行。

将现实世界的信息映射到计算机世界，再让计算机按要求进行信息处理，最后再将这种结果表现到现实世界，这是设计系统的固定模式。数据库系统也是如此，由于计算机不可能直接处理现实世界中的信息，所以必须将其转化(数字化)。这种转化的结果就是计算机能够处理的形式，也就是对现实世界的一种模拟，这就是数据模型。

数据模型是现实世界中数据特征的抽象。数据模型应该满足三方面要求：

(1) 能够较真实地模拟现实世界。

(2) 容易为人理解。

(3) 便于计算机实现。

5.3.1　数据模型的概念

数据模型(Data Model)是数据库系统的核心和基础，一般而言，是一组严格定义的概念集合。数据模型包括数据结构、数据操作及数据约束条件。数据模型按不同的应用层次分成三种类型：概念数据模型、逻辑数据模型、物理数据模型。

1. 概念数据模型

这个模型已经讨论过，此处不再赘述。

2. 逻辑数据模型

逻辑模型是用户从数据库所看到的模型，是具体的数据库管理系统(DBMS)所支持的数据模型，如网状数据模型(Network Data Model)、层次数据模型(Hierarchical Data Model)等。逻辑数据模型反映系统分析设计人员对数据存储的观点，是对概念数据模型进一步的分解和细化。逻辑数据模型是根据业务规则确定的关于业务对象、业务对象的数据项及业务对象之间关系的基本蓝图。逻辑数据模型的内容包括所有的实体和关系，确定每个实体的属性，定义每个实体的主键，指定实体的外键，进行范式化处理。此模型既面向用户，又面向系统，主要用于实现 DBMS。SQL Server 采用的是关系数据模型。下面针对关系数据模型进行讨论。

实际上，关系数据模型是用二维表的形式表示实体和实体间联系的数据模型，无论是实体，还是实体间的联系均由单一的结构类型——关系来表示。实际关系数据库中的关系称为表。一个关系数据库由若干个表组成。

下面说明 7 个重要的概念。

(1)关系。现实世界的实体及实体间的各种联系均用关系来表示，从用户角度看，关系模型中数据的逻辑结构是一张二维表，如学生表如表 5-1 所示。

表 5-1　Student 表

Sno	Sname	Ssex	Sage	Sdept	Sno	Sname	Ssex	Sage	Sdept
08001	张力	男	18	CS	08006	刘丹丹	女	17	MA
08002	李丽	女	19	IS	08007	刘立	男	21	CS
08003	赵海	男	20	MA	08008	王江	男	19	CS
08004	张娜	女	17	CS	08009	高晓	男	20	IS
08005	刘晨	男	18	IS	08010	张丽	女	19	CS

(2)元组。表中的一行即为一个元组。表 5-1 中的张力对应的一行就是一个元组。

(3)属性。表中的一列即为一个属性，其名称即为属性名。在表 5-1 中，属性有 5 个：Sno，Sname，Ssex，Sage 和 Sdept。

(4)码。码也称为码键，可以唯一确定一个元组的属性或者属性组。表 5-1 中 Sno 是一个码。

(5)域。属性取值的范围。

(6)分量。元组中的一个属性值。表 5-1 中 08001 代表的元组中，18(Sage)是一个分量。

(7)关系模式。利用关系模式对关系进行描述，一般描述为关系名(属性 1，属性 2，…，属性 *n*)。表 5-1 中关系可以描述为 Student(Sno，Sname，Ssex，Sage，Sdept)。

关系模型提供一个平台。在这个平台上，借助一定的数学理论和工具，可以进行数据库优化，如进行规范化，这在第 6 章进行学习。与 5.2.1 小节的概念进行比较，就会发现概念模型和逻辑模型(这里是关系模型)的密切关系。这是进行数据库设计的内在保障和必然的选择。

下面通过 Power Designer 进行逻辑建模，该部分紧接 5.2 节的概念建模。可以通过图 5-20 中的选项进行逻辑建模，其结果如图 5-21 所示，逻辑建模以 LDM 表现。

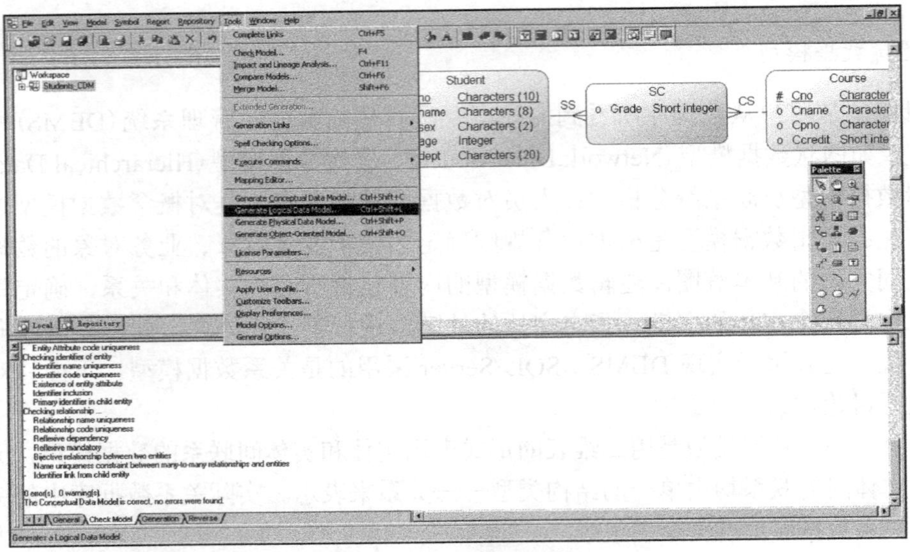

图 5-20　建模的选项菜单

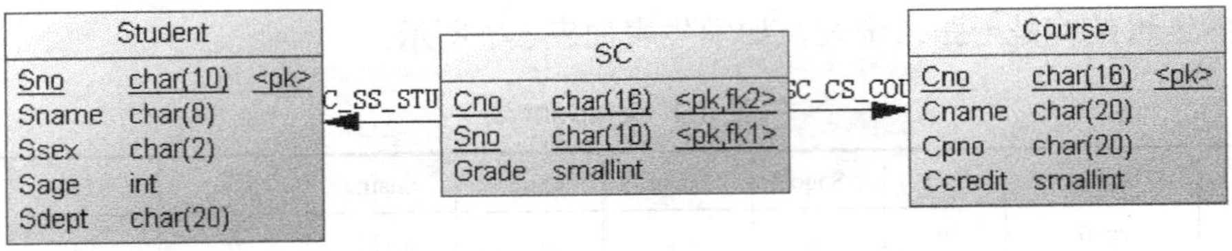

图 5-21　逻辑建模的结果 LDM

3. 物理数据模型

该模型简称物理模型，是面向计算机物理表示的模型，描述数据在储存介质上的组织结构。它不但与具体的 DBMS 有关，而且还与操作系统和硬件有关。每一种逻辑数据模型在实现时都有其对应的物理数据模型。DBMS 为了保证其独立性与可移植性，大部分物理数据模型的实现工作由系统自动完成，而设计者只设计索引、聚集等特殊结构。

正如在逻辑数据类型中最常用的是层次模型、网状模型、关系模型一样，在数据库领域采用的数据模型有层次模型、网状模型和关系模型，其中应用最广泛的是关系模型。这里简单列出三种模型在物理层面的特质。

1) 层次模型

层次结构采用关键字来访问其中每一层次的每一部分，它的特点是将数据组织成一对多关系的结构，具备存取方便且速度快，结构清晰，容易理解，数据修改和数据库扩展容易，检索关键属性十分方便等优点。但是，其结构呆板，不适合拓扑空间数据的组织，而且具有同一属性数据需存储多次引起数据冗余大等缺点，没有进一步深入的发展和应用。

2) 网状模型

网状模型用连接指令或指针来确定数据间的显式连接关系，是具有多对多类型的数据组织方式。它能明确而方便地表示数据间的复杂关系，而且数据冗余小。然而，网状结构复杂，增加用户查询和定位的困难，同时需要存储数据间联系的指针，使得数据量增大，数据修改不方便，因此极大地限制了其应用的扩展。

3) 关系模型

关系模型是以记录组或数据表的形式组织数据，以便于利用各种物理实体与属性之间的关系进行存储和变换，不分层，也无指针，是建立空间数据和属性数据之间关系的一种非常有效的数据组织方法。结构特别灵活，概念单一，满足所有布尔逻辑运算和数学运算规则形成的查询要求，能搜索、组合和比较不同类型的数据，增加和删除数据非常方便，数据更独立、更安全，所以有深入而广泛的应用。

同样，下面利用 Power Designer 进行物理建模，这个过程和逻辑建模类似。如同 LDM 表现逻辑建模一样，物理建模以 PDM 呈现，如图 5-22 所示。正如前面所述，由于物理建模与特定的数据库密切结合，因此出现如图 5-23 所示选项，这里选择 SQL Server 2008。

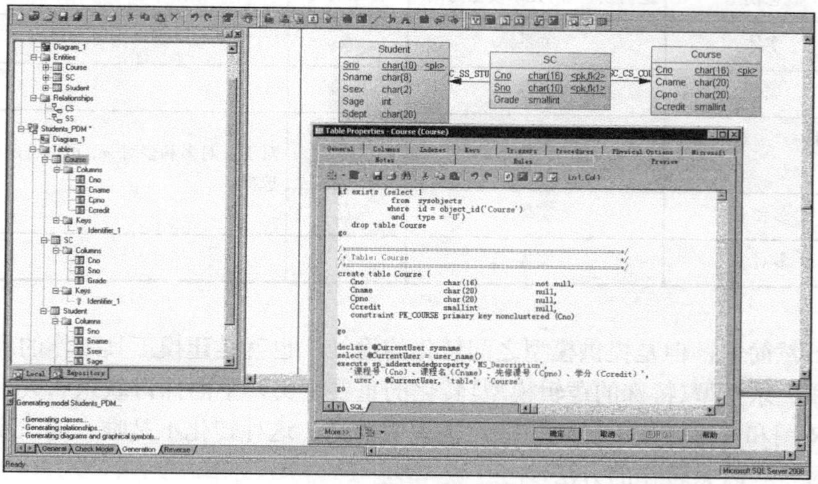

图 5-22　物理建模的结果 PDM

至此，完成学生选课数据库 Students 的设计过程。从中可以看到整个设计过程中建模工具的巨大作用，其中关键的步骤是需求分析，然后是概念设计，即创建 CDM 图，其表现形式是 E-R 图，然后将其转化为关系模型，即逻辑设计。最后，再将关系模型转化为 SQL Server 2008 数据库，由此完成物理模型的构建工作，完成数据库的设计工作。这方面的详细内容在第 7 章和第 10 章中进行系统的探讨，在这里进行整体把握即可，关键是建模工具的使用，以及建模的具体流程和方法。这不仅为后面的学习打下良好的基础，而且能够将前面的知识融会贯通。

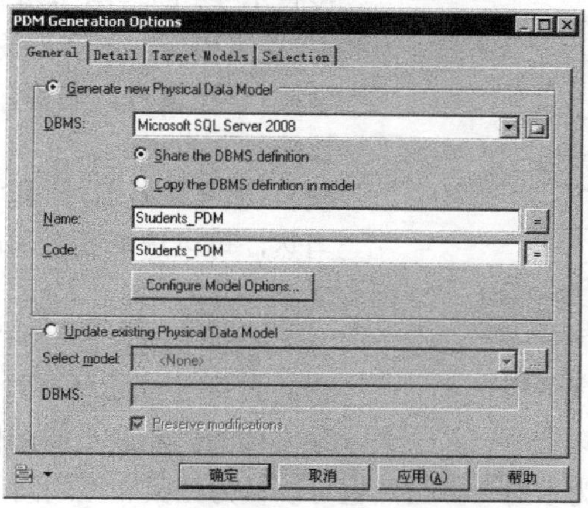

图 5-23　物理建模中 DBMS 的选择

5.3.2 数据模型的转化

至此，已经以概念数据模型、逻辑数据模型和物理数据模型分别对数据模型进行探讨，从中了解三种模型的内在联系。而且早在 5.1.2 小节，曾使用 Power Designer 完成了这三种模型的构建。当对三种数据模型有了一定的认识后，就可以看到设计工具背后的东西了。

实际上，数据模型是可以进行相互转化的。本书对此不深入探讨，仅针对表 5-2 中简要说明相互的映射关系，有兴趣的同学可以查看相关的资料。

表 5-2 模型之间的映射关系

信息世界	概念模型	逻辑模型(以关系模型为例)	物理模型	说明
实体	实体	关系	表	
属性	属性	属性	字段	
关系	一对一、一对多和多对一	关系	外键	对于一对多和多对一，可以有两种映射方案进行选择
	一对多和多对一	实体	表	
	多对多	实体	表	

表 5-2 虽然简单，但是提供模型之间转化的途径，也就是建模工具工作的理论基础。鉴于概念模型和关系模型(特殊的逻辑模型)转化的重要意义，下面探讨联系和关系之间的转化方法，即 E-R 图和关系之间的转化方法。需说明的是，这种转化不是唯一的，现举例说明。

1)“一对一”联系转化的方法

将联系与任意端实体所对应的关系模式合并，即加入另一端实体的码和联系的属性。如图 5-24 所示，任职联系为一对一的，两端实体分别为学校和校长。下面将这两个实体转化为关系，结果如下：

学校(学校编号，名称)，其中“学校编号”为码；

校长(编号，姓名)，其中“编号”为码。

按照上述的规则，选择与学校进行合并，即

学校(学校编号，名称，编号，任职日期)，其中“学校编号”为码。

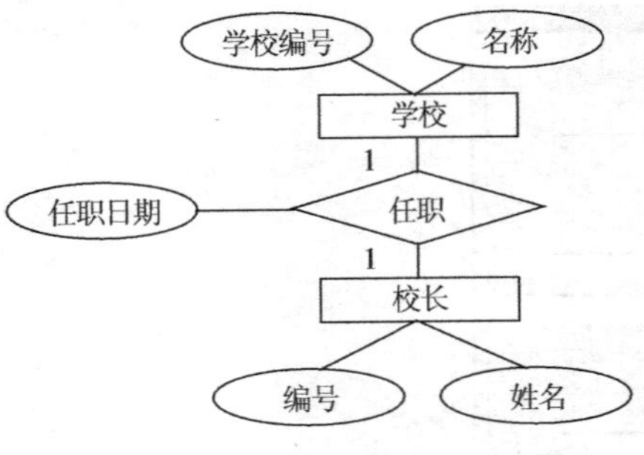

图 5-24 学校校长任职的 E-R 图

校长不变，即将图 5-24 的 E-R 图(概念模型)转化为关系(逻辑模型，本书为关系模型)的结果如下：

学校(学校编号，名称，编号，任职日期)，其中“学校编号”为码；

校长(编号，姓名)，其中“编号”为码。

当然，可以选择联系与校长进行合并，读者可自行实现。

2)“一对多或者多对一”联系转化的方法

将联系与 n 端实体所对应的关系模式合并，即加入 1 端实体的码和联系的属性。如图 5-25 所示，豆和豆类之间的“属于”联系为多对一，当然也可以认为豆类和豆之间的“属于”联系为一对多，这不影响任何结果。同样，先转化其中的实体，结果如下：

豆(编号，名称)，其中“编号”为码；

豆类(编号，名称，分布区域，特性)，其中“编号”为码。

按照上述的规则，选择与豆进行合并，即

豆(编号，名称，豆类编号，确立时间)，其中“编号”为码。这里的“豆类编号”就是豆类关系中的编号，为避免混淆才这样处理，这不影响实际的转化。

豆类不变，即将图 5-25 的 E-R 图(概念模型)转化为关系(逻辑模型，本书为关系模型)的结果如下：

豆(编号，名称，豆类编号，确立时间)，其中“编号”为码；

豆类(编号，名称，分布区域，特性)，其中“编号”为码。

当然，可以选择联系与豆类进行合并，读者请自行实现。

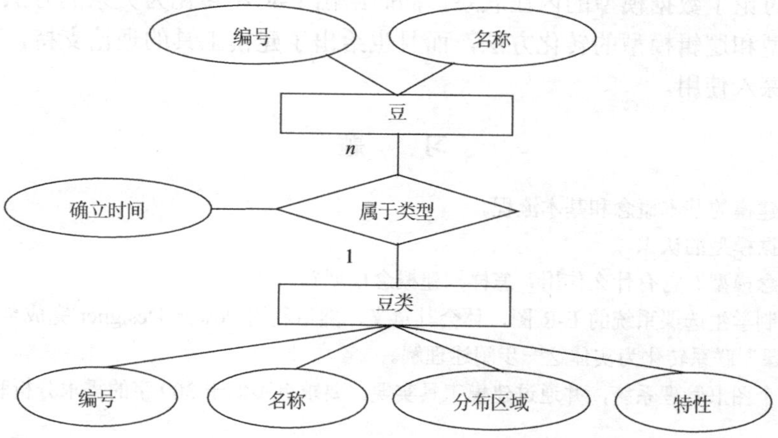

图 5-25　豆类从属的 E-R 图

3)“多对多”联系转化的方法

将联系转换成一个关系模式。该联系相连的各实体的码和联系本身的属性转换为关系的属性。如图 5-7 所示的学生选课的 E-R 图，同样，先转化其中的实体，结果如下：

学生(学号，姓名，性别，年龄，所在系)，其中“学号”为码；

课程(课程号，课程名，先修课号，学分)，其中“课程号”为码。

按照上述的规则，创建选课关系，即

选课(成绩，学号，课程号)，其中“学号”和“课程号”为码，注意是一个属性组作为码的。

“学生”和“课程“不变，即将图 5-7 的 E-R 图(概念模型)转化为关系(逻辑模型，本书为关系模型)的结果如下：

学生(学号，姓名，性别，年龄，所在系)，其中“学号”为码；

课程(课程号，课程名，先修课号，学分)，其中“课程号”为码；

选课(成绩，学号，课程号)。

通过本节学习，可以理解在 5.2.2 小节将 SC 转化为实体的详细过程，由此也可以体会建模工具的积极作用，更为重要的是看到了工具背后的“故事”，这对深入理解所学知识具有重要的指导意义。

5.4 小　　结

本章主要探讨数据建模的相关知识，主要包含概念建模、逻辑建模和物理建模三个层面，其中以概念建模为主。这是现实世界进入计算机世界的一个重要关口，而且概念建模的过程明确了数据库设计的结构和重大细节。我们从 Power Designer 的使用中可以更为直观具体地感受到概念建模的重要意义。该建模过程一旦完成，后续的建模过程几乎是自动完成的，简单而且快捷。这不仅说明建模工具的巨大作用，而且也说明概念建模的重要意义。

本章较为详细地探讨概念模型的相关概念和意义，初步形成数据库设计的整体思路，同时介绍 E-R 图、CDM、LDM 和 PDM 等描述形式，对数据库的设计有一个清晰的认识。这对后续章节，尤其是第 7 章和第 10 章产生直接的作用。

本章最后讨论了数据模型的内在联系，同时给出 E-R 图转化为关系的方法。从中不仅可以掌握概念模型和逻辑模型的转化方法，而且也给出了建模工具的理论支持，可以深化对工具的理解，并深入使用。

习　　题

1. 试述数据建模的基本概念和基本流程。
2. 试述对数据模型的认识。
3. 什么是概念模型？它有什么作用？怎样构建概念模型？
4. 试手工绘制学生选课系统的 E-R 图，体会其意义，然后利用 Power Designer 完成全部的建模过程。针对其中将“选课”联系转化为实体这一步阐述理解。
5. 试设计一个图书管理系统，并通过建模工具实现。要求有不低于 300 字的需求分析和 E-R 图。

第 6 章　关系数据库设计理论

关系数据库的设计目标是在面对一个实际的工程应用时，能够选择一组比较合适的关系模式集合，使用户存储信息时避免不必要的冗余，并且让用户可以方便地获取信息。达到这一目的是通过关系的规范化设计理论来实现的。规范化设计理论主要包括三个方面的内容：数据依赖、范式和模式分解方法。本章主要介绍基于函数依赖的关系数据库设计的规范方法，然后根据函数依赖及其他类型的数据依赖来定义范式。

6.1 为何引入关系规范化理论

关系数据库是由一组关系组成的，因此关系数据库的设计归根到底是如何构造关系模式，即如何把具体的客观事物划分为几个关系，而每个关系又由哪些属性组成。用户在构造关系时，由于关系中各属性之间的相互依赖性和独立性，造成用户构造的关系出现数据冗余和更新异常等现象，从而不能满足操作要求。因此，用户必须遵守数据库设计的规范化理论，这样才能设计出优秀的数据库模式。

6.1.1 关系可能出现的问题

构造关系模式时为什么要遵循一定的规范化理论？什么才是好的关系模式？某些不好的关系模式可能导致哪些问题？下面通过具体的例子进行分析。

例如，要求设计一个教学管理系统的数据库，其关系模式 SCD 如下：

SCD(Sno，Sname，Ssex，Sdept，Mname，Cno，Cname，Grade)

其中，Sno 表示学生学号，Sname 表示学生姓名，Ssex 表示性别，Sdept 表示学生所在的系别，Mname 表示系负责人，Cno 表示课程编号，Cname 表示课程名称，Grade 表示成绩。在此关系模式中填入一部分具体的数据，则可得到 SCD 关系模式的实例，如图 6-1 所示，即一个教学管理数据库。

Sno	Sname	Sex	Sdept	Mname	Cno	Cname	Grade
0001	赵亦	男	计算机学院	刘伟	C1	计算机基础	90
0001	赵亦	男	计算机学院	刘伟	C2	C 语言	82
0002	钱儿	女	软件学院	王平	C1	计算机基础	57
0002	钱儿	女	软件学院	王平	C2	C 语言	80
0002	钱儿	女	软件学院	王平	C3	数据结构	70
0003	孙珊	女	软件学院	王平	C4	数据库原理	70
0003	孙珊	女	软件学院	王平	C1	计算机基础	85
0004	李思	男	电信学院	刘伟	C5	操作系统	93

图 6-1　关系模式 SCD 实例

根据实际情况，这些数据规定为：一个院(系)有若干个学生，但一个学生只属于一个院(系)；一个院(系)只有一名系主任，但一个人可以同时兼任几个院(系)的系主任；一个学生可以选修多门功课，每门课程可有多个学生选修；某个学生选修某门课程只有一个成绩。

据上述的语义规定，并分析其中数据可知：(Sno，Cno)属性的组合能够唯一标识一个元组，所以(Sno，Cno)为该关系模式的主键。通过对实例的分析，易知该关系模式在实际操作时会出现以下四方面的问题。

1. 数据冗余度大

每个系名和系主任姓名存储的次数等于该系的学生人数乘以每个学生选修的课程门数，同时学生的姓名、年龄也都重复存储多次，因此数据的冗余度很大，又浪费存储空间。

2. 插入异常

在这个关系模式中，(Sno，Cno)是主键。如果数据库须添加一门新的课程信息，但该课程暂时还没有学生选修时，则不能将课程信息插入到数据库中。这是因为根据关系的实体完整性约束条件，主关键字的值不能为空，而这时该门课程没有学生选修，所以 Sno 无值，因此不能进行插入操作。这就是数据库功能上的一种不正常现象，称之为插入异常。

3. 删除异常

假如数据库中的 0004 号学生李思因某种原因退学，须将该生的信息从数据库中删除。但因为 C5 课程只有李思选修，在删除李思本人信息的同时，也删除 C5 课程信息。这是数据库的第二种功能缺陷，称之为删除异常。

4. 更新异常

假如某一学院更换主任，则属于该院的学生记录都要修改 Mname 的内容，稍有不慎，有可能漏改某些元组，这就造成数据前后不一致，破坏数据的完整性。这是数据库设计的第三种功能缺陷，称之为更新异常。

由于存在以上问题，可以得到如下的结论：SCD 是一个不好的关系模式。产生上述问题的原因是因为关系内容太杂。

那么，怎样才能得到一个好的关系模式？

关系模式 SCD 可分解为下面 4 个结构简单的关系模式，如

学生关系 S(Sno，Sname，Ssex，Sdept)
课程关系 C(Cno，Cname)
院系关系 D(Sdept，Mname)
选课关系 SC(Sno，Cno，Grade)

其关系模式的实例如图 6-2 所示。

学生关系 S

Sno	Sname	Sex	Sdept
0001	赵亦	男	计算机学院
0002	钱儿	女	软件学院
0003	孙珊	女	软件学院
0004	李思	男	电信学院

院系关系 D

Sdept	Mname
计算机学院	刘伟
软件学院	王平
电信学院	刘伟

课程关系 C

Cno	Cname
C1	计算机基础
C2	C 语言
C3	数据结构
C4	数据库原理
C5	操作系统

选课关系 SC

Sno	Cno	Grade
0001	C1	90
0001	C2	82
0002	C1	57
0002	C2	80
0002	C3	70
0003	C4	70
0003	C1	85
0004	C5	93

图 6-2 关系模式 S、D、C、SC 的实例

将 SCD 分解为 4 个关系模式后，数据的冗余度明显降低：

· 新插入一个系时，只要在关系 D 中添加一条记录；

· 新插入一门课程时，只要在关系 C 中添加一条记录；

· 某个学生尚未选课时，只要在关系 S 中添加一条学生记录，而与选课关系无关，这就避免了插入异常；

· 一个系的学生全部毕业时，只在 S 中删除该系的全部学生记录，而关系 D 中有关该系的信息仍然保留，从而不会引起删除异常；

· 数据冗余度降低，数据没有重复存储，也不会引起更新异常。

6.1.2 关系模式的基本要求

经过上述分析，上面分解后的关系模式是一个好的关系数据库模式。从而得出结论，好的关系模式除了满足用户对信息存储和查询的基本要求外，还应当满足以下要求：

(1) 元组的每个分量必须是不可分的数据项。关系中的每个属性都必须是不可分的数据项，这是关系数据库的最基本要求。如果表格结构的数据项都是不可分的基本项，则该表格为关系。

(2) 数据冗余应尽可能少。数据冗余是指数据的“重复”。数据冗余度大是指数据库中重复的数据过多。数据冗余使数据库中的数据增大，系统负担过重，并浪费大量的存储空间；数据冗余还可能造成数据不完整，增加数据维护的代价；数据冗余还造成数据查询和统计的困难，并导致错误的结果。

(3) 不能产生更新异常。所谓“更新异常”是指由于数据库结构设计不合理而引起希望更新的数据部分更新，部分没有更新。更新异常会引起数据不一致问题。如果数据模式设计得不好，就可能造成不必要的数据冗余，一个信息就会多次重复存储。对于“数据冗余大”的关系数据库，执行数据修改时，这些冗余数据就可能有些被修改，有些没有修改，从而造成数据不一致问题。数据不一致问题影响数据的完整性，使得数据库中数据的可信度降低。

(4) 不能产生插入异常。所谓“插入异常”是指希望插入的信息由于不能满足数据完整性的某种要求而不能正常插入到数据库的异常问题。

(5) 不能产生删除异常。“删除异常”是指在删除数据库的数据时，不该删除的数据被删除。删除异常也是由数据库结构不合理产生的。和“插入异常”一样，如果关系中多种信息捆绑在一起，当被删除信息中含有关系的主属性时，由于关系满足实体完整性条件，整个元组全部从数据库中删除，即出现“删除异常”现象。

按照一定的规范设计关系模式，将结构复杂的关系分解成结构简单的关系，从而把不好的关系模式转变为好的关系模式，这就是关系的规范化。规范化又可以根据不同的要求而分成若干级别。

关系数据库的规范化理论主要包括三个方面的内容：函数依赖、范式和模式分解。其中，函数依赖起核心作用，是模式分解和模式设计的基础；范式是模式分解的标准。待设计的关系模式中各属性是相互依赖、相互制约的，这样才构成一个结构严谨的整体。因此，在设计关系模式时，必须从语义上分析这些依赖关系。数据库模式的好坏与关系中各属性间的依赖关系有关。因此，首先讨论属性间的依赖关系。

6.2 函数依赖的有关概念

1．函数依赖

现实世界中实体的属性之间具有相互依赖而又相互制约的关系，这种关系称为数据依赖。数据依赖是通过关系中属性值的相等与否体现出来的数据间的相互关系。目前，有许多类型的数据依赖，其中最重要的是函数依赖。函数依赖在现实生活中广泛存在。为了便于了解函数依赖的概念，先举一个具体的关系实例。例如，在 6.1 节介绍的关系模式 SCD 中，属性之间存在某些内在的联系：

由于一个学号只对应一个学生，一个学生只在一个系，因而“学号”确定之后，姓名、性别及所在系也就唯一确定。属性中的这种依赖关系类似于数学中的单值函数关系，设单值函数 $y=f(x)$，自变量 x 的值可以决定一个唯一的函数值 y。这种数据依赖称为函数依赖。因此，学号函数决定姓名、性别、所在系，或者姓名、性别、所在系函数依赖于学号，该关系的函数依赖集表示为：学号→姓名，学号→性别，学号→所在系。

下面给出函数依赖的严格定义。

定义 6.1 设有关系模式 $R(U)$，其中 $U=\{A_1, A_2, \cdots, A_n\}$是关系的属性全集，$X$ 和 Y 是 U 的子集。r 和 t 是关系 R 上的任意两个元组，如果 r 和 t 在 X 上的属性值相同(即两个元组在这些属性所对应的各个分量具有相同的值)，则它们在 Y 上的属性值也相同。那么，在关系 R 中属性 Y 函数依赖于属性 X，或称 X 函数决定 Y，记作 $X \to Y$。X 为决定因素，Y 为依赖因素。

例如，建立一个描述学校情况的数据库，所面临的描述对象有学生(用学号 Sno 描述)，系(用系名 Sdept 描述)，系负责人(用系负责人姓名 Mname 描述)，课程(用课程号 Cno 描述)和成绩(用 Grade 描述)，于是可得到一组属性：U={Sno，Sdept，Mname，Cno，Grade}。

现实世界的已知事实是：

- 一个系有若干学生，但每个学生只能属于一个系；
- 一个系只有一名负责人；
- 一个学生可以选修多门课程，而每门课程又可被若干学生同时选修；
- 每个学生学习每门课程只有一个成绩。

于是，可得到在属性组 U 上的一组函数依赖：

$$F = \{\text{Sno}\to\text{Sdept}，\text{Sdept}\to\text{Mname}，(\text{Sno}，\text{Cno})\to\text{Grade}\}$$

函数依赖是语义范畴的概念，只能根据语义来确定一个函数依赖，如姓名→年龄。这个函数依赖只能在该部门没有同名人的条件下成立。如果允许有同名的人，则年龄不再函数依赖于姓名。设计者根据实际需求，也可以对现实世界作强制的规定，如规定不允许同名人出现，因而使姓名→年龄函数依赖成立。

注意，函数依赖不是指关系模式 R 的某个或某些关系满足的约束条件，而是指 R 的一切关系均满足的约束条件。

2．候选键

前面已介绍过候选键的概念，下面从函数依赖的角度来理解候选键。

如果一个或多个属性的集合$(A_1, A_2, \cdots, A_n)$满足如下条件，则称该集合为关系 R 的候选码(Key)。

(1)这些属性函数决定该关系所有的其他属性，即 R 中不可能有两个不同的元组，它们在 A_1，A_2，…，A_n 上的取值完全相同。

(2)$\{A_1，A_2，…，A_n\}$的任何真子集都不能决定 R 所有的其他属性。

在函数依赖中起决定因素的属性或属性组合即为键，也称为候选键。在一个关系模式中，包含在候选键中的属性为主属性；不包含在候选键中的属性为非主属性。

例如，在图 6-2 的“学生”关系 S 中，学号是主键，而姓名、性别、院系是非主属性。

观察下面两个关系：

系(院系名称，负责人)

教师(教师编号，姓名，专业，职称，性别，年龄，部门编号)

在关系“系”中，院系名称是候选键；在关系“教师”中，教师编号是候选键。

关系模式 R 中属性或属性组合 X 并非 R 的码，但 X 是另一个关系模式的码，则称 X 是 R 的外部码，也称外码。

3．完全函数依赖和部分函数依赖

定义 6.2 在关系模式 $R(U)$ 中，设 X、Y 是关系 R 上不同的属性集，若 $X \to Y$，即 Y 函数依赖于 X，并且对于 X 的任何一个真子集 X'，都有 $X' \nrightarrow Y$，则称 Y 对 X 完全函数依赖或 Y 完全函数依赖于 X，记作 $X \xrightarrow{f} Y$。

若 $X \to Y$，但 Y 不完全函数依赖于 X，则称 Y 对 X 部分函数依赖，记作 $X \xrightarrow{p} Y$。

例如，在前面关系 SCD 中，(Sno，Cno)→Grade 为完全函数依赖，(Sno，Cno)→Sdept 为部分函数依赖。

只有当决定因素是组合属性时，讨论部分函数依赖才有意义；当决定因素是单属性时，只能是完全函数依赖。

例如，在关系 S(Sno，Sname，Ssex，Sdept)中，决定因素为单属性 Sno，有 Sno→(Sname，Ssex，Sdept)，不存在部分函数依赖。

4. 平凡函数依赖和非平凡函数依赖

定义 6.3 在关系模式 $R(U)$ 中，设 X、Y 是关系 R 上不同的属性集，如果 $X \to Y$，但 $Y \not\subseteq X$，则称 $X \to Y$ 是非平凡函数依赖；若 $Y \subseteq X$，则称 $X \to Y$ 称为平凡函数依赖。

对于任意关系模式，平凡函数依赖都是必然成立的，它不反映新的语义。

5. 传递函数依赖

定义 6.4 关系模式 $R(U)$ 中，U 是属性全集，X, Y, Z 是关系 R 上不同的属性集，若 $X \to Y$，$Y \nrightarrow X$，$Y \to Z$，且 Y 不是 X 的子集，Z 不是 Y 的子集(非平凡的函数依赖)，则称 Z 传递依赖于 X，记作 $X \xrightarrow{t} Z$。加上条件 $Y \nrightarrow X$，是因为如果 $Y \to X$，则 $X \leftrightarrow Y$，实际上是 $X \to Z$，是直接函数依赖，而不是传递函数依赖。

例如，在关系模式 SCD 中，Sno→Sdept，但 Sdept↛Sno，而 Sdept→Mname，则有 Sno→Mname 为传递函数依赖。当学生不存在重名的情况下，有 Sno→Sname，Sname→Sno，Sname→Sdept，这时 Sdept 对 Sno 是直接函数依赖，而不是传递函数依赖。

综上所述，函数依赖分为完全函数依赖、部分函数依赖和传递函数依赖 3 种，它们是规范化理论的依据和规范化程度的准则。下面以上述这些概念为基础，进行数据库的规范定义。

6.3 范　式

6.3.1 范式

规范化的基本思想是消除数据依赖中不合适的部分，消除关系模式中的数据冗余，减少数据插入、更新和删除时发生的异常现象。这要求关系数据库设计出来的关系模式应满足一定的条件。把关系数据库的规范化过程中为不同程度的规范化要求设立的不同标准称为范式(Normal Form)。满足最基本规范化要求的关系模式为第一范式，在第一范式中进一步满足一些要求的范式为第二范式，以此类推产生第三范式等。每种范式都规定一些限制约束条件。

“范式”的概念最早由 Codd 提出。从 1971 年起，Codd 相继提出关系的三级规范化形式，即第一范式(1NF)、第二范式(2NF)、第三范式(3NF)。1974 年，Codd 和 Boyce 共同提出一个新的范式，即 Boyce-Codd 范式，简称 BC 范式(BCNF)。1976 年 Fagin 提出第四范式，后来又有人定义第五范式(5NF)。

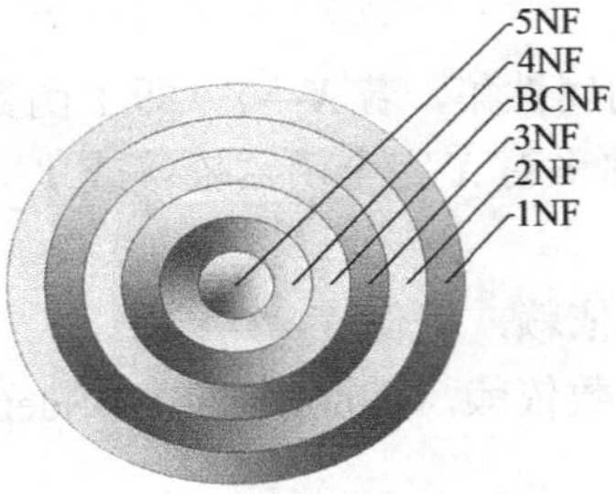

图 6-3　各种范式之间的关系

至此，在关系数据库规范中建立了一个范式系列：1NF，2NF，3NF，BCNF，4NF，5NF。范式一级比一级有更严格的要求。各个范式之间的联系可以表示为 5NF ⊂ 4NF ⊂ BCNF ⊂ 3NF ⊂ 2NF ⊂ 1NF，如图 6-3 所示。

一个低一级范式的关系模式通过模式分解可以转换为若干个高一级范式的关系模式集合，这种过程称为关系的规范化。

下面逐一介绍各级范式的定义及其规范化。

6.3.2 第一范式

第一范式是最基本的规范形式，即关系中每个属性都是不可再分的简单项。

定义 6.5　如果关系模式 R 所有的属性均为简单属性，即每个属性都是不可再分的，则称 R 属于第一范式，简称 1NF，记作 $R\in$1NF。

第一范式是关系数据库模型最基本的要求。在非规范化的关系中去掉组合项就能化成规范化的关系，每个规范化的关系都属于 1NF，这也是它之所以称为“第一”的原因。然而，一个关系模式仅属于第一范式是不适用的。

在 6.1 节中，给出的关系模式 SCD 属于第一范式，但其具有大量的数据冗余，具有插入异常、删除异常、更新异常等弊端。

为什么存在这种问题？下面分析 SCD 中的函数依赖关系，它的主键是(Sno，Cno)的属性组合，有

(Sno，Cno) $\xrightarrow{f}$ Grade

Sno→Sname，(Sno，Cno) $\xrightarrow{p}$ Sname

Sno→Ssex，(Sno，Cno) $\xrightarrow{p}$ Ssex

Sno→Sdept，(Sno，Cno) $\xrightarrow{p}$ Sdpet

Sdept→Mname，(Sno，Cno) $\xrightarrow{t}$ Mname

由此可见，在关系模式 SCD 中，既存在完全函数依赖，又存在部分函数依赖和传递函数依赖。这种情况在数据库中是不允许的，也正是由于关系中存在复杂的函数依赖，才导致数据操作中出现种种弊端。克服这些弊端的方法是用投影运算将关系分解，去掉过于复杂的函数依赖关系，向更高一级的范式进行转换。

6.3.3 第二范式

1. 2NF 的定义

定义 6.6 如果关系模式 $R \in$ 1NF，且每个非主属性都完全函数依赖于 R 的每个候选键，则称 R 属于第二范式(Second Normal Form)，简称 2NF，记作 $R \in$ 2NF。

在关系模式 SCD 中，Sno，Cno 为主属性，Ssex、Sdept、Sname、Mname、Grade 均为非主属性，经上述分析，存在非主属性对候选键的部分函数依赖，所以 SCD∈2NF。

对于如图 6-2 所示的由 SCD 分解的三个关系模式 S，D，SC，其中 S 的候选键为 Sno，D 的候选键为 Sdept，都是单属性，不可能存在部分函数依赖。

对于 SC，(Sno，Cno) $\xrightarrow{f}$ Grade。因此，SCD 分解后，消除了非主属性对候选键的部分函数依赖，S，D，SC 均属于 2NF。经以上分析，可以得到两个结论：

(1) 从 1NF 关系中消除非主属性对候选键的部分函数依赖，则可得到 2NF 关系。

(2) 如果 R 的候选键为单属性，或 R 的全体属性均为主属性，则 $R \in$ 2NF。

2NF 规范化是指把 1NF 关系模式通过投影分解转换成 2NF 关系模式的集合。分解时遵循的基本原则就是“一事一地”，让一个关系只描述一个实体或者实体间的一种联系。如果多于一个实体或联系，则进行投影分解。

2. 2NF 的规范化

下面以关系模式 SCD 为例，说明 2NF 规范化的过程。

例如，将 SCD(Sno，Sname，Ssex，Sdept，Mname，Cno，Cname，Grade) 规范到 2NF。

(1) 根据函数依赖 Sno→Sname、Sno→Ssex、Sno→Sdept、(Sno，Cno) $\xrightarrow{f}$ grade 可以判断，关系 SCD 至少描述两个实体：一个为学生实体，属性有 Sno、Sname、Ssex、Sdept、Mname；另一个是学生与课程的联系(选课)，属性有 Sno、Cno 和 Grade。

(2) 根据分解的原则，可以将 SCD 分解成如下两个关系：SD(Sno，Sname，Ssex，Sdept，Mname)，描述学生实体，如图 6-4 所示；SC(Sno，Cno，Grade)，描述学生与课程的联系，如图 6-5 所示。

学生系别关系(SD)

Sno	Sname	Ssex	Sdept	Mname
0001	赵亦	男	计算机学院	刘伟
0002	钱儿	女	软件学院	王平
0003	孙珊	女	软件学院	王平
0004	李思	男	电信学院	刘伟

图 6-4 SD 关系

选课关系(SC)

Sno	Cno	Grade
0001	C1	90
0001	C2	82
0002	C1	57
0002	C2	80
0002	C3	70
0003	C4	70
0003	C1	85
0004	C5	93

图 6-5 SC 关系

对于分解后的两个关系 SD 和 SC，主键分别为 Sno 和(Sno，Cno)，非主属性对主键完全函数依赖。因此，SD∈2NF，SC∈2NF。

上例中的 SC 关系和 SD 关系都属于 2NF。由此可见，采用投影分解法将一个 1NF 的关系分解为多个 2NF 的关系，原 1NF 关系中存在的插入异常、删除异常、数据冗余度大、修改复杂问题得到缓解。

(1) 数据冗余度降低。每个学生的学号、姓名、性别、系别信息只存储一次。

(2) 解决部分数据的插入异常问题。一个新生报到时，只须向关系 SD 中添加一条信息即可，无须考虑学生是否选课。

(3) 解决部分数据的删除异常问题。当某个学生退选课程时，只需从 SC 关系中删除，而 SD 关系中的学生信息依然存在。

(4) 解决部分数据的更新异常问题。当某个学生更改姓名时，无论该生选修多少门课程，只需修改一次。

但是，将一个 1NF 关系分解为多个 2NF 的关系，并不能完全消除关系模式中的各种异常情况和数据冗余。属于 2NF 的关系模式并不一定是好的关系模式。

例如，图 6-4 中的 2NF 关系模式 SD(Sno，Sname，Ssex，Sdept，Mname)有下列函数依赖：Sno→Sname；Sno→Ssex；Sno→Sdept；Sdept→Mname。

由此可知，关系模式 SD 中的 Mname 传递函数依赖于 Sno，即 SD 关系中存在非主属性对码的传递函数依赖。SD 关系仍然存在插入异常、删除异常、数据冗余度大和修改复杂的问题。

(1) 插入异常。如果某个院系新成立，目前暂时没有在校学生，无法把这个院系的信息存入数据库。

(2) 删除异常。如果某个院系的学生全部毕业，在删除该院系学生信息的同时，也删除该院系的信息。

(3) 数据冗余度大。同一个院系的负责人是相同的，每个院系负责人 Mname 重复次数与该系学生人数相同。

(4) 修改复杂。当某个院系更换负责人时，由于院系负责人信息多次重复存储，修改时必须同时更新该院系所有学生的 Mname 值。所以 SD 关系仍不是一个好的关系模式。

6.3.4 第三范式

1. 3NF 的定义

定义 6.7 如果关系模式 $R\in$2NF，且每个非主属性都不传递依赖于 R 的每个候选键，则称 R 属于第三范式(Third Normal Form)，简称 3NF，记作 $R\in$3NF。

第三范式具有如下性质。

性质 1 如果 $R\in$3NF，则 R 也是 2NF。

证明 3NF 的另一种等价描述是对于关系模式 R，不存在如下条件的函数依赖，$X\rightarrow Y(Y\nrightarrow X)$，$Y\rightarrow Z$，其中 X 是主属性，Y 是任意属性组，Z 是非主属性，$Z\rightarrow Y$。在此定义下，令 $Y\subset X$，即 Y 是 X 的真子集，则以上条件 $X\rightarrow Y$，$Y\rightarrow Z$ 变成非主属性对键 X 的部分函数依赖，$X\xrightarrow{p}Z$。但由于 3NF 中不存在这样的函数依赖，所以 R 中不可能存在非主属性对键 X 的部分函数依赖，R 必定是 2NF。

性质 2　如果 R∈2NF，则 R 不一定是 3NF。

例如，由关系模式 SCD 分解而得到的 SD 和 SC 都为 2NF，其中，SC∈3NF，但在 SD 中存在非主属性 Mname 对主键 Sno 传递依赖，SD∉3NF。对于 SD，应该进一步进行分解，使其转换成 3NF 规范化。

2. 3NF 的规范化

3NF 规范化是指把 2NF 关系模式通过投影分解转换成 3NF 关系模式的集合。与 2NF 规范化时遵循的原则相同，即“一事一地”，让一个关系只描述一个实体或者实体间的联系。

下面以 2NF 关系模式 SD 为例，说明 3NF 规范化的过程。

例如，将 SD(Sno，Sname，Ssex，Sdept，Mname)规范到 3NF。

(1)分析 SD 的属性组成。可以判断，关系 SD 实际上描述两个实体：一个为学生实体，属性有 Sno，Sname，Ssex，Sdept；另一个是系的实体，其属性 Sdept 和 Mname。

(2)根据分解的原则，可以将 SD 分解成如下两个关系，如图 6-6 所示。

S(Sno，Sname，Ssex，Sdept)，描述学生实体；

D(Sdept，Mname)，描述系的实体。

对于分解后的两个关系 S 和 D，主键分别为 Sno 和 Sdept，不存在非主属性对主键的传递函数依赖。因此，S∈3NF，D∈3NF。分解后，S 和 D 的函数依赖分别为 Sno $\xrightarrow{f}$ Sname；Sno $\xrightarrow{f}$ Ssex；Sno $\xrightarrow{f}$ Sdept；Sdept $\xrightarrow{f}$ Mname。

学生关系(S)

Sno	Sname	Ssex	Sdept
0001	赵亦	男	计算机学院
0002	钱儿	女	软件学院
0003	孙珊	女	软件学院
0004	李思	男	电信学院

系别关系(D)

Sdept	Mname
计算机学院	刘伟
软件学院	王平
电信学院	刘伟

图 6-6　关系 S 和关系 D

6.3.5　BC 范式

BCNF(Boyce-Codd Normal Form)是由 Boyce 和 Codd 共同提出的，通常认为它是 3NF 的扩充范式。

1. BCNF 的定义

定义 6.8　如果关系模式 R∈1NF，且所有的函数依赖 $X \to Y (Y \notin X)$，决定因素 X 都包含 R 的一个候选键，则称 R 属于 BC 范式，记作 R∈BCNF。

BCNF 具有如下性质：

(1)所有非主属性对每一个码都是完全函数依赖。

(2)所有的主属性对每一个不包含它的码也是完全函数。

(3)没有任何属性完全函数依赖于非码的任何一组属性。

由于 R∈BCNF，按定义排除任何属性对码的传递依赖与部分依赖，因此 R∈3NF。但是，若 R∈3NF，则 R 未必属于 BCNF。

例如，设关系模式 SnameC(Sno，Sname，Cno，Grade)，其中 Sno 代表学号，Sname 代表学生姓名并假设没有重名，Cno 代表课程号，Grade 代表成绩。假设学生中没有重名的，可以判定 SnameC 有两个候选键(Sno，Cno)和(Sname，Cno)，函数依赖如下：Sno↔Sname，(Sno，Cno)→ Grade，(Sname，Cno)→ Grade。

唯一的非主属性 Grade 对键不存在部分函数依赖，也不存在传递函数依赖。所以，SnameC∈3NF。但是，Sno↔Sname，即决定因素 Sno 或 Sname 不包含候选键。从另一个角度说，存在主属性对键的部分函数依赖：(Sno，Cno) $\xrightarrow{p}$ Sname，(Sname，Cno) $\xrightarrow{p}$ Sno，所以 SnameC 不是 BCNF。

正是存在这种主属性对键的部分函数依赖关系，造成关系 SnameC 中存在较大的数据冗余，学生姓名的存储次数等于该生所选的课程数，从而引起修改异常。比如，在更改某个学生的姓名时，必须搜索出现该姓名的每个学生记录，并对其姓名逐一修改，这样容易造成数据不一致的问题。解决这一问题的办法仍然是通过投影分解，进一步提高 SnameC 的范式等级，将 SnameC 规范到 BCNF。

2. BCNF 规范化

BCNF 规范化是指把 3NF 关系模式通过投影分解转换成 BCNF 关系模式的集合。下面以 3NF 关系模式 SnameC 为例，说明 BCNF 规范化的过程。

例如，将 SnameC(Sno，Sname，Cno，Grade)规范到 BCNF。

分析 SnameC 数据冗余的原因，是因为在这一关系中存在两个实体，一个为学生实体，属性有 Sno、Sname；另一个是选课实体，属性有 Sno、Cno 和 Grade。根据分解的原则，可以将 SnameC 分解成如下两个关系：S1(Sno，Sname)，描述学生实体；S2(Sno，Cno，Grade)，描述学生与课程的联系。

对于 S1，有两个候选键 Sno 和 Sname。对于 S2，主键为(Sno，Cno)。在这两个关系中，主属性和非主属性都不存在对键的部分依赖和传递依赖，S1∈BCNF，S2∈BCNF。

6.3.6 第四范式*

课程 C	教师 T	参考书 B
物理	李勇 王军	普通物理学 光学原理 物理习题集
数学	李勇 张平	数学分析 微分方程 高等代数
计算机	张平 周峰	数学分析 高等数学 普通物理学

图 6-7 非规范化的关系

以上是在函数依赖的范畴内讨论。属于 BCNF 的关系模式是否已经很完美？例如，在关系模式 TCB 中，T 表示教师，C 表示课程，B 表示参考书。如果一门课程由多名教师讲授，他们使用相同的一套参考书。每个教师可以讲授多门课程，每种参考书可以供多门课程使用。可以用一个非规范化的关系来表示教师 T、课程 C 和参考书 B 之间的关系，如图 6-7 所示。

将图 6-7 中非规范化的关系转化成规范化的关系模式 Teaching，如图 6-8 所示，其码为(C，T，B)，即全码，因而 Teaching∈BCNF。但是，当某一课程增加一名讲授教师时，必须插入多个元组；同样，某门课程欲删除一本参考书时，则必须删除多个元组。这种关系无论是插入，还是删除都不方便，数据的冗余也十分明显。仔细分析这类关系模式，发现它具有一种称为多值依赖(MVD)的数据依赖。

定义 6.9 设 $R(U)$ 是属性集 U 上的一个关系模式。X，Y，Z 是 U 的子集，并且 $Z=U-X-Y$。关系模式 $R(U)$ 中多值依赖 $X\to\to Y$ 成立，当且仅当对 $R(U)$ 的任一关系 r，给定的一对 (X, Z) 值，有一组 Y 的值，这组值仅取决于 X 值而与 Z 值无关。

课程 C	教师 T	参考书 B
物理	李勇	普通物理学
物理	李勇	光学原理
物理	李勇	物理习题集
物理	王军	普通物理学
物理	王军	光学原理
物理	王军	物理习题集
⋮	⋮	⋮

图 6-8 关系 Teaching

例如，在关系模式 Teaching 中，对于一个(物理，光学原理)，有一组 T 值{李勇，王军}，这组值仅取决于课程 C 上的值(物理)。对于另一个(物理，普通物理学)，它对应的一组 T 值仍然是{李勇，王军}，尽管这时参考书 B 的值已经改变。因此，T 多值依赖于 C，即 C→→T。

对于多值依赖，另外一个等价的形式化定义是：在 $R(U)$ 的任一关系 r 中，如果存在元组 t，s 使得 $t[x]=s[x]$，那么必须存在元组 w，v，(w，v 可以与 s，t 相同)，使得 $w[x]=v[x]=t[x]$，而 $w[y]=t[y]$，$w[z]=s[z]$，$v[y]=s[y]$，$v[z]=t[z]$(即交换 s，t，元组的 Y 值所得的两个新元组必在 r 中)，则 Y 多值依赖于 X，记作 $X\to\to Y$。这里，X，Y 是 U 的子集，$Z=U-X-Y$。

若 $X\to\to Y$，而 Z 为空，则称 $X\to\to Y$ 为平凡的多值依赖，否则为非平凡的多值依赖。

定义 6.10 如果关系模式 $R\in$1NF，且每个非平凡多值依赖的决定因素都包含候选键，则 R 属于第四范式，简称 4NF。

4NF 就是限制关系模式的属性之间不允许有非平凡且非函数依赖的多值依赖。因为根据定义，对于每一个非平凡的多值依赖 $X\to\to Y$，X 都含有候选码，于是就有 $X\to Y$，所以 4NF 所允许的非平凡的多值依赖实际上是函数依赖。

显然，如果一个关系模式是 4NF，则必为 BCNF。

6.3.7 第五范式*

定义 6.11 如果关系模式 R 中的每一个连接依赖均由 R 的候选码所隐含(是指在连接时，所连接的属性均为候选码)，则称 $R\in$5NF。

例如，设关系模式 SPJ(Sno，Pno，Jno)，其中 Sno 表示供应商编号，Pno 表示零件号，Jno 表示项目号。设有关系模式 SPJ，如果将其分解为 SP、PJ 和 JS，并进行 SP ⋈ PJ 及 SP ⋈ PJ ⋈ JS 的自然连接，则其操作数据及连接结果如图 6-9 所示。

关系 SPJ

Sno	Pno	Jno
S1	P1	J2
S1	P2	J1
S2	P1	J1
S1	P1	J1
S1	P2	J1
S2	P1	J1
S1	P1	J1

关系 SP

Sno	Pno
S1	P1
S1	P2
S2	P1

关系 JS

Jno	Sno
J2	S1
J1	S1
J2	S2

关系 PJ

Pno	Jno
P1	J2
P2	J1
P1	J1

SP ⋈ PJ

Sno	Pno	Jno
S1	P1	J2
S1	P1	J1
S1	P2	J2
S1	P2	J1
S2	P1	J2
S2	P1	J1

SP ⋈ PJ ⋈ JS

Sno	Pno	Jno
S1	P1	J2
S1	P2	J1
S2	P1	J1
S1	P1	J1

图 6-9 关系 SPJ 及其分解

因为它仅有的候选键(Sno，Pno，Jno)肯定不是它的三个投影 SP、PJ、JS 自然连接的公共属性，所以 SPJ∉5NF。

6.4 关系模式的规范化

到目前为止，规范化理论已经提出六类范式。各范式级别是在分析数据依赖条件下对关系模式分离程度的一种测度，范式级别可以逐级升高。

一个低一级范式的关系模式通过模式分解转化为若干个高一级范式的关系模式的集合，这种分解过程称为关系模式的规范化(Normalization)。

一个关系只要其分量都是不可分的数据项，就可称作规范化的关系，但这只是最基本的规范化，这样的关系模式是合法的。人们发现有些关系模式存在插入、删除、修改异常、数据冗余等弊病，因此需要规范化。

6.4.1 关系模式规范化的步骤

从 1NF 到 BCNF 的规范化就是对原关系进行投影，消除某些函数依赖，具体可以分为以下 5 步。

(1) 对 1NF 关系进行投影，消除原关系中非主属性对键的部分函数依赖，将 1NF 关系转换成若干个 2NF 关系。

(2) 对 2NF 关系进行投影，消除原关系中非主属性对键的传递函数依赖，将 2NF 关系转换成若干个 3NF。

(3) 对 3NF 关系进行投影，消除原关系中主属性对键的部分函数依赖和传递函数依赖，使决定因素都包含一个候选键，得到一组 BCNF 关系。

(4) 对 BCNF 关系进行投影，消除原关系中非平凡且非函数依赖的多值依赖，从而产生一组 4NF 关系。

(5) 对 4NF 关系进行投影，消除原关系中不是由候选码所蕴含的连接依赖，即可得到一组 5NF 关系。

5NF 是最终范式。

关系规范化的基本步骤如图 6-10 所示。

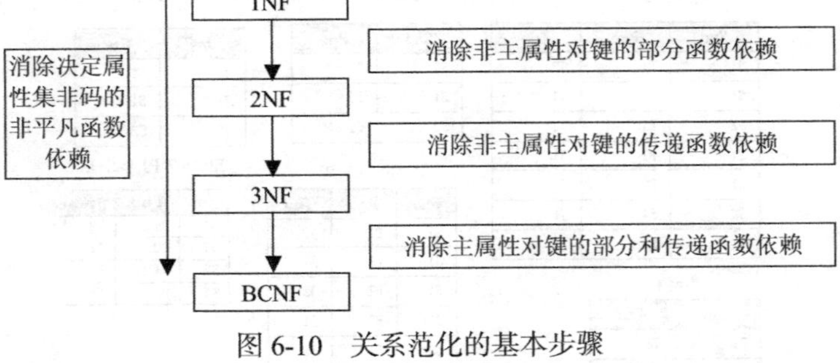

图 6-10 关系范化的基本步骤

在一般情况下，没有异常弊病的数据库设计是好的数据库设计，一个不好的关系模式也总是可以通过分解转换成好的关系模式的集合。关系规范化应注意以下原则。

(1) 在分解时全面衡量，综合考虑，视实际情况而定。对于那些只要求查询而不要求插入、删除等操作的系统，几种异常现象并不影响数据库的操作。这时不宜过度分解，否则对整体查询时，需要更多的表连接操作。在实际应用中，最有价值的是 3NF 和 BCNF，在进行关系模式的设计时，通常分解到 3NF。

(2) 在分解时全面衡量，综合考虑，视实际情况而定。

规范化仅从一个侧面提供改善关系模式的理论和方法。对于一个关系模式的好坏，规范化是衡量的标准之一，但不是唯一的标准。数据库设计者的任务是在一定的制约条件下，寻求较好地满足用户需求的关系模式。规范化的程度不是越高越好，这取决于应用。关系模式级别越高，在进行查询操作时一般待进行的连接操作越多，从而大大地降低数据库的性能。在设计数据库模式结构时，必须对现实世界的实际情况和用户应用需求作进一步分析，确定一个合适且又能够反映现实世界的模式。因此，上面的规范化步骤可以在其中任何一步终止。

6.4.2 关系模式分解的原则

规范化的目的是使结构合理，消除存储异常，使数据冗余尽量小，便于插入、删除和更新。规范化的基本原则是遵从概念单一化“一事一地”的原则，即一个关系只描述一个实体或者实体间的一种联系。若多于一个实体，就把它“分离”出来。因此，所谓规范化，实质上是概念的单一化，即一个关系表示一个实体。

关系模式的规范化过程是通过对关系模式的投影分解来实现的，但是投影分解方法不是唯一的，不同的投影分解得到不同的结果。在这些分解方法中，只有能够保证分解后的关系模式与原关系模式等价的方法才是有意义的。在这些分解方法中，判断对关系模式的一个分解是否与原关系模式等价可以有三种不同的标准：

- 分解具有无损连接性；
- 分解具有函数依赖保持性；
- 分解既具有无损连接性，又具有函数依赖保持性。

1. 无损连接性(Lossless Join)

设关系模式 $R(U, F)$ 被分解为若干个关系模式 $R_1(U_1, F_1)$，$R_2(U_2, F_2)$，…，$R_n(U_n, F_n)$。其中，$U=U_1\cup U_2\cup\cdots\cup U_n$，且不存在 $U_i\subseteq U_j$；F_i 为 F 在 U_i 上的投影。如果 R 与 R_1，R_2，…，R_n 自然连接的结果相等，则称关系模式 R 的分解具有无损连接性(即分解后的信息不增减)。

2. 函数依赖保持性(Preserve Dependency)

设关系模式 $R(U, F)$ 被分解为若干个关系模式 $R_1(U_1, F_1)$，$R_2(U_2, F_2)$，…，$R_n(U_n, F_n)$。其中，$U=U_1\cup U_2\cup\cdots\cup U_n$，且不存在 $U_i\subseteq U_j$；F_i 为 F 在 U_i 上的投影。如果 F 所蕴含的函数依赖一定也由分解得到的某个关系模式中的函数依赖 F_i 所蕴含，则称关系模式 R 的分解具有函数依赖保持性(即不破坏属性间存在的函数依赖关系)。

例如，对于图 6-11 的关系模式 SD(Sno，Sname，Age，Sdept，Mname)，规范到 3NF，可以有以下三种不同的分解方法。

1) 第一种

S(Sno，Sname，Age，Sdept)

D(Sdept，Mname)

分解后的关系如图 6-12 所示。

学生系别关系(SD)

Sno	Sname	Age	Sdept	Mname
S1	赵亦	17	计算机学院	刘伟
S2	钱儿	18	软件学院	王平
S3	孙珊	20	软件学院	王平
S4	李思	19	信息工程学院	刘伟

图 6-11　关系模式 SD

学生关系 S

Sno	Sname	Age	Sdept
S1	赵亦	17	计算机学院
S2	钱儿	18	软件学院
S3	孙珊	20	软件学院
S4	李思	19	信息工程学院

系别关系 D

Sdept	Mname
计算机学院	刘伟
软件学院	王平
信息工程学院	刘伟

图 6-12　关系 S 和 D

SD(Sno，Sname，Age，Sdept，Mname) = S(Sno，Sname，Age，Sdept) ⋈ D(Sdept，Mname)，即用其两个投影在 Sdept 上的自然连接可复原关系模式 SD。所以，这种分解具有无损连接性。对于分解后的关系模式 S，有函数依赖 Sno→Sdept；对于 D，有函数依赖 Sdept→Mname，这种分解方法保持原来 SD 中的两个完全函数依赖 Sno→Sdept，Sdept→Mname。分解既具有无损连接性，又具有函数依赖保持性。

前面已经给出详细的论述，这是一种正确的分解方法。

2) 第二种

S1(Sno，Sname，Age，Sdept)

D1(Sno，Mname)

分解后的关系如图 6-13 所示。

学生关系 S1

Sno	Sname	Age	Sdept
S1	赵亦	17	计算机学院
S2	钱儿	18	软件学院
S3	孙珊	20	软件学院
S4	李思	19	信息工程学院

系别关系 D1

Sno	Mname
S1	刘伟
S2	王平
S3	王平
S4	刘伟

图 6-13　关系 S1 和 D1

分解以后，两个关系的主键都为 Sno，也不存在非主属性对主键的传递函数依赖，所以两个关系均属于 3NF。

SD=S1⋈D1，关系模式 SD 等于 S1 和 D1 在 Sno 上的自然连接，这种分解也具有无损连接性，保证不丢失原关系中的信息。这种分解结果仍然存在一些问题。

(1) 数据冗余。

每个系名和系主任的姓名存储的次数等于该系的学生人数。

(2) 插入异常。

当一个新系没有招生时，系主任的姓名则无法插入。

(3)删除异常。

某系学生全部毕业而没有招生时，应删除全部学生的记录，两个关系都应涉及，有关该系的信息被删除。

(4)更新异常。

更换系主任时，须改动较多的学生记录。另外，某个学生转系，还必须修改两个关系。

之所以存在上述问题，是因为分解得到的两个关系模式不是相互独立的。SD 中的函数依赖 Sdept→Mname 既没有投影到关系模式 S1 上，也没有投影到关系模式 D1 上，而是跨在这两个关系模式上，这种分解方法没有保持原关系中的函数依赖，却用了原关系隐含的传递函数依赖 $\text{Sno}\xrightarrow{t}\text{Mname}$。分解只具有无损连接性，而不具有函数依赖保持性。因此，问题仍然没有解决。

3)第三种

S2(Sno，Sname，Age，Mname)

D2(Sdept，Mname)。

分解后的关系如图 6-14 所示。

关系模式 S2

Sno	Sname	Age	Mname
S1	赵亦	17	刘伟
S2	钱儿	18	王平
S3	孙珊	20	王平
S4	李思	19	刘伟

关系模式 D2

Sdept	Mname
计算机学院	刘伟
软件学院	王平
信息工程学院	刘伟

图 6-14　关系 S2 和 D2

分解以后，两个关系均为 3NF，公共属性为 Mname，但 Mname $\nrightarrow$ Sno，Mname $\nrightarrow$ Sdept。假设 Mname 出现相同的属性值，则 S2⋈D2≠SD。S2 和 D2 在 Mname 上自然连接的结果如图 6-15 所示。

Sno	Sname	Age	Sdept	Mname
S1	赵亦	17	计算机学院	刘伟
S1	赵亦	17	信息工程学院	刘伟
S2	钱儿	18	软件学院	王平
S3	孙珊	20	软件学院	王平
S4	李思	19	计算机学院	刘伟
S4	李思	19	信息工程学院	刘伟

图 6-15　S2 和 D2 自然连接的结果

通过分析发现，如果 S2 关系中的 Mname 出现相同属性值，则 S2⋈D2 比原来的关系 SD 多两个元组(S1，赵亦，17，信息工程学院，刘伟)和(S4，李思，19，计算机学院，刘伟)，因此也无法确定原来的 SD 关系中究竟有哪些元组，从这个意义上说，此分解方法仍然丢失信息。所以，其分解结果是不可恢复的。另外，这种分解方法只保持原来 SD 中的 Sdept→Mname 这个完全函数依赖而未用另外一个 Sno→Sdept 完全依赖，却用原关系的传递函数依赖 $\text{Sno}\xrightarrow{t}\text{Mname}$。所以既不具有无损连接性，也不具有函数依赖保持性，同样存在数据操作的异常情况。

经以上几种分解方法的分析，如果一个分解具有无损连接性，则能够保证不丢失信息。如果一个分解具有函数依赖保持性，则可以减轻或解决各种异常情况。分解具有无损连接性和函数依赖保持性是两个相互独立的标准。具有无损连接性的分解不一定具有函数依赖保持性。同样，具有函数依赖保持性的分解也不一定具有无损连接性。只有两者兼备时，分解后的关系才与原关系模式等价。

规范化理论提供一套完整的模式分解算法，这套算法可以做到：

- 若要求分解具有无损连接性，那么分解一定可以达到 4NF。
- 若要求分解保持函数依赖，那么分解可以达到 3NF，但不一定能达到 BCNF。
- 若要求分解既保持函数依赖，又具有无损连接性，那么分解一定可以达到 3NF，但不一定能达到 BCNF。

目前，研究到 3NF 已经足够。另外，分解后的关系模式与分解前的关系模式等价，即分解必须具有无损连接和函数依赖保持性。因此，进行模式分解时主要考虑既具有无损连接性，又保持函数依赖的分解算法。这里不再详细论述，对此感兴趣的读者请参阅相关书籍。

6.4.3 关系模式的反规范化

规范化的程度是否越高越好？这根据需要来决定，因为分解得越深，产生的关系越多；关系过多，连接操作越频繁，而连接操作是最费时间的，特别对以查询为主的数据库应用来说，频繁的连接影响查询速度。因此，关系有时故意保留成非规范化，或者规范化以后又违反规范，这样通常是为了改进性能。

1. 非规范化问题

例如，在如图 6-16 中 SCD(Sno，Sname，Ssex，Sdept，Mname，Cno，Grade)该关系模式违反关系规范化，但是该模式可以很方便地查询学生的学号、姓名及其成绩。按照规范化设计的要求，将 SCD 分解为如下三个关系模式：

学生关系 S

Sno	Sname	Ssex	Sdept
S1	赵亦	男	计算机学院
S2	钱儿	女	软件学院
S3	孙珊	女	软件学院
S4	李思	男	信息工程学院

院系关系 D

Sdept	Mname
计算机学院	刘伟
软件学院	王平
信息工程学院	刘伟

选课关系 SC

Sno	Cno	Grade
S1	C1	90
S1	C2	82
S2	C1	57
S2	C2	80
S2	C3	70
S3	C4	70
S3	C1	85
S4	C5	93

图 6-16　关系 S、D、SC

虽然达到规范化的要求，但为查询某个学生的学号、姓名、所在系、系主任、成绩时，须将关系 S、D、SC 进行连接运算，这需要大量的时间，从而降低了系统的性能。反规范的好处是降低了连接操作的需求、降低外码和索引的数目，还可能减少表的数目，相应带来的问题是则可能出现数据的完整性问题。即加快了查询速度，但降低了修改速度。因此决定违反规范时，须权衡利弊，仔细分析应用的数据存取需求和实际的性能特点，好的索引和其他方法经常能够解决性能问题，而不必采用反规范的方法。

非规范化设计的基本思想是，现实世界并不总是依从于某一完美的数学化的关系模式。强制对事物进行规范化设计，形式上显得简单，内容上趋于复杂，更重要的是导致数据库运行效率低。非规范化要求适当降低，甚至抛弃关系模式的范式，不再要求一个表只描述一个实体或者实体间的一种联系，其主要目的在于提高数据库的运行效率。

非规范化处理的主要技术包括增加冗余或派生列，对表进行合并、分割或增加重复表。一般认为，在下列情况下可以考虑进行非规范化处理：

(1)大量频繁的查询过程所涉及的表都需要进行连接；

(2)主要的应用程序在执行时将表连接起来进行查询；

(3)对数据的计算需要临时表或进行复杂的查询。

非规范化设计的主要优点是减少了查询操作所需的连接；减少了外部键和索引的数量；可以预先进行统计计算，提高了查询时的响应速度。非规范化存在的主要问题是增加了数据冗余；影响数据库的完整性；降低了数据更新的速度；增加了存储表所占用的物理空间。其中，最重要的是数据库的完整性问题，这一问题一般可通过建立触发器，应用事务逻辑，在适当的时间间隔运行批命令或存储过程等方法解决。

2. 非规范化处理的主要技术

在进行反规范操作之前，须充分考虑数据的存取需求、常用表的大小、一些特殊的计算(如合计)、数据的物理存储位置等。常用的反规范技术有增加冗余列、增加派生列、重新组表和分割表。

1)增加冗余列

增加冗余列是指在多个表中具有相同的列，它常用来在查询时避免连接操作。

2)增加派生列

增加派生列指增加的列来自其他表中的数据，由它们计算生成。它的作用是在查询时减少连接操作，避免使用集函数。派生列也具有与冗余列同样的缺点。

3)重新组表

重新组表指如果许多用户须查看两个表连接出来的结果数据，则把这两个表重新组成一个表以减少连接而提高性能。但这样需要更多的磁盘空间，同时也损失数据在概念上的独立地位。

4)分割表

有时，分割表可以提高性能。表分割有两种方式。

(1)水平分割。根据一列或多列数据的值把数据行放到两个独立的表中。水平分割通常在下面的情况下使用：

• 表很大，分割后可以降低在查询时须读的数据和索引的页数，同时也降低索引的层数，提高查询速度。

• 表中的数据本来就独立。例如，表中分别记录各个地区的数据或不同时期的数据，特别是有些数据常用，而另外一些数据不常用。

• 须把数据存放到多个介质上。水平分割会给应用增加复杂度，它通常在查询时需要多个表名，查询所有数据需要 UNION 操作。

在许多数据库应用中，这种复杂度往往超过它带来的优点，因为只要索引关键字不大，在索引用于查询时，表中增加 2~3 倍数据量，查询时也就增加读一个索引层的磁盘次数。

(2) 垂直分割。把主码和一些列放到一个表，然后把主码和另外的列放到另一个表中。如果一个表中某些列常用，而另外一些列不常用，则可以采用垂直分割。另外，垂直分割可以使数据行变小，一个数据页就能存放更多的数据，在查询时减少 I/O 次数。其缺点是须管理冗余列，查询所有数据需要 JOIN 操作。

3. 反规范技术需维护数据的完整性

无论使用何种反规范技术，都需要一定的管理来维护数据的完整性，常用的方法是批处理维护、应用逻辑和触发器。批处理维护是指对复制列或派生列的修改积累一定的时间后，运行批处理作业或存储过程对复制或派生列进行修改，这只能在对实时要求不高的情况下使用。数据的完整性也可由应用逻辑来实现，这要求必须在同一事务中对所有涉及的表进行增、删、改操作。用应用逻辑来实现数据的完整性风险较大，因为同一逻辑必须在所有的应用中使用和维护，容易遗漏，特别是在需求变化时，更不易于维护。另一种方式就是使用触发器，对数据的任何修改立即触发对复制列或派生列相应的修改。触发器是实时的，而且相应的处理逻辑只在一个地方出现，易于维护，一般来说，是解决这类问题的最好办法。

6.5 数据依赖公理系统

函数依赖公理系统是模式分解算法的理论基础，下面首先讨论函数依赖的一个有效而完备的公理系统——Armstrong 公理系统。

6.5.1 函数依赖的逻辑蕴含

对于给定的一组函数依赖，判断另外一些函数依赖是否成立，即能否从给定的函数依赖导出待判定的函数依赖问题，是函数依赖的逻辑蕴含所研究的内容。例如，$F=\{A\to B, B\to C\}$，问 $A\to C$ 是否成立？这需要有关函数依赖的逻辑隐含知识。

定义 6.12 对于满足一组函数依赖 F 的关系模式 $R<U, F>$，对于任何一个关系 r，若函数依赖 $X\to Y$ 都成立，即对于 R 中任意两元组 t、s，若 $t[x]=s[x]$，$t[Y]=s[Y]$，则称 F 逻辑蕴含 $X\to Y$。

为了求得给定关系模式的码，须从一组函数依赖求得蕴含的函数依赖，如已知函数依赖集 F，问 $X\to Y$ 是否为 F 所蕴含，需要一套推理规则，这组推理规则是 1974 年首先由 Armstrong 提出来的。

6.5.2 Armstrong 公理系统

设 U 为属性集总体，F 是 U 上的一组函数依赖，于是有关系模式 $R<U, F>$。对于 $R<U, F>$，以下的推理规则。

- A1 自反律(Reflexivity)：若 $Y\subseteq X\subseteq U$，则 $X\to Y$ 为 F 所蕴含。
- A2 增广律(Augmentation)：若 $X\to Y$ 为 F 所蕴含，且 $Z\subseteq U$，则 $XZ\to YZ$ 为 F 所蕴含。
- A3 传递律(Transitivity)：若 $X\to Y$ 及 $Y\to Z$ 为 F 所蕴含，则 $X\to Z$ 为 F 所蕴含。

根据 Armstrong 公理可以得到下面三条很有用的推理规则：

(1) 合并规则(Union Rule)。由 $X \to Y$，$Y \to Z$，有 $X \to YZ$。

(2) 伪传递规则(Pseudotransitivity Rule)。由 $X \to Y$，$WY \to Z$，有 $XW \to Z$。

(3) 分解规则(Decomposition Rule)。由 $X \to Y$ 及 $Z \subseteq Y$，有 $X \to Z$。

根据合并规则和分解规则，很容易得到这样一个重要结论：$X \to A_1A_2\cdots A_k$ 成立的充分必要条件是 $X \to A_i$ 成立(i=1，2，…，k)。

Armstrong 公理的有效性是指，在 F 中根据 Armstrong 公理推导出来的每一个函数依赖一定为 F 所逻辑蕴含。Armstrong 公理的完备性指的是，F 所逻辑蕴含的每一个函数依赖必定可以由 F 出发根据 Armstrong 公理推导出来。

建立公理体系的目的在于有效而准确地计算函数依赖的逻辑蕴含，即由已知的函数依赖推出未知的函数依赖。公理的有效性保证按公理推出所有的函数依赖都为真，公理的完备性保证可以推出所有的函数依赖，这样就保证计算和推导可靠和有效。

6.5.3 闭包

函数依赖集闭包 F^+ 和属性集闭包 $X_F{}^+$ 的定义：

定义 6.13 在关系模式 $R(U, F)$ 中，为 F 所逻辑蕴含的函数依赖的全体称为 F 的闭包，记作 F^+。

在一般情况下，$F \leqslant F^+$。如果 $F=F^+$，则称 F 是函数依赖的完备集。

定义 6.14 设有关系模式 $R(U, F)$，X 是 U 的子集，称所有用公理从 F 推出的函数依赖集 $X \to A_i$ 中 A_i 的属性集为 X 的属性闭包，记作 $X_F{}^+$，即 $X_F{}^+ = \{A_i | A_i \in U, X \to A_i \in X_F{}^+\}$，由公理的自反律可知 $X \to X$，因此 $X \subseteq X_F{}^+$。

6.5.4 函数依赖的覆盖

1. 函数依赖集等价的概念

定义 6.15 设 F 和 G 是两个函数依赖集，如果 $F^+=G^+$，则称 F 和 G 等价。F 与 G 等价说明 F 覆盖 G，同时 G 也覆盖 F。

2. 判定两函数依赖集等价的方法

由定义可知，判断 F 和 G 是否等价就是判断它们是否相互覆盖。既检查是否 $F \subseteq G^+$，又检察是否 $G \subseteq F^+$，如果两者都成立，可确定 F 和 G 等价。判断的具体方法是：

· 在 G 上计算 XG^+，看是否 $Y \subseteq XG^+$。若是，则说明 $X \to Y \subseteq G^+$，于是继续检查 F 中的其他依赖，如果全部满足 $X \to Y \subseteq G^+$，那么 $F \subseteq G^+$。

· 如果在检查中发现有一个 $X \to Y$ 不属于 G^+，就可以判定 $F \subseteq G^+$ 不成立，于是 F 和 G 也就不等价。

· 如果经判断 $F \subseteq G^+$，则重复上述方法，判断是否 $G \subseteq F^+$，如果成立，则可以断定 F 和 G 等价。$F^+=G^+$ 的充分必要条件是 $F \subseteq G^+$ 且 $G \subseteq F^+$。

6.6 典型例题及分析

通过下面的案例进一步学习关系数据库的规范化设计。

例如，现在为某个书店设计一个图书销售管理系统，其书店购书情况汇总登记表如图 6-17 所示。

订单号（No）	客户号（C#）	姓名（Cn）	地址（Ca）	书 号（B#）	书名（Bn）	出版单位（Eu）	单 价（Up）	定购数量（Qua）
0001	0253	清华大学自动化系	北京	02164	计算机语言	高等教育出版社	20	50
				01003	Basic 语言	科学出版社	11	50
				06372	FORTAN 语言	清华大学出版社	15	30
0002	0372	陈刚	上海	01803	电子线路	人民邮电出版社	14	1
				02954	自动控制原理	国防工业出版社	9.5	1
0003	2234	天津大学计算机系	天津	02954	自动控制原理	国防工业出版社	9.5	20
				02164	计算机语言	高等教育出版社	20	50
				01083	计算机语言	高等教育出版社	20	50
				01003	Basic 语言	科学出版社	11	20
0004	2523	北京钢铁学院图书馆	北京	01003	Basic 语言	科学出版社	11	30
				06372	FORTAN 语言	清华大学出版社	15	30

图 6-17　其书店购书情况汇总登记表

根据对用户的调查并经分析，得出：

(1)一个客户只能有一个客户号，一个客户号只能属于一个客户。

(2)一个订单只能属于一个客户，一个客户可能拥有多个订单。

(3)一本图书只能有一个图书号，一个图书号只能属于一本图书。

(4)一本图书只能有一家出版社出版，一家出版社可以出版多本图书。

(5)一个订单可以订购多本图书，一本图书也可以被多个订单订购。

(6)一本图书只能有一个单价。

根据分析，得出函数依赖 F: $F=\{No \rightarrow C\#, C\# \rightarrow Cn, C\# \rightarrow Ca, B\# \rightarrow Bn, B\# \rightarrow Eu, B\# \rightarrow Up, (No, B\#) \rightarrow Qua\}$，表中(No，B#)为关键字。消除重复组后，关系模式满足 1NF 的要求，得到关系模式 BOC，如图 6-18 所示：BOC(No，C#，Cn，Ca，B#，Bn，Eu，Up，Qua)。其中，No 表示订单号，C#表示客户号，Cn 表示姓名，Ca 表示地址，B#表示书号，Bn 表示书名，Eu 表示出版单位，Up 表示单价，Qua 表示定购数量。

No	C#	Cn	Ca	B#	Bn	Eu	Up	Qua
0001	0253	清华大学自动化系	北京	02164	计算机语言	高等教育出版社	20	50
0001	0253	清华大学自动化系	北京	01003	Basic 语言	科学出版社	11	50
0001	0253	清华大学自动化系	北京	06372	FORTAN 语言	清华大学出版社	15	30
0002	0372	陈刚	上海	01803	电子线路	人民邮电出版社	14	1
0002	0372	陈刚	上海	02954	自动控制原理	国防工业出版社	9.5	1
0003	2234	天津大学计算机系	天津	02954	自动控制原理	国防工业出版社	9.5	20
0003	2234	天津大学计算机系	天津	02164	计算机语言	高等教育出版社	20	50
0003	2234	天津大学计算机系	天津	01083	计算机语言	高等教育出版社	20	50
0003	2234	天津大学计算机系	天津	01003	Basic 语言	科学出版社	11	20
0004	2523	北京钢铁学院图书馆	北京	01003	Basic 语言	科学出版社	11	30
0004	2523	北京钢铁学院图书馆	北京	06372	FORTAN 语言	清华大学出版社	15	30

图 6-18　关系 BOC

关系模式 BOC 中出现非主属性对码的部分依赖，如 C#，Cn，Ca，Bn、Eu、Up 对码(No，B#)的部分函数依赖，这个关系模式存在插入异常、删除异常和更新异常的问题，若将关系模式分解为 OC、O、B 三个关系模式：

OC(No，C#，Cn，Ca)

O(No，B#，Up，Qua)

B(B#，Bn，Eu，Up)

则分解后的关系模式如图 6-19 所示。分解后的关系模式消除部分函数依赖，达到 2NF 的要求。关系模式 OC 的关键字是 No，No→C#，C#→Cn，C#→Ca，出现 No 与 Cn 之间的传递依赖。再对关系 OC 进一步进行分解得到关系模式，如图 6-20 所示。

关系OC

No	C#	Cn	Ca
0001	0253	清华大学自动化系	北京
0002	0372	陈刚	上海
0003	2234	天津大学计算机系	天津
0004	2523	北京钢铁学院图书馆	北京

关系O

No	B#	Qua
0001	02164	50
0001	01003	50
0001	06372	30
0002	01803	1
0002	02954	1
0003	02954	20
0003	02164	50
0003	01083	50
0003	01003	20
0004	01003	30
0004	06372	30

关系B

B#	Bn	Eu	Up
02164	计算机语言	高等教育出版社	20
01003	Basic 语言	科学出版社	11
06372	FORTAN 语言	清华大学出版社	15
01803	电子线路	人民邮电出版社	14
02954	自动控制原理	国防工业出版社	9.5
01083	计算机语言	高等教育出版社	20

图 6-19　关系 OC、O、B

关系OC1

No	C#
0001	0253
0002	0372
0003	2234
0004	2523

关系C

C#	Cn	Ca
0253	清华大学自动化系	北京
0372	陈刚	上海
2234	天津大学计算机系	天津
2523	北京钢铁学院图书馆	北京

关系O

No	B#	Qua
0001	02164	50
0001	01003	50
0001	06372	30
0002	01803	1
0002	02954	1
0003	02954	20
0003	02164	50
0003	01083	50
0003	01003	20
0004	01003	30
0004	06372	30

关系B

B#	Bn	Eu	Up
02164	计算机语言	高等教育出版社	20
01003	Basic 语言	科学出版社	11
06372	FORTAN 语言	清华大学出版社	15
01803	电子线路	人民邮电出版社	14
02954	自动控制原理	国防工业出版社	9.5
01083	计算机语言	高等教育出版社	20

图 6-20　关系 OC1、C、O、B

对关系 OC(No，C#，Cn，Ca)进一步消除传递依赖，达到 3NF。

6.7 小　结

本章首先由关系模式的存储异常问题引出函数依赖的概念，其中包括完全函数依赖、部分函数依赖和传递函数依赖，这些概念是规范化理论的依据和规范化程度的准则。规范化就是对原关系进行投影，消除决定属性不是候选键的任何函数依赖。一个关系只要其分量都是不可分的数据项，就可称作规范化的关系，也称作1NF。消除1NF关系中非主属性对键的部分函数依赖，得到2NF；消除2NF关系中非主属性对键的传递函数依赖，得到3NF；消除3NF关系中主属性对键的部分函数依赖和传递函数依赖，便可得到一组BCNF关系。

在规范化过程中，逐渐消除存储异常，使数据冗余尽量小，便于插入、删除和更新。规范化遵从概念单一化“一事一地”的原则，即一个关系只描述一个实体或者实体间的联系。规范化的投影分解方法不是唯一的。对于3NF的规范化，分解既具有无损连接性，又具有函数依赖保持性。

习　题

1. 关系规范化一般应遵循的原则是什么？

2. 多值依赖与函数依赖有哪些主要的区别？

3. 低级范式的关系模式对数据存储和数据操作产生的不利影响是什么？

4. 3NF与BCNF的区别和联系各是什么？

5. 设一个关系为：学生(学号，姓名，年龄，所在系，出生日期)，判断此关系属性组属于第几范式，为什么？

6. 下面的结论哪些是正确的？哪些是错误的？对于错误的结论，试给出一个反例说明之。

(1) 任何一个二目关系属于3NF；

(2) 任何一个二目关系属于BCNF；

(3) 任何一个二目关系属于4NF；

(4) 当且仅当函数依赖 $A \rightarrow B$ 在 R 上成立，关系 $R(A，B，C)$ 等于其投影 $R_1(A，B)$ 和 $R_2(A，C)$ 的连接；

(5) 若 $R.A \rightarrow R.B$，$R.B \rightarrow R.C$，则 $R.A \rightarrow R.C$；

(6) 若 $R.A \rightarrow R.B$，$R.A \rightarrow R.C$，则 $R.A \rightarrow R.(B，C)$；

(7) 若 $R.B \rightarrow R.A$，$R.C \rightarrow R.A$，则 $R.(B，C) \rightarrow R.A$；

(8) 若 $R.(B，C) \rightarrow R.A$，则 $R.B \rightarrow R.A$，$R.C \rightarrow R.A$。

第 7 章　数据库设计

本章将从理论学习过渡到数据库的实际设计。前面的章节已经介绍一些与实际数据库设计相关的内容，如数据库概念建模、关系模型、SQL 和关系代数；数据依赖理论和关系规范化。

如果数据库的目标用户最多只有 20 人，则无须将这种小型数据库的设计复杂化。对于中型或大型数据库，由于其服务对象是大量不同的应用群，每个应用群有大量用户，因此有必要在数据库设计时采用系统化的方法。第 10 章以图书管理系统为例讲解数据库设计的各个阶段。

7.1　信息系统开发过程简介

在大型组织中，数据库系统通常是信息系统中的组成部分。其中，包括对组织信息源的收集、管理、使用和分发中涉及的资源。在信息化中，包括数据、DBMS 软件、硬件、使用数据库的人员。因此，数据库系统是信息系统的一部分。信息系统的生命周期是信息系统从目标提出、定义、开发、使用和维护，直到最后丢弃的整个过程。

信息系统的生命周期通常包括如下六个过程。

(1) 可行性分析：此阶段主要是对潜在的应用领域进行分析，确定信息收集和分发的经济效益，进行成本效益分析，确定数据和处理的复杂度并建立应用的优先级。

(2) 需求收集和分析：通过与潜在的用户和用户组进行交流以明确其特殊问题和需求，从而收集用户的详细需求。这个阶段须确立应用与应用之间的相互依赖关系、通信问题。

(3) 设计：包括数据库系统设计与处理数据库的应用程序设计。

(4) 实现：实现信息系统，装载数据库，实现并测试数据库事务。

(5) 确认并测试：用户确认系统是否满足用户需求和性能标准的要求，并由用户根据要求对系统进行测试。

(6) 部署、运行和维护：在此期间须完成用户新老系统的培训工作。当所有的功能都可操作并确认时，系统运行阶段开始。出现新的需求或应用时，须重复以上步骤，直到确认并加入系统为止。

数据库系统的生命周期包括以下六个方面的内容。

(1) 系统定义：对数据库系统、系统用户及其应用范围进行定义。确定各类用户的界面、响应时间的约束，以及存储和处理需求。

(2) 数据库设计：对数据库的概念结构进行设计，并在选定的 DBMS 上得到数据库系统的完整逻辑和物理设计。

(3) 数据库实现：该阶段包括确定数据库模式、内模式和外模式的定义、创建空数据库文件，以及实现软件应用等过程。

(4) 装载和数据转换：可以直接向数据库装载数据来填写数据库，也可以将现有文件转换为数据库系统格式。

(5) 测试和确认：对新系统进行测试和确认其功能的实现程度。

(6) 试运行和运行阶段：试运行须同时运行新数据库系统和旧数据库系统，让新老系统进行平稳过渡。在运行阶段，对系统进行监控和维护，数据内容和软件应用都可能增长和扩充，可能要进行大规模修改或重新组织。

7.2 数据库设计概述

数据库设计是建立数据库及其应用系统的第一步，是开发信息系统最重要的一部分。数据库设计中的一个核心问题就是如何设计一个能够满足用户当前与可预见未来的各项应用要求且性能良好的数据库。数据库设计应合理，因为这极大地影响系统的使用性能。数据库设计就是从用户的数据需求、处理要求及建立数据库的环境条件（软硬件特性及其他限制）出发，运用数据库的理论知识，把给定的应用环境（现实世界）存在的数据合理地组织起来，逐步抽象成已经选定的某个数据库管理系统能够定义和描述的具体的数据结构，构造性能最优的数据库模式，建立数据库及其应用系统，使之能够有效地存取数据，满足各种用户的应用需求。具体来说，数据库设计包括了解用户需求、确定系统范围，选择开发方法，准备开发环境，制订开发计划，设计各子系统的功能和接口，设计安全策略、需求和实现方法，制定详细的工作流和数据流，设计数据模型、物理结构，并编写外部设计文档。

在数据库领域内，常常把使用数据库的各类系统统称为数据库应用系统。

数据库设计的目标是多方面的：

- 满足特定用户和应用对信息内容的需求；
- 提供自然且易于理解的信息结构；
- 支持需求处理及各种性能要求，如响应时间、处理时间和存储空间等。

这些目标难以实现和度量，因此，须在目标之间权衡：如果想要获得“更自然”、“更易于理解”的模型，就可能牺牲一些性能；如果数据库设计过程中需求不明确，问题可能会更严重。

7.2.1 数据库设计的特点

数据库建设是硬件、软件和干件的结合：三分技术、七分管理、十二分基础数据，技术与管理的界面称之为干件。数据库设计过程是结构设计和行为设计的密切结合。

(1) 结构设计：设计数据库框架或数据库结构。数据库模式是各个应用程序共享的结构，因此数据库结构设计是否合理影响系统中各个处理过程的性能和质量。

(2) 行为设计：主要指设计应用程序、事务处理等。数据库的行为设计指加在数据库上的动态操作（应用程序集）的设计，是对应用系统的功能设计。

数据库设计须将结构特点和行为特点相结合。很多学者提出各种数据库设计方法：新奥尔良方法、基于 E-R 模型的数据库设计方法、面向对象建模方法等。本书主要采用基于 E-R 模型的数据库设计方法。

由于信息结构复杂，应用环境多样，所以在相当长的一段时期内数据库设计主要采用手工试凑法。使用这种方法与设计人员的经验和水平有直接关系，数据库设计成为一种技艺而不是工程技术，因为其缺乏科学理论和工程方法的支持。十多年来，人们努力探索，提出了各种设计准则和规程，都属于规范设计法。

数据库设计方法学的指导原则：

(1)可以在合理的期限内合理地工作，产生有实用价值的数据库结构。

(2)具有足够的灵活性和通用性，可以给不同经验、不同数据模型及不同 DBMS 限制的人使用，方法学可以再生。

规范设计法中比较著名的有新奥尔良(New Orleans)方法。它将数据库设计分为4个阶段：需求分析(分析用户要求)、概念设计(信息分析和定义)、逻辑设计(设计实现)和物理设计(物理数据库设计)。之后，Yao 等又将数据库设计分为 5 个步骤，又有 Palmer 等主张把数据库设计当成一步接一步的过程，并采用一些辅助手段实现每一过程。

基本 E-R 模型的数据库设计方法基于 3NF(第三范式)的设计方法，基于抽象语法规范的设计方法等，是在数据库设计的不同阶段上支持实现的具体技术和方法。

规范设计法从本质上看仍然是手工设计方法，其基本思想是过程迭代和逐步求精。数据库工作者和数据库厂商一直在研究和开发数据库设计工具。经过十多年的努力，数据库设计工具已经实用化和产品化。例如，Design 2000 和 Power Designer 分别是 Oracle 公司和 Sybase 公司推出的数据库设计工具软件。这些工具软件可以自动辅助设计人员完成数据库设计过程中的很多任务。

总之，一个好的数据库设计方法应该能在合理的期限内，以合理的工作量产生一个有合理利用价值的数据结构。

7.2.2 数据库设计的基本步骤

目前，设计数据库系统主要采用的是以逻辑数据库设计和物理数据库设计为核心的规范设计方法。其中，逻辑数据库设计是根据用户要求和特定数据库管理系统的具体特点，以数据库设计理论为依据，设计数据库的全局逻辑结构和每个用户的局部逻辑结构。物理数据库设计是在逻辑结构确定之后，设计数据库的存储结构及其他实现细节。各种规范设计方法在设计步骤上存在差别。通过分析、比较与综合各种常用的数据库规范设计方法，将数据库设计分为以下六个阶段，如图 7-1 所示。

(1)需求分析阶段：准确了解与分析用户需求(包括数据与处理)，是整个设计过程的基础，是最困难、最耗费时间的一步。需求分析人员既要懂得数据库技术，又要对应用环境的业务熟悉，一般由数据库专业人员和业务专家合作进行。需求分析首先收集资料，并对资料进行分析整理，画出数据流图，建立数据字典，并把设计的内容返回用户，让用户进行确认，最后形成文档资料。

(2)概念结构设计阶段：整个数据库设计的关键，通过对用户需求进行综合、归纳与抽象，形成一个独立于具体 DBMS 的概念模型。该概念模型能够真实、充分地反映客观现实世界，应易于理解，易于修改，易于向关系、网状、层次等各种数据模型转换。描述概念模型的常用工具是 E-R 图和 UML 图。

(3)逻辑结构设计阶段：首先将 E-R 图转换成具体 DBMS 支持的数据模型，如关系模型，形成数据库逻辑模式；然后根据用户处理的要求、安全的考虑，在基本表的基础上再建立必要的视图(View)，形成数据的外模式，并对其进行优化。

(4)数据库物理设计阶段：为逻辑数据模型选取一个最适合应用环境的物理结构(包括存储结构和存取方法)。物理设计一般分为两个步骤：首先确定数据库的物理结构，在关系数据库中主要指存取方法和存储结构；然后对物理结构进行评价，评价的重点是时间和空间的效率。

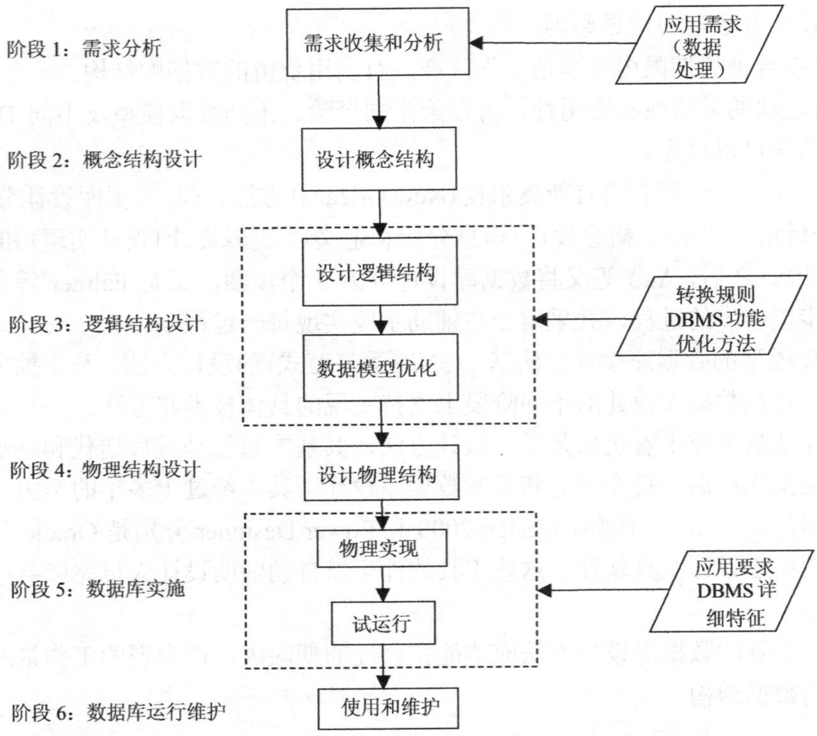

图 7-1　数据库设计阶段

(5) 数据库实施阶段：运用 DBMS 提供的数据语言、工具及宿主语言，根据逻辑设计和物理设计的结果建立数据库，编制与调试应用程序，组织数据入库并进行试运行。

(6) 数据库运行和维护阶段：数据库应用系统经过试运行后即可投入正式运行，在运行过程中不断对其进行评价、调整与修改。对数据库经常的维护工作由 DBA 来完成。

设计一个数据库应用系统往往是上述 6 个阶段不断反复的过程。在这 6 个阶段中，涉及的主要人员有四类。

(1) 分析员：数据库设计的核心人员，自始至终参与数据库设计，其水平决定数据库系统的质量。

(2) 用户：主要参加需求分析和数据库的运行维护，用户的积极参与能加速数据库设计，提高数据库设计的质量。

(3) 程序员：在系统实施阶段参与，负责编制程序。

(4) 操作员：在系统实施阶段参与，准备软硬件环境。

7.3　需 求 分 析

需求分析就是详尽地了解和分析用户的期望，以及数据库的用途。它是设计数据库的起点，其结果准确反映用户的实际要求，这将直接影响到后面各个阶段的设计，并影响设计结果是否合理和实用。为指定需求，必须首先明确与数据库系统进行交互的其他信息系统部分。这包括新老用户与应用，然后再对其需求进行收集与分析。

7.3.1 需求分析任务

通过详细调查现实世界待处理的对象(组织、部门、企业等)，充分了解原系统的工作概况，明确用户的各种需求，在此基础上确定新系统的功能。新系统必须充分考虑今后可能的功能扩充和改变，不能仅仅按当前应用需求来设计。通常包括 4 部分。

(1) 明确将使用数据库或工作会受数据库影响的主要应用领域和用户组。找出各个用户组中关键的人物与组织，以便进行下一步的需求收集和说明。

(2) 研究和分析有关应用的现有文档。对于其他文档，如政策条例、表单、报告和组织图表等，进行查阅以确定它们是否对需求收集与制订有影响。

(3) 研究当前的操作环境和信息，这包括对事务的类型、事务频率及系统中的信息流进行分析。对于用户、事务来源、报告流向等特征也进行研究。确定事务的输入和输出数据。

(4) 有时须从潜在的数据库用户或用户组处获得针对某些问题的书面解答，包括业务流程和用户对不同应用的重视程度。其中，调查、收集与分析用户在数据管理中的信息要求、处理要求、安全与完整要求非常重要。但是，用户由于缺少计算机知识，开始时无法确定计算机究竟能为用户发挥何种作用，因此无法准确地表达自己的需求，他们所提出的需求往往不断地变化；设计人员缺少用户的专业知识，不易理解用户的真正需求，甚至误解用户的需求；新的硬软件技术也会使用户需求发生变化。因此，需有大量的工作将用户需求转换为应用规范，以供开发人员和测试人员使用。

7.3.2 需求分析的方法

调查用户的实际需求并进行初步分析，与用户达成共识，然后分析与表达这些需求。

1. 常用的调查方法

(1) 跟班作业：通过亲自参加业务工作，了解业务活动的情况。
(2) 开调查会：通过与用户座谈来了解业务活动情况及用户需求。
(3) 找专人介绍。
(4) 询问：对于某些调查中的问题，可以找专人询问。
(5) 设计调查表，安排用户填写。
(6) 查阅记录：查阅与原系统有关的数据记录。

2. 分析和表达用户需求的 SA (Structured Analysis) 方法

自顶向下的结构化分析方法，从最上层系统组织机构入手，采用逐层分解的方式分析系统(图 7-2)，并用数据流图(图 7-3)和数据字典描述系统。

SA 方法的具体步骤如下：

(1) 根据调查分析，得到如图 7-3 所示的系统高层抽象图。

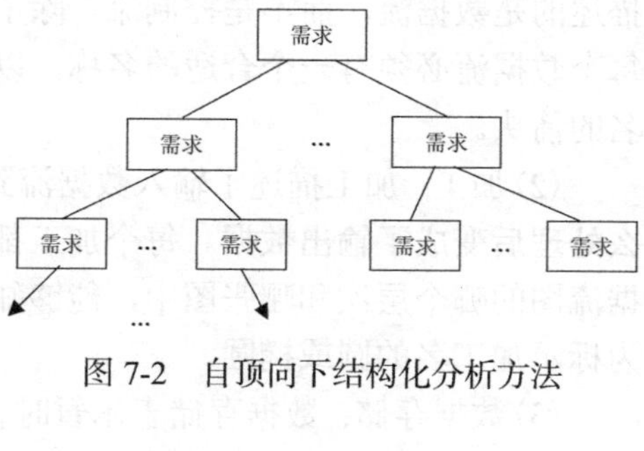

图 7-2 自顶向下结构化分析方法

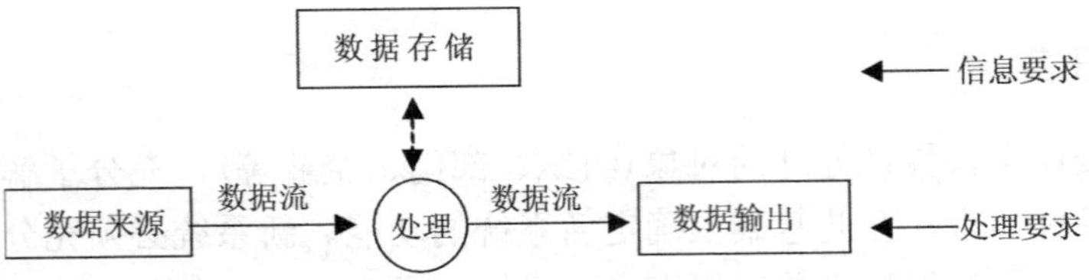

图 7-3　系统高层抽象图

(2) 分解处理功能和数据：将处理功能的具体内容分解为若干子功能，再将每个子功能继续分解，直到把系统的工作过程表达清楚为止；在处理功能逐步分解的同时，其所用的数据也逐级分解，形成若干层次的数据流图，数据流图表达数据和处理过程的关系；处理过程用判定表或判定树来描述，数据用数据字典来描述。

(3) 将分析结果再次提交给用户，征得用户认可。图 7-4 描述需求分析的过程。

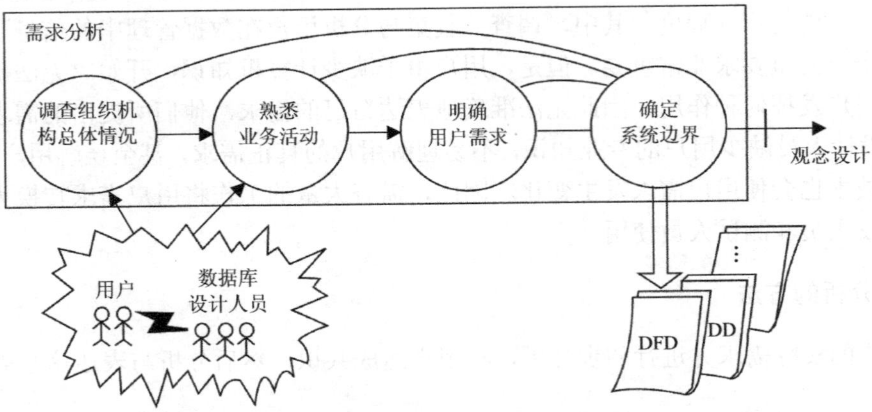

图 7-4　需求分析过程图

7.3.3　数据流图

数据流图也称为数据流程图(Date Flow Diagram，DFD)，是一种便于用户理解和分析系统数据流程的图形工具，它摆脱了系统和具体内容，能精确地在逻辑上描述系统的功能、输入、输出和数据存储等，是系统逻辑模型的重要组成部分。其基本组成成分为 4 部分(图 7-5)。

(1) 数据流：由一组固定成分的数据组成，表示数据的流向。值得注意的是，数据流图中描述的是数据流，而不是控制流。除了流向数据存储或从数据存储流出的数据不必命名外，每个数据流必须有一个合适的名称，以反映该数据流的含义。数据流图形表示为标示数据流名的箭头。

(2) 加工：加工描述了输入数据流到输出数据之间的变换过程，也就是输入数据流经过什么处理后变成了输出数据。每个加工都有一个名称和编号。编号能反映该加工位于分层的数据流图的哪个层次和哪张图中，能够知道它是由哪个加工分解出来的子加工。加工图形表示为标示加工名的圆或椭圆。

(3) 数据存储：数据存储表示暂时存储的数据。每个数据存储都有一个名称。数据存储表示为标示文件名的开口矩形。

(4)外部实体：外部实体是存在于软件系统之外的人员或组织，指出数据所需要的发源地或系统所产生的数据归属地。外部实体表示为标示实体名的矩形，见图 7-5。

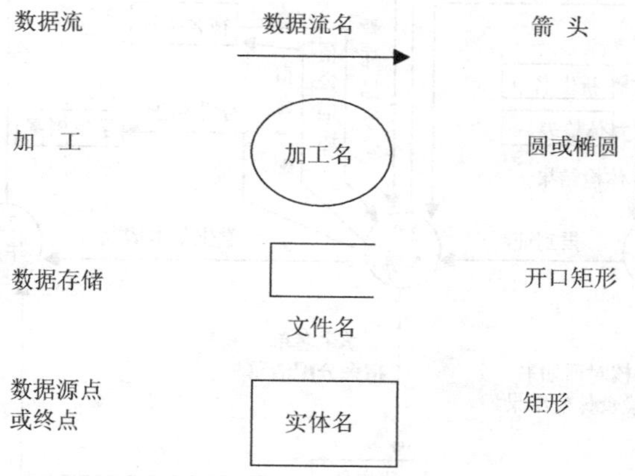

图 7-5 数据流图基本符号

为了表达数据处理过程的数据加工情况，用一个数据流图往往是不够的。对于稍为复杂的实际问题，在数据流图上常常出现十几个甚至几十个加工。这样的数据流图看起来很不清楚，层次结构的数据流图能很好地解决这一问题。按照系统的层次结构进行逐步分解，并以分层的数据流图反映这种结构关系，能清楚地表达和更容易理解整个系统。

实例：开发一个学校管理系统。经过可行性分析和初步需求调查，抽象出该系统最高层数据流图，如图 7-6 所示。该系统由教师管理子系统、学生管理子系统、后勤管理子系统组成。每个子系统分别配备一个开发小组。

学生管理子系统开发小组通过进一步的需求调查，明确该子系统的主要功能是进行学籍管理和课程管理，包括学生报到、入学、毕业的管理和学生上课情况的管理。通过详细的信息流程分析和数据收集后，生成该子系统的数据流图，如图 7-6~图 7-8 所示。

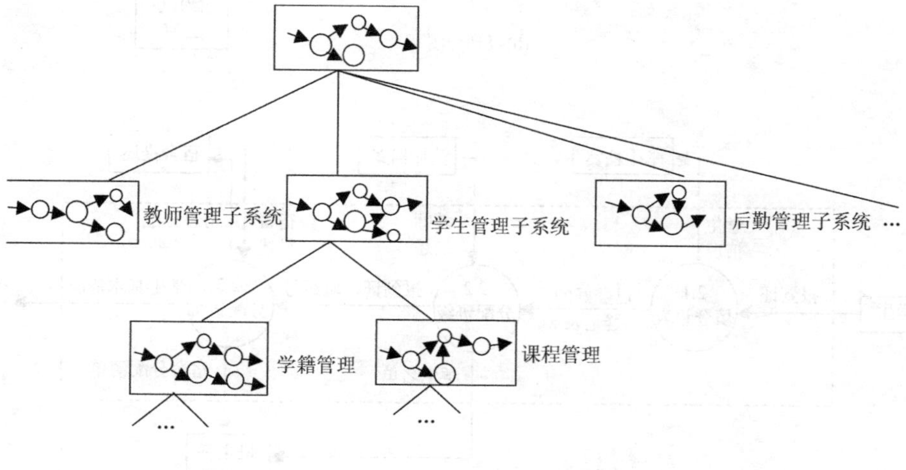

图 7-6 学校管理系统最高层数据流图

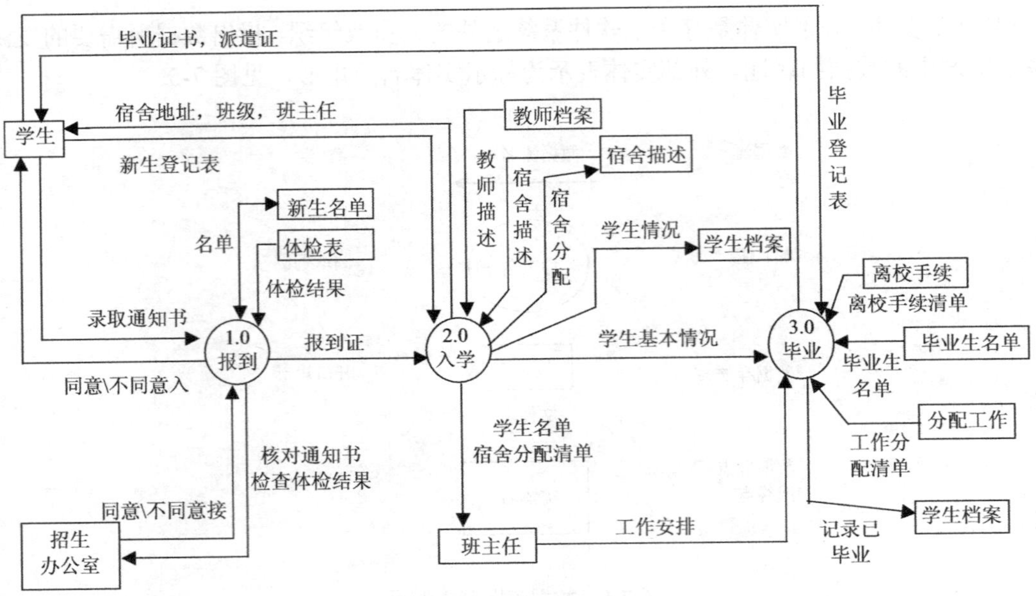

(a)学籍管理数据流图总图

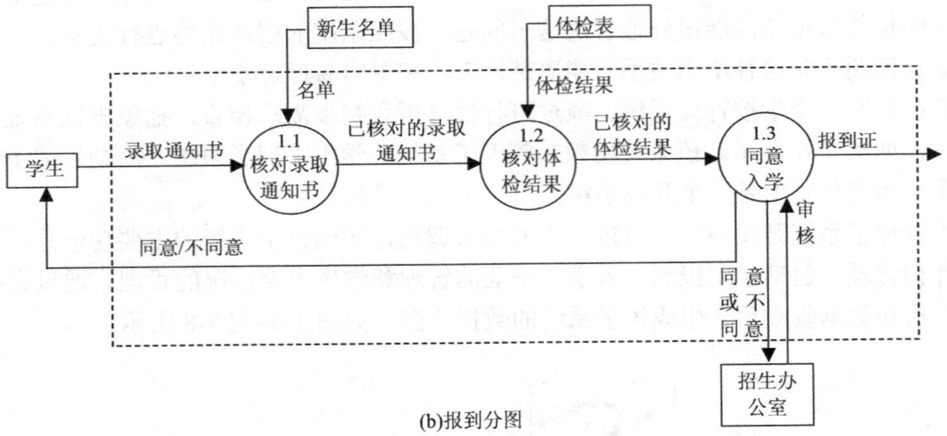

(b)报到分图

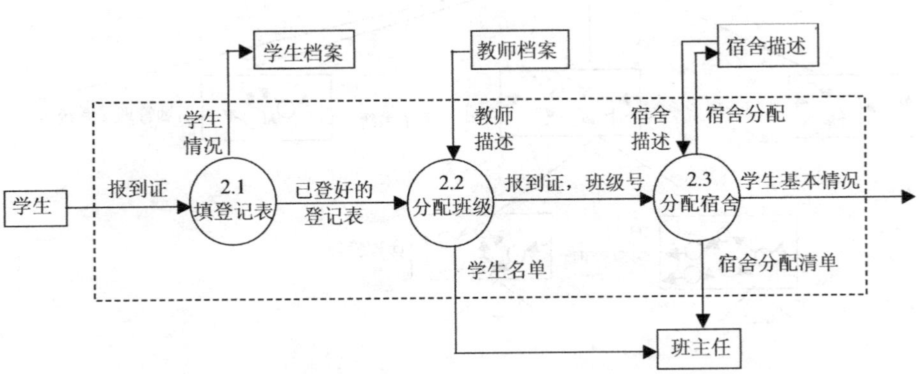

(c)入学分图

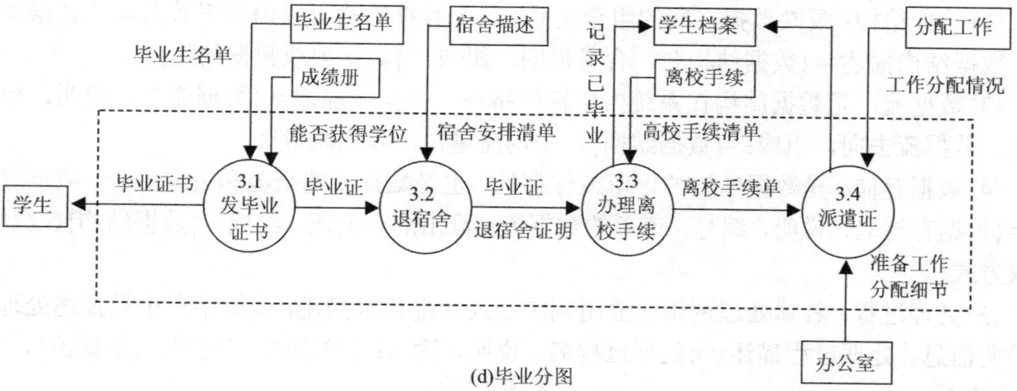

(d)毕业分图

图 7-7　学籍管理数据流图及分层流图

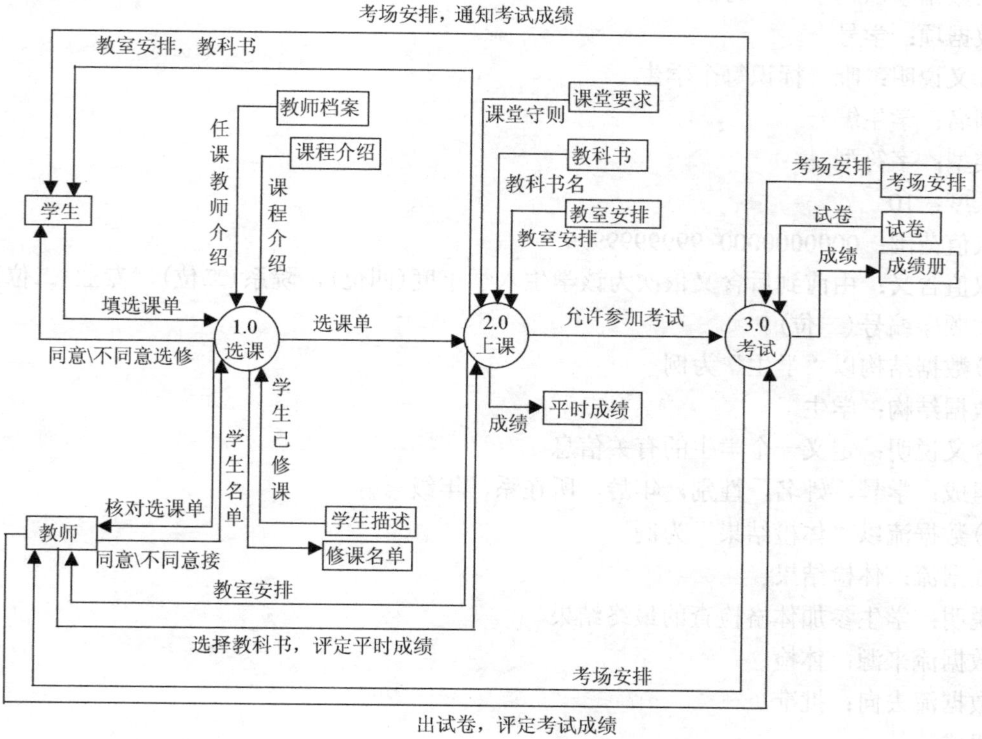

图 7-8　课程管理数据流图

7.3.4　数据字典

数据流图描述数据流在系统中加工的过程，但并没有对数据流、加工及数据存储进行详细的说明。数据字典是各类数据描述的集合，是进行详细的数据收集和数据分析所获得的主要结果。数据字典在数据库设计中占有很重要的地位，其主要内容包括以下 5 部分。

(1) 数据项：是不可再分的数据单位。数据项描述＝{数据项名，数据项含义说明，别名，数据类型，长度，取值范围，取值含义，与其他数据项的逻辑关系}。

(2) 数据结构：反映数据之间的组合关系。一个数据结构可以由若干数据项或数据结构组成。数据结构描述＝{数据结构名，含义说明，组成：{数据项或数据结构}}。

(3) 数据流：是数据结构在系统内传输的路径。数据流描述＝{数据流名，说明，数据流来源，数据流去向，组成：{数据结构}，平均流量，高峰期流量}。

(4) 数据存储：是数据结构的停留或保存处，也是数据流的来源和去向之一。数据存储描述＝{数据存储名，说明，编号，流入的数据流，流出的数据流，组成：{数据结构}，数据量，存取方式}。

(5) 处理过程：具体处理逻辑一般用判定表或判定树来描述，数据字典中只描述处理过程的说明信息。处理过程描述＝{处理过程名，说明，输入：{数据流}，输出：{数据流}，处理：{简要说明}}。

以上述学生学籍管理子系统为例，简要说明如何定义数据字典。

1) 数据项以“学号”为例

数据项：学号

含义说明：唯一标识每个学生

别名：学生编号

类型：字符型

长度：10

取值范围：0000000000~9999999999

取值含义：由前到后含义依次为该学生入学年度(四位)，院系(二位)，专业(二位)，班级内按顺序编号(二位)。

2) 数据结构以“学生”为例

数据结构：学生

含义说明：定义一个学生的有关信息

组成：学号，姓名，性别，年龄，所在系，年级

3) 数据流以“体检结果”为例

数据流：体检结果

说明：学生参加体格检查的最终结果

数据流来源：体检

数据流去向：批准

组成：……

平均流量：……

高峰期流量：……

4) 数据存储以“学生登记表”为例

数据存储：学生登记表

说明：记录学生的基本情况

流入数据流：……

流出数据流：……

组成：……

数据量：每年 3000 张；

存取方式：随机存取。

5) 处理过程以“分配宿舍”为例

处理过程：分配宿舍

说明：为所有新生分配宿舍

输入：学号、宿舍

输出：宿舍安排

处理：新生报到后为所有新生分配宿舍。要求同一间宿舍只能安排同一性别的学生，同一个学生只能安排在一个宿舍中，每个学生的居住面积不小于 3 平方米等。

数据流图和数据字典在需求分析阶段初步完成，在数据库设计过程中不断进行修改、完善。这一阶段的数据流图和数据字典是下一阶段的基础。

7.4 概念结构设计

需求分析阶段描述的用户应用需求是现实世界的具体需求，将需求分析得到的用户需求抽象为信息结构，即概念模型的过程就是概念结构设计。概念结构设计是整个数据库设计的关键。对于数据库用户和应用程序设计人员来说，使用概念模型有助于他们之间的交流。

7.4.1 概念结构设计的目标和特点

概念结构设计的目标是全面理解数据库结构、语义、相互关系和约束。概念结构设计模型能独立于特定的 DBMS 而存在。

在概念结构设计阶段，使用具有下述特点的概念模型是很重要的：

(1) 能真实、充分地反映现实世界，包括事物和事物之间的联系，能满足用户对数据的处理要求，是现实世界的一个真实模型。

(2) 易于理解，可以借此与不熟悉计算机的用户交换意见，用户积极参与是数据库设计成功的关键。

(3) 易于更改，当应用环境和应用要求改变时，容易修改和扩充概念模型。

(4) 易于向关系、网状、层次等各种数据模型转换。

(5) 描述概念模型的工具是 E-R 模型或 UML 模型，本书采用 E-R 模型。

7.4.2 概念结构设计的方法与步骤

为进行概念结构设计，必须明确模型的基本组成：实体型、联系型和属性；指定主键、参与约束和弱实体型等。根据需求分析阶段获得的用户需求，得 4 种设计概念模型的方法。

(1) 自顶向下：先定义全局概念结构的框架，再逐步细化，见图 7-9。

(2) 自底向上：先定义各局部应用的概念结构，再将它们集成起来，得到全局概念结构，见图 7-10。

(3) 逐步扩张：先定义核心的概念结构，再向外扩充，以滚雪球的方式逐步生成其他概念结构，直至总体概念结构，见图 7-11。

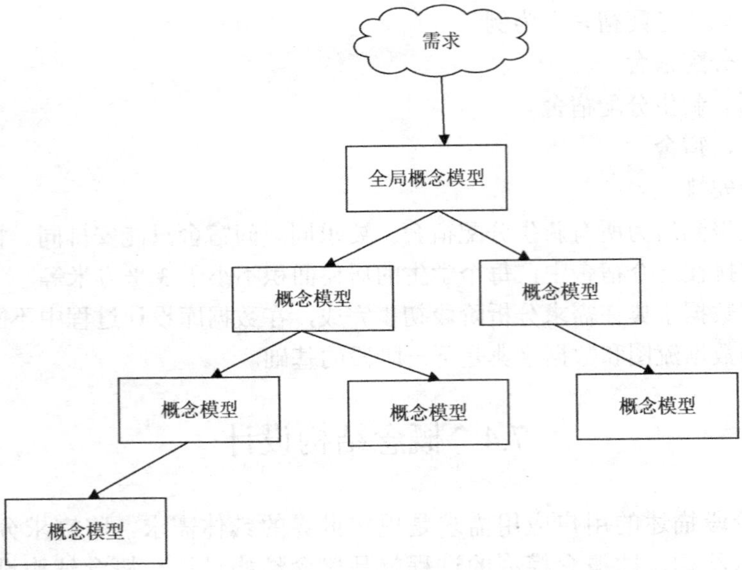

图 7-9　自顶向下策略

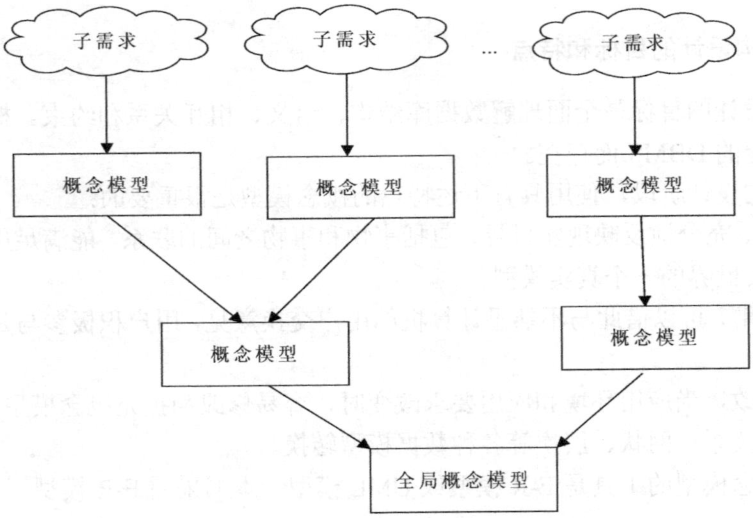

图 7-10　自底向上策略

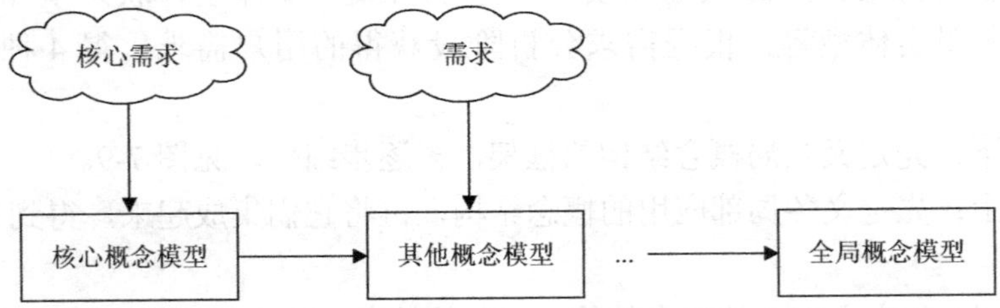

图 7-11　逐步扩张策略

(4)混合策略：将自顶向下和自底向上相结合，用自顶向下策略设计一个全局概念结构的框架，以它为骨架集成由自底向上策略中设计的各局部概念结构。

(5) 常用策略：自顶向下进行需求分析，自底向上设计概念结构。自底向上设计概念结构的步骤是先抽象数据并设计局部视图，再集成局部视图，得到全局概念结构。

7.4.3 数据抽象与局部视图设计

概念结构是对现实世界的一种抽象。所谓抽象是从实际的人、物、事和概念中抽取所关心的共同特性，忽略非本质的细节，并把这些特性用各种概念精确地加以描述，这些概念组成某种模型。一般有三种常用抽象：

(1) 类(Classification)：定义某一类概念作为现实世界中一组对象的类型。这些对象具有某些共同的特性和行为。它抽象了对象值和型之间的“is member of”的语义，如张英是学生中的一员。在E-R模型中，实体型就是这种抽象。

(2) 聚集(Aggregation)：定义某一类型的组成成分。它抽象了对象内部类型和成分之间“is part of”的语义。在E-R模型中，若干属性的聚集组成实体型，就是这种“抽象”，如学号、姓名、专业等属性的聚集组成学生实体型。

(3) 概括(Generalization)：定义类型之间的一种子集联系。它抽象了类型之间的“is subset of”的语义。如图7-12所示，学生是实体型，本专科生、研究生、硕士研究生、博士研究生是实体型；本专科生、研究生是学生的子集，称学生为超类，本专科生、研究生为子类。“概括”可继承：子类继承超类上定义所有的“抽象”。E-R模型中用双竖边的矩形框表示子类，用直线加小圆圈表示超类-子类的联系，圆圈中的d表示子类之间不相交。

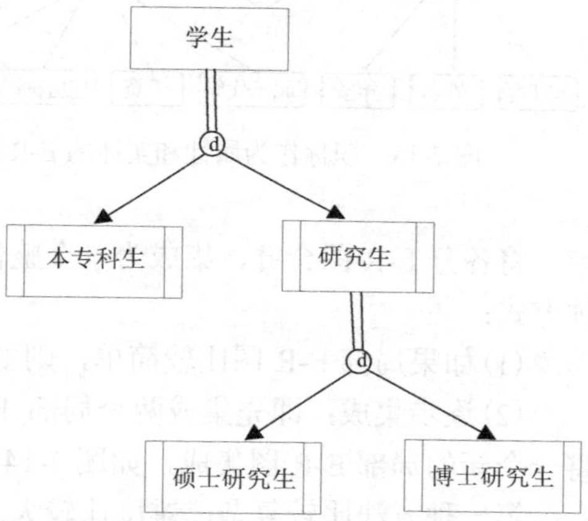

图 7-12　表示子类和超类的E-R图

概念设计的第一步就是利用上面的抽象机制对需求分析阶段收集到的数据进行分类、聚集，形成实体及其属性，标识实体的码，确定实体之间的联系类型(1∶1，1∶n，m∶n)。

设计局部视图(分E-R图)的步骤如下所述。

1) 选择局部应用

需求分析阶段已用多层数据流图和数据字典描述了整个系统。设计分E-R图首先根据系统的具体情况，在多层数据流图中选择一个适当层次的数据流图，作为设计分E-R图的出发点，让这组图中每一部分对应一个局部应用。通常以中层数据流图作为设计分E-R图的依据，原因是高层数据流图只能反映系统的概貌，中层数据流图能较好地反映系统中各局部应用的子系统组成，而低层数据流图则过细。

2) 逐一设计分E-R图

选择局部应用之后，对每个局部应用逐一设计分E-R图，亦称局部E-R图。在前面选好某一层次的数据流图中，每个局部应用都对应一级数据流图，局部应用涉及的数据都已经收集在数据字典中。将这些数据从数据字典中抽取出来，参照数据流图，标定局部应用中的实体、实体的属性、标识实体的码，确定实体之间的联系及其类型。

事实上，在现实世界中具体的应用环境常常对实体和属性已经作了大体的自然划分。

在数据字典中，“数据结构”、“数据流”和“数据存储”都是若干属性有意义的聚合，这是自然划分。可以先从这些内容出发定义E-R图，然后再进行必要的调整。在调整中遵循的一条原则是：为了简化E-R图的处置，现实世界的事物能作为属性对待的，尽量作为属性对待。

符合什么条件的事物可以作为属性对待？实体与属性之间并没有形式上可以截然划分的界限，但可以给出两条准则：

(1) 作为“属性”，不能再具有需要描述的性质。“属性”必须是不可分的数据项，不能包含其他属性。

(2)“属性”不能与其他实体联系，即 E-R 图中所表示的联系是实体之间的联系。凡满足上述两条准则的事物一般均可作为属性对待。

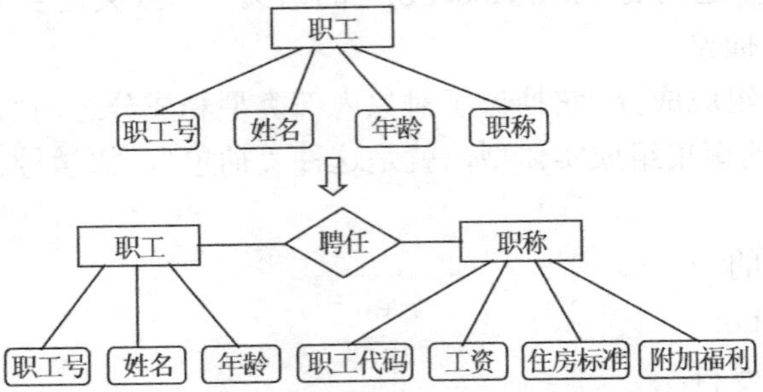

图 7-13　职称作为属性和实体的 E-R 图

例如，职工是一个实体，职工号、姓名、年龄是职工的属性，职称如果没有与工资、福利挂钩，即没有需进一步描述的特性，则根据第(1)条可以作为职工实体的属性。如果不同的职称有不同的工资、住房标准和不同的附加福利，则职称作为一个实体看待就更恰当，如图 7-13 所示。

7.4.4　视图的集成

将各分E-R图合并，集成为一个整体的数据概念结构，即总E-R图。集成一般可以有两种方式：

(1) 如果局部E-R图比较简单，则多个分E-R图一次集成，如图 7-14(a)所示。

(2) 逐步集成：即先集成两个局部 E-R 图(通常是两个比较关键的局部视图)，以后每次将一个新的局部E-R图集成，如图 7-14(b)所示。

第一种方法比较复杂，难度比较大；第二种方法每次集成两个视图，可以降低复杂度。

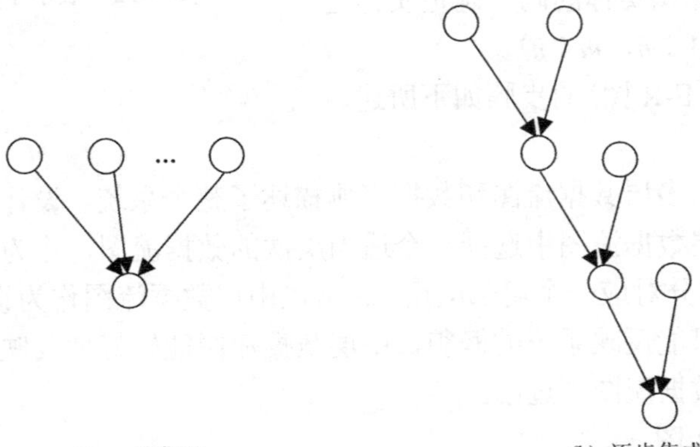

(a) 一次集成　　(b) 逐步集成

图 7-14　视图集成过程中的不同策略

无论采用哪种方式，集成的步骤流程均类似，每次集成局部视图时都分两步走，先合并局部E-R图，生成初步E-R图，然后靠协商或应用语义消除初步E-R图中的冲突。接着进行修改和重构，消除冗余，优化E-R图(图 7-15)。

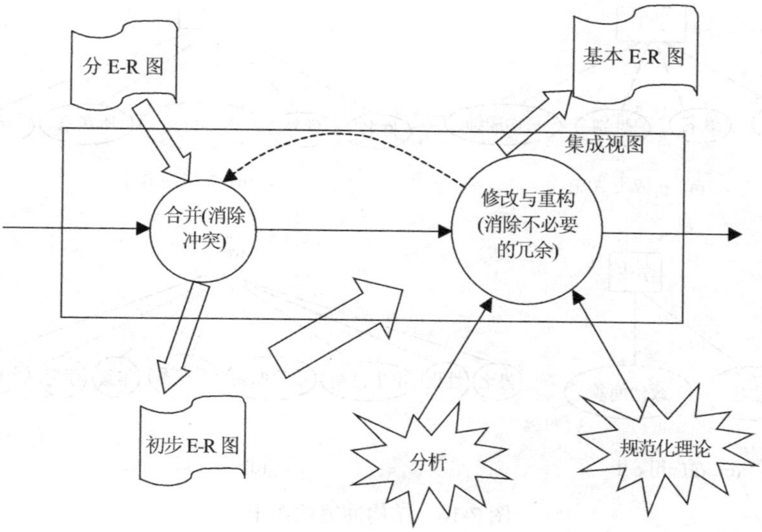

图 7-15　视图集成

1) 合并分 E-R 图，生成初步 E-R 图

由于各个局部应用面向的问题不同，且由不同设计人员设计，这就导致各个分 E-R 图之间可能存在冲突。合并分 E-R 图的主要工作与关键所在就是合理消除各分 E-R 图的冲突。冲突主要分为如下三类。

(1) 属性冲突：通常用讨论、协商等手段加以解决。

①属性域冲突，即类型、取值范围不同，如学号，有的部门将它定义为整型，有的将它定义为字符型；又如年龄，有些部门以出生日期形式，而另一些部门用整数形式表示。

②属性取值单位冲突：如零件重量可能以公斤、斤、以克为单位。(2) 命名冲突：可能发生在属性级、实体级、联系级上，也通常用讨论、协商等手段解决。

①同名异义：不同意义的对象在不同局部应用中具有相同名称。例如，局部应用 A 将教室称为房间，局部应用 B 将学生宿舍称为房间。

②异名同义：同一意义的对象在不同局部应用中具有不同名称。例如，有的部门把教科书称为课本，有的部门则把教科书称为教材。

(3) 结构冲突。

①同一对象在不同应用中具有不同的抽象。如职工在某一局部应用中被当作实体，在另一局部应用中被当作属性。解决方法：通常是把属性变为实体或把实体变为属性，使同一对象具有相同的抽象。

②同一实体在不同分 E-R 图中所包含的属性个数和排列次序不完全相同：这是由于不同局部应用关心的是该实体的不同侧面。解决方法：使该实体的属性取各分 E-R 图中属性的并集，再适当设计属性的次序。例如，在局部应用 A 中，"学生"实体由学号、姓名、性别、平均成绩四个属性组成；在局部应用 B 中，"学生"实体由姓名、学号、出生日期、所在系、年级五个属性组成；在局部应用 C 中，"学生"实体由姓名、政治面貌两个属性组成；在合并后的 E-R 图中，"学生"实体的属性为：学号、姓名、性别、出生日期、政治面貌、所在系、年级、平均成绩，如图 7-16 所示。

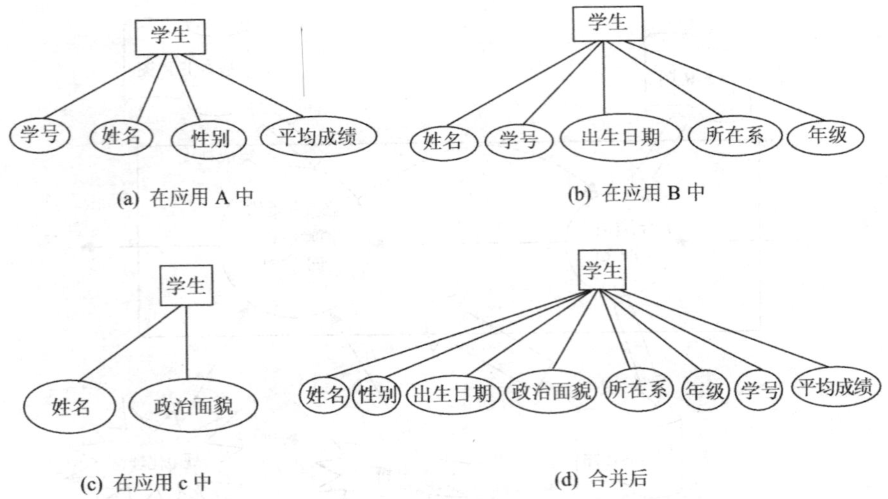

图 7-16　结构冲突的例子

③实体之间的联系在不同局部视图中呈现不同的类型：如实体 E1 与 E2 在局部应用 A 中是多对多联系，而在局部应用 B 中是一对多联系；又如在局部应用 X 中，E1 与 E2 发生联系，而在局部应用 Y 中 E1、E2、E3 三者之间有联系。解决方法：根据应用语义对实体联系的类型进行综合或调整。下面研究如何生成学校管理系统的初步 E-R 图，着重介绍学籍管理局部视图与课程管理局部视图的合并方法。这两个分 E-R 图存在着多方面的冲突。

班主任实际上也属于教师，也就是说学籍管理中的班主任实体与课程管理中的教师实体在一定程度上属于异名同义，可以将学籍管理中的班主任实体与课程管理中的教师实体统一称为教师，统一后教师实体的属性构成为

教师：{职工号，姓名，性别，职称，是否为优秀班主任}

将班主任改为教师后，教师与学生之间的联系在两个局部视图中呈现两种不同的类型，一种是学籍管理中教师与学生之间的指导联系，一种是课程管理中教师与学生之间的教学联系，由于指导联系实际上可以包含在教学联系之中，因此可以将这两种联系综合为教学联系。

性别在两个局部应用中具有不同的“抽象”，它在学籍管理中为实体，在课程管理中为属性。按照前面提到的两个原则，在合并后的 E-R 图中性别只能作为实体，否则它无法与宿舍实体发生联系。

在两个局部 E-R 图中，学生实体属性组成及次序都存在差异，应将所有属性综合，并重新调整次序。假设调整结果为

学生：{学号，姓名，出生日期，年龄，所在系，年级，平均成绩}

解决上述冲突后，学籍管理分 E-R 图与课程管理分 E-R 图合并为图 7-17 所示的形式。

2）消除不必要的冗余，设计生成基本 E-R 图

初步 E-R 图中可能存在冗余的数据和实体间联系。冗余数据是指可由基本数据导出的数据，冗余联系是指可由其他联系导出的联系。冗余数据和冗余联系容易破坏数据库的完整性，给数据库维护增加困难。消除不必要冗余后的初步 E-R 图称为基本 E-R 图。

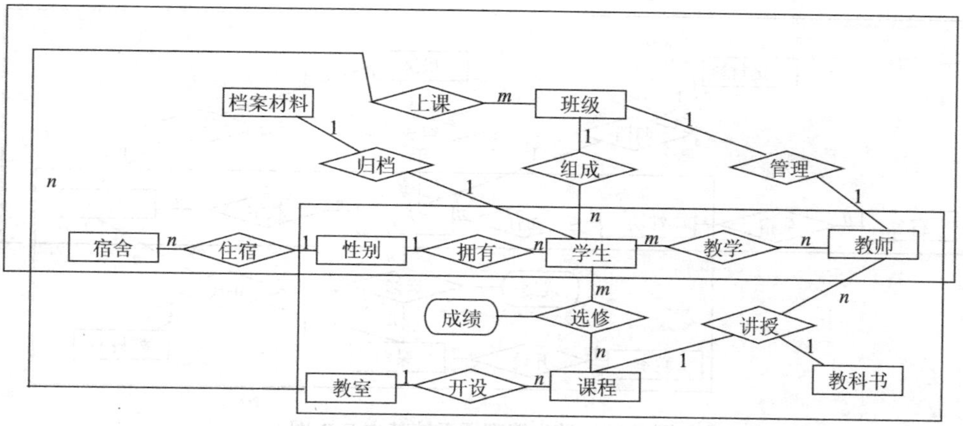

图 7-17　学生管理子系统初步 E-R 图

消除冗余的分析法：以数据字典和数据流图为依据，根据数据字典中数据项间逻辑关系的说明来消除冗余，如职工工资单中包括基本工资、补贴、应扣除水电费及实发工资，而实发工资可由前面各项推算，因此可以去掉，在查询实发工资时根据基本工资、补贴、应扣除水电费数据临时生成。如果是为提高效率人为地保留一些冗余数据，则应把数据字典中数据关联的说明作为完整性约束条件。

除分析方法外，还可以用规范化理论来消除冗余。

在图 7-17 的初步 E-R 图中存在冗余数据和冗余联系：

⑴ 学生实体中的年龄属性可以由出生日期推算出来，属于冗余数据，应该去掉。这样不仅可以节省存储空间，而且当某个学生的出生日期有误，进行修改后，无须相应修改年龄，从而减少产生数据不一致的机会。结果为：

学生：{学号，姓名，出生日期，所在系，年级，平均成绩}

⑵ 教室实体与班级实体之间的上课联系可以由教室与课程之间的开设联系、课程与学生之间的选修联系、学生与班级之间的组成联系三者推导出来，因此属于冗余联系，可以消去。

⑶ 学生实体中的平均成绩可以从选修联系中的成绩属性推算出来，但如果应用时经常查询某个学生的平均成绩，每次都进行这种计算效率太低，因此为提高效率，可以考虑保留该冗余数据。但是，为了维护数据一致性，应该定义一个触发器来保证学生的平均成绩等于该学生各科成绩的平均值。任何一科成绩修改后，或该学生学了新的科目并有成绩后，触发该触发器修改该学生的平均成绩属性值，否则会使数据不一致。

图 7-18 是对图 7-17 进行修改和重构后生成的基本 E-R 图。

学生管理子系统的基本 E-R 图还必须进一步和教师管理子系统及后勤管理子系统的基本 E-R 图合并，生成整个学校管理系统的基本 E-R 图。

视图集成后形成一个整体的数据库概念结构，对该整体概念结构还必须进一步验证，确保它能够满足下列条件：

• 整体概念结构内部必须具有一致性，即不能存在互相矛盾的表达。
• 整体概念结构能准确地反映原来的每个视图结构，包括属性、实体及实体间的联系。
• 整体概念结构能满足需求分析阶段所确定的所有要求。

整体概念结构最终还应该提交给用户，征求用户和有关人员的意见，进行评审、修改和优化，然后把它确定下来作为数据库的概念结构，作为进一步设计数据库的依据。

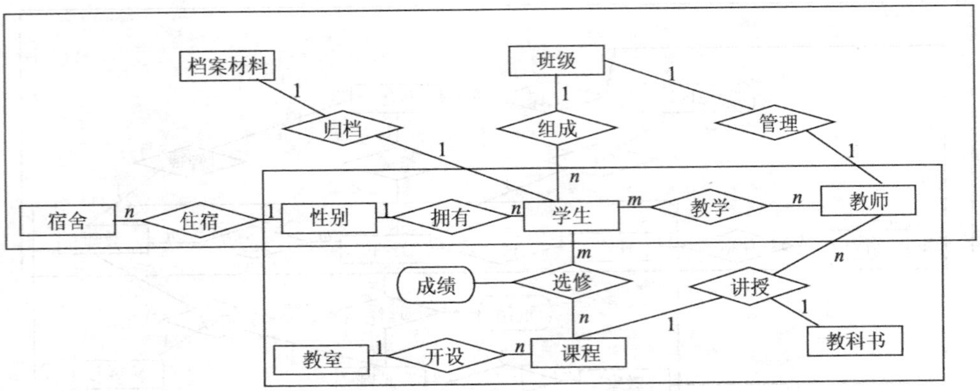

图 7-18　学生管理子系统基本 E-R 图

7.5　逻辑结构设计

概念结构是独立于任何一种数据模型的信息结构。逻辑结构设计的任务就是把概念结构设计阶段设计好的基本 E-R 图转换为选用 DBMS 产品所支持的逻辑结构。

7.5.1　DBMS 的选择

选择 DBMS 需考虑一系列因素，包括技术、经济及组织管理等。

技术因素主要是 DBMS 能否胜任所要完成的工作。这里要考虑几个问题：DBMS 的类型（网状 DBMS、层次 DBMS、关系 DBMS 等）；DBMS 支持的存储结构和存取路径；通过接口与其他 DBMS 的交互能力等。

经济因素主要包括：软件的获得成本、维护成本、硬件的获得成本、数据库创建和转换成本、人员成本、培训成本和运行成本等。

本书主要讲解关系型数据库系统，因此选择关系型 DBMS。

7.5.2　逻辑结构设计的步骤

概念模型映射为逻辑结构模型分为三步:

(1) 将概念结构模型转化为一般的关系、网状、层次模型。在这一步，映射不考虑特殊情况。

(2) 使用所选的 DBMS 创建数据库的概念模式和外模式。不同的 DBMS 使用各自特定的特性和约束来实现数据模型。因此，有可能须对第一步所得的模型进行修改。该阶段得到的结果是用所选 DBMS 的语言编写的 DDL 语句。这些语句包括数据库系统的概念模式和外模式。

(3) 对数据模型进行优化。

7.5.3　E-R 图向关系模型的转换

1. 转换待解决的问题

如何将实体、实体的属性和实体间的联系转换为关系模型，如何确定这些关系模型的属性和码。

2. 转换应遵循的原则

(1)一个实体型转换为一个关系模型，实体的属性就是关系的属性，实体的码就是关系的码。

例如，学生实体可以转换为如下关系模式，其中学号为学生关系的码：

学生(学号，姓名，出生日期，所在系，年级，平均成绩)

同样，性别、宿舍、班级、档案材料、教师、课程、教室、教科书都分别转换为一个关系模式。

(2)对于实体间的联系则有以下不同的情况：

①一个1∶1联系可以转换为一个独立的关系模型，也可以与任意一端对应的关系模型合并：若转换为一个独立的关系模型，则与该联系相连各实体的码，以及联系本身的属性均是关系的属性，每个实体的码均是关系的候选码；若与某一端实体对应的关系模型合并，则在该关系模型中加入另一个关系模式的码和联系本身的属性。例如，“管理”联系为1∶1联系，可以将其转换为一个独立的关系模式：管理(职工号，班级号)。

在“管理”关系模式中，职工号与班级号都是关系的候选码。由于“管理”联系本身没有属性，所以相应的关系模式中只有码。它反映班主任与班级的对应关系。

“管理”联系也可以与班级或教师关系模式合并。如果与班级关系模式合并，则只在班级关系中加入教师关系的码，即职工号：班级：{班级号，学生人数，职工号}。

同样，如果与教师关系模式合并，则只在教师关系中加入班级关系的码，即班级号：教师：{职工号，姓名，性别，职称，班级号，是否为优秀班主任}。

注意 从理论上讲，1∶1联系可以与任意一端对应的关系模式合并。但在一些情况下，与不同的关系模式合并效率大不一样。因此，究竟应该与哪端的关系模式合并，须依应用的具体情况而定。由于连接操作是最费时的操作，所以一般应以尽量减少连接操作为目标。例如，如果经常查询某个班级的班主任姓名，则将管理联系与教师关系合并。

②一个1∶n联系可以转换为一个独立的关系模型，也可以与n端对应的关系模型合并：若转换为一个独立的关系模型，则与该联系相连的各实体码，以及联系本身的属性均为关系的属性，关系的码为n端实体的码；若与n端对应的关系模型合并，则合并后关系的属性是在n端关系中加入1端关系的码和联系本身的属性，合并后关系的码不变。例如，“组成”联系为1∶n联系，将其转换为关系模式的一种方法是使其成为一个独立的关系模式：组成(学号，班级号)。其中，学号为“组成”关系的码。另一种方法是将其与学生关系模式合并，这时学生关系模式为学生(学号，姓名，出生日期，所在系，年级，班级号，平均成绩)。

后一种方法可以减少系统中的关系个数，一般情况下更倾向于采用这种方法。

③一个m∶n联系转换为一个关系模型：与该联系相连各实体的码，以及联系本身的属性均是关系的属性，各实体码的组合为关系的码。例如，“选修”联系是一个m∶n联系，可以将它转换为如下关系模式，其中学号与课程号为关系的组合码：选修(学号，课程号，成绩)。

④三个或三个以上实体间的一个多元联系转换为一个关系模型：与该多元联系相连各实体的码，以及联系本身的属性均是关系的属性，各实体码的组合是关系的码。例如，“讲授”联系是一个三元联系，可以将它转换为如下关系模式，其中课程号、职工号和书号为关系的组合码：讲授(课程号，职工号，书号)。

⑤同一实体集实体间的联系，即自联系，也可按上述1∶1，1∶n和m∶n三种情况分别

处理。

例如，如果教师实体集内部存在领导与被领导的 1∶n 自联系，可以将该联系与教师实体合并，这时主码职工号多次出现，但作用不同，可用不同的属性名加以区分，如在合并后的关系模式中，主码仍为职工号，再增设一个“系主任”属性，存放相应系主任的职工号。

(3) 具有相同码的关系模型可合并，目的是减少系统中的关系个数，合并方法是将其中一个关系模型的全部属性加入到另一个关系模型中，然后去掉其中的同义属性(可能同名，也可能不同名)，并适当调整属性的次序。

例如，有一个“拥有”关系模式：拥有(学号，性别)；有一个学生关系模式：学生(学号，姓名，出生日期，所在系，年级，班级号，平均成绩)。

这两个关系模式都以学号为码，可以将它们合并为一个关系模式，假设合并后的关系模式仍为学生：学生(学号，姓名，性别，出生日期，所在系，年级，班级号，平均成绩)。

按照上述原则，学生管理子系统中的 18 个实体和联系可以转换为下列关系模型：

学生(学号，姓名，性别，出生日期，所在系，年级，班级号，平均成绩，档案号)
性别(性别，宿舍楼)
宿舍(宿舍编号，地址，性别，人数)
班级(班级号，学生人数)
教师(职工号，姓名，性别，职称，班级号，是否为优秀班主任)
教学(职工号，学号)
课程(课程号，课程名，学分，教室号)
选修(学号，课程号，成绩)
教材(书号，书名，定价)
教室(教室编号，地址，容量)
讲授(课程号，教师号，书号)
档案材料(档案号，……)

该关系模型由 12 个关系模式组成。其中，学生关系模式包含“拥有”联系、“组成”联系、“归档”联系所对应的关系模式；教师关系模式包含“管理”联系所对应的关系模式；宿舍关系模式包含“住宿”联系所对应的关系模式；课程关系模式包含“开设”联系所对应的关系模式。

(4) 形成一般的数据模型后，还须向特定 DBMS 规定的模型进行转换，转换的主要依据是所选用 DBMS 的功能及限制，没有通用规则。对于关系模型来说，这种转换通常都比较简单。

7.5.4 关系模型的优化

数据库逻辑设计的结果不是唯一的，得到初步数据模型后，还应该适当地修改、调整数据模型的结构，以进一步提高数据库应用系统的性能，这就是数据模型的优化。关系数据模型的优化通常以规范化理论为指导。优化数据模型的方法包括以下 5 种。

(1) 确定数据依赖：按需求分析阶段所得到的语义，分别写出每个关系模型内部各属性之间的数据依赖，以及不同关系模型属性之间数据依赖。

学生关系模型中存在数据依赖：学号→姓名，学号→性别，学号→年龄，学号→所在系。

选修关系模型中存在数据依赖：(学号，课程号)→成绩。

课程关系模型内部存在数据依赖：课程号→课程名，课程号→学分。

学生与选修关系模型的学号之间存在数据依赖：学生.学号→选修.学号。

(2)对于各个关系模型之间的数据依赖进行极小化处理，消除冗余的联系。

(3)按照数据依赖的理论对关系模型逐一分析，考察是否存在部分函数依赖、传递函数依赖、多值依赖等，确定各关系模型分别属于第几范式，如分析可知课程关系模式属于BC范式。

(4)按照需求分析阶段得到的各种应用对数据处理的要求，分析对于这样的应用环境这些关系模型是否合适，确定是否对它们进行合并或分解。

①并不是规范化程度越高的关系越优。

②非BCNF的关系模型虽从理论上分析存在不同程度的更新异常，但若在实际应用中对此关系模型只是查询，并不执行更新操作，则不会产生实际影响。对一个具体应用来说，到底规范到什么程度，需权衡响应时间和潜在问题两者的利弊。一般说来，3NF即可。如在关系模型学生成绩(学号，英语，数学，语文，平均分)中存在函数依赖：学号→英语，学号→数学，学号→语文，学号→平均分，(英语，数学，语文)→平均分。显然有学号→(英语，数学，语文)，所以该关系模型中存在传递函数依赖，是2NF关系。虽然平均成绩可以由其他属性推算出来，但如果应用中须经常查询学生的平均成绩，为提高效率，仍然可保留该冗余数据，对关系模型不再进一步分解。

(5)按照需求分析阶段得到的各种应用对数据处理的要求，对关系模型进行必要的分解或合并，以提高数据操作的效率和存储空间的利用率。常用的分解方法有两种。

①水平分解：把关系的元组分为若干子集合，定义每个子集合为一个子关系，以提高系统的效率。

②垂直分解：把关系模式R的属性分解为若干子集合，形成若干子关系模式。分解原则是经常在一起使用的属性从R中分解出来形成一个子关系模式。垂直分解必须确保无损连接和保持函数依赖。

7.5.5 设计用户子模式

将概念模型转换为全局逻辑模型后，还应根据局部应用需求，结合具体DBMS特点，设计用户的外模式。定义数据库模式主要从系统时间效率、空间效率、易维护等角度出发，而定义用户外模式更应注重考虑用户的习惯与方便。

(1)使用更符合用户习惯的别名：对于某些局部应用，由于改用不符合用户习惯的属性名，可能会使用户感到不方便，因此在设计用户的子模式时可以重新定义某些属性名，使其与用户习惯一致。

例如，负责学籍管理的用户习惯于称教师模式的职工号为教师编号。因此在设计用户的子模式时可以重新定义某些属性名，使其与用户习惯一致。当然，为了应用的规范化，也不应该一味迁就用户的要求。

(2)针对不同级别的用户定义不同的视图，以满足系统对安全的要求。

例如，教师关系模式中包括职工号、姓名、性别、出生日期、婚姻状况、学历、学位、政治面貌、职称、职务、工资、工龄、教学效果等属性。学籍管理应用只能查询教师的职工号、姓名、性别、职称数据；课程管理应用只能查询教师的职工号、姓名、性别、学历、学位、职称、教学效果数据；教师管理应用则可以查询教师的全部数据。为此只需定义三个不同的外模式，分别包含允许不同局部应用操作的属性。这样可以防止用户非法访问本来不允许其查询的数据，从而保证系统的安全。

(3) 简化用户对系统的使用：若某些局部应用中经常使用某些很复杂的查询，为方便用户，可将这些复杂查询定义为视图，用户每次只对定义好的视图进行查询，大大简化了用户的使用。

7.6 数据库物理设计

数据库在物理设备上的存储结构与存取方法称为数据库的物理结构，它依赖于给定的计算机系统。

数据库物理设计是为数据库文件选择特定的存储结构和存取路径的过程，从而使各个数据库应用均能获得最佳性能。每个 DBMS 都提供多种文件组织和存取路径，包括各种类型的索引、相关记录在磁盘块上的聚簇、通过指针链接相关记录，以及各种类型的散列。一旦选定 DBMS，数据库物理设计过程就限制为从该 DBMS 所提供的选项中为数据库文件选择最恰当的结构。

本节介绍物理设计的通用规则，这些规则对任何 DBMS 都适用。

(1) 响应时间：即提交事务以供执行直至接收到响应所需的时间。影响响应时间的主要因素是事务所引用数据项的数据库存取时间。

(2) 空间利用率：此标准是数据库文件及存取路径结构在磁盘上所占用的存储空间量，其中存取路径结构包括索引和其他的存取路径。

(3) 事务吞吐量：即每分钟所能处理的平均事务量。对用于诸如航班预订或银行业务的事务系统来说，这是一个非常重要的参数，必须在系统峰值条件下对系统事务吞吐量进行测量。

7.6.1 数据库物理设计的步骤

数据库物理设计的主要步骤如下：

(1) 确定数据库的物理结构，在关系数据库中主要指存取方法和存储结构。

(2) 对物理结构进行评价，评价的重点是时间和空间效率。

如果评价结果满足原设计要求，则可进入物理实施阶段，否则须重新设计或修改物理结构，有时甚至应返回逻辑设计阶段，修改数据模型。

7.6.2 数据库物理设计的内容和方法

1. 准备工作

(1) 充分了解应用环境，详细分析待运行的事务，以获得选择数据库物理设计所需的参数。

(2) 充分了解所用 RDBMS 的内部特征，特别是系统提供的存取方法和存储结构。

2. 选择数据库物理设计所需的参数

(1) 数据查询事务：查询的关系、查询条件所涉及的属性、连接条件所涉及的属性、查询的属性等。

(2) 数据更新事务：被更新的关系、每个关系上的更新操作条件所涉及的属性、修改操作待改变的属性值、每个事务在各关系上运行的频率和性能要求。

3. 关系数据库物理设计的内容

为关系模型选择存取方法(建立存取路径)；设计关系、索引等数据库文件的物理存储结构。

7.6.3 关系模型存取方式

数据库系统是多用户共享的系统，对同一个关系建立多条存取路径才能满足多用户的多种应用要求。物理设计的第一个任务是确定选择哪些存取方法，即建立哪些存取路径。

DBMS 常用的存取方法有以下两种。

1) 索引(主要是 B+树索引)存取

这是使用最普遍的存取方法，选择索引存取方法的一般规则是：

(1) 如果一个(或一组)属性经常在查询条件中出现，则考虑在这个(或这组)属性上建立索引(或组合索引)。

(2) 如果一个属性经常作为最大值和最小值等聚集函数的参数，则考虑在这个属性上建立索引。

(3) 如果一个(或一组)属性经常在连接操作的条件中出现，则考虑在这个(或这组)属性上建立索引。

但关系上定义的索引数过多会增加维护索引和查找索引的开销。

2) 聚簇存取

为了提高某个属性(或属性组)的查询速度，把这个或这些属性(称为聚簇码)上具有相同值的元组集中存放于连续的物理块称为聚簇。许多关系型 DBMS 都提供聚簇功能。建立聚簇索引后，基表中数据按指定的聚簇属性值的升序或降序存放，即聚簇索引的索引项顺序与表中元组的物理顺序一致。例如，Create cluster index Stusname on Student(Sname)；在 Student 表的 Sname 列上建立一个聚簇索引，表中的记录按 Sname 值的升序存放。一个数据库可以建立多个聚簇，但一个基本表上最多只能建立一个聚簇索引。

(1) 聚簇的用途：大大提高按聚簇属性进行查询的效率。例如，假设学生关系按所在系建有索引，现在查询信息系所有的学生名单。信息系的 500 名学生分布在 500 个不同的物理块上时，至少执行 500 次 I/O 操作。如果将同一系的学生元组集中存放，则每读一个物理块可得到多个满足查询条件的元组，从而显著地减少了访问磁盘的次数。另外，聚簇后聚簇码相同的元组集中在一起，因而聚簇码值不必在每个元组中重复存储，只要在一组中存一次即可，从而节省存储空间。

(2) 聚簇的局限性：聚簇只能提高某些特定应用的性能，而且建立与维护聚簇的开销是相当大的。对已有关系建立聚簇，将导致关系中元组移动其物理存储位置，并使此关系上原有的索引无效，必须重建。当一个元组的聚簇码改变时，该元组的存储位置也相应移动。

(3) 聚簇的适用范围：①既适用于单个关系独立聚簇，也适用于多个关系组合聚簇。例如，假设用户经常按系别查询学生成绩单，这一查询涉及学生关系和选修关系的连接操作，即按学号连接这两个关系。为提高连接操作的效率，可以把具有相同学号值的学生元组和选修元组在物理上聚簇。这相当于把多个关系按“预连接”的形式存放，从而大大提高连接操作的效率。②当通过聚簇码进行访问或连接是该关系的主要应用，与聚簇码无关的其他访问很少或是次要时，可以使用聚簇。尤其当SQL语句中包含有与聚簇码有关的ORDER BY，GROUP BY，UNION，DISTINCT等子句或短语时，使用聚簇特别有利，可以省去对结果集的排序操作。③设计候选聚簇：对经常在一起进行连接操作的关系可以建立组合聚簇；如果一个关系的一组属性经常出现在相等比较条件中，则该单个关系可建立聚簇；如果一个关系的一个(或一组)属性上的值重复率很高，则此单个关系可建立聚簇，即对应每个聚簇码值的平均元组数不太少，否则聚簇效果不明显。④检查候选聚簇中的关系，取消其中不必要的关系：从聚簇中删除经常进行全表扫描的关系；从聚簇中删除更新操作远多于连接操作的关系；从聚簇中删除重复出现的关系，即当一个关系同时加入多个聚簇时，必须从这多聚簇方案中选择一个较优的，使该聚簇上运行各种事务的总代价最小。

3) HASH存取

如果一个关系的属性主要出现在等值连接条件中或主要出现在相等比较选择条件中，而且满足下列两个条件之一时，可以选择HASH存取方法：

(1)关系的大小可预知，而且不变。

(2)关系的大小动态改变，但所选用的DBMS提供动态HASH存取方法。

7.6.4 确定数据库的存储结构

主要是指确定数据的存放位置和存储结构，包括关系、索引、聚簇、日志、备份等的存储安排和存储结构；确定系统配置等。确定数据的存放位置和存储结构要综合考虑存取时间、空间、维护代价三方面的代价，这三方面常常是相互矛盾的，如消除一切冗余数据虽能够节约存储空间和减少维护代价，但往往会导致检索代价的增加，因此必须进行权衡，选择一个折中方案。

(1)确定数据的存放位置：根据应用情况将数据的易变部分与稳定部分、经常存取部分与存取频率较低部分分开存放，以提高系统性能。例如，数据库数据备份、日志文件备份等由于只在故障恢复时才使用，而且数据量很大，可以考虑存放在磁带上；如果计算机有多个磁盘，可以考虑将表和索引分别放在不同的磁盘上，查询时由于两个磁盘驱动器分别在工作，因而可以保证物理读写速度比较快；可以将比较大的表分别放在两个磁盘上，以加快存取速度，这在多用户环境下特别有效；可以将日志文件与数据库对象(表、索引等)放在不同的磁盘以改进系统的性能。

(2)确定系统配置：DBMS 产品提供的存储分配参数有同时使用数据库的用户数和对象数、使用的缓冲区长度和个数、时间片大小、数据库大小、装填因子、锁的数目等。系统都为这些变量赋了合理的缺省值，但这些值不一定适合各种应用环境，物理设计时需要根据应用环境确定这些参数值，以使系统性能最优。物理设计时对系统配置变量的调整只是初步的，在系统运行时还要根据系统实际运行情况做进一步的调整，以期切实改进系统性能。

7.6.5 评价物理结构

对数据库物理设计过程中产生的多种方案进行细致的评价，从中选择一个较优的方案作为数据库的物理结构。评价方法完全依赖于所选用的DBMS，主要从定量估算各种方案的存储空间、存取时间和维护代价入手，对估算结果进行权衡、比较，选择出一个较优的合理的物理结构。如果该结构不符合用户需求，则需要修改设计。

7.7 数据库的实施及维护

完成了逻辑设计和物理设计之后，就可以着手实现数据库系统了。通常，这部分工作由DBA负责，数据库设计人员协助共同完成。用DDL语言对概念模式和外模式实施，然后向数据库中装载数据。如果要从以前的系统中转换数据，可以使用转换程序重新对数据进行格式化，以便装载到新数据库中。实施完成，系统进入正常的运行维护直至死亡。

7.7.1 数据库实施

完成数据库物理设计后，设计人员要用RDBMS提供的DDL和其他实用程序将数据库逻辑设计和物理设计结果严格描述出来，成为DBMS可以接受的源代码，再经过调试产生目标模式，然后就可以组织数据入库，这就是数据库实施。数据的载入和应用程序的调试是实施阶段的两项重要工作。

1. 数据的载入

1) 人工方法(适用于小型系统)

(1) 筛选数据：需要装入数据库中的数据通常都分散在各个部门的数据文件中，首先必须把需要入库的数据筛选出来。

(2) 转换数据格式：筛选出来的需要入库的数据，其格式往往不符合数据库要求，还需要进行转换。

(3) 输入数据：将转换好的数据输入计算机中。

(4) 校验数据：检查输入的数据是否有误。

2) 计算机辅助数据入库(适用于中大型系统)

(1) 筛选数据。

(2) 输入数据：数据输入子系统应提供输入界面。

(3) 验数据：数据输入子系统采用多种检验技术检查输入数据的正确性。

(4) 转换数据：数据输入子系统根据数据库系统的要求，从录入的数据中抽取有用成分，对其进行分类，然后转换数据格式。

(5) 综合数据：数据输入子系统对转换好的数据根据系统的要求进一步综合成最终数据。

如果数据库是在老的文件系统或数据库系统的基础上设计的，则数据输入子系统只需要完成转换数据、综合数据两项工作，直接将老系统中的数据转换成新系统中需要的数据格式。

2. 应用程序的编制与调试

数据库应用程序的设计应该与数据设计并行进行，因此在组织数据入库的同时还要调试应用程序。调试应用程序时由于数据入库尚未完成，可先使用模拟数据。

7.7.2 数据库试运行

应用程序调试完成且已有小部分数据入库后，就可以进行数据库的试运行。

(1) 试运行的任务：实际运行应用程序，执行对数据库的各种操作，测试应用程序的各种功能、性能是否满足设计要求。如果不满足，对应用程序部分则要修改、调试，直至达到设计要求。物理设计阶段在评价数据库结构估算时间、空间指标时作了许多简化和假设，忽略了许多次要因素，因此结果必然很粗糙，数据库试运行则是要实际测量系统的各种性能指标(不仅是时间、空间指标)，如果结果不符合设计目标，则需要返回物理设计阶段，调整物理结构，修改参数；有时甚至需要返回逻辑设计阶段，调整逻辑结构。

(2) 数据的分期入库：重新设计物理结构甚至逻辑结构，会导致数据重新入库。由于数据入库工作量实在太大，所以可以采用分期输入数据的方法先输入小批量数据供先期联合调试使用，待试运行基本合格后再输入大批量数据逐步增加数据量，逐步完成运行评价。

(3) 数据库的转储和恢复：在数据库试运行阶段，系统还不稳定，硬、软件故障随时都可能发生。系统的操作人员对新系统还不熟悉，误操作也不可避免。因此必须做好数据库的转储和恢复工作，尽量减少对数据库的破坏。

7.7.3 数据库的运行和维护

由于应用环境在不断变化，数据库运行过程中物理存储也会不断变化，对数据库设计进行评价、调整、修改等维护工作是一个长期的任务，也是设计工作的继续和提高。

(1) 数据库的转储和恢复：转储和恢复是系统正式运行后最重要的维护工作之一。DBA 要针对不同的应用要求制定不同的转储计划，以保证一旦发生故障能尽快将数据库恢复到某种一致性状态。

(2) 数据库的安全性、完整性控制：在数据库运行过程中，由于应用环境的变化，对安全性的要求也会发生变化，DBA 要根据实际情况修改原有安全性控制。由于应用环境的变化，数据库的完整性约束条件也会变化，也需 DBA 不断修正，以满足用户要求。

(3) 数据库性能的监督、分析和改进：在数据库运行过程中，DBA 必须监督系统运行，对监测数据进行分析，找出改进系统性能的方法。利用监测工具获取系统运行过程中一系列性能参数的值，通过仔细分析这些数据，判断当前系统是否处于最佳运行状态。如果不是，则需要通过调整某些参数来进一步改进数据库性能。

(4) 数据库的重组织和重构造：

①重组织：数据库运行一段时间后，由于记录的增、删、改，会使数据库的物理存储变坏，降低了数据的存取效率，数据库性能下降，这时 DBA 就要对数据库进行重组织或部分重组织(只对频繁增、删的表进行重组织)。DBMS 一般都提供了供重组织数据库使用的实用程序，帮助 DBA 重新组织数据库。在重组织过程中，按原设计要求重新安排存储位置、回收垃圾、减少指针链，提高系统性能，但数据库的重组织不会改变原设计的数据逻辑结构和物理结构。

②重构造：由于数据库应用环境发生变化，使原有的数据库设计不能很好地满足新的需求，需要调整数据库的模式和内模式。例如，在表中增加或删除某些数据项、改变数据项的类型、改变数据库的容量、增加或删除索引等。重构造数据库的程度是有限的，若应用变化太大，重构也无济于事，说明此数据库应用系统的生命周期已经结束，应该重新设计新的数据库系统。

7.8 小 结

本章首先讨论信息系统开发过程的作用及其流程；其次对信息系统开发过程中重要的一

方面——数据库设计进行介绍；然后讨论设计过程的6个阶段：需求分析、概念设计、逻辑设计、物理设计、数据库实施、数据库运行与维护。

习　题

1. 如何构造出一个合适的数据逻辑结构是(　　)主要解决的问题。

A. 物理结构设计　　B. 数据字典

C. 逻辑结构设计　　D. 关系数据库查询

2. 概念结构设计是整个数据库设计的关键，它通过对用户需求进行综合、归纳与抽象，形成一个独立于具体DBMS的(　　)。

A. 数据模型　　B. 概念模型

C. 层次模型　　D. 关系模型

3. 在数据库设计中，确定数据库存储结构，即确定关系、索引、聚簇、日志、备份等数据的存储安排和存储结构，这是数据库设计的(　　)。

A. 需求分析阶段　　B. 逻辑设计阶段

C. 概念设计阶段　　D. 物理设计阶段

4. 数据库物理设计完成后，进入数据库实施阶段，下述工作的(　　)一般不属于实施阶段的工作。

A. 建立库结构　　B. 系统调试

C. 加载数据　　D. 扩充功能

5. 在关系数据库设计中，设计关系模式是数据库设计中(　　)阶段的任务。

A. 逻辑设计　　B. 概念设计

C. 物理设计　　D. 需求分析

6. 在关系数据库设计中，对关系进行规范化处理，使关系达到一定的范式，如达到3NF，这是(　　)阶段的任务。

A. 需求分析　　B. 概念设计

C. 物理设计　　D. 逻辑设计

7. 概念模型是现实世界的第一层抽象，这一类最著名的模型是(　　)。

A. 层次模型　　B. 关系模型

C. 网状模型　　D. 实体－关系模型

8. 对实体和实体之间的联系采用同样的数据结构表达的数据模型为(　　)。

A. 网状模型　　B. 关系模型

C. 层次模型　　D. 非关系模型

9. 数据流程图是用于数据库设计中(　　)阶段的工具。

A. 概念设计　　B. 可行性分析

C. 程序编码　　D. 需求分析

10. 在数据库设计中，将E-R图转换成关系数据模型的过程属于(　　)。

A. 需求分析阶段　　B. 逻辑设计阶段

C. 概念设计阶段　　D. 物理设计阶段

11. 在数据库设计的概念设计阶段，表示概念结构的常用方法和描述工具是(　　)。

A. 层次分析法和层次结构图　　B. 数据流程分析法和数据流程图

C. 实体联系方法　　D. 结构分析法和模块结构图

12. 数据库设计可划分为6个阶段，每个阶段都有各自的设计内容，“为哪些关系在哪些属性上建什么样的索引”这一设计内容应该属于(　　)阶段。

A. 概念设计　　B. 逻辑设计

C. 物理设计　　D. 全局设计

13. 从 E-R 图导出关系模型时，如果实体间的联系是 $m:n$ 的，则下列说法中正确的是(　　)。

A. 将 n 方码和联系的属性纳入 m 方的属性中

B. 将 m 方码和联系的属性纳入 n 方的属性中

C. 增加一个关系表示联系，其中纳入 m 方和 n 方的码

D. 在 m 方属性和 n 方属性中均增加一个表示级别的属性

14. 在 E-R 模型中，如果有 3 个不同的实体型，3 个 $m:n$ 联系，根据 E–R 模型转换为关系模型的规则，转换为关系的数目是(　　)。

A. 4　　B. 5　　C. 6　　D. 7

15. 试述数据库设计过程中结构设计部分形成的数据库模式。

16. 需求分析阶段的设计目标是什么？调查的内容是什么？

17. 数据字典的内容和作用是什么？

18. 什么是数据抽象？试举例说明。

19. 为什么要视图集成？视图集成的方法是什么？

20. 什么是数据库的逻辑结构设计？试述其设计步骤。

21. 阅读以下说明，回答问题 1~3。

说明：某服装销售公司拟开发一套服装采购管理系统，以方便对服装采购和库存进行管理。

需求分析：

(1) 采购系统维护服装信息及服装在仓库中的存放情况。系统按服装的销售种类记录服装信息。服装信息主要包括：服装编码、服装描述、服装类型、销售价格、尺码和面料。其中，服装类型为销售分类，服装按销售分类编码。仓库信息主要包括：仓库编码、仓库位置、仓库容量和库管员。系统记录库管员的库管员编码、姓名和级别。一个库管员可以管理多个仓库，每个仓库有一名库管员。一个仓库中可以存放多类衣服，一类衣服可能存放在多个仓库中。

(2) 当库管员发现有一类或者多类服装缺货时，生成采购订单。一个采购订单可以包含多类服装。每类服装可由多个不同的供应商供应，但具有相同的服装编码。采购订单主要记录订单编码、订货日期和应到货日期，并详细记录所采购的每类服装的数量、采购价格和对应的多个供应商。

(3) 系统记录每类服装的各个供应商信息和供应情况。供应商信息包括：供应商编码、供应商名称、地址、企业法人和联系电话。供应情况记录供应商所供应服装的服装类型和服装质量等级。一个供应商可以供应多类服装，一类服装可以由多个供应商供应。库管员根据入库时的服装质量情况，设定或修改每个供应商所供应的每类服装的服装质量等级，用以作为后续采购服装时选择供应商的参考标准。

概念模型设计：

根据需求阶段收集的信息，设计的实体联系图(不完整)如图 7-19 所示。

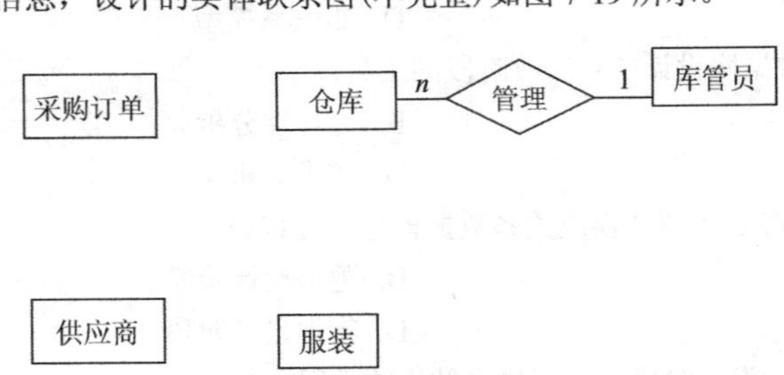

图 7-19　实体联系图

逻辑结构设计：

根据概念模型设计阶段完成的实体联系图，得出如下关系模型(不完整)，即

库管员(______，姓名，级别)；

仓库信息(______，仓库位置，仓库容量)；

服装(服装编码，服装描述，服装类型，尺码，面料，销售价格)；

供应商(______，供应商名称，地址，联系电话，企业法人)；

供应情况(______，服装质量等级)；

采购订单(   )；

采购订单明细(   )。

问题 1：请补充图 7-19 中的联系和联系类型。

问题 2：根据图 7-19，将逻辑结构设计阶段生成的关系模型补充完整，对所有的关系模型用下划线指出各关系模型的主键。

问题 3：如果库管员定期轮流对所有仓库中的服装质量进行抽查，对每个仓库中每类被抽查服装记录一条抽查结果，并且记录抽查的时间和负责抽查的库管员。试根据要求，对图 7-19 进行修改，画出修改后的实体间联系和联系的类型。

第三篇　数据库实现与应用

第 8 章　高级 SQL 编程

通过前面的学习，不仅可以创建数据库，而且已经掌握了通过 SQL 进行数据操作的基本方法。但是面临较复杂的情形时，还是会碰到很多的难题。同时，随着数据库应用的逐渐广泛和不断深入，性能和安全的要求也越来越高。本章在第 4 章的基础上，结合数据完整性等知识，逐步探讨高级的 SQL 编程，重点介绍存储过程和触发器。通过本章的学习，能够对高级 SQL 有整体的认知，能够完整掌握存储过程和触发器的编写方法。

8.1　高级 SQL 基础

第 4 章讲述了 SQL 语句的基本方法，从中了解到 SQL 的强大功能。然而，在复杂的应用场景中，仍然不能满足应用的需求。为此，Microsoft SQL Server 提供 T-SQL(Transact Structured Query Language)，它是符合 ANSI 和 ISO SQL 标准的增强语言；提供顺序、选择和循环三种结构；提供函数、存储过程和触发器等高级特性，极大地扩展了 SQL 的性能和表现力。由此可以实现功能丰富、性能卓越的高级查询和处理程序，极大地扩展数据库的数据处理能力及安全性能。

T-SQL 可以分为四类：①数据定义语言(DDL)，用于定义各种对象，如表、视图等；②数据操作语言(DML)，用于查询和修改对象，这两种语言在第 4 章都介绍过；③数据控制语言(DCL)，用于规定数据库用户的各种权限，如常见的 GRANT 和 REVOKE 等；④数据库事物处理语言，用来保证数据库的完整性，如常见的 COMMIT 和 ROLLBACK 等。

8.1.1　标识符

标识符是用于识别数据库对象而引入的字符串。这些字符串的长度可以达到 128 个，包括字母、数字或者一些特殊的字符(特指 4 个：#，_，@，$)。在 SQL Server 中，标识符有两类：常规标识符和分割标识符。两者的唯一区分是命名的规则不同，下面分别进行探讨。

1. 常规标识符

其命名规则如下所述。

(1) 首字符必须是 Unicode 标准字符集中定义的字母(包括汉字)，特殊符号(#)，下划线符号(_)及 at 符号(@)。注意，原则上可以使用汉字，但是实际应用时不建议使用。

(2) 非首字符除了上述外还可以使用阿拉伯数字(十进制)和美元符号($)。

(3) 不能使用保留字，如果是英文字母，则不区分大小写，如 TEXT 为一个保留字，则 Text、text 等形式都不能作为标识符。

(4) 不允许嵌入其他特殊字符，如空格等。

一般而言，以#开头的标识符代表的对象是一个临时局部对象，而以@开头则表示一个局部变量或者参数。同样，以##开头的标识符代表全局的临时对象，以@@开头的表示全局的对象。

2. 分割标识符

还存在一种特殊的标识符——分割标识符。对于一些不符合上述规定的标识符(如包含空格，或者是保留字和关键字等)，使用特定的符号进行处理，在 SQL Server 中使用双引号“ ”(注意是半角英文状态下的符号，其他地方都是这样)或者方括号[ ]进行分割，如“TEXT”或者[TEXT]都可以。可能有读者会问：可以将常规标识符加上双引号或方括号而成为分割标识符么？当然可以，不过此时一般有画蛇添足的味道。

虽然符合上述规则的都可以作为合法的标识符来使用，但是作为一种良好的习惯，强烈建议标识符尽可能使用能够反映本身意义的表达，如@name 或者@sex，而不是简单地使用@a，也不建议使用汉语拼音，如@xingming，与其这样，还不如直接@姓名呢！正如上面所述，连汉字都不要轻易使用。同时，命名时应尽量简短清晰自然。

8.1.2 变量和数据类型

正如一般的程序设计语言，变量用来存放随程序运行而不断变化的数据。T-SQL 经常使用变量，变量拥有两个属性——名称和类型。名称就是上面讨论的标识符，类型就是数据类型。下面学习数据类型。

1. 数据类型

在 SQL Server 中，数据类型有更加明确的定义，表 8-1 列出常见的数据类型，可以和表 4-6 的内容结合起来，加深对数据类型的理解和认识。

注意，对于 char 型，定义时必须指定最大的长度。赋值时，如果小于最大长度，则用空格填满；如果超过最大长度，则删除多余的字符。与此类似的是 binary 和 varbinary。

同时，对于不同的数据类型，其数据的表现形式也不尽相同。

表 8-1　常见的数据类型

类　型	名　称	说　明
整型	bigint	8 字节，可以存储 -2^{63}~$2^{63}-1$ 的数字
	int	4 字节，可以存储 -2^{31}~$2^{31}-1$ 的数字
	smallint	2 字节，可以存储 -2^{15}~$2^{15}-1$ 的数字
	tinyint	1 字节，可以存储 0~$2^{8}-1$ 的数字
浮点型	real	用于存储 7 位小数的十进制数据，可以存储–3.40E+38~1.79E+38 的数字
	float	用于存储 15 位小数的十进制数据，可以存储–1.79E+308~1.79E+308 的数字
	decimal	用于存储高精度的十进制数据，可以存储 2~17 字节从–1E38~1E38 的数值
	numeric	几乎和 decimal 一样，仅在表格中，可以带有 identity 关键字的列
字符型	char	一个字符占用一个字节，最大可以容纳 8000 个字符
	varchar	和 char 类似，只是占用的长度由实际占用来决定
日期时间型	time	仅表示一个时间，不包含日期信息
	date	仅表示一个日期，不包含时间信息
	datetime	8 字节，可以表示从 1753 年 1 月 1 日到 9999 年 12 月 31 日之间的日期，精确到 1‰秒
	smalldatetime	4 字节，可以表示从 1900 年 1 月 1 日到 2079 年 6 月 6 日之间的日期，精确到分

续表

类型	名称	说明
货币型	money	8 字节，可以存储 $-2^{63}\sim 2^{63}-1$ 而且精度在万分之一货币单位的货币信息
	smallmoney	4 字节，可以存储–214748.3648~+214748.3647 而且精度在万分之一货币单位的货币信息
二进制型	binary	用于存储固定长度的二进制数据，最长为 8000 字节
	varbinary	用于存储可变长度的二进制数据，最长为 8000 字节
逻辑数据型	bit	1 字节，值为 0 时表示 0，其他情况表示 1
文本型	text	可以表示最大长度为 $2^{31}-1$ 的字符串
	ntext	与 text 类似，只是自重的字符为 Unicode 编码，因此容量为 text 的一半
图形型	image	用于存储大量的二进制数据，一般为图形，容量最大为 $2^{31}-1$

1) 整型和浮点型数据

形如 0，4.5，5E-7 等，这是最常见的数学形式。

2) 字符型

凡是用一对单引号括起来的是字符型，如'Hello，T-SQL！'，值得一提的是，如果是“I'm a …”该如何表示呢？当字符串本身含有单引号时，则用两个单引号表示。所以可以用' I''m a …'表达上述信息。

3) 货币型

使用$前导一个数字，可以表示货币型，如$5.03 等。

4) 日期型

一般表达日期为'yyyymmdd'，如'20130101'，表示 2013 年 1 月 1 日，还有其他形式，如'2013-1-1'，' January 1，2013'还有'1/1/2013'等，但是，不同的系统或者系统的时区配置，都将对上述形式产生一些影响。如果在使用的时候出现问题，就将上述的几种形式逐个测试，总有一个或者若干个适合。遇到具体问题再具体分析总是具有指导意义的。

2. 变量

在 SQL Serve 中，变量有两类：局部变量和全局变量。

1) 局部变量

局部变量和一般的程序设计语言类似，是用户在程序中定义的变量，仅在定义的程序范围内有效。局部变量必须以@符号开头。其定义方法如下：

```
declare @name type
```

其中，declare 是关键字，表示声明一个变量；@name 是标识符；type 表示数据类型。注意，有必要时，还要加上长度信息。

对于 declare 和 type，最好全部使用大写。当然，这不影响程序的设计，本书依旧采用小写。

2) 全局变量

全局变量和局部变量几乎一样，唯一的区别在于其名称是以@@开头的标识符，而且其作用域是全局的。一般不自定义全局变量，系统预定义具有特殊意义的全局变量。有兴趣的同学可以查阅相关的书籍和资料。

例 8-1-1 分析如下程序的输出结果。

```
use Students
```

```
go
declare @table datetime
declare @hello varchar(10)
set @table = '20130401'
set @hello = 'I''m a …'
print @table
print @hello
```

程序运行的结果为

```
04 01 2013 12:00AM
I'm a …
```

本例主要演示局部变量的声明、赋值及输出，同时演示日期常量和单引号的使用方法。print 语句在后面专门讨论。

8.1.3 运算符

在 SQL Server 中，除了常规的算术运算符、赋值运算符、按位运算符、比较运算符、逻辑运算符及字符串运算符外，还有独具特色的运算符，其中大部分在 4.3.2 小节中已经说明。本节重点讨论前者。

1. 算术运算符

算术运算符包括加(+)、减(-)、乘(*)、除(/)、取模(%)运算符，这里不再详细讨论。值得一提的是，加(+)可以适用于字符串的运算。

例 8-1-2 分析如下程序的输出结果。

```
use Students
go
print 8.5 % 5.3 + 5 + '7'
print '7' + '8.5 % 5.3 + 5'
```

程序运行的结果为

```
15.2
78.5 % 5.3 + 5
```

注意加号的双重作用，不但可以计算数值，而且可以进行字符串的相连。

2. 赋值运算符

可以利用赋值(=)运算符对一个变量赋值，但是必须配合 set 或者 select 进行。

3. 按位运算符

包括按位“与”(&)、按位“或”(|)、按位“异或”(^)运算符。

4. 比较运算符

包括等于(=)、大于(>)、小于(<)、大于等于(>=)、小于等于(<=)、不等于(<>或!=)运算符。这里不再详细讨论。

例 8-1-3 分析如下程序的输出结果。

```
use Students
go
declare @age1 int
set @age1 = 12 ^ 2
declare @age2 int
set @age2 = 8 | 17
select * from student
where Sage in(@age1,@age2)or Sage > @age1
```

程序运行的结果如图 8-1 所示。

	Sno	Sname	Ssex	Sage	Sdept
1	08001	张力	男	18	cs
2	08002	李丽	女	19	is
3	08003	赵海	男	20	ma
4	08004	张那	女	17	cs
5	08005	刘晨	男	18	is
6	08006	刘丹丹	女	17	ma
7	08007	刘立	男	21	cs
8	08008	王江	男	19	cs
9	08009	高晓	男	20	is
10	08010	张丽	女	19	cs

图 8-1　例 8-1-3 的运行结果

5. 逻辑运算符

逻辑运算符包括 all、and、any、between、exists、in、like、not、or、some 和！（非）。这些是 SQL Server 最具特色的运算符，其功能如表 8-2 所示。

表 8-2　逻辑运算符

运算符	说　明
all	在参与运算中的一组操作数全部为真时，结果才为真
and	如果两个操作数都为真，则结果为真，否则为假
any	在参与运算的一组操作数中，只要有一个为真，结果就为真
between	提供一个范围，在其中就返回真，否则为假
exists	引导一个子查询，当有结果返回时就为真，否则为假
in	如果操作数在列表中，就返回真，否则为假
like	如果匹配模式，就返回真，否则为假
not	操作数为真时结果为假，反之为真
or	只有当两个操作数都为假时，其结果为假，否则为真
some	在参与运算的一组操作数中，只要有一些为真，结果就为真

例 8-1-4　分析如下程序的输出结果。

```
use Students
go
declare @sex char(2)
```

```
set @sex = '女'
select * from student
where Sage >= all (select Sage from student where Ssex = @sex)
and Ssex in(@sex)
set @sex = '男'
select * from student
where Sage >= all (select Sage from student where Ssex = @sex)
and Ssex in(@sex)
```

程序运行的结果如图 8-2 所示。

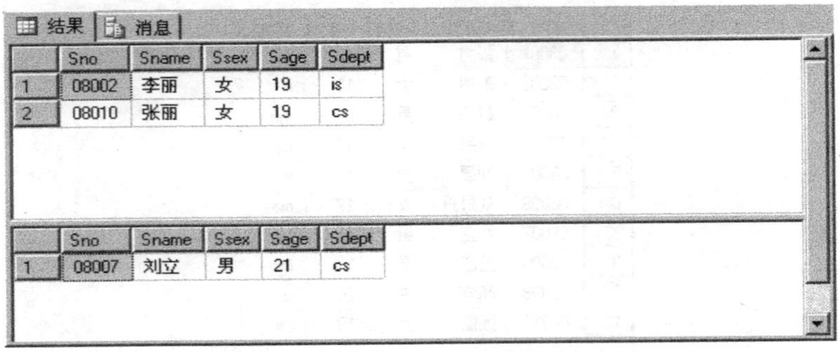

	Sno	Sname	Ssex	Sage	Sdept
1	08002	李丽	女	19	is
2	08010	张丽	女	19	cs

	Sno	Sname	Ssex	Sage	Sdept
1	08007	刘立	男	21	cs

图 8-2　例 8-1-4 的运行结果

本例定义一个字符型变量@sex，先后赋值两次；利用 SQL 语句求出女生和男生年龄组大的学生的信息；利用>= 和 all 运算符。

8.1.4　语句

一般而言，SQL Server 主要有流程控制语句、输出语句和其他语句。

1. 流程控制语句

流程控制语句实现三种程序结构，即顺序、选择和循环。用户由此可以完成功能较为复杂的操作，这是 T-SQL 强大功能的源泉。

1) BEGIN…END 语句

该语句可以将一系列 SQL 语句合并为一组语句，相当于 C 系列语言中的{}。该语句经常出现在选择结构和函数、存储过程和触发器的定义中，而且可以经常嵌套使用，如

```
BEGIN
        语句 1
        语句 2
        …
语句 n
END
```

2) IF…ELSE 语句

该语句实现了选择结构。根据给定的条件，程序可以执行不同的操作和运算，从而实现逻辑上的判断，如

```
IF 条件表达式
    分支 1
```

```
ELSE
    分支 2
```

注意 分支 1 和分支 2 既可以是一条简单语句，也可以是 BEGIN…END 语句。

例 8-1-5 分析如下程序的输出结果。

```
use Students
go
declare @sex char(2)
declare @choose int
set @choose = 1
if(@choose = 2)
   begin
      set @sex = '女'
      select * from student
      where Sage >= all (select Sage from student where Ssex = @sex)
      and Ssex in(@sex)
   end
else
   begin
      set @sex = '男'
      select * from student
      where Sage >= all (select Sage from student where Ssex = @sex)
      and Ssex in(@sex)
   end
```

程序运行的结果如图 8-3 所示。

	Sno	Sname	Ssex	Sage	Sdept
1	08007	刘立	男	21	cs

图 8-3 例 8-1-5 的运行结果

本例在例 8-1-4 的基础上，增加一个开关变量@choose，为 2 时，求解女生中最大年龄的学生信息，否则求解男生中最大年龄的学生信息。可综合使用 BEGIN …END 和 IF…ELSE 语句。当然，可以将 else 分支去掉，这样就变成单分支选择结构。

3) CASE 语句

当分支较多时，固然可以使用 IF …ELSE 语句，但比较麻烦且形式不很优雅，此时可以使用 CASE 语句。不仅如此，SQL Server 提供两种形式的 CASE 语句，使得功能更加灵活和强大。

(1) 简单的 CASE 表达式，其语法格式如下：

```
CASE 表达式
WHEN 条件 1 THEN 结果表达式 1
WHEN 条件 2 THEN 结果表达式 2
…
WHEN 条件 n-1 THEN 结果表达式 n-1
ELSE 结果表达式 n
END
```

例 8-1-6 分析如下程序的输出结果。

```
use Students
```

```
go
declare @sex char(2)
declare @choose int
set @choose = 2
set @sex =
case @choose
   when 2 then '女'
   else '男'
end
select * from student
      where Sage >= all (select Sage from student where Ssex = @sex)
      and Ssex in(@sex)
```

	Sno	Sname	Ssex	Sage	Sdept
1	08002	李丽	女	19	is
2	08010	张丽	女	19	cs

图 8-4　例 8-1-6 的运行结果

程序运行的结果如图 8-4 所示。

(2) 搜索 CASE 表达式，其语法格式如下：

```
case
when 条件 1 then 结果表达式 1
when 条件 2 then 结果表达式 2
…
when 条件 n-1 then 结果表达式 n-1
else 结果表达式 n
end
```

例 8-1-7　分析如下程序的输出结果。

```
use Students
go
select Sname
case
    when Sage < 18 then '小'
    when Sage < 20 then '中'
    else '大'
end as '年纪'
from Students
```

程序运行的结果如图 8-5 所示。

可见，在搜索 CASE 语句中个，条件只要能转为和真和假即可，据此可以轻易地实现等级的求解问题。

4) WHILE 语句

该语句实现循环结构，如

```
WHILE 条件表达式
BEGIN
语句 1
    语句 2
    …
[BREAK]
…
    语句 i
```

	Sname	年纪
1	张力	中
2	李丽	中
3	赵海	大
4	张耶	小
5	刘晨	中
6	刘丹丹	小
7	刘立	大
8	王江	中
9	高晓	大
10	张丽	中

图 8-5　例 8-1-7 的运行结果

```
    …
        [CONTINUE]
        …
        语句n
    END
```

注意 这里的语句既可以是一条简单语句，也可以是 BEGIN …END 语句。

例 8-1-8 分析如下程序的输出结果。

```
use Students
go
declare @i int
declare @j int
declare @text nchar(100)
set @i = 1
set @j = 1
while (1 = 1)
begin
    if(@i >= 10)break
    set @text = ''
    set @j = @i
    while (1 = 1)
    begin
        f(@j < 1)break
        set @text = cast(@j as CHAR(1))+ ' * ' + cast(@i as CHAR(1))+ ' =
                    ' +cast((@i * @j)as CHAR(2))+ ' ' + @text
        et @j = @j - 1
    end
    set @i = @i + 1
    print @text
end
```

程序运行的结果如图 8-6 所示。

```
1*1=1
1*2=2  2*2=4
1*3=3  2*3=6  3*3=9
1*4=4  2*4=8  3*4=12 4*4=16
1*5=5  2*5=10 3*5=15 4*5=20 5*5=25
1*6=6  2*6=12 3*6=18 4*6=24 5*6=30 6*6=36
1*7=7  2*7=14 3*7=21 4*7=28 5*7=35 6*7=42 7*7=49
1*8=8  2*8=16 3*8=24 4*8=32 5*8=40 6*8=48 7*8=56 8*8=64
1*9=9  2*9=18 3*9=27 4*9=36 5*9=45 6*9=54 7*9=63 8*9=72 9*9=81
```

图 8-6 例 8-1-8 的运行结果

5) BREAK、CONTINUE 及 RETURN 语句

在 WHILE 语句的学习中，已经了解了 BREAK 和 CONTINUE 语句，前者为跳出本层循环，后者是跳出本次循环。RETURN 语句则用于从过程、批处理或语句块中无条件退出。

6) WAITFOR 语句

WAITFOR 语句称为延迟语句，设定在达到指定时间或时间间隔之前，或者指定语句至

少修改或返回一行之前，阻止执行批处理、存储过程或事务。其语法格式为

```
WAITFOR
{ DELAY 'time_to_pass'     -- 设定等待时间
| TIME 'time_to_execute'  -- 设定等待某一时刻
}
```

值得注意的是，执行 WAITFOR 语句时，事务正在运行，并且其他请求不能在同一事务下运行。WAITFOR 不更改查询的语义。如果查询不能返回任何行，WAITFOR 一直等待，或等到满足 TIMEOUT 条件(如果已指定)时。

例 8-1-9 分析如下程序的输出结果。

```
use Students
go
declare @i int
declare @j int
declare @text nchar(100)
set @i = 1
set @j = 1
while (1 = 1)
begin
     if(@i >= 10)break
     set @text = ' '
     set @j = @i
     while (1 = 1)
     begin
        if(@j < 1)break
        set @text = cast(@j as CHAR(1))+ ' * ' + cast(@i as CHAR(1))+ ' =
                     ' + cast((@i * @j)as CHAR(2))+ ' ' + @text
        set @j = @j - 1
     end
     set @i = @i + 1
     print @text
     waitfor delay '0:0:3'
end
```

程序运行的结果如图 8-7 所示。

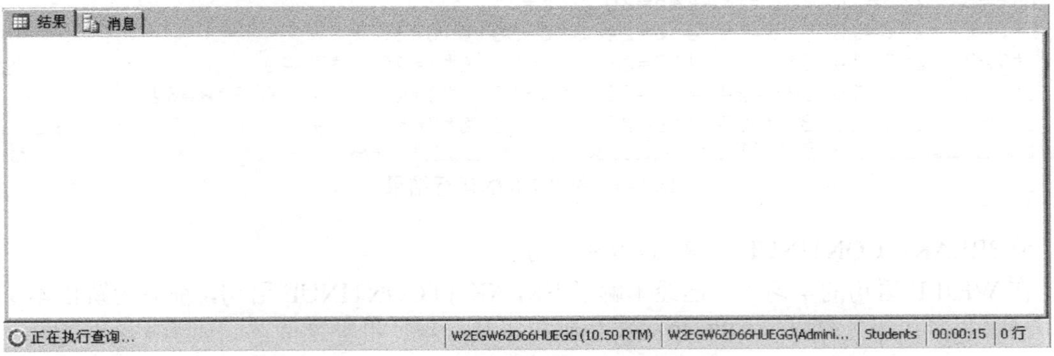

图 8-7　例 8-1-9 的运行结果

2. 输出语句

T-SQL 提供 PRINT 语句返回并显示信息，如

```
PRINT 表达式
```

该语句由第 1 例开始使用，不再专门演示。

8.1.5 注释

注释是为了增强程序的可读性和可维护性而引入的不影响代码的文本信息，主要包括程序开发者、时间信息、常量变量的意义，以及语句、函数、存储过程、触发器等的功能描述信息，是良好程序设计必不可少的部分。注释是衡量编码优劣的重要标准之一。SQL Server 支持两种注释方式。

1. 单行注释方式

形如--注释内容，即以--引导的文本信息，直到行结束为止。

2. 多行注释方式

形如 /* 注释内容 */，即以/*　*/标定的文本信息。凡是在其中的任何信息都视为注释。

例 8-1-10　本例利用注释对代码进行说明，增强其可读性。

```
use Students
go
/***************************************
 *        打印九九乘法表               *
 ***************************************/
 --声明行列，以及运算结果信息的变量
declare @i int
declare @j int
declare @text nchar(100)
set @i = 1
set @j = 1
-- 开始打印
while (1 = 1)
begin
    if(@i >= 10)break                          --利用 break 进行循环的跳出
    set @text = ''                             --初始化结果变量
    set @j = @i
    while (1 = 1)
    begin
       if(@j < 1)break
       --记录一行的信息
       set @text = cast(@j as CHAR(1))+ ' * ' + cast(@i as CHAR(1))+ ' =
                 ' + cast((@i * @j)as CHAR(2))+ ' ' + @text
       --修改内层循环计数
       set @j = @j - 1
    end
```

```
        --修改外层循环计数
        set @i = @i + 1
        --打印一行信息
        print @text
        --利用 waitfor 语句进行延时，仅演示 waitfor 语句的使用
        waitfor delay '0:0:3'
    end
```

8.1.6 函数

和其他语言一样，T-SQL 也提供处理数据的功能模块——函数。函数的目标是返回一个值。大多数函数都返回一个标量值，标量值代表一个数据单元或一个简单值。实际上，函数可以返回任何数据类型，如表、游标等，这些都是包含多行结果集的类型。

在 SQL Server 中，函数分为内置函数和自定义函数。顾名思义，内置函数就是系统已经实现的函数，每一个内置函数都是为了完成其特定功能；自定义函数是为了增强 SQL 的表现能力，允许用户为了某种特定功能模块而设计的特定的函数。

1. 内置函数

SQL Server 提供功能丰富的函数，表 8-3 列出了全部的函数类别。

表 8-3 T-SQL 的函数

函数类别	作　用
聚合函数	执行的操作是将多个值合并为一个值，如 COUNT、SUM、MIN 和 MAX
配置函数	是一种标量函数，可返回有关配置设置的信息
转换函数	将值从一种数据类型转换为另一种
加密函数	支持加密、解密、数字签名和数字签名验证
游标函数	返回有关游标状态的信息
日期时间函数	可以获得和更改日期和时间的值
数学函数	执行三角、几何和其他数字运算
元数据函数	返回数据库和数据库对象的属性信息
排名函数	是一种非确定性函数，可以返回分区中每一行的排名值
行集函数	返回可在 T-SQL 语句中表引用所在位置使用的行集
安全函数	返回有关用户和角色的信息
字符串函数	可更改 char、varchar、nchar、nvarchar、binary 和 varbinary 的值
系统函数	对系统级的各种选项和对象进行操作或报告
系统统计函数	返回有关 SQL Server 性能的信息
文本和图像函数	可更改 text 和 image 的值

本书中不可能也没有必要将所有的函数进行详细的分析，在此着重介绍 6 种常见的函数。

1) 聚合函数

聚合函数应用特定的聚合操作并返回一个标量值(单一值)。返回的数据类型对应于该列或传递到函数中。聚合函数可以在 SELECT 查询中使用。表 8-4 给出常见的聚合函数。

表 8-4　聚合函数

名称	作　用
Count	返回组中项目的数量
Avg	返回组中的平均值，null 值被忽略
Max	返回表达式的最大值，忽略 null 值
Min	返回表达式的最小值，忽略 null 值
Sum	返回表达式所有值的和，或只返回 distinct 值；只能用于数字列，null 值被忽略

例 8-1-11　分析如下程序的输出结果。

```
use Students
go
declare @sex char(2)
declare @choose int
set @choose = 1
--根据@choose 得到具体的性别
if(@choose = 2)
   begin
      set @sex = '女'
   end
else
   begin
      set @sex = '男'
   end
-- 利用 Max 聚集函数求解，和 >= any 等价
select *
from student
where Sage = (select Max(Sage)from student where Ssex = @sex)
   and Ssex in(@sex)
```

程序运行的结果如图 8-8 所示。

本例是对例 8-1-5 的等价转化，利用 Max 聚集函数实现，而且相对于例 8-1-5，这样的程序设计更加简洁清晰。不过，例 8-1-5 重点是演示 BEGIN…END 的使用方法。

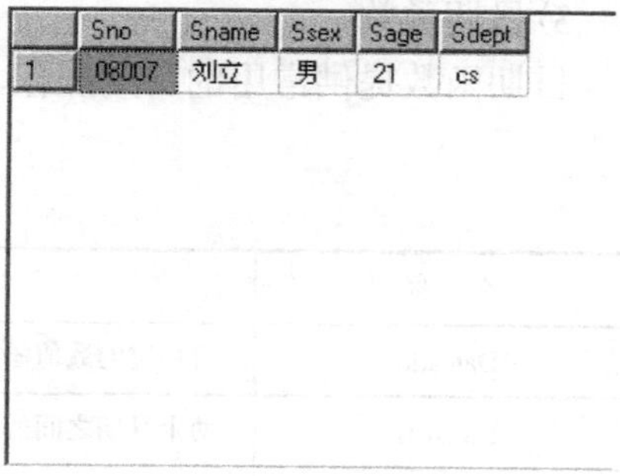

图 8-8　例 8-1-11 的运行结果

2) 字符串函数

字符串函数提供常用的字符串的基本操作，见表 8-5。

表 8-5　字符串函数

名　称	作　用
CharIndex	用来寻找一个指定的字符串在另一个字符串中的位置
Len	返回传递给它的字符串长度
Upper	把传递给它的字符串转换为大写
Ltrim	清除字符左边的空格
Rtrim	清除字符右边的空格
Right	从字符串中返回指定数目的字符
Replace	替换一个字符串中的字符
Stuff	在一个字符串中，删除指定长度的字符，并在该位置插入一个新的字符串

例 8-1-12　分析如下程序的输出结果。

```
use Students
go
--使用字符串函数求解第一个字符
select *
from student
where Left(Sname,1)= '李'
--使用 like 运算符进行匹配
select *
from student
where Sname like '李%'
```

程序运行的结果如图 8-9 所示。

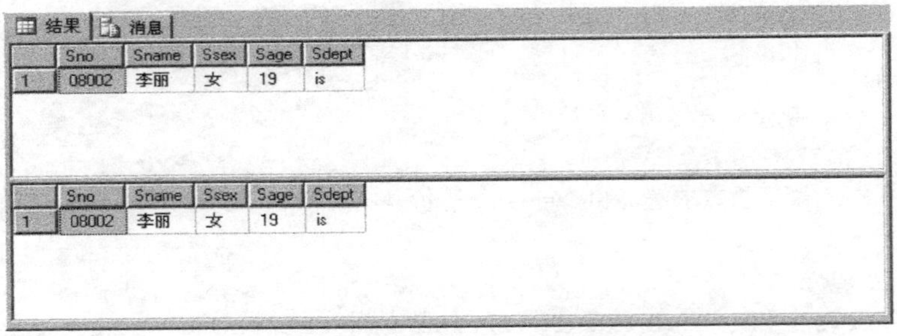

图 8-9　例 8-1-12 的运行结果

3) 日期函数

日期函数提供常用的日期操作，详见表 8-6。

表 8-6　日期函数

名　称	作　用
Dateadd	将指定的数值添加到指定的日期部分后的日期
Datediff	两个日期之间的指定日期部分的区别
Datename	日期中指定日期部分的字符串形式

续表

名　称	作　用
Datepart	日期中指定日期部分的整数形式
Getdate	取得当前系统日期
Day	返回以整数表示的 datetime 或 smalldatetime 类型值的日
Month	返回以整数表示的 datetime 或 smalldatetime 类型值的月
Year	返回以整数表示的 datetime 或 smalldatetime 类型值的年
SYSDATETIME	取得当前系统日期，但是以 SQL Server 2008 新的 datetime2 数据类型返回
SYSUTCDATETIME	使用服务器上的时区设置来求出 UTC 时间，以 SQL Server 2008 新的 datetime2 数据类型返回
DATENAME	返回一个包含描述性文字的字符串
GETUTCDATE	使用服务器上的时区设置来求出 UTC 时间

4) 数学函数

数学函数如表 8-7 所示。

表 8-7　数学函数

名　称	作　用
ABS( )	返回一个数的绝对值
ACOS( )	计算一个角的反余弦值，以弧度表示
ASIN( )	计算一个角的反正弦值，以弧度表示
ATAN( )	计算一个角的反正切值，以弧度表示
ATN2( )	计算两个值的反正切，以弧度表示
CEILING( )	返回大于或等于一个数的最小整数
COS( )	计算一个角的余弦值，以弧度表示
COT( )	计算一个角的余切值，以弧度表示
DEGREES( )	将一个角从弧度转换为角度
EXP( )	指数运算
FLOOR( )	返回小于或等于一个数的最大整数
LOG( )	计算以 2 为底的自然对数
LOG10( )	计算以 10 为底的自然对数
PI( )	返回以浮点数表示的圆周率
POWER( )	幂运算
RADIANS( )	将一个角从角度转换为弧度
RAND( )	返回以随机数算法算出的一个小数，可以接收一个可选的种子值
ROUND( )	对一个小数进行四舍五入运算，使其具备特定的精度
SIGN( )	根据参数是正还是负，返回–1 或者 1
SIN( )	计算一个角的正弦值，以弧度表示
SQRT( )	返回一个数的平方根
SQUARE( )	返回一个数的平方
TAN( )	计算一个角正切的值，以弧度表示

5) 转换函数

数据类型转换可以通过 CAST 和 CONVERT 函数来实现。在大多数情况下，这两个函数是重叠的，反映 SQL 的演化历史。这两个函数的功能相似，不过它们的语法不同。虽然并非所有类型的值都能转变为其他数据类型，但总的来说，任何可以转换的值都可以用简单的函数实现转换。

CAST 函数的参数是一个表达式，它包括用 AS 关键字分隔的源值和目标数据类型。例如，“CAST ('123' AS int)”实现了将字符串转化为数字的功能。

CONVERT 对于简单类型转换和 CAST 函数的功能相同，只是语法不同，如通过“CONVERT (int，'123')”同样达到将字符串转化为数字的目的。CONVERT 函数的优点是可以格式化日期和数值。它需要两个参数：第 1 个是目标数据类型，第 2 个是源数据。CONVERT 函数还具有一些改进的功能，它可以返回经过格式化的字符串值，并且可以把日期值格式化成很多形式。

例 8-1-13 分析如下程序的输出结果。

```
use Students
-- 求解指定的天数后的日期，其中天数是随机产生的 0~99 之间的数字
go
declare @add int
set @add = RAND()* 100
declare @today datetime
set @today = dateadd(day,@add,GETDATE())
print cast(@add as char(3))+ '天之后是' + cast(year(@today)as char(4))+ '
   年' + cast(month(@today)as char(2))+ '月' +
   cast(day(@today)as char(2))+ '日'
```

程序某一次运行的结果如图 8-10 所示。

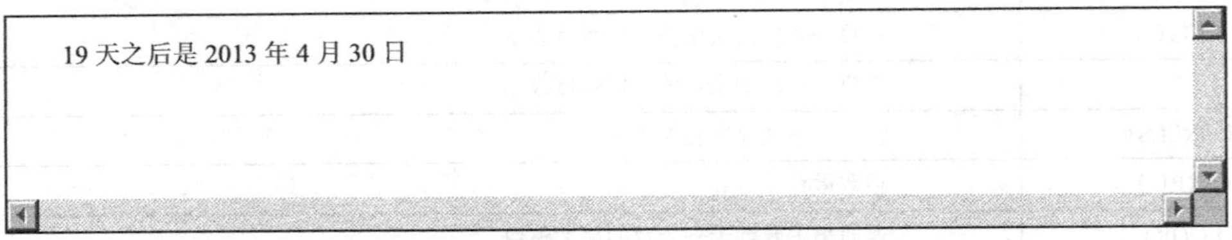

图 8-10　例 8-1-13 的运行结果

6) 系统函数

系统函数用于返回有关 SQL Server 系统、用户、数据库和数据库对象的信息。系统函数可以让用户在得到信息后，使用条件语句，根据返回的信息进行不同的操作。与其他函数一样，可以在 SELECT 语句的 SELECT、WHERE 子句及表达式中使用系统函数。

2. 用户自定义函数

用户自定义函数不能用于执行一系列改变数据库状态的操作，但它可以像系统函数一样在查询或存储过程等的程序段中使用，也可以像存储过程一样通过 EXECUTE 命令来执行。在 SQL Server 中，根据函数返回值形式将用户自定义函数分为三种类型。

1) 标量函数

标量函数返回一个确定类型的标量值，即单一值，其返回值类型为除 TEXT、NTEXT、

IMAGE、CURSOR、TIMESTAMP 和 TABLE 类型外的其他数据类型。函数体语句定义在 BEGIN…END 语句内。在 RETURNS 子句中定义返回值的数据类型，并且函数的最后一条语句必须为 RETURN 语句。创建标量函数的格式：

```
Create Function 函数名(参数)
Returns 返回值数据类型
[With {Encryption|Schemabinding}]
[AS]
BEGIN
SQL 语句(必须有 RETURNS 子句)
END
```

下面用一个标量函数实现例 8-1-13 的功能。

例 8-1-14 利用标量函数重新实现例 8-1-13 的功能。

```
use Students
-- 定义一个标量函数，返回参数中指定天数后的日期
go
Create Function GetSomeDayFromToday(@add int)
RETURNS char(20)
as
BEGIN
    declare @today datetime
    set @today = dateadd(day,@add,GETDATE())
    RETURN cast(@add as char(3))+ '天之后是' + cast(year(@today)as char(4))+
           '年' + cast(month(@today)as char(2))+ '月' +cast(day(@today)as
           char(2))+ '日'
END
go
--求解 n 天后的日期，n 是随机产生的
declare @add int
set @add = RAND()* 100
print [Students].[dbo].GetSomeDayFromToday(@add)
```

注意 本例只有第一次可以完美运行，因为每运行一次就创建一个同名的函数，因此应该将调用的语句和创建的语句分开。

2) 内联表值函数

内联表值型函数以表的形式返回一个返回值，即它返回的是一个表。内联表值型函数没有由 BEGIN…END 语句括起来的函数体。其返回的表由一个位于 RETURNS 子句中的 SELECT 命令从数据库中筛选出来。内联表值型函数功能相当于一个参数化的视图。其语法格式为

```
Create Function 函数名(参数)
RETURNS table
[With {Encryption|Schemabinding}]
AS
RETURN(一条 SQL 语句)
```

从语法上讲，标量函数和内联表值函数的结构十分类似，只是返回类型不同，因为内联

表值函数的函数体只能是一条 SQL 语句，因此就没有必要使用 BEGIN…END 语句。在数据库中，没有“必要”往往等同于“禁止”。所以，千万不加上 BEGIN…END。

例 8-1-15 分析如下程序的输出结果。

```
use Students
-- 定义一个内联表值函数，返回特定年龄的学生信息
go
Create Function GetStudentFromAge(@age int)
RETURNS table(Sname char(8),Sage int)
as
RETURN select * from Student where Sage = @age
go
--利用内联表值函数求解 17 岁的学生信息
select * from students.dbo.GetStudentFromAge(17)
```

	Sno	Sname	Ssex	Sage	Sdept
1	08004	张那	女	17	cs
2	08006	刘丹丹	女	17	ma

图 8-11 例 8-1-15 的运行结果

程序运行的结果如图 8-11 所示。

3) 多语句表值函数

标量函数和内联表值函数的优劣：前者可以描述很复杂的功能，更类似于一般程序设计语言中的函数；后者虽然可以返回一个表，但是其函数体有很大的限制，这就决定其不能完成复杂的功能。有没有融合两者优点的函数？有，这就是多语句表值函数，可以将其看作标量函数和内联表值函数的结合体。它的返回值是一个表，但它和标量型函数一样有一个用 BEGIN…END 语句括起来的函数体，返回值表中的数据是由函数体中的语句插入的。由此可见，它可以进行多次查询，对数据进行多次筛选与合并，弥补内联表值函数的不足。其定义语法为

```
Create Function 函数名(参数)
RETURNS 表变量名 ( 表变量字段定义 )
[With {Encryption|Schemabinding}]
AS
BEGIN
SQL 语句
RETURN
END
```

例 8-1-16 分析如下程序的输出结果。

```
use Students
-- 定义一个内联表值函数，返回特定年龄的学生信息
go
Create Function GetNameandAgeFromAge(@age int)
RETURNS @newtable table(Sname char(8),Sage int)
as
begin
    insert into @newtable
    select Sname,Sage from Student where Sage = @age
```

```
        return
    end
    go
    --利用内联表值函数求解 17 岁的学生信息
    select * from students.dbo.GetNameandAgeFromAge(17)
```

程序运行的结果如图 8-12 所示。

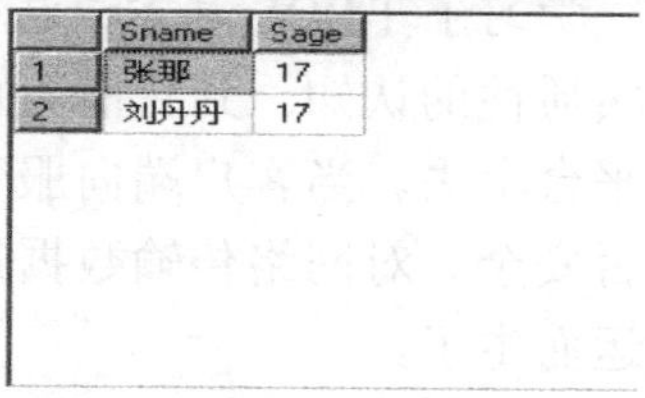

	Sname	Sage
1	张那	17
2	刘丹丹	17

图 8-1-12　例 8-1-16 的运行结果

函数具有非常实用的功能，尤其是在查询中，函数更显得灵活而强大，几乎能够完全融入到常规的 SQL 语句中。

最后，可以利用 DROP FUNCTION 语句删除已定义的函数。例如，drop function GetNameandAgeFromAge 即可删除 GetNameandAgeFromAge 函数。

当然，也可以通过企业管理器(SQL Server Management Studio，SSMS)进行删除，如图 8-13 所示，通过右键就可以删除。

通过图 8-13，自定义函数不仅可以删除，而且可以修改。实际上，只需将 CREATE 替换成 ALTER，就可以通过 T-SQL 进行修改，这里不再演示。

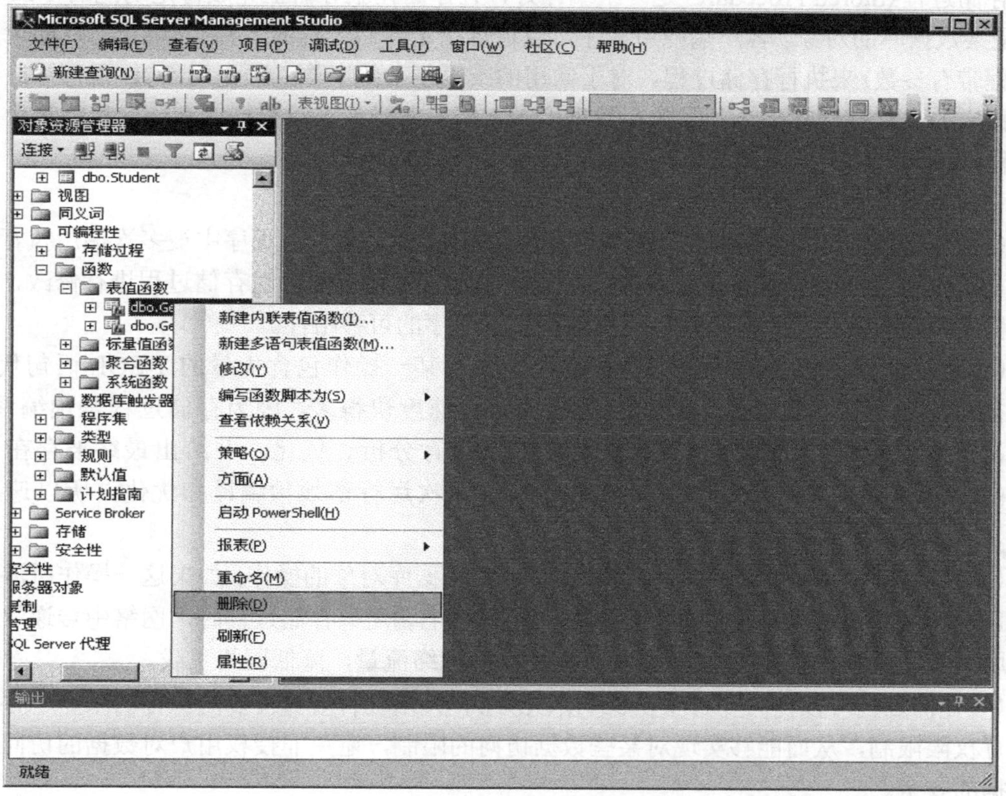

图 8-13　定位、删除自定义的函数

8.1.7　批处理

批处理是包含若干个 T-SQL 语句的组，从应用程序一次发送到 SQL Server 执行。实际上，一个批处理就是一个可执行单元，批处理是以 GO 作为结束标志的。例 8-1-15~8-1-17 都很好地利用了批处理。

8.2 存 储 过 程

学习了 T-SQL 基本语法，尤其是能够自定义函数后，会对 SQL Server 提供的强大功能有实质性的认知。到目前为止，本书还停留在本地机上，还没有将对数据库的认识放到网络平台上去。当客户端向服务器端发起请求后，数据库将会怎样？处理的效率如何？数据是否安全？对网络传输数据量的大小控制如何？这都是要考虑的问题。就这样，存储过程应运而生了。

8.2.1 概念和分类

本小节重点讨论什么是存储过程，以及其分类情况。

1. 概念

存储过程(Stored Procedure)是一组编译好，且存储在服务器上完成特定功能的 T-SQL 代码，是某数据库的对象。客户端应用程序可以通过指定存储过程的名称并给出参数(如果该存储过程带有参数)来执行存储过程。对于常用的或很复杂的工作，预先用 SQL 语句写好并用一个指定的名称存储起来，并且放在数据库中，用户发送请求时根据实际情况执行符合条件的过程(编译后的)。

总的说来，存储过程具有如下优点。

(1) 存储过程允许标准组件式编程。存储过程创建后，可以在程序中被多次调用执行，而不必重新编写该存储过程的 SQL 语句。数据库专业人员可以随时对存储过程进行修改，但对应用程序源代码却毫无影响，从而极大地提高了程序的可移植性。

(2) 存储过程能够实现较快的执行速度。如果某一操作包含大量的 T-SQL 语句代码，分别被多次执行，那么存储过程比批处理的执行速度快得多。因为存储过程是预编译的，在首次运行一个存储过程时，查询优化器对其进行分析、优化，并给出最终被存在系统表中的存储计划。对于批处理的 T-SQL 语句，每次运行都须预编译和优化，所以速度慢一些。

(3) 存储过程减轻网络流量。对于同一个针对数据库对象的操作，如果这一操作所涉及的 T-SQL 语句被组织成一存储过程，那么当在客户机上调用该存储过程时，网络中传递的只是该调用语句，否则产生多条 SQL 语句，从而减小网络流量，降低网络负载。

(4) 存储过程可被作为一种安全机制来充分利用。系统管理员可以对执行的某一个存储过程进行权限限制，从而能够实现对某些数据访问的限制，避免非授权用户对数据的访问，保证数据的安全。

2. 分类

在 SQL Server 中，存储过程分为五类：系统存储过程、本地存储过程、临时存储过程、远程存储过程和扩展存储过程。

(1) 系统存储过程。系统提供的存储过程，形如 sp_*，sp_rename。它们定义在系统数据 master 中，允许系统管理员执行修改系统表的数据管理任务，可以在任何一个数据库中执行。

(2)本地存储过程。主要包含用户数据中创建的存储过程，完成用户指定的数据库操作，其命名不能以 sp_开头。

(3)临时存储过程。本质上属于本地存储过程，只是命名时冠以#或者##，就分别成为局部临时存储过程和全部临时存储过程。

(4)扩展存储过程。SQL Server 环境之外的动态链接库(DLL)，形如 sp_*，使用时先加载到 SQL Server 中，并且按照使用存储过程的方法应用。

(5)远程存储过程。从远程服务器上调用的存储过程。

8.2.2 定义存储过程

在 SQL Server 中，可以使用 T-SQL 和 SSMS 两种方式来定义存储过程。

1. 使用 T-SQL

使用 T-SQL 语法如下：

```
CREATE PROC[EDURE] procedure_name [ ; number ]
[ { @parameter data_type }
[ VARYING ] [ = default ] [ OUTPUT ]
] [ ,…n ]
[ WITH
{ RECOMPILE | ENCRYPTION | RECOMPILE , ENCRYPTION } ]
[ FOR REPLICATION ]
AS sql_statement [ …n ]
```

下面详细探讨其中的各个细节。

(1)procedure_name：新存储过程的名称。过程名必须符合标识符规则，且对于数据库及其所有者必须唯一。为创建局部临时过程，可以在 procedure_name 前面加一个编号符(#procedure_name)，为创建全局临时过程，可以在 procedure_name 前面加两个编号符(##procedure_name)。完整的名称(包括 # 或 ##)不能超过 128 个字符。

(2);number：可选的整数，用来对同名的过程分组，以便用一条 DROP PROCEDURE 语句即可将同组的过程一起除去。例如，名为 orders 的应用程序使用的过程可以命名为 orderproc;1、orderproc;2 等。DROP PROCEDURE orderproc 语句除去整个组。

(3)@parameter：存储过程中的参数。在 CREATE PROCEDURE 语句中可以声明一个或多个参数。用户必须在执行过程时提供每个所声明参数的值(除非定义该参数的默认值)。

正如在 8.1.1 小节中讨论的那样，使用符号@作为第一个字符来指定参数名称。参数名称必须符合标识符的规则。每个过程的参数仅用于该过程；相同的参数名称可以用在其他过程中。在默认情况下，参数只能代替常量，而不能用于代替表名、列名或其他数据库对象的名称。

(4)data_type：参数的数据类型。所有数据类型(包括 text、ntext 和 image)均可以用作存储过程的参数。不过，cursor 数据类型只能用于 OUTPUT 参数。如果指定的数据类型为 cursor，必须同时指定 VARYING 和 OUTPUT 关键字。

(5)VARYING：指定作为输出参数支持的结果集(由存储过程动态构造，内容可以变化)。

仅适用于游标参数。

(6) =default：参数的默认值。如果定义默认值，则不必指定该参数的值即可执行过程。默认值必须是常量或 NULL。如果存储过程对该参数使用 LIKE 关键字，那么默认值可以包含通配符(*、_、[ ] 和 [^])。

(7) OUTPUT：表明参数是返回参数。该选项的值可以返回给 EXEC[UTE]。OUTPUT 参数可将信息返回给调用过程。text、ntext 和 image 参数可用作 OUTPUT 参数。使用 OUTPUT 关键字的输出参数可以是游标占位符。

(8) n：表示最多可以指定 2100 个参数的占位符。

(9) {RECOMPILE | ENCRYPTION | RECOMPILE，ENCRYPTION}：RECOMPILE 表明 SQL Server 不会缓存该过程的计划，该过程在运行时重新编译。在使用非典型值或临时值而不希望覆盖缓存在内存中的执行计划时，使用 RECOMPILE 选项。ENCRYPTION 表示 SQL Server 加密 syscomments 表中包含 CREATE PROCEDURE 语句文本的条目。ENCRYPTION 可防止将过程作为 SQL Server 复制的一部分发布。

(10) FOR REPLICATION：指定不能在订阅服务器上执行为复制创建的存储过程。使用 FOR REPLICATION 选项创建的存储过程可用作存储过程筛选，且只能在复制过程中执行。本选项不能和 WITH RECOMPILE 选项一起使用。

(11) AS：指定过程待执行的操作。

(12) sql_statement：过程中包含的任意数目和类型的 Transact-SQL 语句，但有一些限制。

(13) n：表示此过程可以包含多条 Transact-SQL 语句的占位符。

例 8-2-1 分析如下程序的输出结果。

```
use Students
-- 定义一个存储过程，返回特定年龄的学生信息
go
CREATE PROCEDURE GetInfOfStudentByAge
@age int
AS
select * from Student where Sage = @age
go
execute GetInfOfStudentByAge 17
```

程序运行的结果如图 8-14 所示。

	Sno	Sname	Ssex	Sage	Sdept
1	08004	张那	女	17	cs
2	08006	刘丹丹	女	17	ma

图 8-14 例 8-2-1 的运行结果

创建和使用存储过程是比较简单的，而且使用起来也比较方便。相对于函数，有三点需注意：

(1) 参数。函数的参数需要括号括起来，而存储过程的绝不允许。

(2) 名称。自定义函数需要数据库名称，而存储过程不需要。

(3) 返回值。函数必须有返回值，而存储过程一定没有返回值。

2. 使用 SSMS

通过 SSMS 可以方便地创建：存储过程进入对象资源管理，然后定位到 Students 数据库，

如图 8-15 所示。单击“新建”按钮后，进入图 8-16。图 18-16 提供良好的编程环境，只需按照提示进行编写即可。

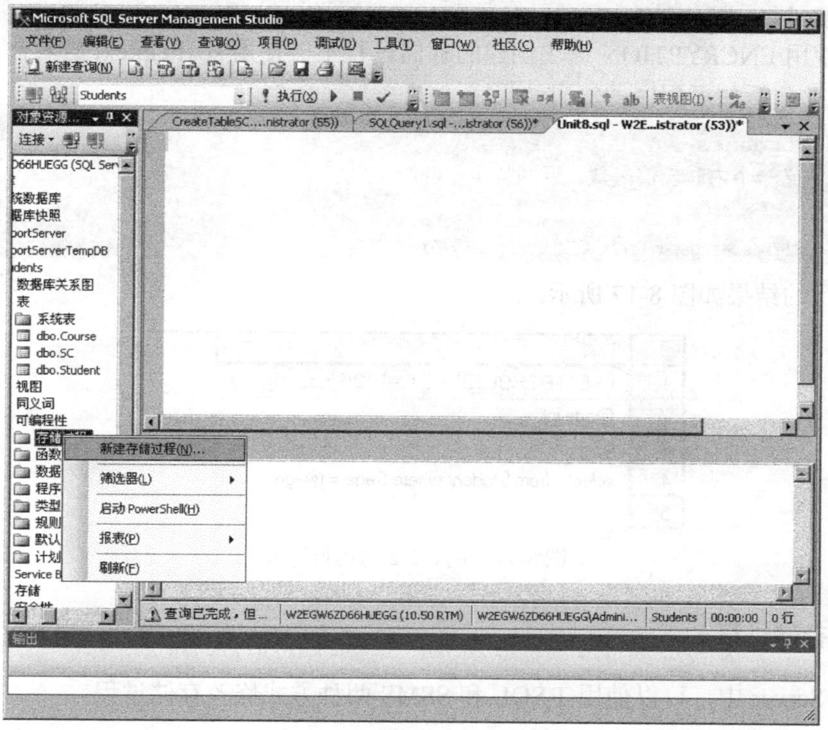

图 8-15 “新建存储过程”界面

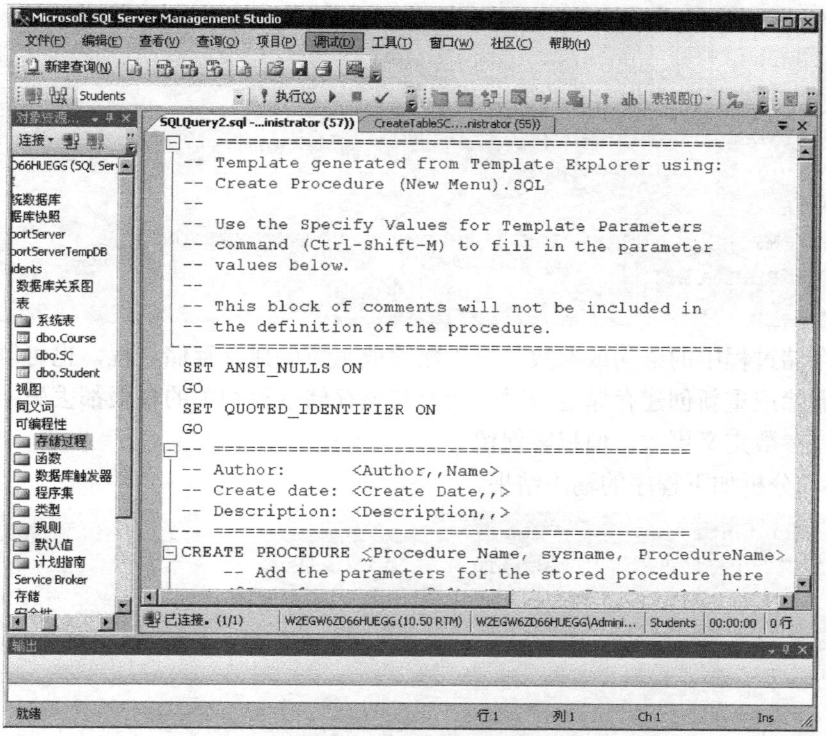

图 8-16 新建存储过程的编辑区

为显示用来创建过程的文本，可在存储过程所在的数据库中执行 sp_helptext，并使用过程名作为参数：

```
sp_helptext [[@objname=]存储过程名]
```

当然，使用 ENCRYPTION 选项创建的存储过程不能使用 sp_helptext 查看。

例 8-2-2 分析如下程序的输出结果。

```
use Students
-- 定义一个内联表值函数，返回特定年龄的学生信息
go
sp_helptext GetInfOfStudentByAge
```

程序运行的结果如图 8-17 所示。

	Text
1	CREATE PROCEDURE GetInfOfStudentByAge
2	@age int
3	AS
4	select * from Student where Sage = @age
5	

图 8-17 例 8-2-2 的运行结果

8.2.3 修改存储过程

在 SQL Server 中，可以使用 T-SQL 和 SSMS 两种方式修改存储过程。

1. 使用 T-SQL

修改存储过程使用语句 ALTER PROCEDURE 来完成，其语法格式为：

```
ALTER PROC [ EDURE ] procedure_name [ ; number ]
[ { @parameter data_type }
[ VARYING ] [ = default ] [ OUTPUT ]
] [ ,…n ]
[ WITH
{ RECOMPILE | ENCRYPTION | RECOMPILE , ENCRYPTION } ]
[ FOR REPLICATION ]
AS sql_statement [ …n ]
```

为更改存储过程中的语句或参数，可以删除或重新创建该存储过程，也可以直接修改该存储过程。删除或重新创建存储过程时，所有与该存储过程相关的权限都丢失；修改存储过程时，过程或参数定义更改，但权限保留。

例 8-2-3 分析如下程序的输出结果。

```
use Students
-- 定义一个存储过程，返回超过指定年龄的学生信息
go
ALTER PROCEDURE GetInfOfStudentByAge
@age int
AS
select * from Student where Sage >= @age
```

```
go
execute GetInfOfStudentByAge 17
```

本程序是对 GetInfOfStudentByAge 存储过程的修改，程序运行的结果如图 8-18 所示。

	Sno	Sname	Ssex	Sage	Sdept
1	08001	张力	男	18	cs
2	08002	李丽	女	19	is
3	08003	赵海	男	20	ma
4	08004	张那	女	17	cs
5	08005	刘晨	男	18	is
6	08006	刘丹丹	女	17	ma
7	08007	刘立	男	21	cs
8	08008	王江	男	19	cs
9	08009	高晓	男	20	is
10	08010	张丽	女	19	cs

图 8-18　例 8-2-3 的运行结果

2. 使用 SSMS

利用和创建存储过程类似的方法可以进行修改操作,此处不再赘述。其界面如图 8-19 所示。

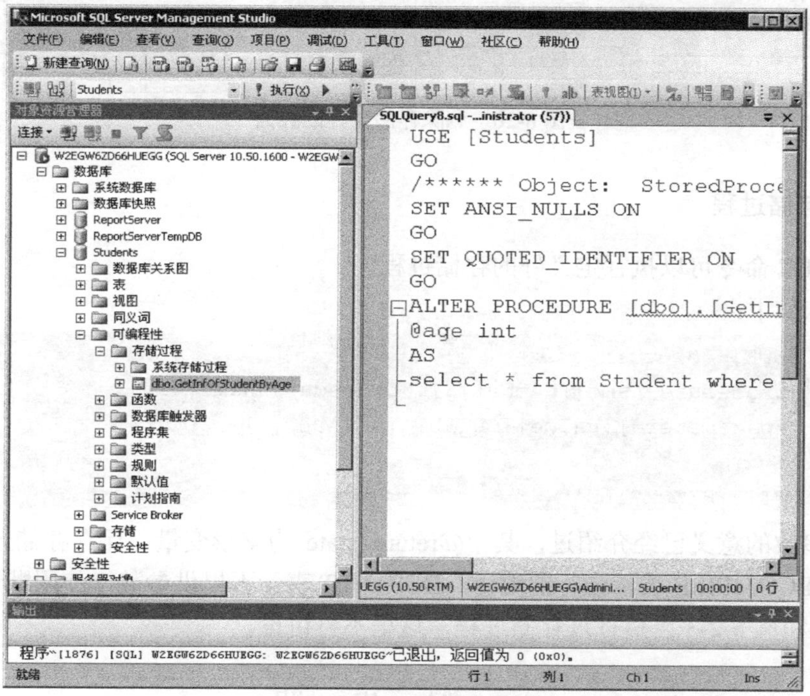

图 8-19　修改存储过程的界面

使用 DROP PROCEDURE procedure_name 语句来删除存储过程。注意：分组的情况下，将删除整个组。

例 8-2-4　使用 T-SQL 语句删除存储过程。

```
use Students
go
drop PROCEDURE GetInfOfStudentByAge
```

本程序删除存储过程 GetInfOfStudentByAge，也可以通过 SSMS 删除，如图 8-20 所示。选择“删除”命令后弹出一个窗口，单击“确定”按钮即可删除存储过程 GetInfOfStudentByAge。

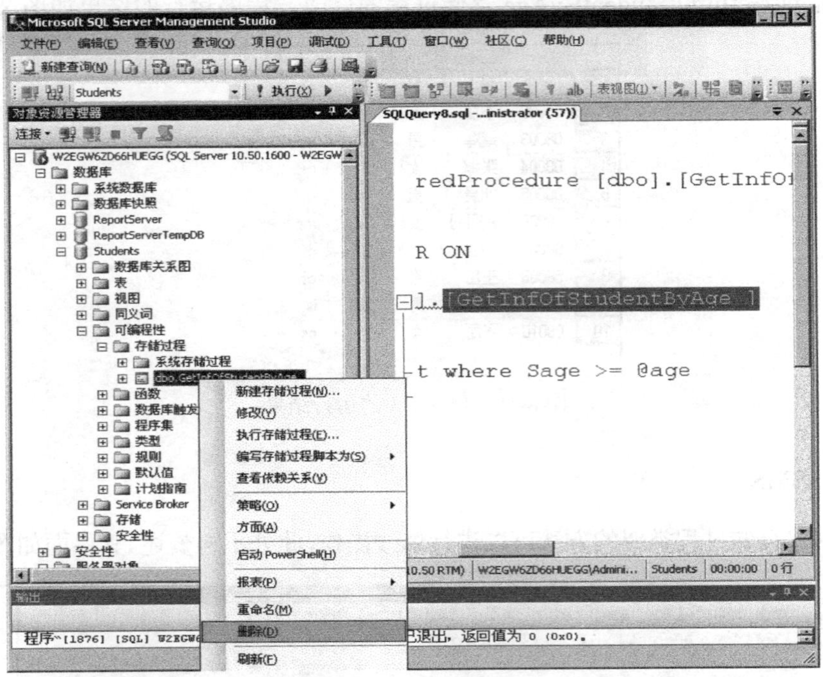

图 8-20　删除存储过程的界面

8.2.4　执行存储过程

通过 EXEC 命令可以执行定义好的存储过程。

具体语法如下：

```
EXEC[UTE] [@return_state=]
    {procedure_name[;number] | @procedure_name_var}
    [@parameter=]{value|[OUTPUT|[DEFAULT]]}
    [,…n]
    [WITH RECOMPILE]
```

大部分参数的意义已经介绍过，其中@return_state 为整形变量，保存存储过程的返回状态，WITH RECOMPILE 表示强行的编译。DEFAULT 表示不提供参数，使用默认的参数。

例 8-2-1 和例 8-2-3 已执行过存储过程，这里不再讨论。

8.3　触　发　器

有些时候，我们希望数据库能够在发生了某些事情后作出一定的反应。当然这些反应不是数据库本身所拥有的。就像放置了一定的功能在数据库中，当一定条件成熟后就会引发这些功能一样。例如，用户要删除一些数据，但是当删除时数据库居然拒绝了，而且用户确实有删除的功能。这种特殊的需求确实是一种保护数据的方法。那么这该如何实现呢？学习了触发器后将会得到答案(或者并不唯一)。

8.3.1 概念和分类

本小节重点讨论什么是触发器，以及其分类情况。

1. 概念

触发器是特殊的存储过程，基于一个表创建，它不同于之前介绍的存储过程。触发器主要是通过事件进行触发被自动调用执行的。存储过程可以通过存储过程的名称被调用。引入触发器的主要作用就是实现由主键和外键所不能保证的复杂的参照完整性和数据一致性，当触发器所保护的数据发生变化(update，insert，delete)后，自动运行以保证数据的完整性和正确性。通俗地说，通过一个动作(update，insert，delete)调用一个存储过程(触发器)，同时提供一种保护数据的方法。

2. 分类

触发器可以分为两类：DML 触发器和 DDL 触发器。

1) DML 触发器

在数据库中发生数据操作语言(DML)事件时启用。DML 事件包括在指定表或视图中修改数据的 INSERT 语句、UPDATE 语句或 DELETE 语句。DML 触发器可以查询其他表，还可以包含复杂的 T-SQL 语句。系统将触发器和触发它的语句作为可在触发器内回滚的单个事务对待，如果检测到错误(如磁盘空间不足)，则整个事务即自动回滚。DML 有两种触发器：之后触发和之前触发，分别由 after 和 instead of 定义。其中，after 触发器要求只有执行某一操作 insert、update、delete 之后触发器才被触发，且只能定义在表上，而 instead of 触发器表示并不执行其定义的操作(insert、update、delete)而仅是执行触发器本身，既可以在表上定义 instead of 触发器，也可以在视图上定义。

2) DDL 触发器

当服务器或数据库中发生数据定义语言(DDL)事件时调用这些触发器。但与 DML 触发器不同的是，它们不会为响应针对表或视图的 UPDATE、INSERT 或 DELETE 语句而激发；相反，它们会为响应多种 DDL 语句而激发。这些语句主要是以 CREATE、ALTER 和 DROP 开头的语句。DDL 触发器可用于管理任务，如审核和控制数据库操作。

8.3.2 定义触发器

在 SQL Server 中，可以使用 T-SQL 和 SSMS 两种方式来定义触发器。

1. 使用 T-SQL

使用 T-SQL 语句格式：

```
CREATE TRIGGER trigger_name ON {table|view}           --确定名称和对象
[WITH  ENCRYPTION]                                     --是否加密
{FOR|AFTER|INSTEAD OF}
{[UPDATE][,][INSERT][,][DELETE]}                       -定义触发器类型
AS
[ { IF UPDATE ( column )
        [ { AND | OR } UPDATE ( column )]
```

```
            [ …n ]
        |IF(COLUMNS_UPDATED( ){ bitwise_operator } UPDATED_bitmask)
            { comparison_operator } column_bitmask [ …n ]
        } ]
    sql_statements
```

下面详细探讨其中的各个细节。

(1) trigger_name：触发器的名称。触发器名称必须符合标识符规则，并且在数据库中必须唯一。可以选择是否指定触发器所有者的名称。

(2) table | view：在其上执行触发器的表或视图，有时称为触发器表或触发器视图。可以选择是否指定表或视图所有者的名称。

(3) WITH ENCRYPTION：加密 syscomments 表中包含 Create TRIGGER 语句文本的条目。WITH ENCRYPTION 可防止将触发器作为 SQL Server 复制的一部分发布。

(4) AFTER：指定触发器只有在触发 SQL 语句中指定的所有操作都已成功执行后才激发。所有的引用级联操作和约束检查也必须成功完成后才能执行此触发器。如果仅指定 FOR 关键字，则 AFTER 是默认设置。不能在视图上定义 AFTER 触发器。

(5) INSTEAD OF：指定执行触发器而不是执行触发 SQL 语句，从而替代触发语句的操作。在表或视图上，每个 Insert、Update 或 Delete 语句最多可以定义一个 INSTEAD OF 触发器。然而，可以在每个具有 INSTEAD OF 触发器的视图上定义视图。INSTEAD OF 触发器不能在 WITH CHECK OPTION 的可更新视图上定义。如果向指定了 WITH CHECK OPTION 选项的可更新视图添加 INSTEAD OF 触发器，SQL Server 将产生一个错误。用户必须用 Alter VIEW 删除该选项后才能定义 INSTEADOF 触发器。

(6) { [UPDATE][，][INSERT][，][DELETE]}：指定在表或视图上执行哪些数据修改语句时将激活触发器的关键字，必须至少指定一个选项。在触发器定义中允许使用以任意顺序组合的这些关键字。如果指定的选项多于一个，用逗号分隔这些选项。对于 INSTEAD OF 触发器，不允许在具有 ON Delete 级联操作引用关系的表上使用 Delete 选项。同样，也不允许在具有 ONUpdate 级联操作引用关系的表上使用 Update 选项。

(7) AS：触发器待执行的操作。

(8) n：表示触发器可以包含多条 T-SQL 语句的占位符。

(9) IF UPDATE(column)：测试在指定的列上进行的 Insert 或 Update 操作，不能用于 Delete 操作。可以通过重复 UPDATE(column)子句包含多列。因为 ON 子句指定了表名，所以在 IF UPDATE 子句中的列名前不包含表名。为测试在多个列上进行的 Insert 或 Update 操作，在第一个操作后指定单独的 UPDATE(column)子句。在 Insert 操作中，IFUPDATE 返回 TRUE 值，因为这些列插入了显式值或隐性 (NULL)值。

说明 IF UPDATE (column)子句的功能等同于 IF、IF…ELSE 或 WHILE 语句，并且可以使用 BEGIN…END 语句块。可以在触发器主体中的任意位置使用 UPDATE(column)。

(10) column：待测试 Insert 或 Update 操作的列名。该列可以是 SQL Server 支持的任何数据类型。但是，计算列不能用于该环境中。

(11) IF(COLUMNS_UPDATED())：测试是否插入或更新提及的列，仅用于 Insert 或 Update 触发器中。COLUMNS_UPDATED 返回 varbinary 位模式，表示插入或更新表中的哪些列。COLUMNS_UPDATED 函数以从左到右的顺序返回位，最左边的为最不重要的位。最左边的位表示表中的第一列，向右的下一位表示第二列，以此类推。如果在表上创建的触发器包含 8 列以上，则 COLUMNS_UPDATED 返回多个字节，最左边的为最不重要的字节。在 Insert 操作中，COLUMNS_UPDATED 对所有列返回 TRUE 值，因为这些列插入显式值或隐性(NULL)值。可以在触发器主体中的任意位置使用 COLUMNS_UPDATED。

(12) bitwise_operator：是用于比较运算的位运算符。

(13) UPDATED_bitmask：整型位掩码，表示实际更新或插入的列。例如，表 t1 包含列 C1、C2、C3、C4 和 C5。假定表 t1 上有 Update 触发器，若检查列 C2 和 C4 是否都更新，指定值为 10；若检查是否只有列 C2 更新，指定值 2。

(14) comparison_operator：比较运算符。使用等号 (=) 检查 UPDATED_bitmask 中指定的所有列是否都实际已更新。使用大于号 (>) 检查 UPDATED_bitmask 中指定的任一列或某些列是否已更新。

(15) column_bitmask：待检查的列的整型位掩码，用来检查是否已更新或插入这些列。

(16) sql_statement：触发器的条件和操作。触发器条件指定其他准则，以确定 Delete、Insert 或 Update 语句是否导致执行触发器操作。

例 8-3-1　定义触发器。

```
use Students
go
-- 定义触发器
CREATE TRIGGER InsteadofDeleteOnSC ON SC                    --确定名称和对象
WITH ENCRYPTION
Instead of delete
AS
print '对不起，您不能删除 SC 表中的数据！'
```

此时，程序的执行结果如图 8-21 所示。

图 8-21　创建 InsteadofDeleteOnSC 触发器

名为 InsteadofDeleteOnSC 的触发器已经创建。按照触发器定义，这是一个取代删除操作的触发器，即当删除 SC 表中的数据时，不再执行删除操作，而是进行输出语句。

2. 使用 SSMS

例 8-3-2 利用 SSMS 定义触发器。

进入图 8-22 的界面，选择其中的“新建数据库触发器”，就可以进入图 8-23 的界面。

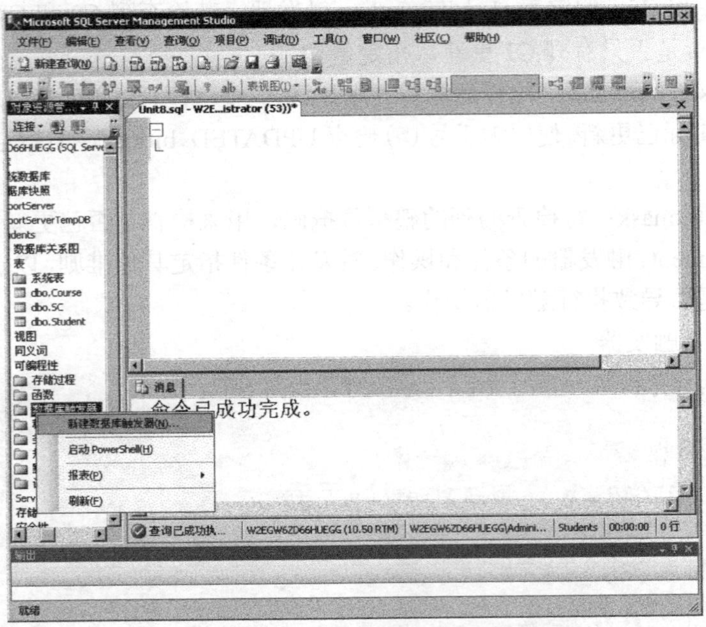

图 8-22 创建 InsteadofDeleteOnSC 触发器

在图 8-23 中，利用其中的提示信息，创建同样的触发器。其中的代码如下：

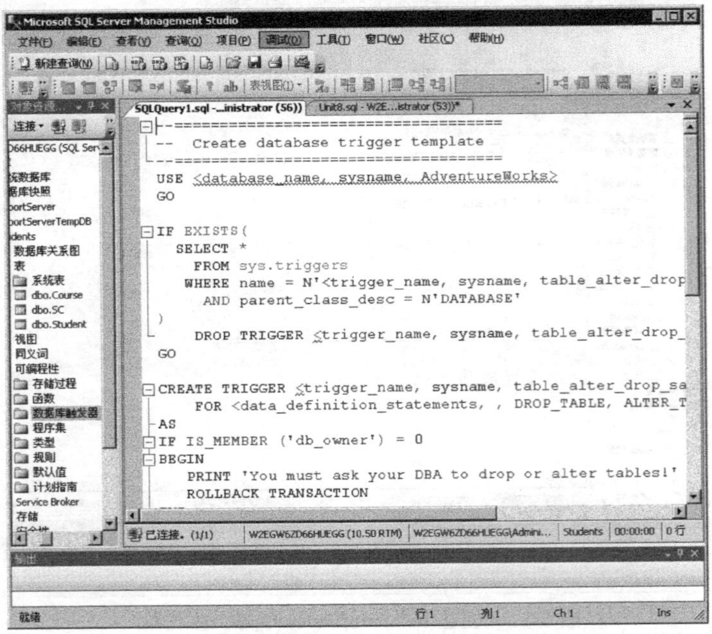

图 8-23 创建 InsteadofDeleteOnSC 触发器

```
--=====================================
-- Create database trigger template
--=====================================
USE Students
GO
IF EXISTS(
  SELECT *
    FROM sys.triggers
   WHERE name = 'InsteadofDeleteOnSC'
     AND parent_class_desc = 'OBJECT_OR_COLUMN'
)
     DROP TRIGGER InsteadofDeleteOnSC
GO
CREATE TRIGGER InsteadofDeleteOnSC ON SC
     INSTEAD OF DELETE
AS
     print '对不起，您不能删除SC表中的数据！'
GO
```

从中可知，SSMS不仅提供编码内容上的指导作用，更为重要的是提供良好的编程风格。同时，也提供更为完整的思路，如可以通过判断是否存在触发器 InsteadofDeleteOnSC 而达到方便运行的目的，由此可以改善程序设计，进而提高编程的能力和素养。

8.3.3 修改触发器

在 SQL Server 中，可以使用 T-SQL 和 SSMS 两种方式来修改触发器。

1. 使用 T-SQL

具体的语法如下：

```
ALTER TRIGGER trigger_name ON {table|view}                --确定名称和对象
[WITH  ENCRYPTION]                                        --是否加密
{FOR|AFTER|INSTEAD OF}
{[UPDATE][,][INSERT][,][DELETE]}                          --定义触发器类型
AS
[ { IF UPDATE ( column )
          [ { AND | OR } UPDATE ( column )]
              [ …n ]
     |IF(COLUMNS_UPDATED( ){bitwise_operator } UPDATED_bitmask)
              { comparison_operator } column_bitmask [ …n ]
     } ]
sql_statements
```

由此可知，它与创建触发器仅有一个字的区别，这和自定义函数、存储过程等都是一样的。

例 8-3-3 修改 InsteadofDeleteOnSC 触发器，使之可以删除数据，但是删除之后再重新插入同样的值。代码如下：

```
--=====================================
--  修改触发器 InsteadofDeleteOnSC
--=====================================
```

```
USE Students
GO
ALTER TRIGGER InsteadofDeleteOnSC ON SC
    AFTER DELETE
AS
    print '您已经删除 SC 表中的数据！系统即将恢复！'
    --下面开始恢复，不是通过数据库提供的相关功能，而是使用 deleted 表
    insert into SC select * from deleted
GO
```

本例实现同样功能的触发器，但是思路不同。前面使用 instead of delete，即用输出语句代替删除的操作。本例是 after delete，即允许删除，但是删除之后通过 deleted 表的信息进行“恢复”。后续章节学习 SQL Server 提供的恢复机制，不过这里用迂回的方式实现很近似的恢复操作，达到同样的目的。

其实，SQL Server 存在两个逻辑表：inserted 和 deleted，这两个表存放数据修改的信息。不过，这是专门为触发器准备的，在触发器之外是不能访问的。实际上，触发器被触发时，相应的信息存入对应的逻辑表中。

在本例中，在 SC 表上创建一个 DELETE 触发器(由 AFTER DELETE 指定)。删除 SC 数据时，触发该触发器。同时，系统将删除的数据放入 deleted 表中，deleted 表由此而来，接着就可以使用其中的数据。Inserted 表是类似的，此处不再赘述。

2. 使用 SSMS

使用 SSMS 修改触发器的方法和存储过程的类似，此处不再展开讨论。

最后，讨论使用触发器需注意的问题：

(1) 一个触发器必需只能应用到一个表(或者视图)中。

(2) 触发器只能在当前的数据库中创建，不过可使用外部可以使用的资源。

(3) 同一个触发器可以为多种操作定义相同的动作。

(4) 如果一个表的外键在 delete 和 update 操作上定义级联，则不能在该表上定义 instead of delete 和 instead of update 触发器。

(5) 可以在触发器上指定任意的 set 语句进行相关环境的定制，不过这些仅在触发器内有效，触发器执行完毕后恢复以前的设置。

(6) 触发器对某一些 T-SQL 语句有所限制，这时应明白引起的原因，并查阅相关文档，尤其是 SQL Server 提供的联机帮助文档。作为计算机的学习者，应该掌握查阅各种文档资料的能力。

(7) 与存储过程一样，触发器不能返回任何结果。尽量不在触发器中进行赋值，如果必须进行，则应该在触发器的开头使用 SET NOCOUNT 语句。

8.4 小　　结

本章是 SQL Server 的高级编程部分，不仅对 T-SQL 的基本语法进行较为深入的学习，而且对自定义函数、存储过程和触发器等较为复杂的功能进行探讨。T-SQL 是一门完整的程序设计语言，从数据类型到结构化流程控制，从变量定义到函数的定义，无不展示其强大的编

程能力。融合 SQL 本身的强大数据操作能力，读者即拥有极强的操作数据能力与基础。

T-SQL 有其自身的特点，需考虑数据库自身的安全和数据的完整性及一致性，必将提供更为复杂的机制来约束或者增强用户的操作，由此给用户呈现一定的挑战。因此，应该在学习和实践中不断地发现和理解这些现象，不因为复杂的语法或者纷繁的约束影响学习的进程。

值得一提的是，SQL Server 2008 可以进行断点调试，这对 T-SQL 开发带来极大的便利。

习　题

1. 什么是 T-SQL？

2.仅利用赋值、输出语句及基本语句完成闰年的判断功能，给定一个年份，如果是闰年，则输出“是闰年”，否则输出“不是闰年”。

3. 使用自定义函数重新实现第 2 题。

4. 试述存储过程的分类及特点。

5. 阐述触发器和存储过程的区别和联系。

6. 在学生选课系统 Students 中，完成如下任务：

(1) 定义一个存储过程，实现显示出 C 课程成绩在 A 和 B 之间的学生姓名；ABC 由参数决定。

(2) 定义一个存储过程，实现查询某一门课的选课信息(包括学生信息、课程信息)。

要求：传入课程名称，显示信息。

(3) 定义一个触发器，对 Student 表中的信息进行保护，即不能删除其中的信息。

第 9 章　数据库保护

9.1　数据库保护概述

随着计算机的普及，数据库的使用也越来越广泛。数据库所存储的数据是一个部门的宝贵信息资源，通常可为许多合法用户共享，同时必须防止非法用户访问，甚至更改和破坏；此外，还要防止对数据库不正确的更新而造成数据库的不一致性，保证它的完整性；数据库遭受破坏后，能迅速地恢复正常。多个用户同时存取同一数据时不会产生数据不一致性，这就是数据库的保护。数据库保护又称为数据库控制，是通过四方面实现的，即安全性控制、完整性控制、并发性控制和数据库恢复。

数据库的安全性是保护数据库，以防止因非法使用数据库，造成数据的泄露、更改或破坏。实现数据库系统安全性的方法有用户标识和鉴定、存取控制、视图定义、数据加密和审计等多种，其中，最重要的是存取控制技术和审计技术。

数据库的完整性是保护数据库中数据的正确性、有效性和相容性。完整性和安全性是两个不同的概念，安全性措施的防范对象是非法用户和非法操作，完整性措施的防范对象是合法用户不合语义的数据。这些语义约束构成数据库的三条完整性规则，即触发条件、约束条件和违约响应。完整性约束条件从使用对象分为值的约束和结构的约束，从约束对象的状态又可分为静态约束和动态约束。

并发控制是为了防止多个用户同时存取同一数据，从而造成数据库的不一致性。事务是数据库的逻辑工作单位，并发操作时只有保证系统中一切事务的原子性、一致性、隔离性和持久性，才能保证数据库处于一致状态。并发操作导致的数据库不一致性主要有丢失更新、污读和不可重读三种。实现并发控制的方法主要是封锁技术，基本的封锁类型有排他锁和共享锁两种，三个级别的封锁协议可以有效解决并发操作的一致性问题。对数据对象施加封锁，从而带来活锁和死锁问题，并发控制机制可以通过采取一次加锁法或顺序加锁法预防死锁。

数据库系统与任何系统一样，总不可能不出故障。故障的原因多种多样，一旦故障发生，就可能导致信息破坏和丢失。因此，DBMS 必须预先采取措施，以保证即使发生故障，也可以将数据库恢复到故障发生前的某个一致状态，这就是数据库恢复。事务故障、系统故障和介质故障是三种不同的故障类型，DBMS 有不同的恢复方法。登记日志文件和数据转储是恢复时常用的技术，恢复的基本原理是利用存储在日志文件和数据库后备副本中的冗余数据来重建数据库。

9.2　数据库的安全

9.2.1　数据库安全性的含义

信息系统安全是一个综合的课题，涉及立法、技术、管理、使用等许多方面，包括信息系统本身的安全问题，以及信息、数据的安全问题。数据库存放部门、企业和个人的大量数据，其中许多数据对部门和个人可能是非常关键的、机密的或者有关隐私的，如国家机密、军事情报、市场营销策略、新产品研制数据、银行储蓄数据等。虽然数据库的一大特点是数据可以共享，但并不是数据库中所有的数据均可由任何人无条件随意访问，上述列举的关键数据往往只允许一部分人访问或更新，严格限制非法的用户访问，更不允许非法的用户更改和破坏。

数据库的安全就是防止非法用户使用数据库造成数据泄露、更改或破坏，以达到保护数据库的目的。数据库数据必须在 DBMS 统一严格的控制之下，只允许有合法使用权限的用户访问，尽可能杜绝所有可能对数据库的非法访问。一个 DBMS 能否有效地保证数据库的安全是它的主要性能指标之一。这里讨论的是数据库本身的安全问题，主要考虑安全保护的策略，尤其是控制访问的策略。

9.2.2 安全性控制的一般方法

数据库安全性控制是指尽可能地杜绝所有可能的数据库非法访问。用户非法使用数据库可以有很多种情况。例如，编写合法的程序绕过 DBMS 授权机制，通过操作系统直接存取、修改或备份有关数据。用户非法访问数据，无论是有意，还是无意，都应该加以严格控制。因此，系统还考虑数据信息的流动问题并对此加以控制，否则系统就有隐蔽的危险。数据库安全性控制的一般方法有：用户标识和鉴定、存取控制、视图机制、数据加密和审计等。

1. 用户标识和鉴定

数据库系统不允许一个未经授权的用户对数据库进行操作。用户标识和鉴定是系统提供的最外层的安全保护措施，其方法是由系统提供一定的方式让用户标识姓名或身份，它是用户公开的标识。为了正确识别用户，防止别人冒名顶替，仅使用用户标识符是不够的，还需进一步鉴别用户身份。为了进一步鉴别用户，目前最广泛使用的是口令(Password)。口令一般是在注册时，由用户选择。口令既便于记忆，又不易被别人猜出。

在 SQL Server 中，采用登录名和口令进行标识和鉴定，如默认的 SA 登录账户(超级管理员账号)；MySQL 使用 root 账号和密码进行标识和鉴定。另外，还可以建立其他登录账户(账号)，并设置口令。

在项目开发过程中，一般不直接使用默认的用户账号和超级管理员账号来连接数据库，而由用户新建账号，并分配相应的权限。SQL Server 建立账号的步骤和方法如下所述。

打开“Microsoft SQL Server Management Studio”工具，在窗口“对象资源管理器”下打开“安全性”节点，在“登录名”节点上右击，在弹出菜单中选择“新建登录名”命令，弹出“登录名-新建”窗口，如图 9-1 所示。在窗口中“登录名”后的文本框中输入待新建的登录名，选择 SQL Server 身份验证，并在“密码”和“确认密码”后的文本框中输入该登录名对应的密码，然后单击“确定”按钮，即可建立登录账号。

注意 在 Windows XP 操作系统下，需把“用户在下次登录时必须修改密码”复选框去掉，否则不能创建登录账号。

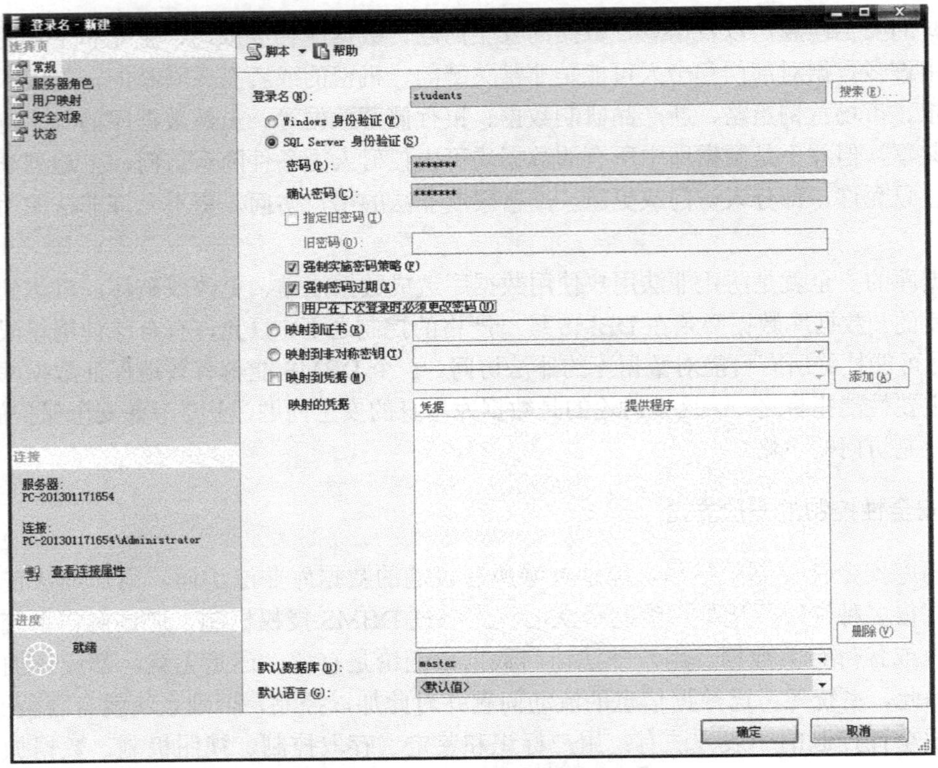

图 9-1　“新建登录名”窗口

MySQL 建立用户的步骤和方法如下：打开“Navicat for MySQL”工具，单击工具栏上的“管理用户”图标，弹出“管理用户”窗口，在窗口中单击工具栏上的“添加用户”图标，弹出“添加用户”窗口，在窗口中输入用户名、主机、密码，并确认密码后，单击“确定”按钮，即可建立对应的用户。两个窗口如图 9-2 所示。建立完成后，可以在“全局许可权”栏目给该用户授予相应的许可权限。

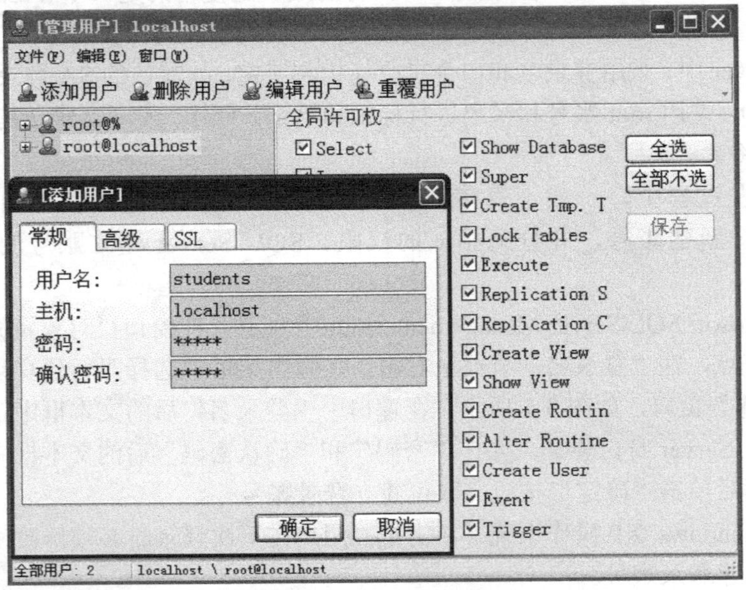

图 9-2　“管理用户”和“添加用户”窗口

注意 如果建立的用户只能在本地服务器上使用，则在“主机”后面输入 localhost；如果让该用户只能在某 IP 对应的主机上面使用，则输入该主机的 IP 地址，如果该用户在所有同网段主机都可以使用，则输入%。

2. 用户存取权限控制

存取控制是对用户存取数据库权力的控制。用户存取权限是指不同的用户对于不同的数据对象允许执行的操作权限。在数据库系统中，每个用户只能访问他有权存取的数据并执行有权使用的操作。因此，系统必须预先定义用户的存取权限。对于合法的用户，系统根据其存取权限的定义对其各种操作请求进行控制，确保合法操作。存取权限由两个要素组成：数据对象和操作类型。定义一个用户的存取权限就是定义这个用户可以在哪些数据对象上进行哪些类型的操作。按其访问权力的大小，一般可分为以下三类。

(1) 一般数据库用户：通过授权可对数据库进行操作的用户。比如，SQL Server 中默认建立且未直接授予服务器角色和未进行用户映射的用户。

(2) 数据库的拥有者：即数据库的创建者。他除了一般数据库用户拥有的权力外，还可以授予和收回其他用户对其所创建数据库的存取权限。比如，SQL Server 建立用户时进行用户映射，用户操作数据库，并设置数据库成员身份为 db_owner。具体的设置过程如下：在图 9-1“新建登录名”窗口中单击选择页中的“用户映射”，或者在建好后的登录上双击弹出的“登录属性”窗口中单击选择页中的“用户映射”，弹出如图 9-3 所示的“用户映射”页面，在该窗口“映射到此登录名的用户”栏目中选择该用户拥有的数据库“students”，然后在“数据库角色成员身份”栏目中选择“db_owner”，单击“确定”按钮，即把该 students 登录设置成 students 数据库的拥有者。

(3) 有 DBA 特权的用户：即拥有支配整个数据库资源的特权，他对数据库拥有最大的特权，因而也对数据库负有特别的责任。通常只有数据库管理员才有这种特权。

由于不同的用户对数据库具有不同的存取权，因此，为了保证用户只能访问他有权存取的数据，必须对每个用户授予不同的数据库存取权，这称为授权(Authorization)。第一个具有 DBA 特权的用户是由系统设置的，在系统初始化时，系统中至少有一个具有 DBA 特权的用户，如 SQL Server 中的 SA 用户，Oracle 中的 SYS 和 SYSTEM。它的口令也是由系统规定好的，第一个 DBA 用户进入系统后，应立即更换口令，以免别人盗用该口令进入系统。在 SQL Server 中，为把新建立的登录账户设置成 DBA 特权的账户，可以单击图 9-1 或图 9-3 选择页中的“服务器角色”，切换到服务器角色设置的页面，如图 9-4 所示。在“服务器角色”栏目下可以设置新建的登录账户所属的服务器角色，如果设置“sysadmin”角色，该登录账户就拥有 DBA 特权。

在 MySQL 中，用户的分类没有这么严格，只需在如图 9-5 所示的“用户管理”窗口中选中“新建用户”，对建立的用户在“全局许可权”栏目中设置该用户对应的权限即可。

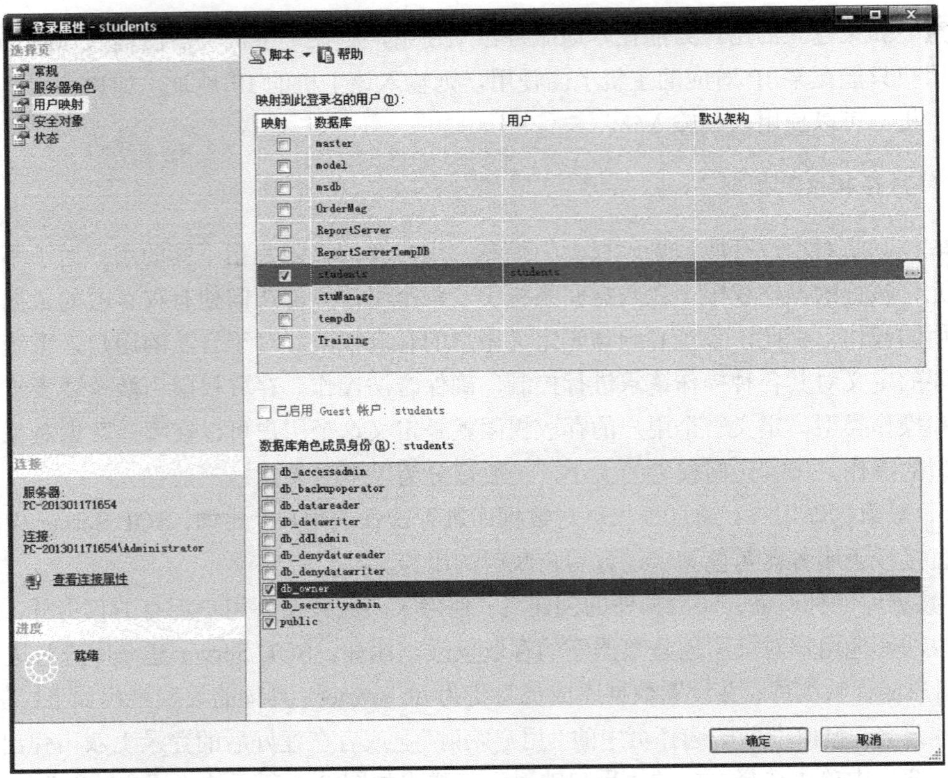

图 9-3 “用户映射”页面

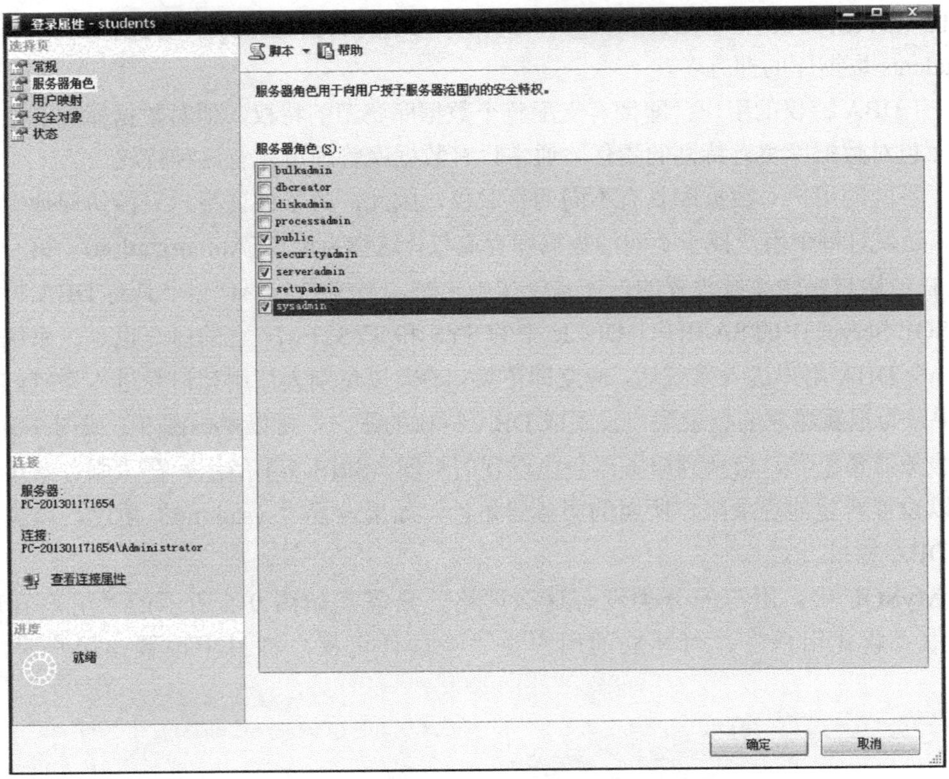

图 9-4 “服务器角色”页面

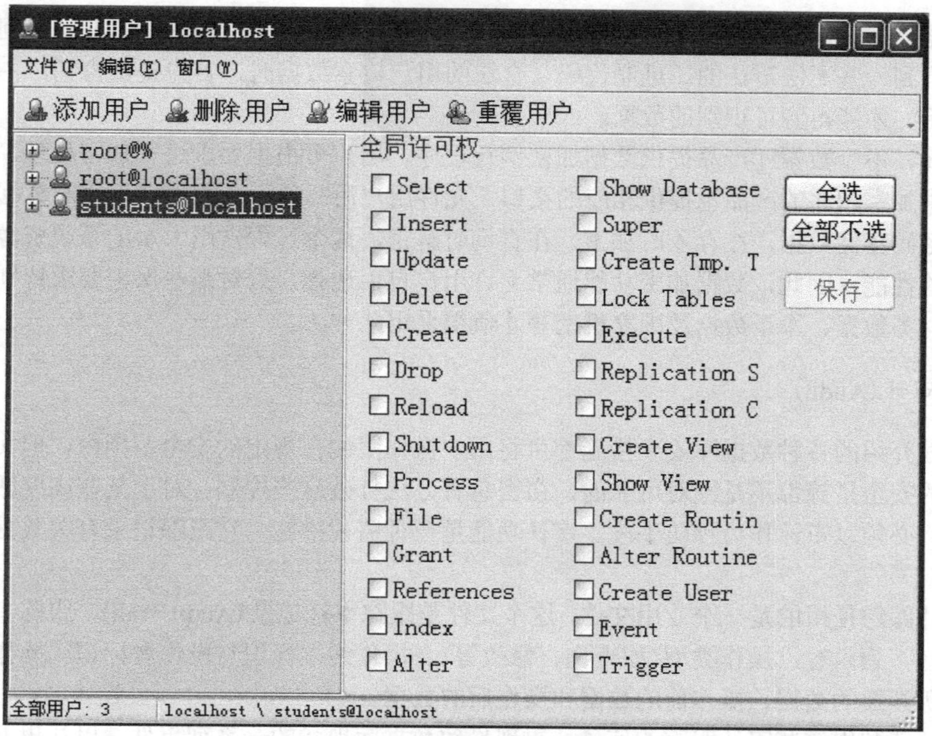

图 9-5 由“管理用户”窗口进行授权

在数据库系统中，授权分为系统特权和对象特权。系统特权由 DBA 授予某些数据库用户，只有得到系统特权，才能成为数据库用户。对象特权可以由 DBA 授予，也可以由数据对象的创建者授予，使数据库用户具有对某些数据对象进行某些操作的特权。在系统初始化时，系统至少有一个具有 DBA 特权的用户，DBA 可以通过 GRANT 语句将系统特权或对象特权授予其他用户。对于已授权的用户，可以通过 REVOKE 语句收回所授予的特权。相关内容可以参照 4.5 节。

3. 定义视图

为不同的用户定义不同的视图，可以将待保密的数据对无权存取这些数据的用户隐藏起来，从而自动对数据提供一定程度的安全保护。例如，限制各系的教务员只能查询其本系学生的情况，可为他们定义只包含本系学生记录的视图。视图机制主要的功能是提供数据库的逻辑独立性，其安全功能还应与授权机制配合使用。

4. 数据加密

前面介绍的几种数据库安全措施，都能防止从数据库系统窃取保密数据，不能防止通过不正常渠道非法访问数据。另外，数据是存储在介质上的(如磁盘、磁带)，还常常通过通信线路进行传输，有人可能通过不正常渠道窃取存储介质，或者从通信线路上窃取数据。对于这种非法行为，比较好的办法是对数据加密。

数据加密(Data Encryption)是防止数据库中数据在存储和传输中失密的有效手段。加密的基本思想是根据一定的算法将原始数据(术语为明文，Hain text)加密成为不可直接识别的格式(术语为密文，Cipher text)，数据以密码的形式存储和传输。

数据加密后，对于不知道解密算法的人，即使利用系统安全措施的漏洞非法访问数据，也只能看到一些无法辨认的二进制代码。合法的用户检索数据时，首先提供密钥，由系统进行译码后，才能得到可识别的数据。

目前，不少数据库产品提供数据加密例行程序，用户可根据要求进行加密处理，还有一些未提供加密程序的产品也提供相应的接口，允许用户用其他厂商的加密程序对数据加密。

用密码存储数据，在存入时加密，在查询时解密，这个过程占用大量的系统资源，降低数据库的性能。因此，数据加密功能通常允许用户自由选择，只对那些保密要求特别高的数据，如财务数据、军事数据及国家机密等才值得采用此方法。

5. 审计(Audit)

前面介绍的各种数据库安全措施都可将用户操作限制在规定的安全范围内，但实际上任何系统的安全措施都不是绝对可靠的，窃密总有办法打破这些控制。对于某些高度敏感的保密数据，必须以审计作为预防手段。审计功能是一种监视措施，它跟踪记录有关数据的访问活动。

审计跟踪使用的是一个专用文件，这个文件是跟踪审计记录(Audit Trail)。跟踪审计记录一般包括下列内容：操作类型(如查询、修改等)、操作终端标识与操作者标识、操作日期和时间、所涉及的数据、操作前的数据和操作后的数据。

系统能利用这些审计跟踪的信息，重现导致数据库现状的一系列事件，以找出非法存取数据的人。

审计通常是很费时间和空间的，所以 DBMS 往往将其作为可选的，允许 DBA 和数据的拥有者选择打开或关闭审计功能。审计功能一般用于安全要求较高的部门。

9.2.3 安全性控制的具体措施

下面以 SQL Server 2008 系统为例，进一步说明数据库中保证安全的具体措施。

SQL Server 2008 的安全措施主要有三种：用户标识和鉴定、存取控制和视图机制。

1. 用户标识和鉴定

SQL Server 2008 的身份认证模式是指系统确认用户的方式。SQL Server 2008 有两种身份认证模式：Windows 身份认证模式和 SQL Server 认证模式。

在 Windows 身份认证模式下只允许使用 Windows 认证机制。此时，SQL Server 检测当前使用的 Windows 用户账户，并在 syslogins 表中查找该账户，以确定该账户是否有权限登录。在这种方式下，用户不必提供密码或登录名让 SQL Server 验证。

使用该登录验证模式有两个主要的优点：①可以把 Windows NT 的一个组映射为 SQL Server 中的一个用户，这种管理比较高效。②Windows NT 用户在登录时 SQL Server 不再次验证口令，登录速度更快。

有一些情况使用 SQL Server 账号登录，如登录安装在非 Windows NT 环境的 SQL Server。另外，Internet 用户登录 SQL Server 时只能用 SQL Server 账号。

使用 SQL Server 验证时，系统管理员创建一个登录账号和密码，并将其存储在 SQL Server 中。用户连接 SQL Server 时，必须提供登录账号和密码。如图 9-1 所示。

另外，SQL Server 还与 Windows NT/2000 操作系统有机集成，使它既可以使用自身的安全控制措施控制用户登录，也可以利用 Windows NT/2000 的安全机制对用户进行登录认证。SQL Server 的登录模式有 Windows 模式和混合模式两种。

混合验证模式(SQL Server 和 Windows)既允许使用 Windows 的认证机制，也允许使用 SQL Server 的认证机制。当使用该种验证模式时，无论是使用 Windows 认证机制的用户，还是使用 SQL Server 认证机制的用户，都可以连接到 SQL Server 系统。

在 SQL Server 中，可以使用 Microsoft SQL Server Management Studio 工具来设置或改变验证模式。步骤如下：

(1) 打开“Microsoft SQL Server Management Studio”工具，在窗口中“对象资源管理器”下的服务器节点上右击，在弹出的快捷菜单中选择“属性”命令，打开“服务器属性”窗口，如图 9-6 所示。

(2) 在选项页中选择“安全性”，可以设置 Windows 身份验证模式，也可设置为混合验证模式。

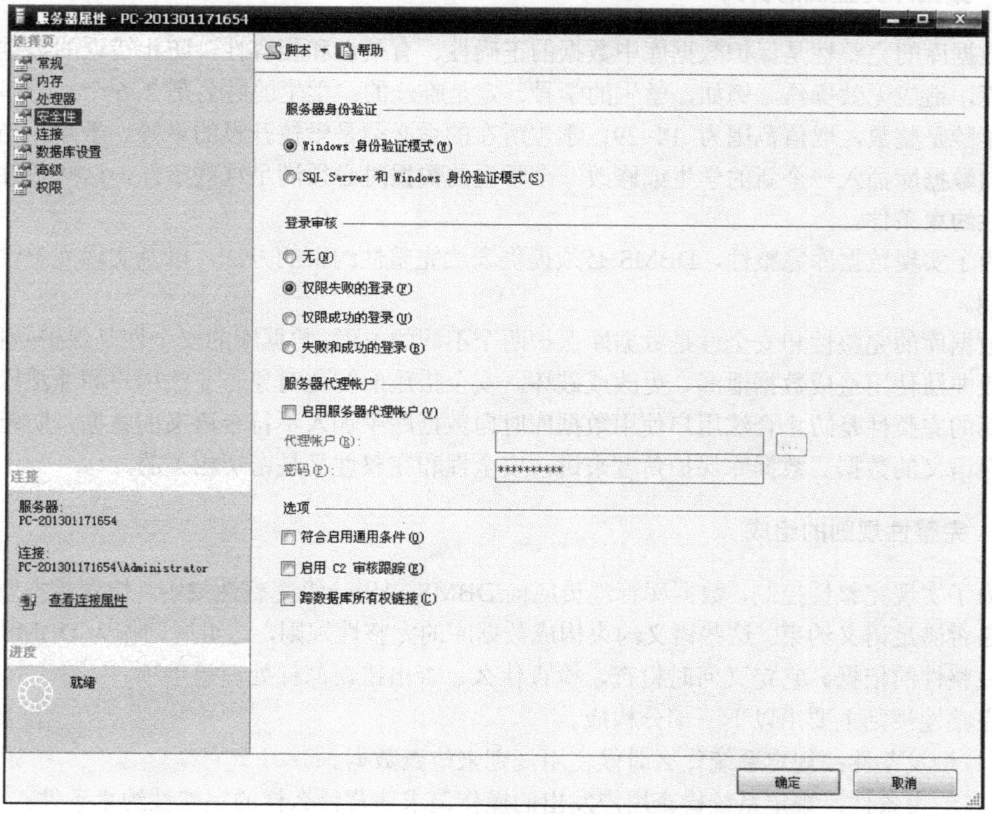

图 9-6　“服务器属性”窗口

2. 存取控制

SQL Server 系统通过授权来控制用户对数据库的访问，访问权限可以直接授予用户，也可以通过角色间接授予用户。SQL Server 系统的权限有两类：系统权限和对象权限。详细内容见表 4-18 和表 4-19。

3. 视图机制

SQL Server 系统支持视图。为安全起见，可以把某些用户访问的部分数据建成视图，然后把视图的权限授予该用户即可。

除了上面三种方法，SQL Server 实际上还提供数据加密的相关函数 pwdencrypt，通过该函数可以让库中的数据以二进制形式显示和存储，只是该函数未被公布，并且是不可解密的。所以，使用时须慎重。加密之后如果对数据进行判断，需使用另外一个函数 pwdcompare。详细内容可参阅网上资料。

9.3 完整性控制

9.3.1 数据库完整性的含义

数据库的完整性是保护数据库中数据的正确性、有效性和相容性，防止错误的数据进入数据库，造成无效操作。例如，学生的学号一定是唯一的；学生的姓名是 2~6 个字符串；学生的年龄是整数，取值范围为 14~29；学生所在的系必须是学校开设的系等。于是，当一个用户向数据库插入一个新的学生或修改一个学生的数据时必须满足这些条件。这些条件称为完整性约束条件。

为了实现数据库完整性，DBMS 必须提供表达完整性约束的方法，以及实现完整性的控制机制。

数据库的完整性和安全性是数据库保护两个不同的方面。数据库的安全性是保护数据库，以防止非法使用造成数据泄漏、更改或破坏。安全措施的防范对象是非法用户和非法操作。数据库的完整性是防止合法用户使用数据库时向数据库中加入不符合语义的数据，防范对象是不合语义的数据。数据库保护角度来讲，安全性和完整性又是密切相关的。

9.3.2 完整性规则的组成

为了实现完整性控制，数据库管理员应向 DBMS 提出一组完整性规则，检查数据库中的数据是否满足语义约束。这些语义约束构成数据库的完整性规则，这组规则作为 DBMS 控制数据完整性的依据。它定义何时检查、检查什么、查出错误怎样处理等事项。

完整性规则主要由以下三部分构成。

(1) 触发条件：规定系统什么时候使用规则来检查数据。

(2) 约束条件：规定系统检查用户发出的操作请求违背什么样的完整性约束条件。

(3) 违约响应：规定系统如果发现用户的操作请求违背完整性约束条件，应该采取一定的动作来保证数据的完整性。

关系模型的完整性包括实体完整性、参照完整性和用户自定义完整性。对于违反实体完整性和用户自定义完整性规则的操作一般都采用拒绝执行的方式进行处理。对于违反参照完整性的操作，并不都拒绝执行，一般在接受这个操作的同时执行一些附加的操作，以保证数据库的状态仍然是正确的，如在删除被参照关系中的元组时，应该将参照关系中有的外码值与被参照关系中待删除元组主码值相对应的元组一并删除。比如，删除 Student 关系中 Sno='08001'的元组，而 SC 关系中又有两个 Sno='08001'的元组。这时根据应用环境的语义，因为当一个学生毕业或退学后，他的个人记录从 Student 关系中删除，选课记录也应随之从 SC 表中删除，所以应该将 SC 关系中两个 Sno='08001'的元组同时删除。

数据库系统的整个完整性控制都是围绕完整性约束条件进行的，从这个角度来看，完整性约束条件是完整性控制机制的核心。数据库管理系统具体的例子可以参照 4.2.2 小节的内容。

9.3.3 完整性约束条件的分类

1. 值的约束和结构的约束

完整性约束从约束条件使用的对象分为值的约束和结构的约束。

值的约束即对数据类型、数据格式、取值范围和空值等进行规定。

(1)对数据类型的约束，包括数据的类型、长度、单位和精度等。例如，姓名的类型为字符型，长度为 8。

(2)对数据格式的约束。例如，规定出生日期的数据格式为 YY-MM-DD。

(3)对取值范围的约束。例如，月份的取值范围为 1～12，日期的取值范围为 1~31。

(4)对空值的约束。空值表示未定义或未知的值，它与零值和空格不同。

结构约束即对数据之间联系的约束。数据库中同一关系的不同属性之间应满足一定的约束条件；同时，不同关系的属性之间也有联系，也应满足一定的约束条件。常见的结构约束如下四种。

(1)函数依赖约束：说明同一关系中不同属性之间应满足的约束条件，如 2NF、3NF、BCNF 这些不同的范式应满足不同的约束条件。

(2)实体完整性约束：说明关系键的属性列必须唯一，其值不能为空或部分为空。

(3)参照完整性约束：说明不同关系的属性之间的约束条件，即外部键的值应能够在参照关系的主键值中找到或取空值。

(4)统计约束，规定某个属性值与一个关系多个元组的统计值之间必须满足某种约束条件。例如，规定系主任的奖金不得高于该系的平均奖金的 40%，不得低于该系的平均奖金的 20%。这里该系平均奖金的值就是一个统计计算值。

实体完整性约束和参照完整性约束是关系模型的两个极其重要的约束，被称为关系的两个不变因素。统计约束实现起来开销很大。

2. 静态约束和动态约束

完整性约束从约束对象的状态分为静态约束和动态约束。

1)静态约束

静态约束是指对数据库每一个确定状态应满足的约束条件，是反映数据库状态合理性的约束，这是最重要的一类完整性约束。值的约束和结构的约束均属于静态约束。

2)动态约束

动态约束是指数据库从一种状态转变为另一种状态时，新旧值之间所应满足的约束条件。动态约束反映的是数据库状态变迁的约束，如年龄在更改时只能增长。

9.3.4 完整性约束的表达方式

通常有下面几种方法表达完整性约束条件。

1. 在创建和修改基表模式时说明约束

在 SQL 中，使用 CREATE TABLE 创建基表时，通过定义列的类型和长度说明列的约束，如定义主键(PRIMARY KEY)说明实体完整性约束，定义外键(FOREIGN KEY)，以及执行删除操作(级联删除)和更新操作时限定动作说明参照完整性约束。此外，还可以利用 CHECK 子句表示单表中的约束，尤其是说明各列的值应满足的约束条件。在使用 ALTER TABLE 修改基表模式时，也可以修改约束说明。下面主要介绍 SQL Server 环境下创建基表时约束说明。

1) SQL 中的主键

在 CREATE TABLE 中声明某个属性或属性集作为某个关系的主键，是数据库中最为重要的约束条件，其方法有两种：一是使用保留字 PRIMARY KEY(主关键字)，二是使用保留字 NOT NULL 和 UNIQUE。一个表只有一个 PRIMARY KEY，但可能有几个 UNIQUE。具体的例子参照 4.2.2 小节内容。

2) 参照完整性和外部关键字

参照完整性是关系模式的另一种重要约束条件。根据参照完整性的概念，当一个关系的某个或某几个属性被说明为外部关键字时，需引用或参照第二个关系的某个或某几个属性。这说明：

(1) 被参照的第二个关系的属性必须是该关系的主关键字。

(2) 对于第一个关系中外关键字的任何值，也必须出现在第二个关系的相应属性上，即参照完整性约束条件把这两个属性或属性集联系起来。

在 SQL 中，有两种方法用于说明一个外部关键字：

第一种方法，如果外部关键字只有一个属性，可以在它的属性名和类型后面直接用 REFERENCES，说明它参照某个被参照表的某些属性(必须是主关键字)，其格式为：REFERENCES(表名)(<属性>)。

另一种方法是在 CREATE TABLE 语句的属件列表后面增加一个或几个外部关键字说明，其格式为：

```
FOREIGN KEY<属性> REFERENCES<表名>(属性)
```

其中，第一个属性是外部关键字，第二个属性是被参照的属性。

3) 关于属性值的约束

对属性值的约束条件是关系模型中第三类重要的约束条件。这些约束条件的表达方式是：

- 在定义关系模式时对属性进行约束。
- 首先定义约束(默认合规则)，然后绑定到某个属性。

2. 非空(NOT NULL)约束

对于属性值的约束，最简单的方法是限制属性值不为空。其表示约束的方法是：在建立关系模式时，在属性说明后面加上保留字 NOT NULL。在把一个属性约束为 NOT NULL 后，就不能将该属性的值修改为空，或者插入一个空值，也不能对它使用置空策略。

3. 基于属性值检查的约束

这种方式下对于属性值的约束条件表示为 CHECK(<条件>)，该属性上的每一个值都要满足 CHECK 后面的条件。这个条件是指正在被约束的属性。当被约束的属性获得一个新值时，按 CHECK 后面的条件对新值进行检查，如果新值违反约束条件，系统拒绝更新属性值。当然，如果数据库修改不改变被约束属性的原值，则不进行约束检查。示例参见例 3-2-8。

4. 默认值约束

默认值约束的作用是给某个列指定默认取值，添加记录时，如果不向该列指定值，则自动用该默认值填充，格式是 DEFAULT 常量值，具体参见例 4-2-8。

9.4 并发控制与封锁

并发控制是指当多个用户同时更新运行时用于保护数据库完整性的各种技术，是确保及时纠正由并发操作导致错误的一种机制。并发控制的基本单位是事务。并发机制不正确可能导致脏读、幻读和不可重复读等此类问题。并发控制的目的是保证一个用户的工作不对另一个用户的工作产生不合理的影响。

9.4.1 事务

从数据库用户的要求来看，数据库上某些操作序列应该是一个独立工作单位，例如，对于图书馆借阅系统，一个读者借一本书时，读者借书登记表上记一本书，图书馆库存表相应减一本书。这些操作对读者来说是一件事，这个要求要么成功，要么不成功；对数据库系统来说，这些操作要么全执行，要么由于出错全不执行，不能出现只执行前者，不执行后者的问题。把作为一个独立工作单位的某些操作序列的一次执行称为事务。事务(Transaction)是 DBMS 执行的工作单位，是一组数据操作序列一次单独执行过程。一个事务的程序可以是一组数据库语言的语句，也可以是宿主语言的程序。在通常情况下，一个应用程序的运行包含多个事务，同一程序的几次独立执行产生不同的事务。

1. 事务的定义

事务是数据库系统中执行的一个独立工作单位，是由用户定义的一个或多个语句构成的一组操作序列，这组序列要么全执行，要么全不执行。一个事务可以是一组 SQL 语句、一条 SQL 语句或整个程序，一个应用程序可以包括多个事务。事务的开始与结束可以由用户显式控制。如果用户没有显式地定义事务，则由 DBMS 按照默认规定自动划分事务。在 SQL 中，定义事务的语句有三条：

(1) BEGIN TRANSACTION 表示事务开始；

(2) COMMIT 表示事务提交，即将对数据库的更新写到数据库中，此时事务正常结束；

(3) ROLLBACK 表示事务回滚，即在事务运行的过程中发生某种故障，系统将事务中对数据库所有已完成的更新操作全部撤销，再回滚到事务开始时的状态。

2. 事务的特征

事务由有限的数据库操作序列组成，但并不是任意的数据库操作序列都能成为事务。为了保护数据的完整性，一般要求事务具有以下四个特征。

1) 原子性(Atomicity)

一个事务是一个不可分割的工作单位，事务在执行时，应该遵守“要么不执行，要么全执行”(Nothing of All)的原则，即不允许完成部分的事务，即使因为故障而使事务未能完成，它执行的部分结果也被取消。

2)一致性(Consistency)

事务对数据库的作用是数据库从一个一致状态转变到另一个一致状态。所谓“数据库的一致状态”是指数据库中的数据满足完整性约束。例如，在银行中，“从账号 A 转移资金额 R 到账号 B”是一个典型的事务，这个事务包括两个操作：从账号 A 中减去资金额 R 和在账号 B 中增加资金额 R，如果只执行其中一个操作，则数据库处于不一致状态，账务会出现问题，即两个操作要么全执行，要么全不执行，否则就不能成为事务。可见，事务的一致性与原子性是密切相关的。

3)隔离性(Isolation)

如果多个事务并发执行，应像各个事务独立执行一样，一个事务的执行过程不能被其他事务干扰，即一个事务内部的操作及使用的数据对并发的其他事务是隔离的。并发控制就是为了保证事务间的隔离性。

4)持久性(Durability)

持久性指一个事务一旦提交，它对数据库中数据的改变就应该是持久的，即使数据库因故障而受到破坏，DBMS 也应该能够恢复。

事务上述四个性质的英文术语的第一个字母为 A、C、I、D，因此，这 4 个性质又称为事务的 ACID 准则。

数据库的并发控制和恢复机制就是为了保证在事务并发执行时和在系统发生故障时仍然满足事务的 ACID 特性。

9.4.2 数据库并发性的含义

事务具有一致性，即事务对数据库的作用将数据库从一个一致状态转变到另一个一致状态。显然，如果多个事务按顺序执行，一个事务完全结束后，另一个开始执行，这种执行方式称为串行执行，则数据库的一致性仍然保持。但如果一个事务有时执行计算，有时进行输入 / 输出操作，有时需要通信，则事务串行执行时，系统有些资源可能闲置；较短的事务会较长时间等待长事务的执行。因此，为了充分利用系统资源，又能改善对事务响应时间，应该允许多个事务在时间上交叉执行、并发存取数据库，这种执行方式称为并发存取。允许多个事务并发存取数据库时，如果不加以控制，就有可能存取和存储不正确数据，从而破坏数据库的一致性。为此，DBMS 必须提供并发控制机制。

前面讨论的完整性是保证各个事务本身能得到正确的数据，只考虑一个用户使用数据库的情况，但实际上数据库中有许多用户。并发性就是多个用户同时存取数据库时，采用一定的措施让多个用户并行执行，且保持数据库中数据的一致性，不会产生错误数据。

9.4.3 并发操作与数据的不一致性

同一数据库系统中有多个事务并发运行时，如果不加以适当控制，可能产生数据的不一致性。

例 9-4-1 并发取款操作。假设存款余额 R=1000 元，甲事务 T1 取走存款 100 元，乙事务 T2 取走存款 200 元。如果操作正常，即甲事务 T1 执行完毕，再执行乙事务 T2，存款余额更新后应该是 700 元。但是如果按照如下顺序操作，则会有不同的结果：

(1) 甲事务 T1 读取存款余额 R=1000 元；

(2) 乙事务 T2 读取存款余额 R=1000 元；

(3) 甲事务 T1 取走存款 100 元，修改存款余额 $R=R-100=900$，把 R=900 写回到数据库；

(4) 乙事务 T2 取走存款 200 元，修改存款余额 $R=R-200=800$，把 R=800 写回到数据库；

结果两个事务共取走存款 300 元，而数据库中的存款却只少 200 元。得到这种错误的结果是由甲乙两个事务并发操作引起的，数据库的并发操作导致的数据库不一致性主要有以下三种。

1. 丢失更新(Lost Update)

当两个事务 T1 和 T2 读入同一数据，并发执行修改操作时，T2 把 T1 或 T1 把 T2 的修改结果覆盖掉，造成数据的丢失更新问题，导致数据不一致。仍以例 9-4-1 中的操作为例进行分析，详细过程如表 9-1 所示。如果 T1 和 T2 按照例 9-4-1 所述步骤并发执行，R 的值是 800，则得到错误的结果，原因在于在 T2 取走 200 元，更新数据时刻丢失 T1 对数据库的更新操作。因此，这个并发操作不正确。

2. 污读(Dirty Read)

事务 T1 更新数据 R，事务 T2 读取更新后的数据 R，事务 T1 由于某种原因被撤销，修改无效，数据 R 恢复原值。事务 T2 得到的数据与数据库的内容不一致，这种情况称为“污读”。在表 9-2 中，事务 T1 把 R 的值改为 900，但此时尚未执行 COMMIT 操作；事务 T2 将修改过的值 900 读出，之后事务 T1 执行 ROLLBACK 操作，R 的值恢复 1000，而事务 T2 仍在使用 R 值 900。原因在于在 t_4 时刻，事务 T2 读取 T1 未提交的更新操作结果，这种值是不稳定的，在事务 T1 结束前随时可能执行 ROLLBACK 操作。对于这些未提交的随后又被撤销的更新数据称为“脏数据”。事务 T2 在 t_2 时刻读取的就是“脏数据”。

表 9-1　丢失更新问题

时间	事务 T1	数据库中 R 的值	事务 T2
t_0		1000	
t_1	FIND R		
t_2			FIND R
t_3	$R=R-100$		
t_4			$R=R-200$
t_5	UPDATE R		
t_6		900	UPDATE R
t_7		800	

表 9-2　污读问题

时间	事务 T1	数据库中 R 的值	事务 T2
t_0		1000	
t_1	FIND R		
t_2	$R=R-100$		
t_3	UPDATE R		
t_4		900	FIND R
t_5	ROLLBACK		
t_6		1000	

3. 不可重读(Unrepeatable Read)

事务 T1 读取数据 *R*，事务 T2 读取并更新数据 *R*。当事务 T1 再读取数据 *R* 以进行核对时，得到的是 T2 更新后的值，致使两次读取值不一致，这种情况称为“不可重读”。

在表 9-3 中，在 t_0 时刻，事务 T1 读取 *R* 的值为 1000，但事务 T2 在 t_4 时刻将 *R* 的值更新为 800。所以 T1 所使用的值已经与开始读取的值不一致。

表 9-3　不可重读问题

时间	事务 T1	数据库中 *R* 的值	事务 T2
t_0		1000	
t_1	FIND *R*		
t_2			FIND *R*
t_3			*R*=*R*–200
t_4			UPDATE *R*
t_5		800	

产生上述三类数据不一致的主要原因就是并发操作破坏了事务的隔离性。并发控制的任务就是用正确的调度方式控制并发事务正确执行，使多个事务互不干扰，以避免造成数据库中的数据不一致性，保证数据库的完整性。

9.4.4　可串行化调度

在数据库系统中，当有多个事务并发操作时，它们交叉执行的次序可以不同，而不同的交叉执行可能会得到不同的结果。哪个结果是正确的，哪个是不正确的，必须有一个判断准则。

设在某一时刻并发执行的事务集为{T1，T2，…，T*n*}，那么对这 *n* 个事务所有的操作执行次序的一个安排称为调度。当然，一个事务 T 中两个操作执行的次序在调度中应该保持不变，但不同事务的操作可以交叉。同一事务集可能有很多种调度。如果两个调度 S1 和 S2 在数据库任何状态下，对于相同初始状态，执行的结果是一样的，则称 S1 和 S2 是等价的。如果在一个调度中，各个事务不交叉执行，而按顺序串行执行，这个调度被称为串行调度。在串行调度中，由于一个事务运行过程中没有其他事务同时运行，不会受到其他事务的干扰，那么该事务的运行结果应是正确的。所以，串行调度的结果是正确的。虽然以不同的次序串行执行事务的串行调度可能会产生不同的结果，但由于其都保持数据库的一致性，所以都认为是正确的。在一个调度中，如果各个事务交叉地执行，这个调度称为并发调度。如果一个事务集的并发调度与某一串行调度是等价的，则称该并发调度是可串行化的。由于串行调度的结果能保持数据库的一致性，因而可串行化调度的结果也保持数据库的一致性，也是正确的。所以，在一般的 DBMS 中，都是以可串行化作为并发控制的正确准则。

为了保证并发调度是可串行化的，目前 DBMS 普遍采取的是封锁方法。除此之外，还有其他一些方法，如时间标记法、乐观法等。

9.4.5 封锁

封锁是实现并发控制的一种常见机制。所谓封锁就是事务 T 在对某个数据对象(可以是数据项、记录、数据集，以至整个数据库)操作之前，先对其加锁，以保证数据操作的正确性和一致性。加锁后的事务 T 对该数据对象有一定的控制措施。拥有什么样的控制由锁的类型决定。

1. 封锁类型

基本的封锁类型(Lock Type)有两种：排他型封锁和共享封锁。

1)排他型封锁

排他型封锁(Exclusive Lock)又称为写封锁，简称为 X 封锁，它采用的原理是禁止并发操作。当事务 T 对某个数据对象 R 实现 X 封锁后，其他事务须等 T 解除封锁以后，才能对 R 进行封锁。这就保证其他事务在 T 释放 R 上的封锁之前，不能对 R 进行操作。

2)共享封锁

共享封锁(Share Lock)又称为读封锁，简称为 S 锁，它采用的原理是允许其他用户对同一数据对象进行查询，但不能对该数据对象进行修改。当事务 T 对某个数据对象 *R* 实现 S 封锁后，其他事务只能对 *R* 加 S 锁，而不能加 X 锁，直到 T 释放 *R* 上的 S 锁。这就保证其也事务在 T 释放 *R* 上的 S 锁之前，只能读取 *R*，而不能再对 *R* 作任何修改。

2. 封锁协议

封锁可以保证合理地进行并发控制，保证数据的一致性。实际上，锁是一个控制块，其中包括被加锁记录的标识符及持有锁的事务的标识符等。在封锁时，考虑一定的封锁规则，如何时开始封锁、封锁多长时间、何时释放等，这些封锁规则称为封锁协议(Lock Protocol)。对封锁方式规定不同的规则，就形成各种不同的封锁协议。封锁协议在不同程度上对正确控制并发操作提供一定的保障。

1)一级封锁协议

一级封锁协议的内容是：事务 T 在修改数据对象之前必须对其加 X 锁，直到事务结束。具体地说，就是任何试图更新记录 *R* 的事务必须先执行 X LOCK *R*(即对记录 *R* 进行 X 封锁)操作，以获得对该记录进行寻址的能力并对它取得 *x* 封锁。如果未获准 *x* 封锁，那么这个事务进入等待状态，一直到获准 *x* 封锁，该事务才继续。该事务规定事务在更新记录 *R* 时必须获得排他型封锁，使得两个同时要求更新 *R* 时并行事务之一必须在一个事务更新操作执行完成之后才能获得 *x* 封锁，这样就避免了两个事务读到同一个 *R* 值而先后更新时所发生的丢失更新问题。

一级封锁协议可以解决表 9-1 中数据丢失更新的问题，如表 9-4 所示。

一级封锁协议只有修改数据时才进行加锁，如果只是读取数据则并不加锁，所以它不能防止“污读”和“重读”数据。

2)二级封锁协议

二级封锁协议的内容是：在一级封锁协议的基础上，另外加上事务 T 在读取数据 *R* 之前必须先对其加 S 锁，读完后释放 S 锁。所以，二级封锁协议不但可以解决更新时所发生的数据丢失问题，还可以进一步防止“污读”。

表 9-4　无丢失更新问题

时间	事务 T1	数据库中 R 的值	事务 T2
t_0	X LOCK R	1000	
t_1	FIND R		
t_2			X LOCK R
t_3	R=R–100		WAIT
t_4	UPDATE R		WAIT
t_5	UNLOCK R	900	WAIT
t_6			X LOCK R
t_7			R=R–200
t_8			UPDATE R
t_9			UNLOCK X

二级封锁协议可以解决表 9-2 中的数据“污读”问题，如表 9-5 所示。

二级封锁协议在读取数据之后，立即释放 S 锁，所以它仍然不能防止“重读”数据。

3) 三级封锁协议

三级封锁协议的内容是：在一级封锁协议的基础上，另外加上事务 T 在读取数据 R 之前必须对其加 S 锁，读完后并不释放 S 锁，而直到事务 T 结束才释放。所以，三级封锁协议除了可以防止更新丢失问题和“污读”数据外，还可以进一步防止不可重读数据，彻底解决并发操作所带来的三个不一致问题。

三级封锁协议可以解决表 9-3 中不可重读的问题，如表 9-6 所示。

表 9-5　无污读问题

时间	事务 T1	数据库中 R 的值	事务 T2
t_0	X LOCK　R	1000	
t_1	FIND R		
t_2	R=R–100		
t_3	UPDATE R		
t_4		900	S LOCK R
t_5	ROLLBACK		WAIT
t_6	UNLOCK R	1000	S LOCK R
t_7			FIND R
t_8			UNLOCK S

表 9-6　可重读问题

时间	事务 T1	数据库中 R 的值	事务 T2
t_0		1000	
t_1	X LOCK R		
t_2	FIND R		
t_3			X LOCK R
t_4	COMMIT	WAIT	
t_5	UNLOCK S		WAIT
t_6			X LOCK R
t_7			FIND R
t_8			R=R–200
t_9			UPDATE R
t_{10}			UNLOCK X

3. 封锁粒度

封锁粒度(Lock Granularity)指封锁的单位。根据对数据的不同处理方法，封锁的对象可以是这样一些逻辑单元：字段、记录、表、数据库等，封锁的数据对象的大小称为封锁粒度。封锁粒度与系统的并发度和并发控制的开锁密切相关。封锁粒度越小，系统中能够被封锁的对象越多，并发度越高，但封锁机构复杂，系统开销也越大。相反，封锁粒度越大，系统中能够被封锁的对象越少，并发度越小，封锁机构越简单，相应系统开销也越小。因此，在实际应用中，选择封锁粒度时应同时考虑封锁机构和并发度两个因素，对系统开锁与并发度进行权衡，以求得最优的效果。

4. 死锁与活锁

封锁技术可有效解决并发操作的一致问题，但也可产生新的问题，即活锁和死锁问题。

1)活锁

当某个事务请求某一数据进行排他型封锁时，由于其他事务对该数据的操作而使这个事务处于永久等待状态，这种状态称为活锁(Live lock)。

例如，事务 T1 在对数据 R 封锁后，事务 T2 又请求封锁 R，于是 T2 等待。T3 也请求封锁 R。当 T1 释放 R 上的封锁后，首先批准 T3 的请求，T2 继续等待。然后， T4 请求封锁 R，T3 释放 R 上的封锁后又批准 T4 的请求……T2 可能永远处于等待状态，从而发生活锁，如表 9-7 所示。

2)死锁

在同时处于等待状态的两个或多个事务中，每一个在它能够进行之前，都等待某个数据，而这个数据已被对方事务所封锁，这种状态称为死锁(Deod Lock)。

例如，事务 T1 对数据 R_1 封锁，这样两个事务由于都不能封锁而处于等待状态，从而产生死锁，如表 9-8 所示。

避免活锁的简单方法是采用先来先服务的策略，按照请求封锁的次序对事务排队，一旦记录上的锁释放，就使申请队列中的第一个事务获得锁。

表 9-7　活锁

时间	事务 T1	事务 T2	事务 T3	事务 T4
t_0	LOCK R			
t_1	…	LOCK R		
t_2		WAIT	LOCK R	
t_3	UNLOCK	WAIT	WAIT	LOCK R
t_4		WAIT	LOCK R	WAIT
t_5		WAIT		WAIT
t_6		WAIT	UNLOCK	WAIT
t_7		WAIT		LOCK R
t_8		WAIT		

表 9-8 死锁

时间	事务 T1	事务 T2
t_0	LOCK R_1	
t_1	…	LOCK R_2
t_2		…
t_3	LOCK R_3	
t_4	WAIT	
t_5	WAIT	LOCK R_1
t_6	WAIT	WAIT
t_7	WAIT	WAIT

(1) 死锁产生的条件。发生死锁的必要条件有以下 4 个。

①互斥条件：一个数据对象一次只能被一个事务所使用，即对数据的封锁采用排他式。

②不可抢占条件：一个数据对象只能被占有它的事务所释放，而不能被别的事务强行抢占。

③部分分配条件：一个事务已经封锁分给它的数据对象，但仍然要求封锁其他数据。

④循环等待条件：允许等待其他事务释放数据对象，系统处于加锁请求相互等待的状态。

(2) 死锁的预防。死锁一旦发生，系统效率将大大下降，因而尽量避免死锁。在操作系统的多道程序运行中，由于多个进程的并行执行分别占用不同资源，所以也会发生死锁。为预防死锁，需改变形成锁的条件。同操作系统预防死锁的方法类似，在数据库环境下，预防死锁常用的方法有以下两种。

①一次加锁法。一次加锁法是每个事务必须将所有待使用的数据对象全部依次加锁，并要求加锁成功，若一个加锁不成功，表示本次加锁失败，则应该立即释放所有加锁成功的数据对象，然后重新开始加锁。一次加锁法的程序框图如图 9-7 所示。

表 9-8 发生死锁的例子可以通过一次加锁法加以预防。事务 T1 启动后，立即对数据 R_1 和 R_2 依次加锁，加锁成功后，执行 T1，而事务 T2 等待。直到 T1 执行完后释放 R_1 和 R_2 上的锁，T2 继续执行。

一次加锁法虽然可以有效地预防死锁，但也存在一些问题。首先，对某一事务所使用的全部数据一次加锁，扩大了封锁的范围，从而降低系统的并发度。其次，数据库中的数据是不断变化的，原来不要求封锁的数据对象，这样只能在开始扩大封锁范围，将可能将待封锁的数据全部加锁，这就进一步降低并发度，影响系统的运行效率。

②顺序加锁法。顺序加锁法是预先对所有加锁的数据对象规定一个加锁顺序，每个事务都按此顺序加锁；在释放时，按逆序进行。

例如，对于表 9-8 发生的死锁，规定封锁顺序为 R_1、R_2，事务 T1 和 T2 都按此顺序加锁。T1 先封锁 R_1，再封锁 R_2。当 T2 再请求封锁 R_1 时，因为 T1 已经对 R_1 加锁，T2 只能等待。待 T1 释放 R_1 后，T2 再封锁 R_1，则不会发生死锁。

顺序加锁法同一次加锁法一样，也存在一些问题。因为事务的封锁请求可以随着事务的执行而动态地决定，所以很难事先确定封锁对象，从而更难确定封锁顺序。即使确定了封锁顺序，随着数据操作的不断变化，维护这些数据的封锁顺序需要很大的系统开销。

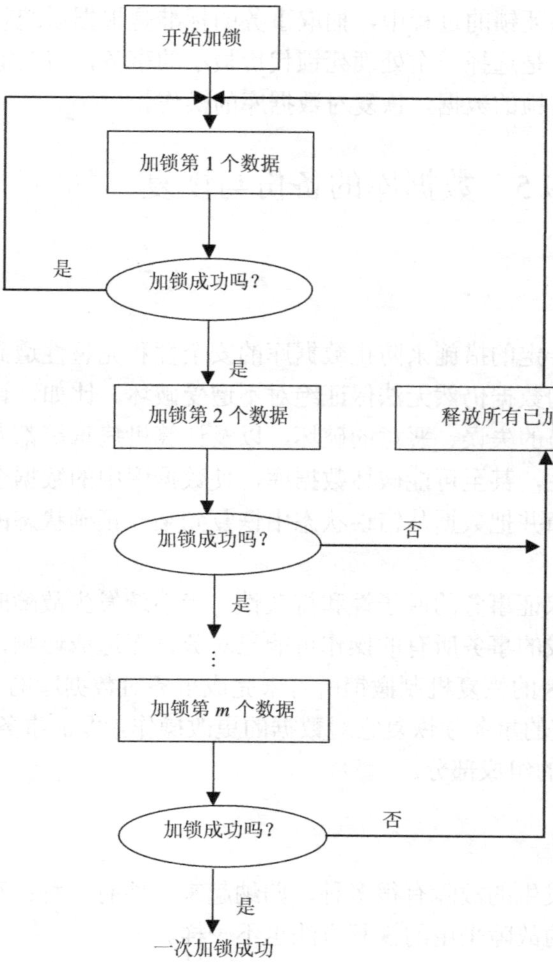

图 9-7 一次加锁法

在数据库系统中，由于可加锁的目标集合不但很大，而且是动态变化的，可加锁的目标常常不是按名寻址，而是按内容寻址，所以预防死锁常要付出很高的代价，因而上述两种在操作系统中广泛使用的预防死锁的方法并不太适合数据库的特点。在一般情况下，数据库系统可以允许发生死锁，在死锁发生后可以自动诊断并解除死锁。

③死锁的诊断与解除。

数据库系统中诊断死锁的方法与操作系统类似。可以利用事务依赖图的形式来测试系统中是否存在死锁。例如，事务 T1 需要数据 *R*，但 *R* 已经被事务 T2 封锁，那么从 T1 到 T2 画出一个箭头，如图 9-8 所示。在事务依赖图中沿着箭头方向如果存在一个循环，那么死锁的条件就形成，系统出现死锁。

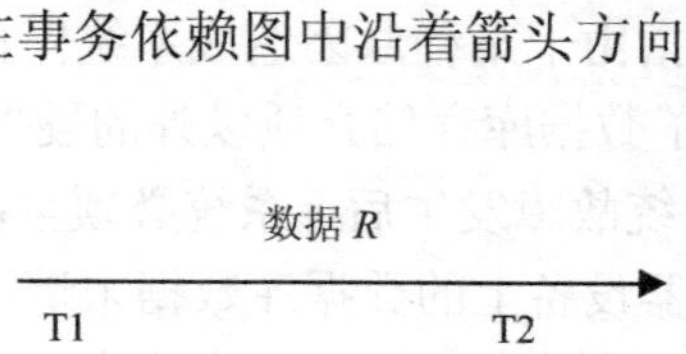

图 9-8 事务依赖图

如果已经发现死锁，DBA 从依赖相同资源的事务中抽出某个事务将它撤销，解除它的所有封锁，释放此事务占用的所有数据资源，分配给其他事务，使其他事务得以继续运行，这样就有可能消除死锁。在解除死锁的过程中，抽取事务的标准是根据系统状态及其应用的实际情况，通常采用的方法之一是选择一个处理死锁代价最小的事务，将其撤销。对于不重要的用户，取消其操作，释放封锁的数据，恢复对数据库的操作。

9.5 数据库的备份与恢复

9.5.1 数据库恢复的含义

虽然数据库系统已采取一定的措施来防止数据库的安全性和完整性遭到破坏，保证并发事务正确执行，但数据库中的数据仍然无法保证绝对不遭受破坏。比如，计算机系统中硬件的故障、软件的错误、操作员的失误、恶意的破坏，以及计算机病毒等都有可能发生，这些故障影响数据库数据的正确性，甚至可能破坏数据库，使数据库中的数据全部或部分丢失。因此，系统必须具有检测故障并把数据从错误状态中恢复到某一正确状态的功能，这就是数据库的恢复。

数据库恢复机制是为了保证事务的原子性和持久性。当系统发生故障时，有些事务没有完成就被迫停止，这些未完成的事务所有的操作可能已对数据库造成影响，使数据库处于不一致的状态。因此需要 DBMS 的恢复机制撤销所有未完成事务对数据库的一切影响，保证事务的原子性。同样，对已提交的事务须恢复它对数据的更改操作，保证事务的持久性。因此，恢复机制是 DBMS 必不可少的组成部分。

9.5.2 故障类型

数据库运行过程中可能发生的故障有很多种，归纳起来主要有三种：事务故障、系统故障和介质故障，对不同类型的故障采用的恢复方法也不一样。

1. 事务故障

事务故障(Transaction Failure)是事务内部的故障，数据库系统仍然在 DBMS 控制下运行。它通常由于程序的错误、运算溢出、违反某些完整性约束条件；操作员因操作错误或改变主意而要求撤销事务；并发执行事务发生死锁或者系统调度上的需要而终止某些事务。

发生事务故障时，事务没有达到预期的终点而失败，它可能使数据库处于不一致的状态，系统强行回滚该事务，即撤销该事务已对数据库的任何更改，使得该事务好像根本没有运行过。

2. 系统故障

系统故障(System Failure)是指由于某种原因造成系统停止运行而发生的故障。造成系统故障的原因可能有突然停电、除了数据库存储介质以外的硬件故障(如 CPU 故障)，以及操作系统和 DBMS 的软件错误等。系统故障发生后，系统必须重新启动，内存中数据库工作区内数据可能丢失，但存储在外存储器设备上的数据库数据未遭破坏。

系统故障导致所有正在运行的事务都以非正常方式中止，造成数据库处于不一致状态。因此，在恢复系统时，应让所有非正常终止的事务回滚，强行撤销所有未完成的事务，把数据库恢复到正确状态。有些已完成事务提交的结果可能有部分仍留在内存工作区，尚未写入数据库中，也会造成数据库不一致。所以，对所有已提交的事务须重新执行。

3. 介质故障

介质故障是指存储数据库的磁盘发生故障。引起这种故障的原因可能是磁盘损坏、磁头碰撞、瞬时强磁场干扰等，这类故障使数据库受到破坏。虽然这类故障发生的概率比前两类小，但破坏力最大。

对于介质故障恢复，必要时更换磁盘，加载最近的后备副本，重新执行最近后备副本以后提交的所有事务。

9.5.3 数据库恢复的原理及其实现技术

为了修复数据库中被破坏或不正确的数据，使数据库恢复到一致状态，必须建立存储在系统别处的冗余数据，恢复时利用这些冗余数据。

数据库恢复的基本原理十分简单，就是利用冗余的数据。数据库中任何被破坏或不正确的数据都可以利用存储在系统其他地方的冗余数据来修复。因此恢复系统应该提供两种类型的功能：一种是生成冗余数据，即对可能发生的故障作某些准备；另一种是冗余重建，即利用这些冗余数据恢复数据库。

生成冗余数据最常用的技术是登记日志文件和数据转储，在实际应用中，这两种方法常常结合使用。

1. 使用数据转储的恢复技术

由 DBA 定期将整个数据库复制到磁带或另一个磁盘上，转储到磁带或另一个磁盘上的数据库副本称为后备副本或后援副本。当数据库发生故障时，就可以将最近后备副本重新装入，把数据库恢复起来。显然，用这种技术，数据库只能恢复到最近转储时状态，从最近转储点至故障期间所有数据库的更新将丢失，需通过重新运行更新事务才能恢复。

由于数据库的数据量一般比较大，转储一次后备副本很费时间，并且转储期间一般不允许对数据库操作，故建立后备副本不能太频繁，同时在周末或夜间进行。

转储周期越长，丢失的数据越多。如果只转储更新过的数据，则转储的数据量显著减少，转储时间减少，转储周期可以缩短，从而可以减少丢失的数据，这种转储称为增量转储(增量备份)。转储全部数据库内容称为海量转储(完全备份)。可以将海量转储和增量转储结合起来使用，例如，每周进行一次海量转储，每天晚上进行一次增量转储。

2. 登记日志文件

日志文件是用来记录事务对数据库更新操作的文件。对数据库的每次修改操作都被修改项目的旧值和新值写在一个称为运行日志的文件中，目的是为数据库的恢复保留详细的数据。

典型的日志文件主要包含以下内容：更新数据库的事务标识(标明是哪个事务)、操作的类型(插入、删除或修改)、操作对象、更新前数据的旧值(对于插入操作，没有旧值)、更新前数据的新值(对于删除操作，没有新值)、事务处理中的各个关键时刻(事务的开始、结束及其真正回写的时间)。

日志文件是系统运行的历史记载，必须高度可靠。所以一般都是双副本的，并且独立地写在两个不同类型的设备上。日志的信息量很大，一般保存在海量存储器上。

在对数据库修改时，在运行日志中写入一个表示这个修改的运行记录。为了防止两个操作之间发生故障，运行日志中没有记录下这个修改，以后也无法撤销这个修改。

有时，利用日志文件可以对以前的误操作进行恢复。

3. 使用后备副本和日志文件的恢复技术

仅使用后备副本的恢复技术实现起来比较容易，但只能恢复到数据库最近一次转储时的一致状态。为此，后备副本通常和日志文件一起使用，即使用后备副本对数据库进行恢复后，再通过日志文件，找到最近一次转储点之后发生的数据库操作，把其重新执行一遍，即可实现完整的恢复。

9.5.4 数据库恢复策略

数据库运行过程中可能出现各种各样的故障，这些故障可分为以下三类：事务故障、系统故障和介质故障。根据不同的故障类型，应该采取不同的恢复策略。

1. 事务故障的恢复

事务故障(Transaction Failure)一定在事务提交前发生，这时应撤销该事务对数据库的一切更新，具体的方法如下所述。

(1) 反向扫描日志文件，查找该事务的更新操作。

(2) 对该事务的更新操作执行反操作，即对已经插入的新记录进行删除操作，对已删除的记录进行插入操作，对修改的数据恢复旧值，用旧值代替新值。这样由后向前逐个扫描该事务已产生的所有更新操作，并同样处理，直到扫描到此事务的开始标记，事务故障恢复完毕。

因此，一个事务是一个工作单位，也是一个恢复单位。事务越短，越便于对它进行撤销操作。如果一个应用程序运行时间较长，则应该把该应用程序分成多个事务，用明确的COMMIT 语句结束各个事务。

2. 系统故障的恢复

系统故障(System Failure)发生后，对数据库的影响有两种情况：一种情况是一些未完成事务对数据库的更新已写入数据库，这样在系统重新启动后，强行撤销所有未完成事务，清除这些事务对数据库所产生的修改操作。这些未完成事务在日志文件中只有 BEGIN TRANSACTION 标记，而无 COMMIT 标记。另一种情况是有些已提交的事务对数据库的更新结果还保留在缓冲区中，尚未写到磁盘上的物理数据库中，这也使数据库处于不一致状态，因此应将这些事务已提交的结果重新写入数据库。这类恢复操作称为事务的重做(REDO)。这种已提交事务在日志文件中既有BEGIN TRANSACTION 标记，也有 COMMIT 标记。

因此，系统故障的恢复应完成两方面的工作，既要撤销所有未完成的事务，还须重新执行所有已提交的事务，这样才能将数据库真正恢复到一致的状态。

3. 介质故障及其恢复

介质故障(Media Failure)发生后，磁盘上的物理数据和日志文件可能被破坏。解决此问题需装入发生介质故障前最新的后备数据库副本，然后利用日志文件重新执行该副本所运行的所有事务。

通过以上对三类故障的分析，得故障发生后对数据库的影响有两种可能性：

(1) 数据库没有被破坏，但数据可能处于不一致状态。这是由事务故障和系统故障引起的，这种情况在恢复时，不重装入数据库副本，可直接根据日志文件撤销故障发生时未完成的事务，并重建已完成的事务，使数据库恢复到正确的状态。这类故障的恢复是系统在重新启动时自动完成的，无须用户干预。

(2) 数据库本身被破坏。这是由介质故障引起的，这种情况在恢复时，把最近一次转储的数据装入，然后借助日志文件，再在此基础上对数据库进行更新，从而重建数据库。

这类故障的恢复不能自动完成，需 DBA 介入，方法是先由 DBA 重装最近转储的数据库副本和相应的日志文件的副本，再执行系统提供的恢复命令，具体的恢复操作由 DBMS 来完成。

数据库恢复的基本原理就是利用冗余的数据，实现的方法比较明确，但真正实现起来相当复杂，实现恢复的程序非常庞大，常常占整个系统代码的 10% 以上。数据库系统所采用的恢复技术是否行之有效，不仅对系统的可靠程度起决定作用，而且对系统的运行效率也有很大的影响，是衡量系统性能优劣的重要指标。

9.5.5 SQL Server 数据库备份及其恢复技术

1. 数据库备份策略

SQL Server 2008 提供多种备份方法，各种方法都有特点。根据具体的应用状况选择合适的备份方法是很重要的。

数据库何时被破坏，以及遭到什么样的破坏是不可预测的，所以备份是一项重要的数据库管理工作，必须确定何时备份、备份到何位置、由谁来备份、备份哪些内容、备份频率，以及如何备份等事项，即确定备份策略。

设计备份策略的指导思想是以最小的代价恢复数据。备份与恢复是相互联系的，备份策略与恢复应结合考虑。

1) 备份内容

数据库中数据的重要程度决定数据恢复的重要意义，也就决定数据是否及如何备份，数据库备份的内容可分为系统数据库备份和用户数据库备份两部分。

系统数据库记录重要的系统信息，是确保 SQL Server 2008 系统正常运行的重要依据，因此必须被完全备份。用户数据库是存储用户数据的存储空间集，用户数据库中的数据通常依其重要程度可分为非关键数据和关键数据。非关键数据通常能够很容易从其他来源重新创建，可以不备份；关键数据则是用户的重要数据，不易甚至不能重新创建，所以应对其进行完善的备份。

在设计备份策略时，管理员首先决定数据的重要程度。数据重要程度主要依据实际的应用领域确定。例如，一个普通的教学数据库中的数据可认为是一般数据，而一个银行业务数据库中的数据就是关键数据。

2) 由谁备份

在 SQL Server 2008 中，具有下列角色的成员可以进行备份操作：

- 固定的服务器角色 sysadmin (系统管理员)；
- 固定的数据库角色 db_owner (数据库所有者)；
- 固定的数据库角色 db_backupoperator (允许进行数据库备份的用户)。

通过授权，允许其他角色进行数据库备份。

3) 备份介质

备份介质是指将数据库备份到的目标载体，即备份到何处。在 SQL Server 2008 中，允许使用三种类型的备份介质。

- 磁盘备份设备。硬盘或其他磁盘类存储介质上的文件，一般按照普通的操作系统文件进行管理。对数据库的备份可以定义在数据库服务器的本地磁盘上，也可以定义在通过网络连接的远程磁盘上。
- 磁带设备。磁带设备与磁盘设备的使用方式一样，但也有两点区别：磁带设备必须直接物理连接在运行 SQL Server 服务器的计算机上；磁带设备不支持远程设备备份。
- 命名通道(Named Pipe)设备：它是一种逻辑通道，SQL Server 2008 允许将备份的文件放在命名通道上，从而可以允许第三方软件包的备份和恢复能力。当用户使用命名通道设备进行备份和恢复的操作时，须在 BACKUP 或 RESTORE 语句中给出客户端应用程序中使用的命名通道名称。

4) 何时备份

系统数据库和用户数据库的备份时机是不同的。

对于系统数据库来说，当系统数据库 master、msdb 和 model 中的任何一个被修改以后，都应将其备份。

注意 不备份数据库 tempdb，因为它仅包含临时数据。

对于用户数据库来说，备份数据库的情况包括：①创建数据库或加载数据库时；②为数据库创建索引时(以便恢复时可大大节省时间)；③执行不记日志的 T-SQL 命令时(这是因为这些命令未记录在事务日志中，因此恢复时不被执行。不记日志的命令有：BACKUP LOG、WITH NO_LOG、WRITETEXT、UPDATETEXT、SELECT INTO、命令行实用程序和 BCP 命令)。

5) 备份频率

备份频率即相隔多长时间进行备份。确定备份频率主要考虑两点：一是系统恢复的工作量；二是系统执行的事务量。如果系统环境通常为联机事务处理，则应当经常备份数据库；如果系统只执行少量作业或主要用于决策支持，不经常备份。

另外，采用不同的数据库备份方法，备份频率也可不同：采用完全数据库备份，备份频率通常低一些，而采用差异备份，事务日志的备份频率应高一些。

6) 限制的操作

SQL Server 2008 在执行数据库备份的过程中，允许用户对数据库继续操作，但不允许用户在备份时执行下列操作：CREATE DATABASE、ALTER DATABASE、创建索引和不记日志的命令。若系统正执行上述操作中的任何一种时试图进行备份，则备份不能执行。

7) 备份方法

数据库备份常用的两类方法是完全备份和差异备份。完全备份每次都备份整个数据库或事务日志，差异备份则是只备份自上次备份以来发生过变化的数据库的数据。

SQL Server 2008 有两种基本的备份：一是只备份数据库，一是备份数据库和事务日志，它们又都可以与完全备份或差异备份相结合。另外，当数据库很大时，也可以进行个别文件或文件组的备份，从而将数据库备份分割为多个较小的备份过程。这样就形成以下 4 种备份方法。

- 完全数据库备份：这种方法按常规定期备份整个数据库，包括事务日志。
- 数据库和事务日志备份：这种方法是在两次完全数据库备份期间进行事务日志备份，

所备份的事务日志记录两次数据库备份之间所有的数据库活动记录。

- 差异备份：差异备份只备份自上次数据库备份后发生更改的部分数据库。
- 数据库文件或文件组备份：这种方法只备份特定的数据库文件或文件组，同时还定期备份事务日志，这样在恢复时可以只还原已损坏的文件，而不用还原数据库的其余部分，从而加快恢复速度。对于被分割在多个文件中的大型数据库，可以使用这种方法进行备份。

2. 备份数据库

规划备份的策略后，然后可以执行实际的备份操作。可以使用 Microsoft SQL Server Management Studio 工具、备份向导或 T-SQL 语句执行备份操作。这里主要讲述利用 Microsoft SQL Server Management Studio 工具进行备份的步骤和方法。在 Microsoft SQL Server Management Studio 工具，中备份数据库的步骤包括 6 步。

(1) 在 Microsoft SQL Server Management Studio 工具的“对象资源管理器”树形目录中展开服务器。

(2) 展开“数据库”目录，选中待备份的数据库，单击，在弹出的快捷菜单中选择“任务”→“备份”命令，打开如图 9-9 所示的“备份数据库”窗口。

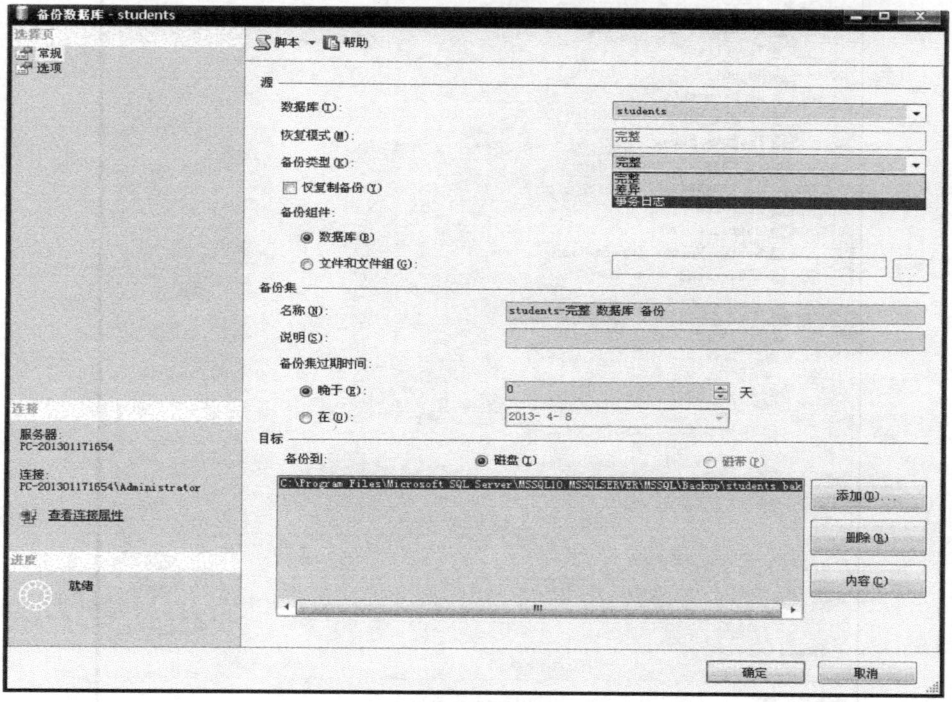

图 9-9 “备份数据库”窗口

(3) 在此对话框的“数据库”下拉列表框中选择待备份的数据库，在“名称”文本框中输入备份的目标(即命名的备份介质的名称或临时备份介质的位置)，在“说明”文本框中输入备份的描述信息，在“备份类型”下拉列表框中选择“事务日志”，在“目标”中选择备份的介质类型(若系统未安装磁带机，则默认为磁盘，可不选择)，然后单击“添加”按钮，打开如图 9-10 所示的“选择备份目标”窗口。

(4) 若使用磁盘备份介质，则在图 9-10 窗口中选择“文件名”单选框，并在文本框中输入文件的全路径或单击 ... 按钮打开“定位数据库文件”窗口，如图 9-11 所示，在该窗口中选择备份文件路径，在“文件类型”下拉列表框中选择备份文件类型，在“文件名”文本框中输入备份文件名，并加上扩展名。

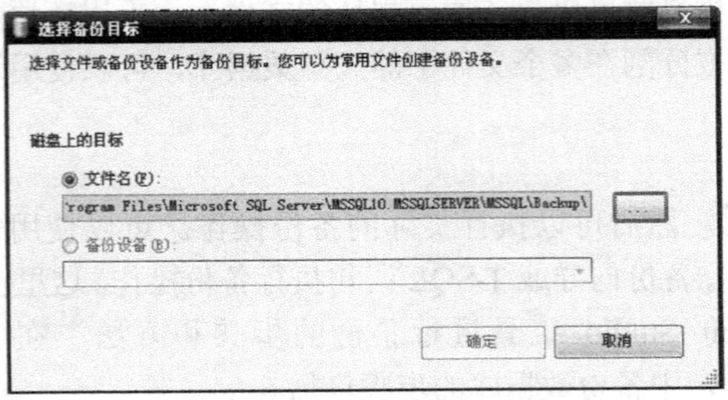

图 9-10 “选择备份目标”窗口

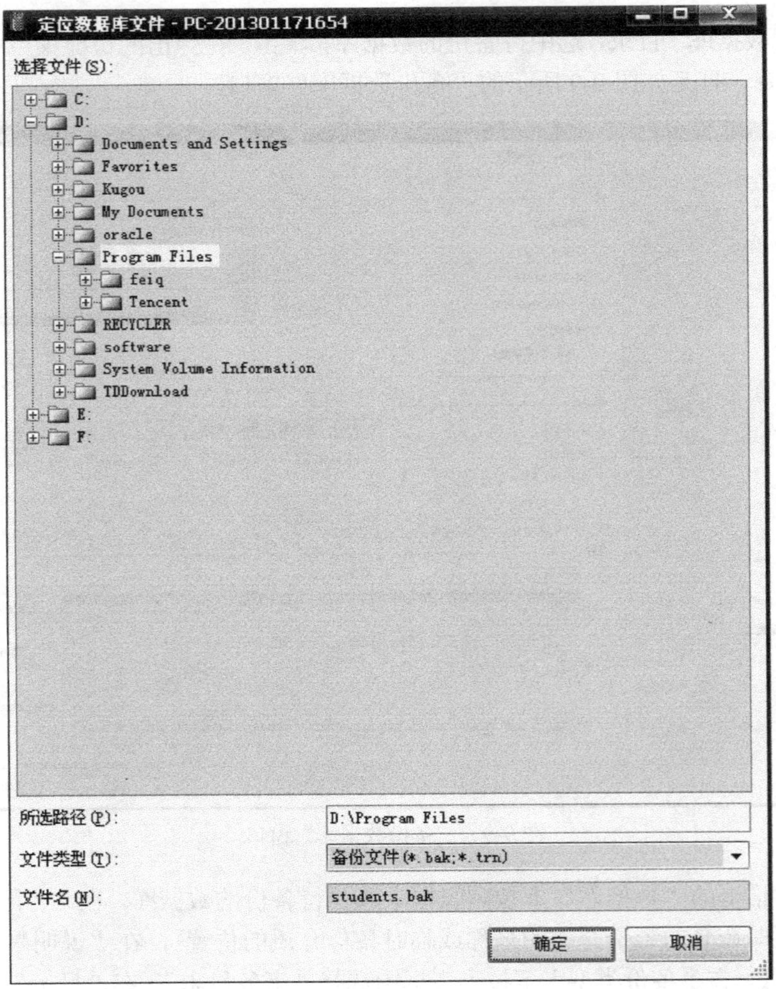

图 9-11 “定位数据库文件”窗口

(5)各参数输入或选择完毕后单击图 9-11 的“确定”按钮，然后单击图 9-10 的“确定”按钮，返回到图 9-9，选中备份具体目标，单击“确定”按钮，系统执行备份操作。备份操作完成后，在弹出的提示框中单击“确定”按钮即可。

(6) 如果进行差异备份、事务日志备份、文件和文件组备份，则在图 9-9 中选择对应的选项即可。其中，差异备份时需要一个完整备份的副本，否则无法进行差异备份。

上面的备份方法实际上是逻辑备份，主要备份数据和日志记录，数据库中的结构可能丢失。为避免这种情况，可以采用备份物理文件的方法。具体步骤为：①在 Microsoft SQL Server Management Studio 工具中找到待备份的数据库，右击，在弹出菜单中选择“任务”菜单下的“分离”命令，把数据库分离，或者直接停止 SQL Server 服务。②到数据库文件所在路径，把该数据库所有的物理文件粘贴到备份的位置，即完成备份。

3. 恢复数据库

恢复数据库就是让数据库根据备份的数据恢复到备份前的状态。恢复数据库时，SQL Server 自动将备份文件中的数据全部复制到数据库，并回滚任何未完成的事务，以保证数据库中数据的一致性。

在数据库的恢复过程中，用户不能进入数据库，即恢复过程是静态的。

恢复事务日志备份时，事务日志必须以备份时的顺序装载。备份事务日志时，SQL Server 在文件中加入一个时间戳。启动恢复过程时，SQL Server 检查这个时间用以保证顺序是正确的，然后日志中的改变被重新执行，所有其他的事务回滚。

通过事务日志备份可以进行定点恢复，即数据库能被恢复到特定的日期和时间。

恢复分成两类：自动恢复和手动恢复。

1) 自动恢复数据库

SQL Server 每次启动时都进行自动恢复。它检查并且查看是否有恢复工作须进行。这是因为对数据库的所有修改在修改时并不是立刻写到硬盘上，而是写在缓冲区中，直到检查点发生，系统才将在缓存中的数据写入硬盘。

如果这个检查点发生之前系统崩溃或者断电，数据就不能写入硬盘。那么自动恢复过程检查事务日志以决定是否所有的事务都完成并写入硬盘，并将已经完成但尚未写入硬盘的数据写到硬盘，对尚未结束的事务进行撤销处理。

自动恢复过程恢复数据库的顺序是：MASTER 数据库 - MODEL 数据库 - TEMPDB 数据库 - MSDB 数据库 - 分发数据库 - 用户数据库。系统数据库被恢复之后，用户就能登录服务器。用户数据库恢复之后，用户才能使用。

2) 手工恢复数据库

在恢复数据库的进程中，系统自动进行某些操作，确保数据库安全和迅速恢复。这些操作包括：执行安全检查，重建数据库及相关文件。

恢复数据库时，SQL Server 自动进行安全检查，防止从不完整、不正确或其他数据库备份恢复数据库。使用完全数据库备份恢复数据库时，系统自动重建原来的数据库文件，并且把这些文件放在备份数据库时这些文件所在的位置。

用户在恢复之前须完成以下任务：

· 在恢复数据库之前，必须保证备份文件是正确的。可以通过 Microsoft SQL Server Management Studio 工具或 T-SQL 语句来查看每个备份设备的信息。

· 恢复前，你应该限制用户对数据库的访问并备份日志。

· 恢复数据库时，以数据库和事务日志产生时的顺序恢复。SQL Server 跟踪数据库和事务日志的时间戳，防止恢复过程发生故障。

恢复数据库可以采用 Microsoft SQL Server Management Studio 工具和 T-SQL 语句两种方法，这里主要讲述 Microsoft SQL Server Management Studio 工具。

使用 Microsoft SQL Server Management Studio 工具进行恢复的步骤：

· 在 Microsoft SQL Server Management Studio 工具的“对象资源管理器”中选择待还原的数据库，单击鼠标右键，在弹出菜单中选择“任务”→“还原”→“数据库|文件或文件组”，打开图 9-12。

· 在“常规”选择页中，选择待还原的数据库及恢复的类型；单击“选项”选择页，弹出图 9-13，选中“还原选项”下面的“覆盖现有数据库”复选框，三种恢复状态可以根据情况进行选择。设置完成后，单击“确定”按钮，系统开始恢复，恢复执行结束后弹出“恢复完成”提示对话框。单击“确定”按钮即可。

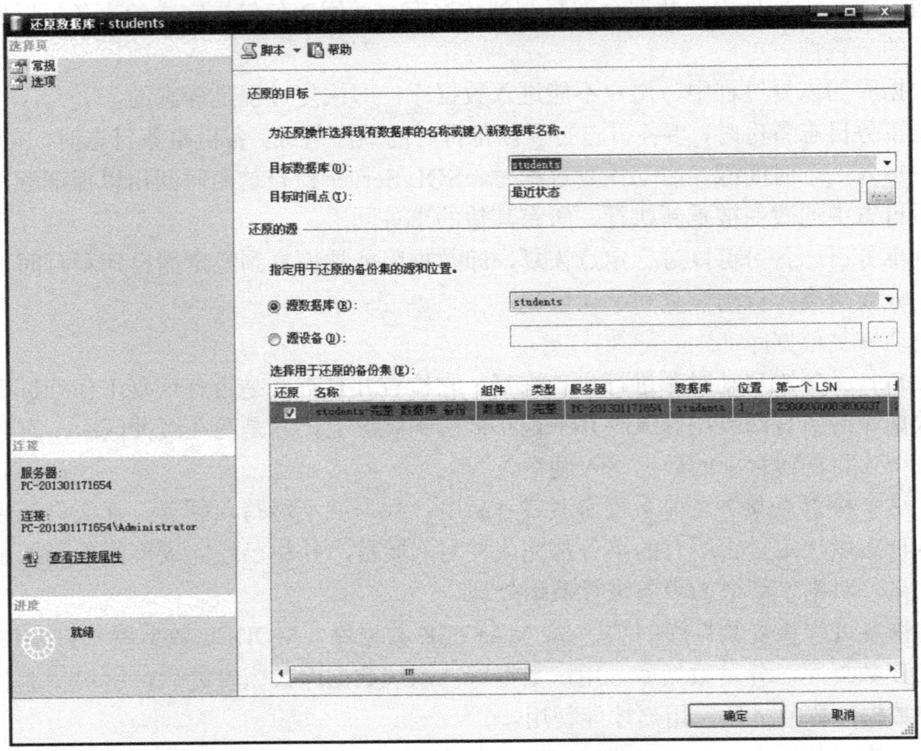

图 9-12 “还原数据库 1 常规”窗口

从差异备份中恢复数据库时，应该注意如下事项：

· 差异备份是在完全数据库备份的基础上备份。因此，在使用从差异备份中恢复数据库之前，应该首先执行从完全的数据库备份中恢复数据库。

· 恢复差异备份之后，如果还有事务日志须恢复，那么应该在恢复差异备份时指定 NORECOVERY 选项，否则应该指定 RECOVERY 选项。

另外，备份时，如果使用的是物理文件备份，则还原实际上只需使用附加数据库的方法把物理文件附加到 SQL Server 即可。具体方法如下：

在 Microsoft SQL Server Management Studio 工具中找到“数据库”节点，右击，在弹出的菜单中选择“附加”命令，弹出“附加数据库”窗口，在该窗口中单击“添加”按钮，弹出“定位数据库文件”窗口，选择待附加的主数据文件，单击“确定”按钮，返回“附加数据库”窗口，然后单击“确定”按钮，即可把数据库附加上。“附加数据库”及“定位数据库文件”窗口如图 9-14 所示。该方法的优点是可以把原数据库所有内容在新的环境下完全还原，但如果数据库很大，则附加数据库需要很长时间，且容易出现错误。

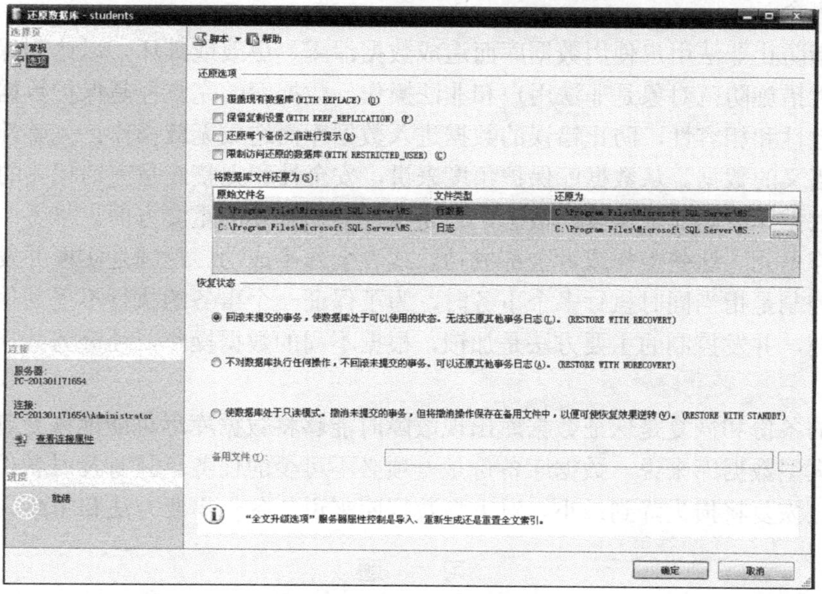

图 9-13　“还原数据库 1 选项”窗口

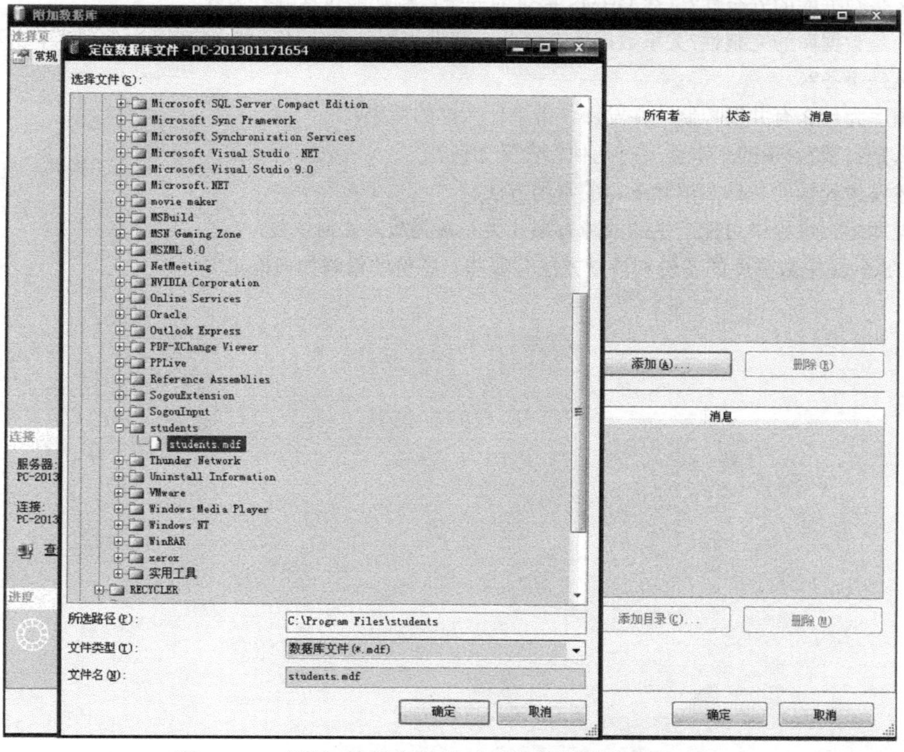

图 9-14　“附加数据库”及“定位数据库文件”窗口

9.6 小　结

本章介绍安全性、完整性、并发控制和数据库的备份及恢复等数据库保护措施，以及事务、封锁等概念。

安全性指防止非法用户使用数据库而造成数据泄露、更改或破坏，以达到保护数据库的目的；安全性措施防范对象是非法用户和非法操作。数据库的完整性是保护数据库中数据的正确性、有效性和相容性，防止错误的数据进入数据库而造成无效操作；完整性措施的防范对象是不合语义的数据。从数据库保护角度来讲，安全性和完整性是密切相关的。

事务在数据库中是非常重要的概念，它是保证数据并发的重要方面。事务中的操作是一个完整的工作单元。这些操作或者全部成功，或者全部不成功。封锁是实现并发控制的主要方法。并发控制是指当同时执行多个事务时，为了保证一个事务的执行不受其他事务的干扰所采取的措施。并发控制的主要方法是加锁，根据不同的数据操作，锁分为共享锁和排他锁两种。

数据库的备份和恢复是保证数据库出现故障时能够将数据库尽可能地恢复到正确状态的技术。对于大型数据库来说，数据库备份是一项必不可少的任务。只有及时备份，才能在遇到故障时通过恢复将损失降到最小。对大型数据库来说，备份需要方法和策略。

习　题

1. 什么是数据库保护?数据库的保护功能包括哪几个方面?
2. 什么是数据库的安全性?试述 DBMS 提供的安全控制功能包括哪些内容?
3. 什么是数据库的完整性?关系数据库有哪些完整性规则？各包括哪些内容?
4. 什么是事务?
5. 数据库为什么有并发控制？并发操作带来什么样的后果?
6. 什么是封锁?封锁的基本类型有几种？含义如何?
7. 试述发生死锁的条件和消除死锁的常用方法。
8. 数据库运行过程中可能产生的故障有哪几类？各类故障如何恢复?
9. SQL Server 中数据库的备份和恢复方法有哪些？备份的策略如何确定?

第 10 章　数据库设计实现案例

数据库设计是一项比较复杂的工作，设计者不仅应具备一定的数据库知识，而且还应有一定的方法和技巧。本章以一个高校图书管理系统为案例，详细讲述数据库设计和实现的工作流程，内容包括系统需求分析、概念结构设计、逻辑结构设计、物理结构设计、系统窗体设计和报表设计。希望通过此图书管理系统的实现过程，让读者在实践中掌握数据库系统设计的特点、方法和步骤。

10.1　案例需求分析

进行系统设计，首先进行系统的需求分析。通过需求分析，了解用户的意图，从而确定系统的设计目标，制定和选择一个较好的系统方案，以达到满足用户的实际要求。

需求分析的目的是明确用户对开发的数据库应用系统的确切要求，包括功能需求(有哪些功能)、数据需求(对哪些数据进行处理)和性能需求(要求达到什么样的性能)。数据库设计的第一步是明确建立数据库的目的和如何使用，即从数据库中得到哪些信息。明确目的之后，确定需保存哪些主题信息(表)，以及每个主题保存哪些信息(表中字段)。

10.1.1　应用需求

需求分析的第一步就是用户的应用需求分析。应用需求就是通过与用户沟通，确定哪些人使用新的系统，以及每个用户希望通过新系统完成什么工作。需求的方式有很多种，此处不再详细描述。可以通过调查问卷、开座谈会和跟班作业等形式，得到用户需求的初步材料，然后将这些材料进行归纳总结，得到如下需求。

(1) 图书管理系统满足来自图书馆工作人员、普通用户和借阅者三方面人员的需求。

(2) 图书馆工作人员可以为图书借阅者加入借书记录或是还书记录，并生成相应的报表给用户查看和确认。图书馆工作人员可以浏览、查询、统计、添加借阅图书的基本信息。

(3) 读者凭借阅证可以借阅图书。图书馆工作人员对图书借阅者的借书要求进行操作，同时形成借书记录。读者凭借阅的图书可以直接归还图书，并形成归还记录。

(4) 读者可以通过图书编号、借阅者证号等查询相应的借阅情况及查看各自归还的图书信息(即历史信息)；读者不仅可以查询图书馆库存图书的相关情况，还可以查询自身的相关信息及借阅情况。

从读者角度考虑的业务流程图如图 10-1 所示。

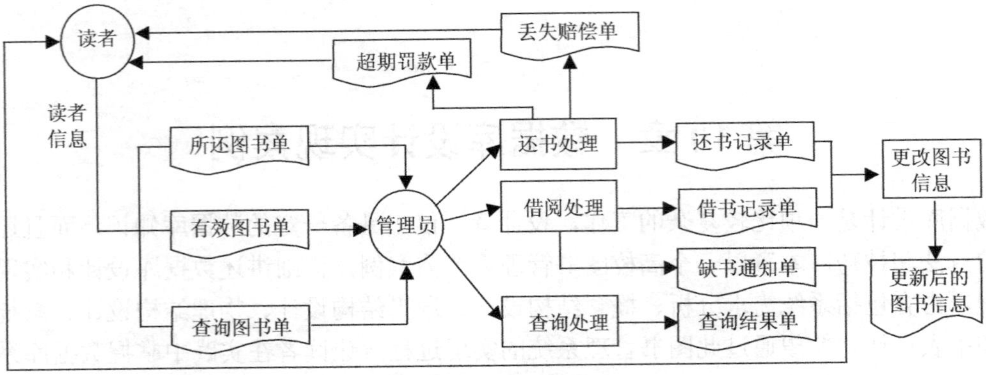

图 10-1 图书管理业务流程图

系统除了满足事实上的应用需求外，还应该能够能满足一定的数据存储要求。通过与用户沟通，获得系统的数据存储需求如下：

(1) 读者信息：读者编号、姓名、性别、学号、学院、专业、年级、类型、类别编号、办证日期。

(2) 管理员信息：管理员编号、姓名、性别、权限、登录口令、住址、电话。

(3) 馆藏图书信息：图书编号、书号、图书名称、作者、出版社、单价、摘要、关键字、副本数、分类、出版日期、状态。

(4) 借阅信息：图书编号、读者编号、图书名、作者、借阅日期、归还日期、应还日期、罚金。

(5) 借阅历史信息：图书编号、读者编号、图书名、作者、借阅日期、还书日期。

(6) 罚款信息：读者编号、图书编号、图书名、作者、借阅日期、应还日期、归还日期、罚款金额、处理状态、管理员编号。

10.1.2 功能描述

依据前面的需求分析，此时得到系统的功能要求。作为一个高校图书管理系统，应满足借阅证办理、借阅证注销、图书上架、图书归还、图书查询、图书借阅和借阅证挂失等功能，其功能要求如下：

(1) 借阅证办理。每年开学时，有新生报到，也有新进的教职工，图书馆对每位新生和教职工的信息建立个人档案，以办理图书借阅证。学生个人档案包括学生的学号、院系、专业、姓名、性别、出生日期、有效证件、证件号码、联系方式、登记日期、有效期等。教职工的信息包括教师的姓名、性别、院系、出生日期、有效证件、证件号码、联系方式、登记日期等。

(2) 借阅证注销。学生毕业、教职工调离时，图书馆对每位学生和教职工的信息进行删除，还没有还书的学生和教职工信息不得删除。

(3) 图书上架。每次新进图书时，图书馆对每本图书的信息进行管理和录入，以便查阅。图书的信息有：图书编号、书名、类型、作者、译者、出版社、归属图书室等。

(4) 图书归还。当借阅的图书超期时，在归还图书时处以相应的罚金并记录。可将所处罚金进行累加，到一定数额时规定读者必须归还，超过规定的天数才归还罚金将收取一定的滞纳金。

(5) 图书查询。可以对图书进行查询，随着信息量的增大，图书馆的馆藏量也在逐年增加，如何迅速准确地找到所需的图书是系统必须考虑的问题。系统必须支持在线查询，就是由书名、作者等图书信息进行查找；支持模糊查询，即由关键字进行查找。

(6) 图书统计。学院每年用于购买图书的资金是一定的，那么如何分配这些资金，应该用于购买哪些图书是必须考虑的问题。利用图书统计功能，可以统计出哪些图书的借阅率高，学生喜欢看哪些图书。根据这些统计数字，可以合理分配资金，购买相应的图书。为了鼓励学生多看书、多学习，学校还提出奖励读书多的同学的方法，即对于借书量排前的同学可以提高他的图书借阅总数，这也需要图书的统计数字。

(7) 图书借阅。读者凭借阅证办理借阅图书，不同类型的读者借阅数是不同的。在读者借书之前，先检索该读者的借阅情况，目前已借阅还未归还的数量，读者每类图书允许借阅的数量，然后判断该读者借阅的该类图书是否超过规定限制，最后判断该读者是否有超期未还的情况，如果有超期未还的借阅情况，不允许办理新的借阅。

(8) 借阅证挂失。读者借阅证丢失之后可以办理挂失，挂失的借阅证被冻结，禁止借阅新的图书。如果有其他人拿着挂失的借阅证借阅图书，系统提示此证已挂失，防止借阅证被其他人冒用。挂失之后，读者本人只能凭有效证件办理注销借阅证挂失。

10.1.3 数据流图和数据字典

1. 数据流图

1) 顶层数据流图

通过对用户需求进行分析并对其进行总结和归纳，得到用户的顶层数据流图，如图 10-2 所示。

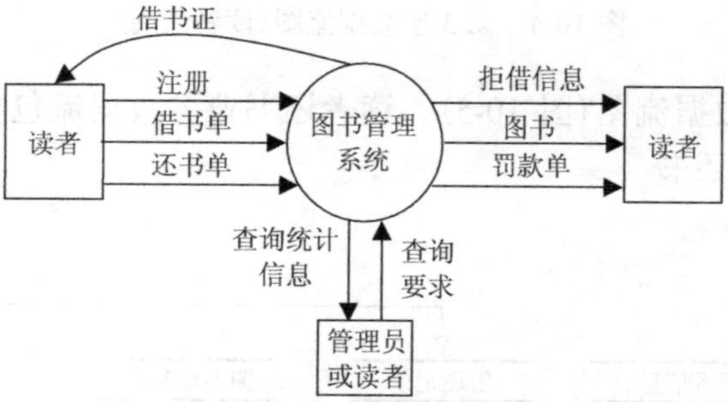

图 10-2　图书管理系统顶层数据流图

2) 第 2 层数据流图

按照第 7 章的方法，对顶层数据流图进行分解，形成第 2 层的数据流图，如图 10-3 所示。

第 2 层数据流图得到读者借阅、读者还书、读者查询、管理员查询、管理员修改等业务的数据流程图，为进一步的设计奠定基础。

3) 第 3 层数据流图

将第 2 层数据流图中的每个业务进行分解，得到各个业务的子数据流图，就形成第 3 层的数据流图。第 3 层数据流图分为读者借阅、读者还书、读者查询、图书维护、读者信息维护和管理信息维护。

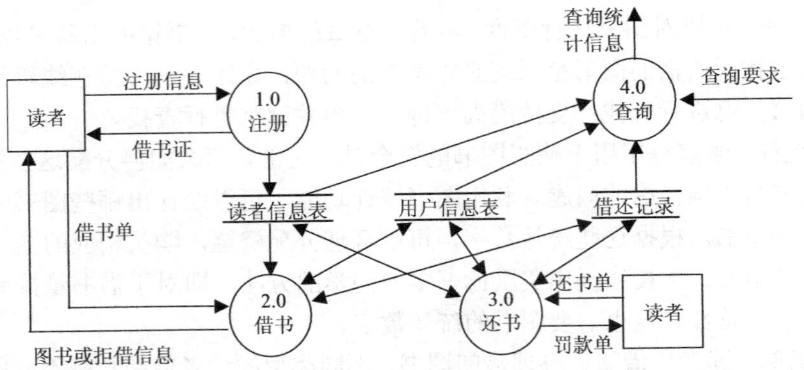

图 10-3　第 2 层数据流图

(1) 读者借阅数据流图(图 10-4)。读者借阅数据流包括审核借书证、审核借书数量、审核库存数量和修改库存并登记借书。

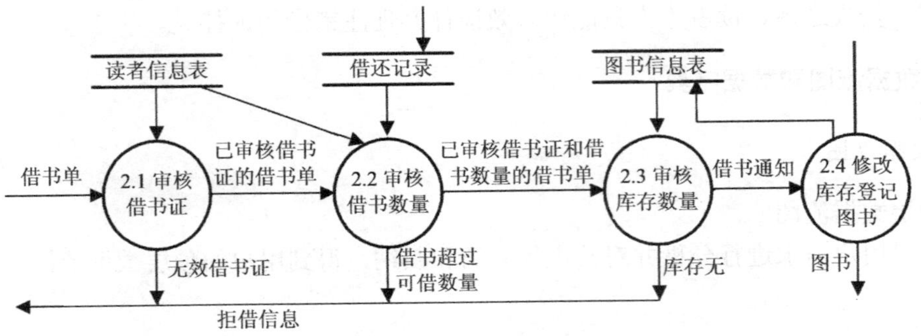

图 10-4　第 3 层数据流图(读者借阅)

(2) 读者还书业务数据流图(图 10-5)。读者还书业务数据流包括还书审核、图书超期处理、登记入库和登记还书。

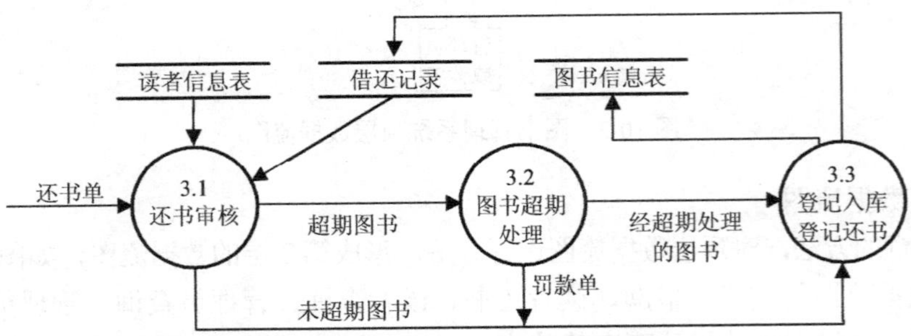

图 10-5　第 3 层数据流图(读者还书)

(3) 读者查询业务数据流图(图 10-6)。读者查询业务数据流包括读者信息查询、图书信息查询和图书统计查询。

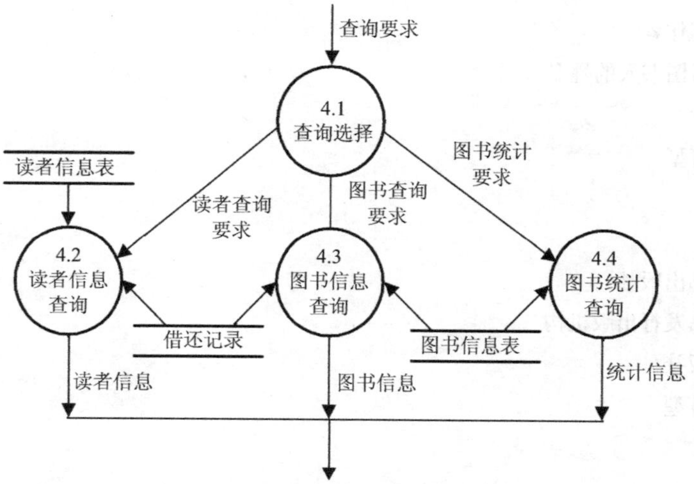

图 10-6　第 3 层数据流图(读者查询)

2. 数据字典

有了数据流图，还需要数据字典对数据流图中的数据项、数据结构、数据流和数据处理等进行描述，为系统人员在系统分析、系统设计和系统维护过程中提供关于数据的描述信息。数据流图与数据字典共同构成系统的逻辑模型，两者是相辅相成，缺一不可的。

下面对数据项、数据结构、数据流和数据处理进行介绍。

1) 数据项

图书管理系统的数据流图中，系统涉及的数据项具体内容如下所述。

数据项：　图书条码号
含义说明：唯一标识每本图书
别名：　　条码号
类型：　　字符型
长度：　　12
取值范围：000000000001~999999999999

数据项：　图书索书号
含义说明：唯一标识每本图书
别名：　　索书号
类型：　　字符型
长度：　　12
取值范围：000000000001~999999999999

数据项：　图书名称
含义说明：图书的名
别名：　　书名
类型：　　字符型
长度：　　50

数据项：　图书作者
含义说明：编写图书人的姓名
别名：　　作者
类型：　　字符型
长度：　　30

数据项：　图书出版社
含义说明：图书发行出版机构
别名：　　出版社
类型：　　字符型
长度：　　50

数据项：　图书单价
含义说明：每本图书的价格
别名：　　单价
类型：　　数值

数据项：　图书出版日期
含义说明：图书的出版发行日
别名：　　出版日期
类型：　　日期型

数据项：　图书分类号
含义说明：标识图书所属类别，如 TP 表示计算机
别名：　　分类号
类型：　　字符型
长度：　　12

数据项：　图书副本数
含义说明：说明该本图书的购买数量
别名：　　副本数
类型：　　数值

数据项：　读者条码号
含义说明：唯一标识每个读者
别名：　　读者编号
类型：　　字符型
长度：　　12
取值范围：000000000001~999999999999
取值含义：前 2 位表示学生入学年度，教师用 Z0 表示

数据项：　读者姓名
含义说明：读者的名称
别名：　读者
类型：　字符型
长度：　30

数据项：　所属馆室号
含义说明：标识图书所在书库、阅览室的编号
别名：　馆室号
类型：　字符型
长度：　5

数据项：　读者编号
含义说明：标识每个读者的学号或教职工编号
别名：　借阅证号
类型：　字符型
长度：　12

数据项：　允许最多借阅数量
含义说明：每类读者可以借阅的最多图书数量
别名：　借阅数
类型：　数值型
小数位数：0
取值范围：1～100

数据项：　读者类型(职务)
含义说明：读者所属类型，如学生、教师
别名：　读者类型
类型：　字符型

数据项：　罚金金额
含义说明：超期罚款的金额
别名：　罚金
类型：　数值型
小数位数：1
取值范围：0.1~999.99

其他数据项此处不再一一描述，如表 10-1 所示。

表 10-1　数据项列表

编号	数据项名	数据项含义	别名	类型	长度
DI-1	图书摘要	图书摘要	摘要	文本	500
DI-2	图书关键字	图书关键字	关键字	文本	30
DI-3	图书状态	图书是否可借	状态	文本	10
DI-4	所属馆室号	所属馆室号	馆室号	文本	5
DI-5	读者性别	读者性别	性别	文本	2
DI-6	读者类别编号	读者类别编号	类别编号	文本	5
DI-7	读者所在学院	读者所在学院	学院	文本	20
DI-8	读者所属年级	读者所属年级	年级	文本	5
DI-9	读者所读专业	读者所读专业	专业	文本	20
DI-10	读者办证时间	读者办证时间	办证时间	日期	
DI-11	借阅日期	借阅日期	借阅时间	日期	
DI-12	归还日期	归还日期	归还时间	日期	
DI-13	应还日期	应还日期	应还时间	日期	
DI-14	是否交纳罚金	是否交纳罚金	处理状态	文本	8
DI-15	类别编号	类别编号	类别编号	文本	5
DI-16	读者类别名	读者类别名	类别名	文本	20
DI-17	允许借阅天数	允许最长持有时间	借阅期限	数值	
DI-18	借阅卡有效期	借阅卡有效期	有效期限	日期	
DI-19	管理员编号	管理员编号	编号	文本	10
DI-20	管理员姓名	管理员姓名	姓名	文本	20
DI-21	管理员性别	管理员性别	性别	文本	2
DI-22	管理员口令	管理员口令	口令	文本	30
DI-23	管理员权限级别	管理员权限级别	权限级别	文本	4
DI-24	管理员电话	管理员电话	电话	文本	15
DI-25	管理员地址	管理员地址	住址	文本	30
DI-26	馆室号	馆室号	馆室号	文本	5
DI-27	馆室管理员编号	馆室管理员编号	编号	文本	10
DI-28	馆室内图书数目	馆室内图书数目	数量	数值	
DI-29	馆室地址	馆室地址	地址	文本	50

2) 数据结构

数据结构：图书。

含义说明：图书管理系统的主体数据结构，定义一个馆藏图书信息。

组　　成：图书条码号，图书编号，图书名称，图书作者，出版社，图书单价，出版日期，图书摘要，图书关键字，副本数，图书状态，所属馆室号。

数据结构：读者。

含义说明：图书管理系统的主体数据结构，定义一个读者的有关信息。

组　　成：读者条码号，读者姓名，读者性别，读者编号，读者类别编号，读者职务，读者所在院系，读者所在年级，读者所学专业，办证日期。

数据结构：借阅记录。

含义说明：定义一个读者图书借阅记录的有关信息。

组　　成：图书条码号，读者条码号，图书名称，图书作者，借出日期，应还时间。

数据结构：借阅历史。

含义说明：定义一个读者图书借阅的有关信息。

组　　成：图书条码号，读者条码号，图书名称，图书作者，借出日期，还书时间。

数据结构：罚款信息。

含义说明：定义一个读者借阅超期罚款的有关信息。

组　　成：图书条码号，读者条码号，图书名称，图书作者，借出日期，还书时间，罚款金额，是否缴纳。

数据结构：读者类别。

含义说明：定义一个读者分类的有关信息。

组　　成：类别编号，类别名称，最多借阅数据，最多持有时间，借阅证有效期。

数据结构：管理员信息。

含义说明：定义一个图书管理系统管理员的有关信息。

组　　成：管理员编号，管理员名称，管理员性别，管理员密码，管理员权限级别，管理员地址。

数据结构：书库(馆室)。

含义说明：定义一图书馆的书库或馆室信息。

组　　成：馆室编号，馆室名称，馆室地址。

3)处理逻辑描述

处理逻辑列表如表 10-2 所示。

表 10-2　处理逻辑列表

编号	处理功能	处理过程
PR-1	判断读者查询涉及的功能模块	馆藏图书信息模块、读者信息模块、读者类别信息模块、借阅信息模块、借阅历史信息模块、罚款信息模块、管理员模块、馆室信息模块。 先确定查询所涉及的功能模块。然后，根据待查询的内容，确定查询数据流向。最后显示查询结果
PR-2	判断图书、读者修改涉及的模块，同时把相应的修改数据传到相应的模块之中	馆藏图书信息模块、读者信息模块、读者类别信息模块、管理员信息模块、馆室信息模块。 先确定更新所涉及的功能模块。然后，把更新信息传送到相应的模块中。最后，进行相应的更新操作

10.2　概念结构设计阶段

将需求分析得到的用户需求抽象为反映用户观点的信息结构(即概念模型)的过程就是概念结构设计，它是整个数据库设计的关键。概念设计独立于计算机硬件结构，并且支持数据库的DBMS。

概念结构设计阶段主要是将需求分析阶段得到的用户需求抽象为信息结构(概念模型)的过程，它是整个数据库设计的关键。描述概念模型的方法有E-R图和UML图两种，这里采用比较常见的E-R模型表示方法。具体的设计步骤如下：

(1)选择中层数据流为切入点，通常选择系统中的子系统。

(2)设计分E-R图，即各子模块的E-R图。

(3)生成初步E-R图，通过合并方法，统一各实体、属性、联系。

(4)生成全局E-R图，通过消除冲突等方面。

在图书管理系统中，从第3层数据流图开始。分析各三层数据流图和数据字典，直到整个系统功能围绕“读者”、“管理员”和“图书”处理。根据实体与属性间的两条准则：

(1)作为“属性”，不能再具有需要描述的性质。

(2)“属性”不能与其他实体有联系。

10.2.1 局部E-R图

根据不同的对象，从第3层数据流图开始，分别设计各分E-R图。

(1)由图10-4第3层数据流图(读者借阅)和图10-5第3层数据流图(读者还书)抽象出的分E-R图如图10-7所示。

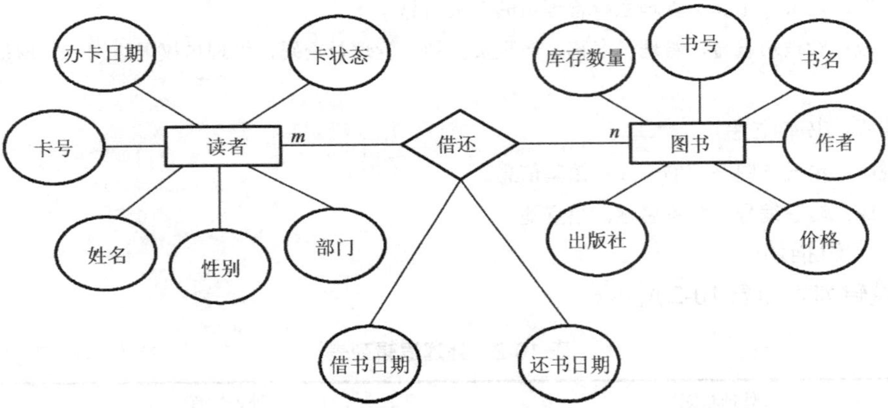

图10-7 分E-R图1

(2)由图10-3第2层数据的数据流图中抽象出读者注册的分E-R图如图10-8所示。

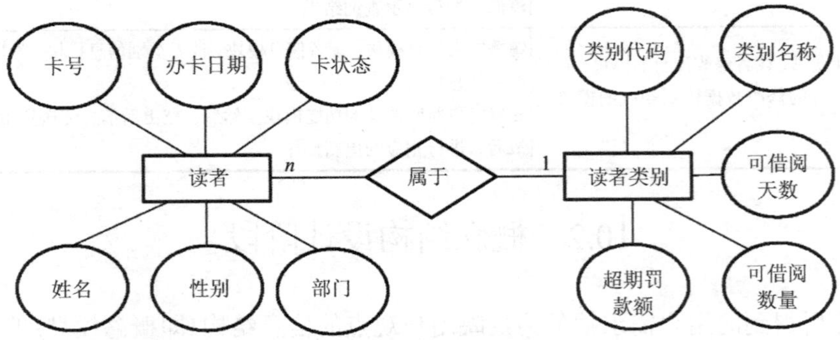

图10-8 分E-R图2

(3)由图 10-2 的数据流图抽象出的分 E-R 图见图 10-9 和图 10-10。

图 10-9　分 E-R 图 3

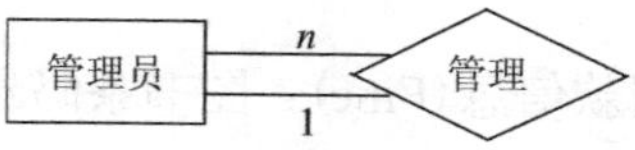

图 10-10　分 E-R 图 4

10.2.2　整体 E-R 图

得到各分 E-R 图之后，综合各局部概念结构即可得到反映所有用户需求的全局概念结构。在综合过程中，主要处理各局部模式对各种对象定义的不一致问题。

合并各分 E-R 图，消除属性冲突、命名冲突和结构冲突等三类冲突，再消除不必要的冗余，得到系统初步 E-R 图，如图 10-11 所示。

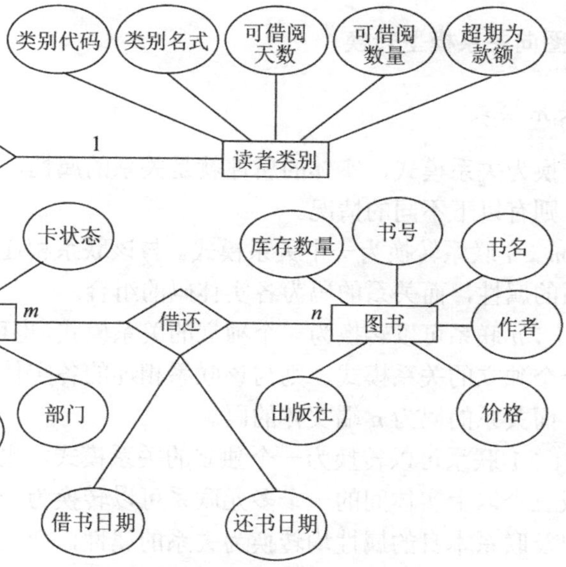

图 10-11　系统初步 E-R 图

各实体属性众多，无法在图中一一进行描述，下面列出各实体的属性。系统 E-R 图各实体的属性如下：

(1)图书(Book)：图书编号，图书名称，图书作者，出版社，单价，出版日期，图书类别，图书摘要，图书关键词，副本数，图书状态，所属馆室号。

(2)读者(Reader)：读者编号，读者姓名，读者性别，读者类别号，读者职务，所在院(系)，所属专业，入学年度，办证时间。

(3)管理员(Manager)：管理员编号，管理员名称，管理员性别，管理员密码，管理员权限级别，管理员电话，管理员地址。

(4)馆室(Room)：馆室编号，馆室名称，馆室地址。

(5)读者类别(Reader Type)：类别编号，类别名称，借阅限制，借阅期限，借阅证有效期。

各 E-R 图中联系的属性如下：

(1)借阅信息(Borrow)：图书条码号，读者图书号，图书名称，图书作者，借阅时间，应还时间。

(2) 借阅历史(History)：图书条码号，读者条码号，图书名称，图书作者，借阅时间，归还时间。

(3) 罚款信息(Fine)：图书条码号，读者条码号，图书名称，借出时间，归还时间，罚金，是否缴纳。

10.3 逻辑结构设计阶段

概念结构设计阶段是独立于任何一种数据模型的，而逻辑结构设计的任务就是将概念结构设计阶段设计好的基本E-R图转换为选用DBMS产品所支持的与数据模型相符合的逻辑结构。本案例以SQL Server作为数据存储平台，这是一款关系型的数据库管理系统，在逻辑设计阶段主要是将E-R模型转换为关系模式，然后对模型优化，定义模式和用户子模式。

10.3.1 E-R图向关系模型转换

1. 生成关系模式

实体型转换为关系模式，实体的属性就是关系的属性，实体的码就是关系的码。对于实体间的联系，则有以下不同的情况。

(1) 一个 $m:n$ 联系转换为一个关系模式。与该联系相连的各实体的码及联系本身的属性均转换为关系的属性，而关系的码为各实体码的组合。

(2) 一个 $1:n$ 联系可以转换为一个独立的关系模式，也可以与 n 端对应的关系模式合并。如果转换为一个独立的关系模式，则与该联系相连的各实体的码及联系本身的属性均转换为关系的属性，而关系的码为 n 端实体的码。

(3) 一个 $1:1$ 联系可以转换为一个独立的关系模式，也可以与任意一端对应的关系模式合并。三个或三个以上实体间的一个多元联系可以转换为一个关系模式，与该多元联系相连的各实体的码及联系本身的属性均转换为关系的属性，而关系的码为各实体码的组合。具有相同码的关系模式可合并。

读者类别与读者、馆室与图书的联系方式是 $1:n$(一对多)，可以将它们之间的联系与 n 端实体读者、图书合并；管理员与图书之间的维护联系也是 $1:n$(一对多)，同样也将其之间的联系与 n 端实体合并，而读者与图书之间的借阅和归还联系方式则是 $n:m$(多对多)，把它们之间的联系转化为独立的关系模式；读者与管理员之间的罚款联系是 $m:n$(多对多)，将其联系也转化成独立的关系模式。具体的基本E-R图向关系模型的转化如下所述。

(1) 图书：图书(<u>图书条码</u>，图书名称，图书作者，出版社，单价，出版时间，图书类别，图书摘要，图书关键词，副本数，图书状态，所属馆室号)。

(2) 读者：读者(<u>读者编号</u>，读者姓名，读者性别，读者类别号，读者职务，所在院(系)，所属专业，入学年度，办证时间)。

(3) 管理员：管理员(<u>管理员编号</u>，管理员名称，管理员性别，管理员密码，管理员权限级别，管理员电话，管理员地址)。

(4) 馆室：馆室(<u>馆室编号</u>，馆室名称，馆室地址)。

(5) 读者类别：读者类别(<u>类别编号</u>，类别名称，借阅限制，借阅期限，借阅证有效期)。

(6) 借阅信息：借阅信息(<u>流水号</u>，图书条码号，读者条码号，图书名称，图书作者，借阅时间，应还时间)。

(7)借阅历史：借阅历史(流水号，图书条码号，读者条码号，图书名称，图书作者，借阅时间，归还时间)。

(8)罚款信息：罚款信息(流水号，图书条码号，读者条码号，图书名称，借出时间，归还时间，罚金，是否缴纳)。

说明 标有直线下划线的为主键，标有波浪线下划线的是外键。

2. 关系模型的优化

关系模式Book，Reader，Room，Reader Type，Manager不存在非主属性对主属性的部分函数依赖，也不存在传递函数依赖，已经达到3NF，但是借阅关系模式、借阅历史关系模式、罚款关系模式(Borrow，History，Fine)存在一些数据冗余。现将三个关系模型进行合并，消除冗余，优化为：Borrow(BookID，ReaderID，BookName，BookWriter，Outdate，Indate，YHdate，Fine，CLStaer，MID)。

3. 数据库模式的定义

根据上述关系模式和转换原则，可以得到数据库模式和用户子模式。为了方便理解和使用，表名和列名采用匈牙利命名法，以表的含义或属性含义的英文表示，由一个或多个英文单词构成，每个单词的首字母大写。数据库的模式如表10-3～表10-8所示，用户子模式如表10-9～表10-14所示。

(1)馆藏图书信息表(表10-3)。

表10-3 馆藏图书信息表

列 名	数据类型	可否为空	说 明
BookID	Char(20)	NOT NULL	图书编号
BookNo	Char(20)	NOT NULL	图书的索书号
BookName	VarChar(50)	NOT NULL	图书的书名
BookWriter	VarChar(50)	NOT NULL	图书作者
BookPublisher	VarChar(40)	NOT NULL	图书出版社
BookPrice	Numeric		图书的单价
BookDate	Date		出版日期
BookClass	Char(8)		图书的分类
BookMain	Memo		图书的摘要
BookPrim	Varchar(50)		图书的关键字
BookCopy	Numeric		图书的副本数
BookState	Char(2)	NOT NULL	图书是否可借
BookRNo	Char(5)	NOT NULL	图书所在馆室号

(2)读者信息表(表 10-4)。

表 10-4 读者信息表

列 名	数据类型	可否为空	说 明
ReaID	Char(12)	NOT NULL	读者编号
ReaName	VarChar(30)	NOT NULL	读者姓名
ReaSex	Char(2)	NOT NULL	读者性别
ReaNo	Char(12)	NOT NULL	读者学号
ReaLBID	Char(5)	NOT NULL	读者类别编号
ReaType	Char(12)		读者类型
ReaDep	Char(4)		读者所在学院
ReaPref	Char(4)		读者所属专业
ReaGrade	Char(4)		读者的年级
ReaDate	Date	NOT NULL	办证日期
ReaState	Char(2)	NOT NULL	读者状态

(3)管理员信息表(表 10-5)。

表 10-5 管理员信息表

列 名	数据类型	可否为空	说 明
MID	Char(6)	NOT NULL	管理员编号
MName	VarChar(30)	NOT NULL	管理员姓名
MSex	Char(2)		管理员性别
Mpsw	VarChar(30)	NOT NULL	管理员密码
MAuth	Char(12)	NOT NULL	管理员权限
MTeleph	VarChar(30)		管理员电话
MAddre	VarChar(30)		管理员地址

(4)馆室信息表(表 10-6)。

表 10-6 馆室信息表

列 名	数据类型	可否为空	说 明
RoomNo	Char(5)	NOT NULL	馆室号
RoomMID	Char(6)	NOT NULL	馆室管理员编号
RoomNum	Numeric		馆室拥有图书数目
RoomAddre	VarChar(50)		馆室地址

(5) 读者类别信息表(表 10-7)。

表 10-7　读者类别信息表

列　名	数据类型	可否为空	说　明
LBID	Char(4)	NOT NULL	读者类别编号
LBName	VarChar(30)	NOT NULL	读者类别名
LBnum	Numeric	NOT NULL	允许借阅图书最大数
LBbqx	Numeric	NOT NULL	持有图书最长期限
LBqx	Numeric	NOT NULL	借阅证期限

(6) 借阅信息表(表 10-8)。

表 10-8　借阅信息表

列　名	数据类型	可否为空	说　明
RealD	Char(12)	NOT NULL	读者编号
BookID	Char(20)	NOT NULL	图书编号
Outdate	Date	NOT NULL	借阅时间
Indate	Date		归还时间
YHdate	Date	NOT NULL	应还时间
Fine	Numeric		罚款金额
CLState	Char		处理状态
MID	Char(6)	NOT NULL	管理员编号

4. 用户子模式定义

子模式是用户视图，根据用户需求，系统一共设计五个子模式。每个子模式的作用如表 10-9 所示。

表 10-9　用户子模式定义

编　号	用户子模式(View)	作　用
V-1	BookView	便于查询和修改图书的基本信息
V-2	ReaderView	方便读者基本信息的查询、更新
V-3	HistoryView	便于借阅历史信息的查询
V-4	BorrowView	用于当前借阅信息的查询
V-5	FineView	便于查询罚款信息

(1) 读者基本信息视图(表 10-10)。

表 10-10　读者基本信息视图

列　名	数据类型	可否为空	说　明
ReaID	Char(12)	NOT NULL	读者编号
ReaName	VarChar(30)	NOT NULL	读者姓名
ReaSex	Char(2)	NOT NULL	读者性别
ReaType	Char(2)		读者类型
ReaDep	Char(5)		读者所在学院
ReaDate	Date	1	办证日期

(2) 图书基本信息视图(表 10-11)。

表 10-11　图书基本信息视图

列　名	数据类型	可否为空	说　明
BookNo	Char(20)	NOT NULL	图书的索书号
BookName	VarChar(50)	NOT NULL	图书的书名
BookWriter	VarChar(30)	NOT NULL	图书作者
BookPublisher	VarChar(30)	NOT NULL	图书出版社
BookState	Char(2)	NOT NULL	图书是否可借
BookRNo	Char(5)	NOT NULL	图书所在馆室号

(3) 读者当前借阅信息视图(表 10-12)。

表 10-12　读者当前借阅信息视图

列　名	数据类型	可否为空	说　明
BookID	Char(20)	NOT NULL	图书编号
BookName	VarChar(50)	NOT NULL	图书名
Outdate	Date	NOT NULL	借阅时间
YHdate	Date	NOT NULL	应还时间

(4) 读者借阅历史信息视图(表 10-13)。

表 10-13　读者借阅历史信息视图

列　名	数据类型	可否为空	说　明
BookID	Char(20)	NOT NULL	图书编号
BookName	VarChar(50)	NOT NULL	图书名
Outdate	Date	NOT NULL	借阅时间
Indate	Date		归还时间

(5) 读者罚款信息视图(表 10-14)。

表 10-14　读者罚款信息视图

列　名	数据类型	可否为空	说　明
BookID	Char(20)	NOT NULL	图书编号
BookName	VarChar(50)	NOT NULL	图书名
Outdate	Date	NOT NULL	借阅时间
Indate	Date		归还时间
Fine	Numeric	NOT NULL	罚款金额
CLState	VarChar(20)	NOT NULL	处理状态

10.3.2　施加约束

将 E-R 图转换为关系模式之后，就可以施加相应的约束条件以实现数据的完整性。关系的完整性约束主要有三类：实体完整性、参照完整性和用户自定义的完整性。实体完整性要求每个关系的主属性不能为空；参照完整性要求外键列的值一定在被参照关系的主键列中存在；用户自定义的完整性根据应用环境的要求使属性的取值满足语义要求。下面分别了解各约束的具体内容。

1. 域约束

域是属性可能具有值的集合。域定义包括语义成分和物理成分，除了满足一定的物理成分之外，还必须满足一定的语义要求。例如，性别的取值为字符型，宽度为 2 个字符。只要满足以上两个条件，就满足物理要求。但是，满足物理成分的数据不一定是有意义的。如果性别属性的值设为“12”，也满足物理成分，但是不具有一定的语义，因此域还必须满足一定的语义要求。

另一种约束类型为值是否为必填项，即值是否为空。对于某些值，必须设置为必填项，才能确保数据有意义。例如，图书的名称、读者的姓名必须为必填项。

2. 唯一性约束

唯一性约束是约束的另外一种类型。这种约束一般由 DBMS 来施加，因为它能创建数据结构来使唯一性检查更快地进行。为了达到这个目的，可以使用唯一性索引。

在本案例中，图书条码、读者条码、读者编号必须不重复，可以通过为图书条码、读者条码、读者编号分别创建唯一性索引，以实现唯一性索引。在 SQL Server 中，唯一性索引的设置操作界面如图 10-12 所示。

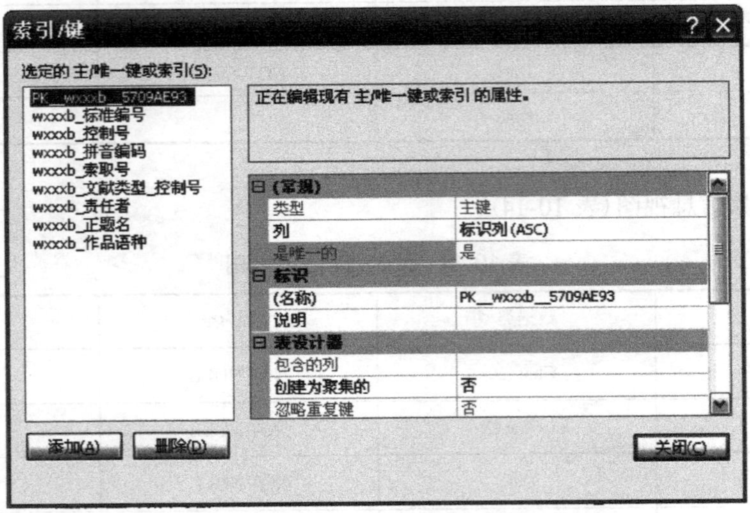

图 10-12　SQL Server 唯一性索引设置操作界面

3. 联系约束

联系约束有两种类型：参照完整性和联系基数。

1) 参照完整性约束

所有的参照完整性约束都限制在外键值上。例如，关系模式借阅信息：借阅信息(流水号，图书条码号，读者条码号，图书名称，图书作者，借阅时间，应还时间)。

读者条码号作为借阅关系的外键，约束说明它的值必须在读者信息表中存在，否则这条数据就没有意义。同理，图书条码号也是借阅信息的外键，它必须在馆藏图书中存在。

2) 联系基数

联系基数约束来源于对象连接属性的基数设定。在图书管理案例中，书室与图书之间是 1∶n 的约束，因此一本图书一定与一个书室相联系，一个书室有多本图书。

4. 业务规则约束

业务规则约束是针对指定应用的逻辑和要求的，它们来源于使用数据库组织中的应用程序和策略。图书管理应用中的业务规则是：

- 图书的价格为 0~1000。
- 性别的取值是“男”或者“女”。
- 如果图书已被借阅，就不能借出。
- 如果存在超期图书，没有归还，就不能办理新的借阅任务。
- 如果超过一定的借阅天数，所借图书即为超期。超期借阅按天收取罚金。

由于业务规则是依赖于应用的，因此 DBMS 产品没有一般的特性来施加它们。在许多重要的事件之前或之后，DBMS 提供插入代码的方法。在 SQL Server 中，可以通过创建一个触发器来实现业务规则的校验和限制。

10.4 数据库的建立

本案例选用 Microsoft SQL Server 作为数据库管理系统，下面数据库均在 SQL Server 2008 中实现。

10.4.1 数据库存储结构

在 SQL Server 中，一个数据库至少包含两个文件：一个是数据文件，以 MDF 或 NDF 为后缀；一个日志文件，以 LDF 为后缀。每个数据库的第一个数据文件为主数据文件，每个数据库有且只有一个主数据文件，扩展名为 MDF。其他的数据文件称为次数据文件或扩展数据文件，扩展名为 NDF。为一个数据库建立多个数据文件，并且将数据文件分布在不同的磁盘可以提高数据库系统的运行速度。LDF 文件记录事务操作日志，在默认情况下只有一个日志文件。

本章将图书管理系统的数据库名称设为 Library，数据库只有一个数据文件和一个日志文件，数据文件和日志文件保存在默认的路径下。

创建数据库 T-SQL 命令为

```
CREATE DATABASE Library;
```

为数据库中各基本表建立的索引如下所述。

(1) 由于基本表 Reader 的主码 ReaID 和 Book 的主码 BookID 经常在查询条件和连接操作的连接条件中出现，且它们的值唯一，因此在两个属性上建立唯一性索引。

(2) 由于基本表 Reader 的属性 ReaDep 和 Book 的属性 BookPublisher 经常在查询条件中出现，因此在两个属性上建立索引。

(3) 借阅信息基本表 Borrow 的属性 ReaID 和 BookID 经常在查询条件中出现，考虑在其之上建立索引。

(4) 罚款信息基本表 Fine 的属性 ReaID 和 BookID 经常在查询条件中出现，考虑在其之上建立索引。

10.4.2 表和视图的创建

1. 建立数据表

1) 读者类别信息表的建立

```
CREATE TABLE ReaderType
(
      LBID      char (5)  Primary Key,
      LBName     varchar(20)  NOT NULL,
      LBnum      numeric   NOT NULL,
      LBbqx      numeric   NOT NULL,
      LBqx       numeric   NOT NULL
)
```

2) 管理员基本信息表的建立

```
CREATE TABLE Manager
```

```
(
    MID     char(6)      primary key,
    Mname   varchar(20) NOT NULL,
    MSex    char(2),
    Mpwd    varchar(20)    NOT NULL,
    MAuth   varchar(40)    NOT NULL,
    MTeleph varchar(15),
    MAddre  varchar(30),
    check(MSex ='男' or MSex ='女')
)
```

3) 图书馆室基本信息表的建立

```
CREATE TABLE Room
(
    RoomNo      char(5)    primary key,
    RoomMID    varchar(20)    NOT NULL,
    Roomnum     char(5),
    RoomAddre  varchar(30),
    FOREIGN KEY(RoomMID) REFERENCES Manager(MID)
)
```

4) 馆藏图书基本信息表的建立

```
CREATE TABLE Book
(
    BookID        varchar(20)  primary key,
    BookNo        varchar(20)  NOT NULL,
    BookName      varchar(50)  NOT NULL,
    BookWriter     varchar(30)  NOT NULL,
    BookPublisher varchar(30)  NOT NULL,
    BookPrice      Numeric(7, 2),
    BookDate       datetime,
    BookClass      char(20),
    BookMain       memo,
    BookPrim       varchar(30),
    BookCopy     smallint,
    BookState      char(10)    NOT NULL,
    BookRNo      char(5)    NOT NULL,
    FOREIGN KEY(BookRNo) REFERENCES Room(RoomNo)
)
```

5) 读者基本信息表的建立

```
CREATE TABLE Reader
(
    ReaID         char(9)  primary key,
    ReaName        varchar(30)  NOT NULL,
    ReaSex          char(2)    NOT NULL,
    ReaNo           char(9)    NOT NULL,
    ReaLBID          char(5)    NOT NULL,
```

```
        ReaType     varchar(20),
        ReaDep      char(20),
        ReaGrade    char(5),
        ReaPref     varchar(20),
        ReaDate     Datetime,
        FOREIGN KEY(ReaLBID) REFERENCES ReaderType(LBID),
        Check(ReaSex ='男' or ReaSex ='女')
)
```

6) 借阅基本信息表的建立

```
CREATE TABLE Borrow
(
        BookID  char(20),
        ReaID   char(9),
        Outdate  Datetime  NOT NULL,
        YHdate  Datetime  NOT NULL,
        Indate   Datetime,
        Fine     char(5),
        CLState  char(8),
        MID     char(10)  NOT NULL,
        PRIMARY KEY(BookID, ReaID),
        FOREIGN KEY(MID) REFERENCES Manager(MID)
)
```

2. 建立视图

为了简化用户视图，方便用户操作，根据用户需求，建立图书基本信息视图、读者基本信息视图、当前借阅基本信息视图、借阅历史信息视图和罚款信息视图。

1) 图书基本信息视图

用于查询图书基本信息的视图定义如下：

```
CREATE VIEW Bookview (索书号，书名，作者，出版社，图书状态)
AS
SELECT BookNo, BookName, BookWriter, BookPublisher, BookState
FROM Book;
```

2) 读者基本信息视图

用于读者基本信息查询的视图定义如下：

```
CREATE VIEW Readerview (读者编号，读者姓名，类型，学院，专业，办证日期)
       AS
       SELECT ReaID, ReaName, ReaType, ReaDep, ReaPref, ReaDate
FORM Reader
```

3) 当前借阅基本信息视图

用于显示当前借阅基本信息的视图定义如下：

```
CREATE VIEW Borrowview (读者编号，书名，作者，借阅日期，到期日期)
AS
SELECT ReaID, BookName, BookWriter, Outdate, YHdate
FORM  Borrow, Book
```

```
WHERE  Borrow.BookID=Book.BookID and Borrow.Indate is null
```

4) 借阅历史信息视图

用于借阅历史信息查询的视图定义如下：

```
CREATE VIEW Historyview (读者编号, 书名, 借阅日期, 归还日期)
AS
SELECT ReaID, BookName, Outdate, Indate
FROM Borrow, Book
WHERE Borrow.BookID=Book.BookID and Borrow.Indate is  NOT NULL
```

5) 罚款信息视图

用于查询罚款信息的视图定义如下：

```
CREATE VIEW Fineview (读者编号, 书名, 借阅日期, 归还日期, 罚款, 处理状态)
AS
SELECT ReaID, BookName, Outdate, Indate, Fine, CLState
FROM Borrow, Book
WHERE Borrow.BookID=Book.BookID and Fine is  NOT NULL
```

10.4.3 存储过程和触发器

为了方便用户操作，提高代码的重用率，利用 SQL 语句定义一些过程并保存在服务器中，方便调用。

1. 存储过程

根据设计需要，一共创建 9 个存储过程，如表 10-15 所示。

表 10-15 创建的存储过程列表

存储过程名称	作　用
Book_Insert	在 Book 中插入一元组
Reader_Insert	在 Reader 中插入一元组
Delete_Book	在 Book 中删除一元组
Delete_Reader	在 Reader 中删除一元组
Query_Reader_R	读者在 Reader 中查询本人信息
Query_Reader_M	管理员在 Reader 中查询全部读者
Query_Book_Writer	在 Book 中，按作者查询
Query_Book_Name_Publisher	在 Book 中，按书名和出版社查询
Book_borrow	读者借阅办理

下面列举部分存储过程的实现方法。具体的代码如下。

1) Book_Insert 的定义

```
CREATE PROCEDURE Book_Insert
@BookID      char(9),
@BookNo      char(20),
@BookName    char(50),
```

```
    @BookWriter   char(30),
    @BookPublisher   char(20),
    @BookPrice     char(7),
    @BookDate     datetime,
    @BookClass    char(20),
    @BookMain    char(200),
    @BookPrim    char(30),
    @BookCopy    char(5),
    @BookState    char(10),
    @BookRNo     char(5)
    AS
    INSERT INTO Book
   VALUES(@BookID, @BookNo, @BookName, @BookWriter, @BookPublisher,
    @BookPrice, @BookDate, @BookClass, @BookMain, @BookPrim,
    @BookCopy, @BookState, @BookRNo);
```

2) Query_Reader_R 的定义

```
CREATE PROCEDURE Query_Reader_R
@ReaID char(9)
AS
SELECT *
FROM Readerview
WHERE  读者编号 = ltrim(@ReaID);
```

3) Delete_Reader 的定义

```
CREATE PROCEDURE Delete_Reader
@ReaNo char(9)
AS
DELETE
FROM  Reader
WHERE  ReaNo = ltrim(@ReaNo);
```

4) Book_Borrow 的定义

```
CREATE PROCEDURE  Book_Borrow
@BookID char(20),
@ReaderID char(20),
@RowNum Numberic,
@MID   VARCHAR(30),
@LBbpx  INT,
@LBnum  INT,
        @Result Char(20) OUTPUT,
        @BookState char(6) ,
        @ReadState char(6)
     AS
          --判断图书是否存在
           SELECT @RowNum=COUNT(*) FROM BOOK
     WHERE  BookID=@BookID;
     IF @RowNum=0
```

```
                BEGIN
                   SET @Result='输入的图书编号不存在!';
                   RETURN
                END
--判断图书状态
        SELECT @BookState=BookState FROM BOOK
        --判断图书的状态
        WHERE  BookID=@BookID;
        IF @BookState='已借出'
              BEGIN
             SET @Result='图书已借出';
                 RETURN;
              END
        --判断读者是否存在
         SELECT @RowNum=COUNT(*) FROM READER
   WHERE  ReaID=@ReaID;
IF @RowNum=0
    BEGIN
       SET @Result='输入的读者编号不存在!';
       RETURN
    END
        --判断读者状态
        SELECT @ReaState=ReaState,@LBbpx=LBbpx,@LBnum=LBnum  FROM READER
    WHERE  ReaID=@ReaID;
IF @ReaState='已挂失' OR  @ReaState='已注销'
   BEGIN
      SET @Result='借阅证已挂失或已注销';
                RETURN
   END
          --判断已借图书数量
            SELECT @RowNum=Count(*) FROM Borrow WHERE  ReaID=@ReaID AND
                          CLstate='未归还';
          IF @rowNum>=@LBnum
             BEGIN
                SET @Result='超出最大借阅数量';
                RETURN
                END
         --登记借阅
 SET @YHDATE=DATEADD('yy',@LBbpx,GETDATE());
I              NSERT INTO orrow(BookID,ReaID,OutDate,YHdate,
               CLstate,MID)
 Values(@BookID,@ReaID,GetDate(),@yhdate,@Clstate,@Mid);
               --更新图书的状态
               UPDATE BOOK
               SET BookState='已借出'
               WHERE BookID=@BookID;
 END
```

2. 触发器

为了确保数据的有效性，通过定义一些触发器以实现在某些数据发生变化时，自动执行相应的功能代码，以确保数据的一致性。

1) Borrow 表级联删除触发器的定义

删除 Reader 表中某一读者基本信息时触发 Borrow 表，删除相应的记录。

```
CREATE TRIGGER Reader_delete
ON Reader
FOR DELETE
AS
DELETE Borrow
FROM deleted
WHERE  Borrow.ReaID=deleted.ReaID;
```

2) 自动变更图书状态触发器

增加一条借阅记录时，使该图书的状态由“可借”变为“不可借”。

```
CREATE TRIGGER Borrow_insert1
ON Borrow
FOR insert
AS
DECLARE @BookID char(9)
SELECT @BookID=BookID
FROM inserted
update Book
set BookState'不可借'
WHERE BookID=@BookID;
```

10.5 窗 体 设 计

10.5.1 窗体外观

随着高分辨率的图形显示终端的发展和鼠标器的应用，及计算机图形学技术的发展，许多基于图形的窗口系统出现，它又称为窗体。目前，计算机普遍使用图形界面的基本思想和构件，在信息系统开发中常用的界面形式有菜单、对话框等。

窗体就是用户和应用系统之间进行交互的主要界面，是一个数据输入及编辑的屏幕显示，是用户与数据之间的主要窗口。窗体可以对数据库进行查询、修改、添加和打印等操作，而且可以灵活地设计窗体的布局。窗体按其功能可以分为数据窗体、流程控制面板窗体和交互窗体。目前，数据库应用系统常用的窗体形式主要有三种：字符窗体、Windows 窗体和 Web 窗体。

1) 字符窗体

主要运用于各种非 Windows 操作系统(如手持式设备)中，这种系统当前只能显示一个操作界面，由各种字符和符号组成，没有菜单栏，不支持鼠标操作，通过快捷键选择相应的功能。如某些商场的收银系统、某银行柜员业务系统、邮政汇兑业务系统等都是字符界面。这类系统没有复杂的图形界面，运行速度比较快。

2) Windows 窗体

Windows 是大家熟悉的一种界面，它以 Microsoft 的 Windows 操作系统为代表。该类型的操作由多种控件组成，一般有菜单、工具栏，支持鼠标和快捷键操作。窗口可以拖动和改变大小。在同一时刻可以同时显示多个窗口，多个窗口之间可以轻松切换。这类操作界面操作简便，容易被大家所掌握。

3) Web 窗体

Web 窗体是一种基于 Web 浏览器的可视化界面，它是 Windows 界面的一种，只不过必须通过 Web 浏览器来显示。Web 窗体有一个 Windows 窗体不具备的特性——超级链接。这样的链接对实例化链接到其他的语义对象或强实体非常有用。一个 Web 浏览器可以同时显示多个 Web 页面，用户可以通过鼠标轻松操作。这类窗体可以直接在 Web 浏览器中显示，用户只在浏览器的地址栏中输入需访问的 URL 地址，无须用户安装任何程序即可显示运行。

窗体作为数据库应用系统的一个重要组成部分，具有如下功能：

(1) 显示和编辑数据。

(2) 控制应用程序流程。

(3) 显示信息。

Windows 窗体是数据库应用系统中普遍采用的一种窗体形式。本书以 Windows 窗体为例，简单介绍窗体的外观(图 10-13)。

Windows 窗体分为标题栏、控制栏、状态栏和窗体可编辑区。标题栏在窗口的顶部，可以显示窗口的图标和标题。控制栏控制窗口状态，由“最大化”、“最小化”和“关闭”按钮组成。状态栏位于窗口的底部，一般显示窗口当前的运行状态等信息。窗体可编辑区域放置各种常用控件。

图 10-13　Windows 界面外观

10.5.2　窗体外观设计的常用控件

窗体作为输入和输出的界面，可以使输入和输出更加方便、快捷。窗体中可以插入文字、图形、图像，还可使用各种控件，使输入的数据更加丰富多彩，且具有独特的风格。

窗体常用的控件有以下四类。

(1)按钮。按钮分为文字按钮和图片按钮。按钮主要供用户点选，以执行相应的功能。

(2)下拉列表。下拉列表框是可视化图像控件，用来展示用户可选择的项目列表。控件的一个属性决定这个列表是否是固定的或用户可否添加内容。下拉列表框比其他数据输入框有更多的优点。首先，从列表中选择已有的数据项比记忆更容易。其次，这种方法输入的数据更加准确。

(3)选择按钮。选择按钮或单选按钮是使用户从一个可能的选项表中选择一个可变条件或状态的显示控件。这种按钮适合于值已确定，并且是多种情况中的一种。

(4)复选框。复选框与选择框除了在复选框里的选择项不是相互独立之外，其余特性相似，它可以有多种情况被选中。

图 10-14 为图书管理系统的图书借阅管理操作界面。该操作界面样式为 Windows 窗口，窗口中使用单选按钮、下拉列表框、命令按钮等控件，通过这些控件使用户操作更加简便。

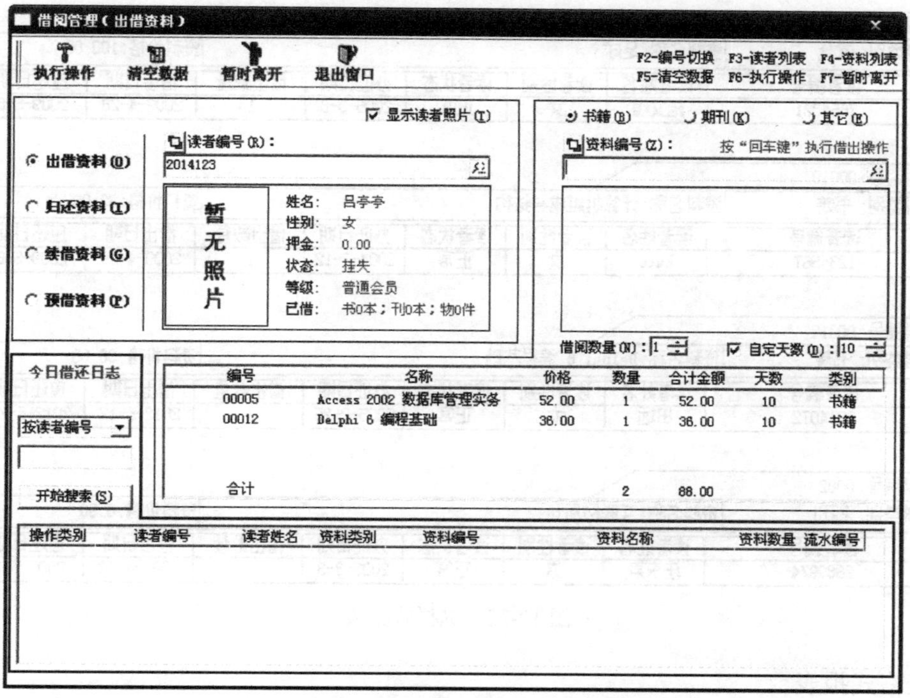

图 10-14　图书借阅管理操作界面

10.6　报 表 设 计

报表是数据库应用系统的重要组件之一，主要作用是比较和汇总数据，显示经过格式化且分组的信息，并可以将它们打印出来。

10.6.1 报表的分类

报表主要分为以下四种类型：纵栏式报表、表格式报表、图表式报表和标签式报表。

1）纵栏式报表

纵栏式报表（也称为自由式报表）一般在一个报表的数据区（带）内以垂直方式显示一条或多条记录。这种报表可以显示一条记录，也可同时显示多条记录，甚至包括合计。纵栏式报表如图 10-15 所示。

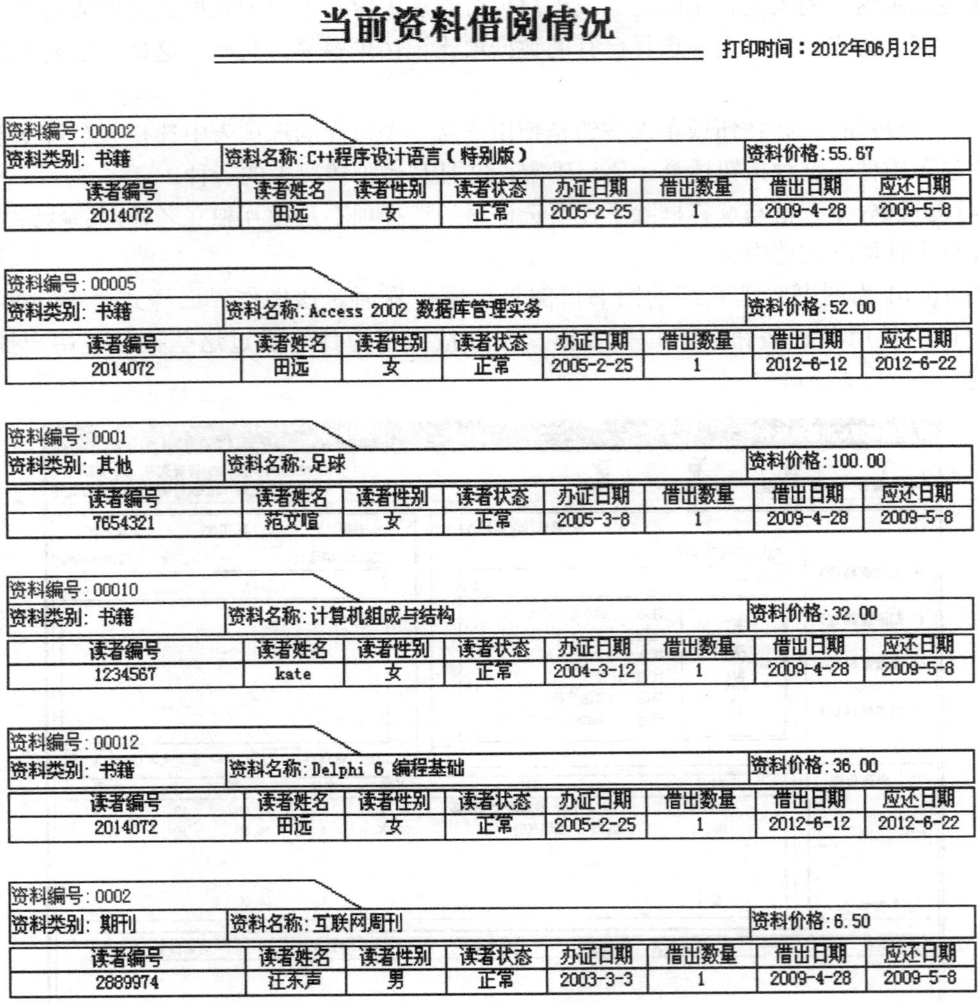

当前资料借阅情况

打印时间：2012年06月12日

资料编号: 00002

资料类别: 书籍	资料名称: C++程序设计语言（特别版）	资料价格: 55.67

读者编号	读者姓名	读者性别	读者状态	办证日期	借出数量	借出日期	应还日期
2014072	田远	女	正常	2005-2-25	1	2009-4-28	2009-5-8

资料编号: 00005

资料类别: 书籍	资料名称: Access 2002 数据库管理实务	资料价格: 52.00

读者编号	读者姓名	读者性别	读者状态	办证日期	借出数量	借出日期	应还日期
2014072	田远	女	正常	2005-2-25	1	2012-6-12	2012-6-22

资料编号: 0001

资料类别: 其他	资料名称: 足球	资料价格: 100.00

读者编号	读者姓名	读者性别	读者状态	办证日期	借出数量	借出日期	应还日期
7654321	范文暄	女	正常	2005-3-8	1	2009-4-28	2009-5-8

资料编号: 00010

资料类别: 书籍	资料名称: 计算机组成与结构	资料价格: 32.00

读者编号	读者姓名	读者性别	读者状态	办证日期	借出数量	借出日期	应还日期
1234567	kate	女	正常	2004-3-12	1	2009-4-28	2009-5-8

资料编号: 00012

资料类别: 书籍	资料名称: Delphi 6 编程基础	资料价格: 36.00

读者编号	读者姓名	读者性别	读者状态	办证日期	借出数量	借出日期	应还日期
2014072	田远	女	正常	2005-2-25	1	2012-6-12	2012-6-22

资料编号: 0002

资料类别: 期刊	资料名称: 互联网周刊	资料价格: 6.50

读者编号	读者姓名	读者性别	读者状态	办证日期	借出数量	借出日期	应还日期
2889974	汪东声	男	正常	2003-3-3	1	2009-4-28	2009-5-8

图 10-15　纵栏式报表

2）表格式报表

表格式报表以行和列的形式显示记录数据，通常一行显示一条记录、一页显示多行记录。与纵栏式报表不同的是，表格式报表的字段标题信息不在每页的主体节内显示，而在页面页眉显示。表格式报表如图 10-16 所示。

序号	资料编号	Isbn(issn)编码	资料名称	资料类别	总数量
1	00002	7040100959	C++程序设计语言(特别版)	书籍	1
2	00004	7113044336	C++函数库查询辞典	书籍	1
3	00006	7118022071	编译原理	书籍	1
4	00008	730200899X	版主答疑-Delphi高级编程技巧	书籍	1
5	00010	7302040958	计算机组成与结构	书籍	1
6	00012	7302049734	Delphi 6 编程基础	书籍	1
7	00014	7320043116	Visual FoxPro 及其应用系统开发题解	书籍	1
8	00016	7508307348	Windows 游戏编程大师技巧	书籍	1
9	00018	7560013481	新概念英语-3	书籍	1
10	00020	756121006X	高等数学(下)教与学参考	书籍	1
11	00021	7563612041	计算机文化基础 Windows 95	书籍	1
12	00001	7980044649	Delphi第三方控件使用大全	书籍	1
13	00003	7111080408	Delphi 5 开发人员指南	书籍	1
14	00005	7115093229	Access 2002 数据库管理实务	书籍	1
15	00007	7118026778	Delphi 5.0 数据库开发与专业应用	书籍	1
16	00009	7302020043	PASCAL 程序设计	书籍	1
17	00011	7302047804	精通中文版Access 2002 数据库开发与应	书籍	1
18	00013	7302052769	Visual C++ 6 程序设计导学	书籍	1
19	00015	7506243504	征服-大学英语六级新大纲6600词	书籍	1
20	00017	7538252479	邓小平理论概述	书籍	1
21	00019	7560720994	中国对外贸易通论	书籍	1
22	00022	7800047539	世界著名政治家英语经典演说辞	书籍	1
23	00024	7800048381	英语网上文摘	书籍	1
24	00023	7800047601	英语专业四级词汇	书籍	1
25	00025	781067224X	大学英语词汇记忆点津与考点要览	书籍	1
26	00026	7899996309	编程黑马真言	书籍	1

图 10-16　表格式报表

在表格式报表中可以设置分组字段、显示分组统计数据。

3) 图表式报表

图表式报表是指在报表中使用统计图表，这种方式可以更直观地表示出数据之间的关系，不仅美化报表，而且可使结果一目了然。图表式报表如图 10-17 所示。

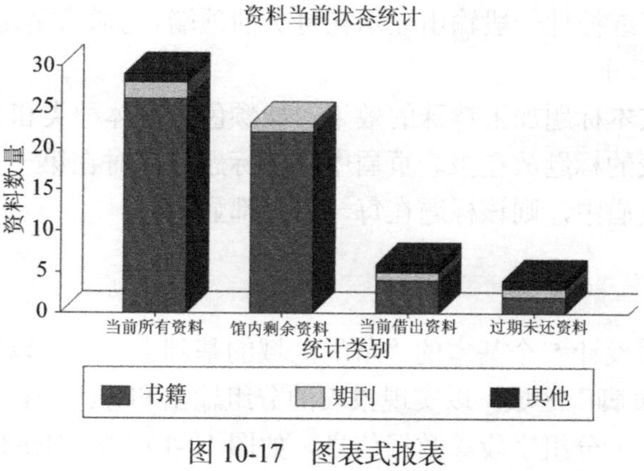

图 10-17　图表式报表

4) 标签式报表

标签是一种特殊类型的报表。在实际应用中，经常用到标签，如物品标签、客户标签等。标签式报表如图 10-18 所示。

TP36 3 00001	TP311 1 00002	TP311. 138 1 00003	TP39 1 00004
TP311. 138 2 00005	TP368. 1 1 00006	TP311. 138 3 00007	TP311. 138 4 00008
TP311 2 00009	TP36 1 00010	TP311 3 00011	TP31 1 00012
TP31 2 00013	TP31 3 00014	H313 1 00015	TP36 2 00016

图 10-18　标签式报表

10.6.2　报表的结构

报表在报表设计器中设计完成，不同的开发工具使用不同的报表设计器，所有的报表设计器其使用方法是相近的。在报表设计器的“设计”视图中，设计区段被表示成带状形式，称为“节”或“带”。报表中的信息可以安排在多个节中，每个节在页面上和报表中具有特定的目的并按照预期顺序输出打印。与窗体的“节”相比，报表区段被分为更多种类的节。Sybase 公司的 PowerBuilder 报表设计器的结构如图 10-19 所示，报表运行时的效果如图 10-15 所示。

1. 报表页眉

在报表的开始处，即报表的第一页打印一次，用来显示报表的标题、图形或说明文字，每份报表只有一个报表页眉。一般来说，报表页眉主要用在封面。

2. 页面页眉

页面页眉中的文字或控件一般输出显示在每页的顶端。它通常是用来显示数据的列标题，如图 10-19 的 Header 部分。

可以给每个控件文本标题加上特殊的效果，如颜色、字体种类和字体大小等。

一般来说，把报表的标题放在报表页眉中，该标题打印时在第一页的开始位置出现。如果将标题移动到页面页眉中，则该标题在每一页上都显示。

3. 组页眉

根据需要，在报表设计 5 个基本的“节”区域的基础上，还可以使用“排序与分组”属性来设置“组页眉/组页脚”区域，以实现报表的分组输出和分组统计。组页眉节主要安排文本框或其他类型控件显示分组字段等数据信息，如图 10-19 中的 Header group 部分。

可以建立多层次的组页眉及组页脚，但不可分出太多的层(一般为 3~6 层)。

4. 主体

打印表或查询中的记录数据，是报表显示数据的主要区域。根据主体节内字段数据的显示位置，报表又划分为多种类型，如图 10-19 中的 Detail 部分。

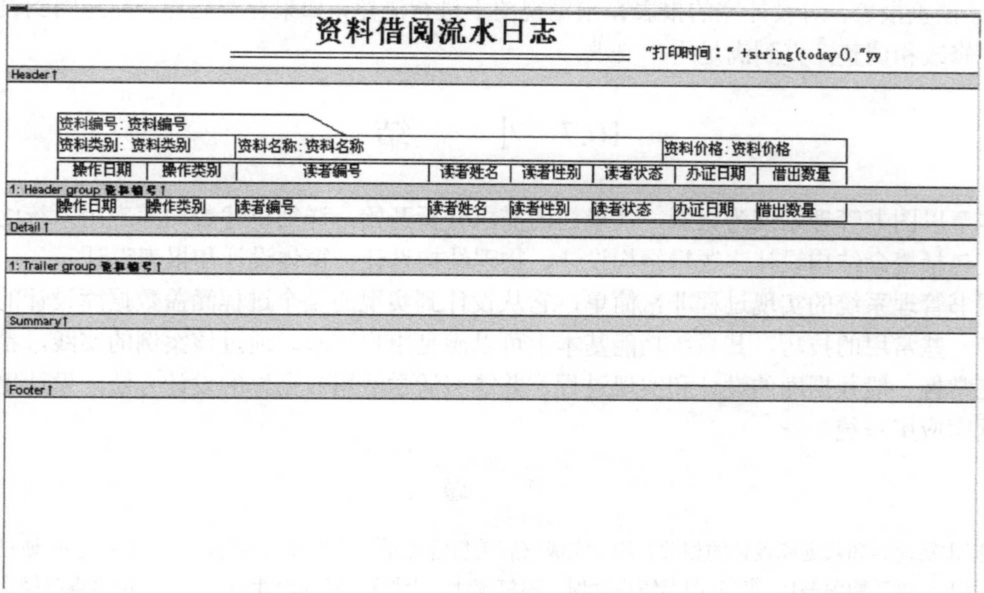

图 10-19　报表设计器的结构

5. 组页脚

组页脚节内主要安排文本框或其他类型控件显示分组统计数据。打印输出时，其数据显示在每组结束位置，如图 10-19 中的 Trailer group 部分。

在实际操作中，组页眉和组页脚可以根据需要单独设置使用。可以从“视图”菜单中选择“排序与分组”选项，如图 10-19 中的 Footer 部分。

6. 页面页脚

一般包含页码或控制项的合计内容，数据显示安排在文本框和其他的一些类型控件中。在报表每页底部打印页码信息。

7. 报表页脚

该节区一般在所有的主体和组页脚输出完成后才打印在报表的最后。通过在报表页脚区域安排文本框或其他一些类型控件，可以显示整个报表的计算汇总或其他的统计数字信息。

10.6.3　报表的创建

报表创建的一般流程如下所述。

(1) 选择创建报表的样式。报表有不同的样式，用户可以根据需要选择合适的样式。

(2) 选择创建报表的数据来源。选择报表中显示的数据来源，数据来源一般分为数据表、视图、存储过程和外部文件。用户根据实际情况进行选择，每次只能选取一种数据来源。

(3) 选择在报表中显示的字段。从选取的数据来源中选择需显示的字段，对字段显示的位置进行排列。

(4) 设置报表中各个区(带)内的显示控件。用户可以在报表的各个区(带)内添加控件，如添加横线、方形及图片等控件来装饰报表。

(5) 预览报表。对设计完的报表在预览视图下进行浏览，如果存在问题，须返回到设计界面进行修改和调整，直到满足用户要求。

10.7 小　　结

本章以图书管理系统为案例，从最初的需求分析开始，详细讲述数据库应用系统的设计过程，包括概念结构设计、逻辑结构设计、物理结构设计、窗体设计和报表设计。

图书管理系统的实现过程非常简单，它从设计到实现的整个过程涵盖数据库设计的基本思想和一些常用的技巧，其系统功能基本上可以满足用户需求。通过该案例的实践，希望读者熟练掌握一般数据库的设计和实现过程，并能够活学活用数据库的设计方法，设计出更好的数据库应用系统。

习　　题

根据本章内容和数据库设计的相关知识，完成书店销售管理系统的设计与实现。要求实现进书(通过书目，向发行商下订单订购图书)、售书(图书销售管理、销售统计、查询)、库存统计和登记及相应查询等操作。

以下是图书订购过程的图书进书单和图书入库单样式。

1) 图书进书单

定单号：00001　　供书单位：新华书店　　订购日期：2000-12-14

分　店：1 分店　　订购总金额：885.00　　经办人：李**

图书出版号	书　名	作　者	出版社	定　价	数　量
7800831949	数据库系统原理	王珊	清华大学	18.50	10
7560510787	Windows NT	周立	高等教育	35.00	20

2) 图书入库单

入库单号：00001　　供书单位：新华书店　　到货日期：2000-12-15

仓库号：1　　分店：1 分店　　入库总金额：885.00　　经办人：王力

图书出版号	书名	作　者	出版社	定　价	数　量
7800831949	数据库系统原理	王珊	清华大学	18.50	10
7560510787	Windows NT	周立	高等教育	35.00	20

书店管理系统的用户要求如下：

(1) 用户可随时查询书库中现有图书的品种、数量和存放位置。

(2) 用户可随时查询图书的销售情况。

(3) 可通过数据库中保存的出版社的邮编、地址、电话等向出版社订购图书，一个出版社可出版多种图书，同一本书仅为一个出版社出版。

第四篇　数据库新技术

*第 11 章　数据库新技术

随着计算机应用领域的不断拓展和多媒体技术的发展，数据库已是计算机科学技术中发展最快、应用最广泛的重要分支之一。数据库技术的研究也取得了重大突破，已成为计算机信息系统和计算机应用系统重要的技术基础和支柱。从 20 世纪 60 年代末开始，数据库系统已从第一代的层次数据库、网状数据库，第二代的关系数据库系统，发展到第三代的以面向对象模型为主要特征的数据库系统。关系数据库理论和技术在 70～80 年代得到长足的发展和广泛而有效的应用。80 年代，关系数据库成为应用的主流，几乎所有新推出的数据库管理系统(DBMS)产品都是关系型的，它在计算机数据管理的发展史上是一个重要的里程碑。这种数据库具有数据结构化、最低冗余度、较高的程序与数据独立性、易于扩充、易于编制应用程序等优点，目前较大的信息系统都是建立在关系数据库系统理论设计之上的。但是，这些数据库系统包括层次数据库、网状数据库和关系数据库，不论模型和技术上有何差别，主要是面向和支持商业及事务处理应用领域的数据管理。然而，随着用户应用需求的提高、硬件技术的发展和 Internet/Intranet 提供丰富多彩的多媒体交流方式，促进数据库技术与网络通信技术、人工智能技术、面向对象程序设计技术、并行计算技术等相互渗透，互相结合，成为当前数据库技术发展的主要特征，形成数据库新技术。数据库与各领域交叉情况如图 11-1 所示。

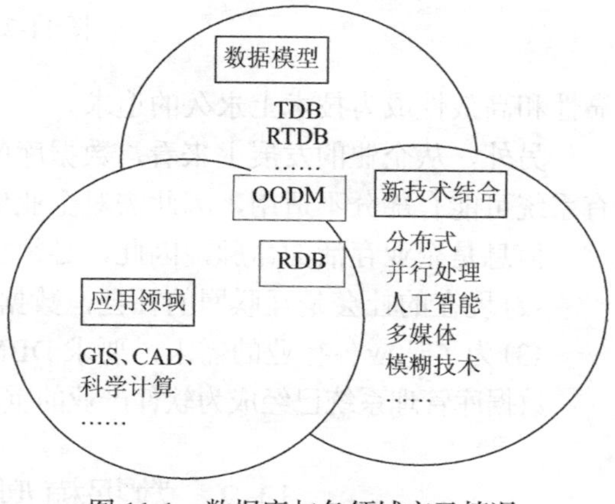

图 11-1　数据库与各领域交叉情况

11.1　数据库技术发展概述

了解数据库技术的发展趋势和研究方向，分析清楚现在数据库技术所面临的问题，对数据库技术的应用有非常重要的意义。本节简要介绍数据库技术发展。

数据库技术发展的原动力有两个：数据库方法论和与多种技术相结合。数据库方法论主要是数据库模型的变迁，包括层状、网状、关系型、对象关系型、面向对象等。数据库与相关技术的融合生成庞大的数据库家族：知识库、工程数据库、模糊数据库、演绎数据库、时态数据库、统计数据库、空间数据库、并行数据库、云数据库等。图 11-2 表示数据库家族中的具体成员。

数据、硬件系统和应用三大动力推动数据库技术和系统不断发展。通过这些层出不穷的模型和系统可以发现数据库技术的特点如下。

(1) DBMS 具有高度的可靠性、高效性、伸缩性和安全性。

数据库是企业信息化管理的核心和基础。数据库一旦出现问题，对企业将是一大灾难。随着信息化进程的加快，计算机系统逐渐成为企业运营中不可或缺的部分。数据库系统的可

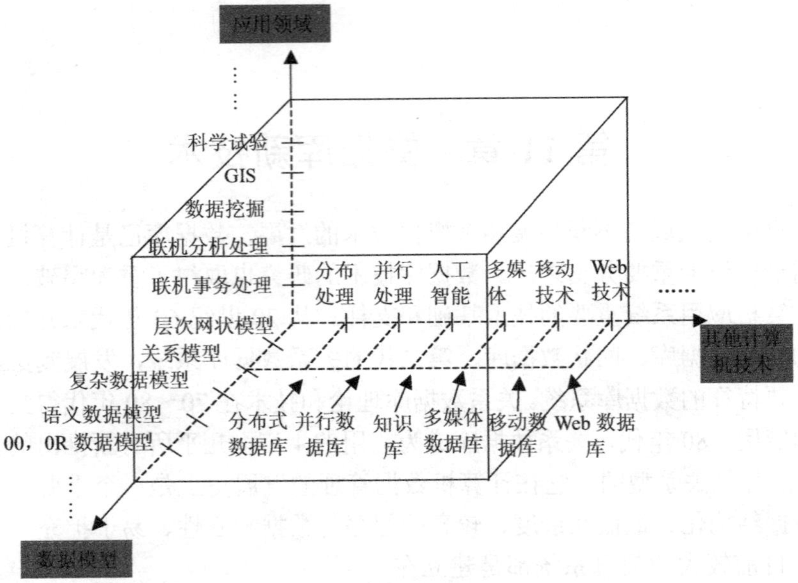

图 11-2　数据库大家族

靠性和高效性成为技术上永久的追求。

另外，从企业的发展上来看，数据库的可伸缩性也是非常重要的。随着企业的发展，原有系统可能有部分不适用，因此需对企业信息系统进行重构建。

信息是企业存活的命脉，因此，必须加强数据库的安全性。

(2)现在的社会是互联网的社会，数据库应该网络化。

(3)为了适应各行业的需求，要求 DBMS 开发针对行业的数据库组件。

数据库管理系统已经成为软件产业的重要组成部分，是信息化过程最重要的技术基础之一。

11.2　数据模型及数据库系统的发展

近年来，随着计算机辅助设计(CAD)、计算机辅助制造(CAM)、计算机辅助软件工程(CASE)、全球信息系统(GIS)、图像处理、超文本应用等领域的飞速发展及其在传统领域中应用的深化，要求数据库管理系统(DBMS)能够有效地管理复杂对象。例如，在工程应用领域，一个客观复杂实体往往由数十个，甚至成百上千个简单实体组成，为了减小数据库应用系统的设计复杂度，提高其执行效率，要求 DBMS 不但能根据实体丰富的语义进行建模，提供有效的存储与操纵手段，模拟复杂实体的复杂行为，而且在逻辑上还将一个复杂实体的表示和操作作为一个整体看待，在操作数据的同时考虑实体间的复合语义，即各简单实体的存在方式(独立或依赖)及实体间的引用方式(共享或排他)。然而，传统 RDBMS 由于采用满足第一范式(1NF)的平关系模型，在面对各种新的应用领域时存在以下不足。

(1)不能完整地描述复杂实体。对一个逻辑上作为整体的复杂实体只能采用分解成多个关系的方法进行描述，从而在内部数据库结构和由这种结构所描述的外部实体之间缺乏一对一的对应关系，在查询时导致系统效率严重降低。

(2)缺乏稳定的元组标识。DBMS 完全由关键字属性值作为元组的唯一标识，当关键字值不稳定时，引用时会产生数据的一致问题，给维护带来很大困难。

(3) 缺乏数据抽象。在关系模型中，只有一个非常简单的结构构造概念——关系，缺乏诸如聚合(把由多个子实体组成的复合实体抽象成一个聚合实体)、概化(把相似实体归类为一个更一般的实体型)与特化(把抽象的实体型细化成更特殊的实例)等在许多实际应用中非常重要的抽象概念。

(4) 缺乏丰富的类型系统。

这些不足使得传统关系型数据库技术在面对来自非经典应用领域中的巨大挑战时显得力不从心，新的数据库技术应运而生。

当前，数据库的主要发展方向是：扩展关系数据库、语义数据模型、面向对象的数据模型和 XML 数据模型。

11.2.1 扩展关系模型

对传统的关系模型(1NF) 进行扩充，引入少数构造器，称为复杂数据模型：一种是偏重于结构的扩充(嵌套关系模型)，一种是侧重于语义的扩充(如 POSTGRES 系统)。

这类研究相对来说是“改良型”的：即在传统关系模型上增添各种特点，或打破原有约束以支持各种新型复杂结构的数据。早期对关系模型的扩展主要包括非第一范式和抽象数据类型(Abstract Data Type，ADT)。

非第一范式打破关系模型中第一范式的要求，从而能够有效地描述复杂实体。这方面的工作主要集中在 20 世纪 80 年代，所作的扩充也各有不同，包括 Pistor 等提出的 AIM-P 中允许关系的属性为任意域；Jaeschke 与 Schek 所扩充的关系模型允许关系带有集合值属性；由 Thomas 和 Fischer 提出的嵌套关系模型。嵌套关系模型融合前两种模型，允许关系中集合操作与聚合操作以任意层次相互嵌套，建模能力最强。后续的研究大多围绕嵌套关系进行，包括代数和演算系统、查询语言、规范化等。嵌套关系结构图如图 11-3 所示。

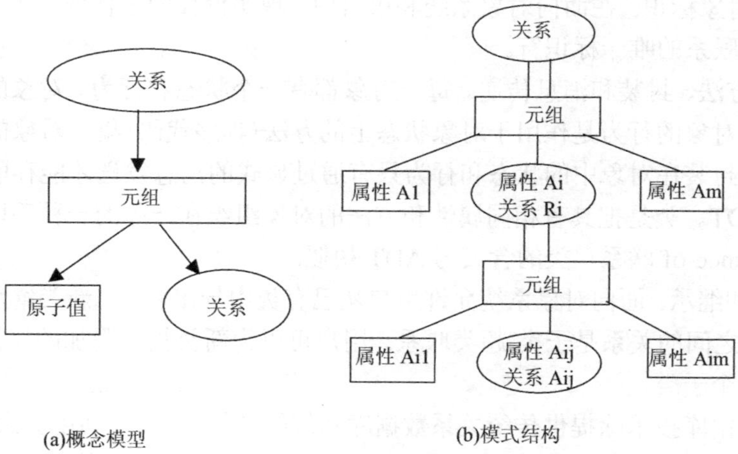

图 11-3 嵌套关系结构图

抽象数据类型原本是程序设计中的重要概念，它强调数据的封装，是面向对象思想的起源之一。在数据库系统中，ADT 表示用户定义类型，用户不仅定义类型的规格(数据长度及适用函数)，还用外部语言予以实现。DBMS 对新类型进行登记，并在适当时机调用相应函数。将 ADT 引入 DBMS 的先驱是加州大学伯克利分校的 ADT-Ingres，并在其后续系统 Postgres 中进一步阐明相关的优化方法。ADT 是扩展数据库类型系统的强大武器，在很多系统中都采用这种方法。

关系模型的这类扩展，克服了关系不能自然地表达复杂实体结构的缺点，并因为与关系有自然的联系，从而可以充分利用关系系统的研究成果和原有的理论基础。另一方面，这种方法虽然确实增强了关系数据库的建模能力，但在数据聚合、概化和特化，刻画复杂对象行为，以及对象标识的稳定度等方面，仍未能从根本上改善。

在标准关系模型中，关系是相同结构的元组集合，每个元组是具有原子类型值的聚合。在这类关系中，集合、聚合只使用一次。非第一范式嵌套关系模型是要把这种集合概念和聚合概念嵌套使用多次，而且是有限预先定义好的次数，即元组的某个属性值是一个关系，关系的元组又是具有原子值和关系值的聚合体，如此嵌套若干次，直到元组所有的属性都是原子值域为止。

11.2.2 语义数据模型

语义数据模型增加了全新的数据构造器和数据处理原语，从而可以表达复杂的结构和丰富的语义，但是它只适用于概念建模。语义数据模型的模型结构由若干种抽象所组成，用这些抽象来描述空间实体的基本语义特征，再根据语义模型结构规则把这些抽象结合起来形成模型。语义模型的抽象是比数据结构更高的层次，通过抽象在空间实体层次上构造模型，形成空间实体类别，以及这些类别之间的关联，在基本语义结构被确定后加入数据元素。

11.2.3 面向对象的数据模型

这类研究将面向对象思想融入数据库技术，从而发展为全新概念的面向对象数据库管理系统(Object-Oriented Database Management System，OODBMS)。尽管 OODBMS 缺乏通用数据模型、形式基础及强有力的实验活动，但一般来说，它至少包含如下核心概念。

(1)对象和对象标识。在面向对象系统和语言中，现实世界的客体统一用对象来模拟，每一对象有与之相联系的唯一标识符。

(2)属性和方法、封装和消息传递。每一对象都有一个状态和行为。对象的状态是对象属性值的集合，而对象的行为是作用于对象状态上的方法(程序代码)集。对象的属性值本身也是一个对象。被封装在对象中的状态和行为只有通过显式的消息发送才能存取。

(3)类和 ADT。类是把具有相同属性和方法的对象组织在一起的一种手段，对象和类之间的关系是 instance-of 联系。类的含义与 ADT 相似。

(4)类层次和继承。面向对象系统允许用户从已有类中导出新类。新类继承父类的所有属性和方法。它们之间的关系是子类-超类联系。用户可以为新类指定附加的属性和方法。一个类可以有任意多个子类。

面向对象数据库技术除提供传统关系数据库系统的功能之外，还利用类来组织复杂对象，利用方法来模拟复杂对象行为，利用继承机制来实现对象属性和方法的重用。虽然 OODBMS 在一些特定领域(如 CAD)内能较好地满足应用需求，但由于它不支持标准的结构化查询语言(SQL)，从而在通用方面失去优势。还有，目前绝大多数 OODBMS 都不能很好地支持视图、自动查询优化处理、动态模式演变、并发控制、安全授权、故障恢复及参数化的系统性能调整等，所以 Won Kim 认为 OODBMS 更像面向对象程序设计语言(Object-Oriented Programming Language，OOPL)的持久存储系统而不是数据库管理系统。

11.2.4　XML 数据模型

随着 Internet 的普及和 Web 技术的快速发展，作为 Internet 上信息表示和数据交换标准的XML(可扩展标记语言)应运而生。XML 数据已在 Web 上广泛流行，从企业报表、商业广告到技术文档，无所不包。如何有效地管理 XML 数据成了 Web 应用领域中一个亟待解决的重要课题。XML 是开放且以文字为基础的卷标语言，它可以给数据提供结构及与语义有关的信息。这些为数据或中继数据提供附加的意义和目录给使用那些数据的应用程序，而且也将以网络为基础的信息管理和操作提升到一个新的水平。XML 已经成为 HTML 一个强有力且标准化的互补语言。作为在网络上传递信息的另一个重要功能，XML 的目的是同时供网页的创作者和程序设计人员使用。XML 是以文字为基础的，它可以很容易地让非技术性人员了解。它所提供的组织、描述和结构化数据的能力，使它也可为技术的应用程序所使用。因此，XML 所建立的结构化数据便可同时供数据处理和显示之用。XML 也被称为一种语言，而且能用来创造其他的语言。如图 11-4 所示为基于关系数据库系统的 XML 管理系统。

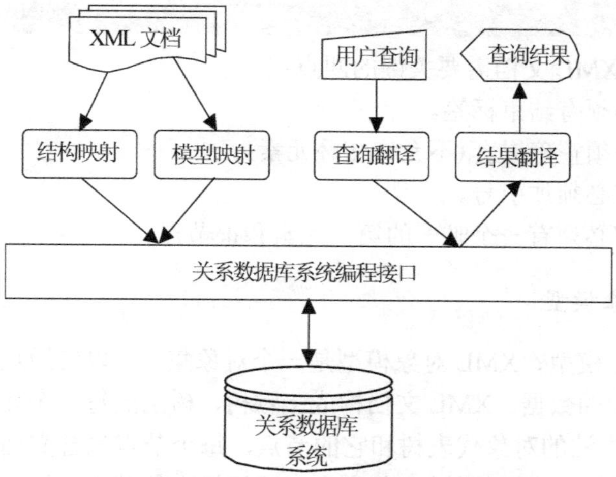

图 11-4　基于关系数据库系统的 XML 管理系统

1. XML 元素

XML 是一种标识语言，是一组用来创建描述数据的语法标签的规则集。一个 XML 元素是由开始标签、结束标签及标签之间的数据构成的。开始标签和结束标签用来描述标签之间的数据。标签之间的数据被认为是元素的值。例如，在下面一个 XML 元素的例子中，元素 director 的值是 Ed Wood。

```
<director>Ed Wood</director>
```

元素名(director)允许把 Ed Wood 这个值标出来，这样把这些数据同另外类似的数据区分开来。例如，另一个元素的值有可能也是 Ed Wood:

```
<actor>Ed Wood</actor>
```

由于每个元素都有不同的标签名，所以很容易把上面两个元素的值区别开来。如果从语义上没有办法把数据标出来，那么两个有同样值的元素会混淆起来。

一个元素可以包含一个或多个属性，属性是一个由“=”隔开的名称值，如

```
<CITY ZIP="01085">Westfield</CITY>
```

在上面的例子中，ZIP="01085"是元素<CITY>的一个属性。属性用来给一个元素添加附加次要的信息，通常是元信息。属性还可以使用默认值，而元素却不能。元素的每一个属性可以以任意顺序进行说明，但仅能说明一次。此外，XML 标签对大小写敏感，因此以下这三个是不同的元素：

```
<City><CITY><city>
```

2. XML 文档

一个基本的 XML 文档就是一个 XML 元素，可以嵌套 XML 元素。例如，下面的 XML 元素 books 就是一个有效的 XML 文档。

```
<books>
 <book isbn="0345374827">
  <title>The Great Shark Hunt</title>
  <author>Hunter S. Thompson</author>
 </book>
</books>
```

构建一个基本的 XML 文档需要关键的四点：

(1) 所有的元素必须有结束标签。

(2) 所有的元素必须正确嵌套(不允许交叠元素)。

(3) 所有的特征值必须加引号。

(4) 每一个文档都必须有一个唯一的第一元素和根节点。

3. 使用 XML 对象模型

什么是 XML 对象模型？XML 对象模型是一个对象集，可以使用这个对象集来访问或处理存储在 XML 文档中的数据。XML 文档构成一颗树，树上的每一个元素可以看作是一个节点，具有不同属性和方法的对象代表树和它的节点，每个节点包含文档中的实际数据。

如何访问树中的节点？可以通过对象脚本来访问树中的节点。这些对象是在解析器装载并解析 XML 文档时由 XML 解析器创建的。通过 ID 值可以引用树或文档对象。在下面的例子中，MyXMLDocument 是文档的对象的 ID 值，使用文档对象的属性和方法可以访问树的根和子节点对象。根或文档元素是最顶层的节点，子节点从根上扩展开形成 XML 树。根节点只可以在文档中出现一次。

下面的数据岛可以展示用来访问每个节点的代码。根节点是<class>，它的子节点是<student>，这个子节点还有两个子节点<name>和<GPA>。

```
<XML ID="MyXMLDocument">
 <class>
  <student studentID="13429">
  <name>Jane Smith</name>
  <GPA>3.8</GPA>
  </student>
 </class>
</XML>
```

下面列出一些简单的属性和方法，可用来访问 XML 文档的节点。

XMLDocument：返回对 XML 文档对象模式的引用。

documentElement：返回 XML 文档的根节点。

childNodes：返回节点的子节点目录。

item：通过索引访问目录中的个别节点。索引值是从 0 开始的，所以 item(0)返回第一个节点。

text：返回节点的内容。

下面是一个带有数据岛的 HTML 页面。数据岛被包含在<XML>元素中。

```
<HTML>
 <HEAD>
  <TITLE>HTML with XML Data Island</TITLE>
 </HEAD>
 <BODY>
   <P>Within this document is an XML data island</P>
  <XML ID="resortXML">
   <resorts>
     <resort>Calinda Cabo Baja</resort>
      <resort>Na Balam Resort</resort>
   </resorts>
  </XML>
 </BODY>
</HTML>
```

通过 ID 属性访问数据岛，resortXML 成为文档对象的名称。利用这个对象的方法和属性访问它的根节点和子节点。在上面的例子中，根节点是<resorts>，子节点是<resort>。下面的代码访问第二个子节点<resort>并返回它的内容 Na Balam Resort。

```
Resort XML.XMLDocument.documentElement.childNodes.item(1).text
```

11.2.5 SQL Server 对 XML 的支持

SQL Server 2005 引入一种称为 XML 的本机数据类型。用户可以创建这样的表，它在关系列之外还有一个或多个 XML 类型的列。此外，还允许带有变量和参数。为了更好地支持 XML 模型特征(如文档顺序和递归结构)，XML 值以内部格式存储为大型二进制对象(BLOB)。

用户将一个 XML 数据存入数据库时，可以使用这个 XML 的字符串，SQL Server 自动将这个字符串转化为 XML 类型，并存储到数据库中。

随着 SQL Server 对 XML 字段的支持，T-SQL 语句也相应提供大量对 XML 操作的功能来配合 SQL Server 中 XML 字段的使用。本文主要说明如何使用 SQL 语句对 XML 进行操作。

1. 定义 XML 字段

在进行数据库的设计时，可以在表设计器中很方便地将一个字段定义为 XML 类型。需注意的是，XML 字段不能用来作为主键或者索引键。同样，也可以使用 SQL 语句来创建使用 XML 字段的数据表，下面的语句创建一个名为 docs 的表，该表带有整型主键 pk 和非类型化的 XML 列 xCol：

```
CREATE TABLE docs (pk INT PRIMARY KEY, xCol XML not null)
```

XML 类型除了在表中使用，还可以在存储过程、事务、函数等中出现。下面使用 SQL 语句定义一个 XML 类型的数据，并为它赋值：

```
declare @xmlDoc xml;
set @xmlDoc='<book id="0001">
                <title>C Program</title>
                <author>David</author>
                <price>21</price>
                </book>'
```

2. 查询操作

在定义一个 XML 类型的数据之后，最常用的就是查询操作。下面介绍如何使用 SQL 语句来进行查询操作。

T-SQL 提供两个对 XML 类型数据进行查询的函数，分别是 query(xquery) 和 value(xquery，dataType)。其中，query(xquery) 得到的是带有标签的数据，而 value(xquery，dataType) 得到的则是标签的内容。接下来分别使用这两个函数来进行查询。

1) 使用 query(xquery) 查询

为得到书的标题(title)，使用 query(xquery) 来进行查询，查询语句为

```
select @xmlDoc.query('/book/title')
```

2) 使用 value(xquery，dataType) 查询

同样为得到书的标题，使用 value 函数，指明两个参数，一个为 xquery， 另一个为得到数据的类型。查询语句为

```
select @xmlDoc.value('(/book/title)[1]', 'nvarchar(max)')
```

3) 查询属性值

无论使用 query，还是 value，都可以很容易得到一个节点的某个属性值，如为得到 book 节点的 ID，使用 value 方法进行查询，即

```
select @xmlDoc.value('(/book/@id)[1]', 'nvarchar(max)')
```

4) 使用 XPATH 进行查询

XPATH 是.NET 平台下统一的 XML 查询语句。使用 XPATH 可以方便地得到节点，而不使用语句。例如，在@xmlDoc 中添加另外一个节点，重新定义如下：

```
set @xmlDoc='<root>
              <book id="0001">
                  <title>C# Program</title>
                  <author>Jerry</author>
                  <price>50</price>
              </book>
              <book id="0002">
                  <title>Java Program</title>
                  <author>Tom</author>
                  <price>49</price>
              </book>
          </root>'
--得到 id 为 0002 的 book 节点
```

```
select @xmlDoc.query('(/root/book[@id="0002"])')
```

3. 修改操作

SQL 的修改操作包括更新和删除。SQL 提供 modify( )方法，实现对 XML 的修改操作。modify 方法的参数为 XML 修改语言。XML 修改语言类似于 SQL 的 Insert、Delete、UpDate，但并不一样。例如，将 id 为 0001 的书的价钱修改为 100。代码如下：

```
set @xmlDoc.modify('replace value of (/root/book[@id=0001]/price/text())[1]
with "100"')
--得到 id 为 0001 的 book 节点
select @xmlDoc.query('(/root/book[@id="0001"])')
```

注意 modify 方法必须出现在 set 的后面。

接下来删除 id 为 0002 的节点，代码如下：

```
--删除节点 id 为 0002 的 book 节点
set @xmlDoc.modify('delete /root/book[@id="0002"]')
select @xmlDoc
```

很多时候，还可向 XML 里面添加节点，使用 modify 方法。向 id 为 0001 的 book 节点中添加一个 ISBN 节点，代码如下：

```
--添加节点
set @xmlDoc.modify('insert <isbn>78-596-134</isbn> before
    (/root/book[@id=0001]/price)[1]')
select @xmlDoc.query('(/root/book[@id="0001"]/isbn)')
```

添加和删除属性：向 id 为 0001 的 book 节点中添加一个 date 属性，用来存储出版时间，代码如下：

```
--添加属性
set @xmlDoc.modify('insert attribute date{"2008-11-27"} into
    (/root/book[@id="0001"])[1]')
select @xmlDoc.query('(/root/book[@id="0001"])')
```

如果同时向一个节点添加多个属性，可以使用一个属性的集合来实现，属性的集合可以写成

```
(attribute date{"2008-11-27"}, attribute year{"2008"})
```

删除一个属性，如删除 id 为 0001 的 book 节点的 id 属性，可以使用如下代码：

```
--删除属性
set @xmlDoc.modify('delete root/book[@id="0001"]/@id')
select @xmlDoc.query('(/root/book)[1]')
```

修改属性值也是很常用的，如把 id 为 0001 的 book 节点的 id 属性修改为 0005，可以使用如下代码：

```
--修改属性
set @xmlDoc.modify('replace value of (root/book[@id="0001"]/@id)[1] with
    "0005"')
select @xmlDoc.query('(/root/book)[1]')
```

11.3 面向应用领域的数据新技术

本节主要讨论数据库的四个应用方向：数据挖掘、数据仓库、地理信息系统和生物数据库。

11.3.1 数据挖掘

数据收集与数据存储技术的快速发展使得各种组织机构积累了海量数据。如何从这些海量数据中提取有价值的信息以辅助决策，成为一种巨大的挑战。面对这种挑战，一种数据处理的新技术——数据挖掘(Data Mining)应运而生。数据挖掘是一种将传统的数据分析方法与处理大量数据的复杂算法相结合的技术。图 11-5 表示在数据中搜索知识的一种有趣的数据挖掘模式。

图 11-5 数据挖掘：数据中搜索知识

1. 数据挖掘的定义和特点

数据挖掘是从大量数据中提取有用信息的过程。其主要特点是对大量业务数据进行抽取、转换、分析和建模处理，从中提取辅助商业决策的关键数据。图 11-6 描述数据挖掘的过程。

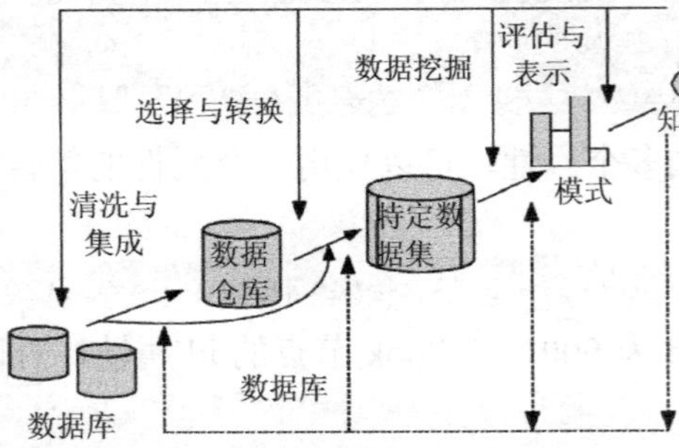

图 11-6 数据挖掘过程

数据挖掘与传统数据分析方法(如查询、报表、联机应用分析等)有本质的区别：数据挖掘是在没有明确假设的前提下挖掘信息和发现知识。数据挖掘所得到的信息具有先前未知、有效和实用三个特征。先前未知的信息是指该信息是事先未曾预料到的，即数据挖掘是要发现那些不能靠直觉或经验而发现的信息或知识，甚至是违背直觉的信息或知识。挖掘出来的信息越出乎意料，就越有价值。

数据挖掘是一门交叉学科，把人们对数据应用从低层次的简单查询提升到从数据中挖掘知识，提供决策支持。

2. 数据挖掘的任务

通常，数据挖掘任务分为预测型任务和描述型任务。预测型任务就是根据其他属性的值预测特定属性的值，如回归、分类、离群点检测等。描述型任务就是寻找概括数据中潜在联系的模式，如聚类分析、关联分析、演化分析、序列模式挖掘等。

(1) 分类分析。分类分析就是通过分析示例数据库中的数据，准确描述每个类别，或建立分析模型，或挖掘出分类规则。然后，用这个分类分析模型对其他的记录进行分类。它已广泛应用于用户行为分析、风险分析、生物科学等领域。

(2) 聚类分析。聚类分析试图找出数据集中数据的共性和差异，并将具有共性的对象聚合在相应的簇中。聚类分析可以帮助判断哪些组合更有意义。它已广泛应用于客户细分、定向营销、信息检索等领域。

(3) 回归分析。回归分析是确定两种或两种以上变量之间相互依赖的定量关系的一种分析方法。它已广泛应用于风险分析、作文自动评分等领域。

(4) 关联分析。关联分析是发现特征之间的相互依赖关系，通常是在给定的数据集中发现频繁出现的模式知识(或关联规则)。它已广泛应用于市场营销、事务分析等领域。

(5) 离群点分析。离群点检测就是发现与众不同的数据，已广泛应用于欺诈行为的检测、网络入侵检测、反洗钱、犯罪嫌疑人检查、海关、税务等领域。

(6) 演化分析。演化分析就是对随时间变化的数据对象的变化规律和趋势进行建模描述，常用于商品销售的周期变化描述和股票行情描述。

(7) 序列模式挖掘。序列模式挖掘是指分析数据间的先后序列关系，包括相似模式发现、周期模式发现等，应用于客户购买行为模式预测、Web 访问模式预测、疾病诊断、网络入侵检测等领域。

3. 数据挖掘常用软件介绍

常用的数据挖掘工具主要有两类，特定领域的数据挖掘工具与通用的数据挖掘工具。特定领域的数据挖掘工具针对某一个特定领域存在的问题而提供解决方案。一般在设计算法时，会充分考虑到数据及需求的特殊性，并且进行优化。任何领域都可以开发出特定的数据挖掘工具。特定领域的数据挖掘工具有较强的针对性，它们只能用于一种应用，也正是因为有这么强的针对性，所以往往采用特殊的算法，从而可以处理特殊的数据，最终实现特殊的目的。因此特定领域数据挖掘工具的知识可靠度比较高。

通用的数据挖掘工具不区分具体的数据含义，一般采用通用的挖掘算法，并且处理常见的数据类型，一般提供 6 种模式。SGI 公司开发 MineSet 系统的目的就是集成多种数据挖掘算法和可视化工具，从而帮助用户直观实时地发掘及理解大量数据背后的知识；IBM 公司 Almaden 研究中心开发 QUEST 系统的目的就是为新一代决策支持系统的应用开发提供高效的数据开采基本构件；加拿大 SimonFraser 大学开发 DBMiner 系统的目的就是把关系数据库与数据开采合成，以面向属性的多级概念为基础而发现各种知识。常用的数据挖掘工具可以开发多种模式的挖掘方法，至于挖掘什么，以及用什么来挖掘，这些都由用户根据各自的应用来选择。

总之，数据挖掘作为一个新兴的多学科交叉应用领域，正在各行各业的决策支持活动中扮演着越来越重要的角色。

11.3.2 数据仓库

传统的数据库技术以单一的数据资源为中心，进行各种操作型处理。操作型处理也称为事务处理，是指对数据库联机地日常操作，通常是对一个或一组记录的查询和修改，主要是为企业的特定应用服务，人们关心的是响应时间、数据的安全性和完整性。分析型处理则用于管理人员的决策分析，如 DSS、EIS 和多维分析等经常访问大量的历史数据。于是，数据库由旧的操作型环境发展为一种新环境——体系化环境。体系化环境由操作型环境和分析型环境(数据仓库级、部门级、个人级)构成。图 11-7 所示为决策支持系统(DSS)。

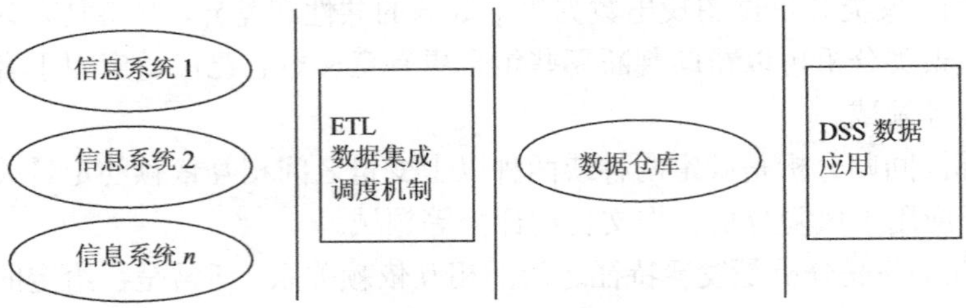

图 11-7　决策支持系统(DSS)

数据仓库(Data Warehouse，DW)是体系化环境的核心，是建立决策支持系统(DSS)的基础。

1. 从数据库到数据仓库

具体来说，有以下原因使得事务处理环境不适宜 DSS 应用。

1) 事务处理和分析处理的性能特性不同

在事务处理环境中，用户的行为特点是数据的存取操作频率高而每次操作处理的时间短。因此，系统可以允许多个用户按分时方式使用系统资源，同时保持较短的响应时间，联机事务处理(OLTP)是这种环境下的典型应用。

在分析处理环境中，某个 DSS 应用程序需要连续运行几个小时，从而消耗大量的系统资源。显然，将具有如此不同处理性能的两种应用放在同一个环境中运行是不适当的。

2) 数据集成问题

DSS 需要集成的数据。全面而正确的数据是有效分析和决策的首要前提，相关数据收集得越完整，得到的结果就越可靠。因此，DSS 不仅需要整个企业内部各部门的相关数据，还需要企业外部、竞争对手等处的相关数据。

事务处理的目的在于使业务处理自动化，一般只需要与本部门业务有关的当前数据，对整个企业范围内的集成应用考虑很少。

当前，绝大部分企业内数据的真正状况是分散而非集成的，这些数据不能成为一个统一的整体。对于需要集成数据的 DSS 应用来说，必须在应用程序中对这些纷杂的数据进行集成。可是，数据集成是一项十分繁杂的工作，都交给应用程序完成会大大增加程序员的负担。并且，每一次分析都要进行一次这样的集成，将导致极低的处理效率。DSS 对数据集成的迫切需求是数据仓库技术出现的最重要的动因。

1) 数据动态集成问题

由于每次分析都进行数据集成的开销太大，所以一些应用仅在开始时对所需的数据进行集成，以后一直以这部分集成的数据作为分析的基础，不再与数据源发生联系，这种方式的集成称为静态集成。静态集成的最大缺点在于如果在数据集成后数据源中的数据改变，这些变化不能反映给决策者，导致决策者使用的是过时的数据。对于决策者来说，虽然并不要求随时准确地探知系统内的任何数据变化，但也不希望他所分析的是几个月以前的情况。因此，集成数据必须以一定的周期(如 24 小时)进行刷新，其称为动态集成。显然，事务处理系统不具备动态集成的能力。

2) 历史数据问题

事务处理一般只需要当前数据，在数据库中一般也只存储短期数据。对于决策分析而言，历史数据是相当重要的，许多分析方法必须以大量的历史数据为依托。没有对历史数据的详细分析，是难以把握企业的发展趋势的。

3) 数据的综合问题

事务处理系统积累了大量的细节数据。一般而言，DSS 并不对这些细节数据进行分析，在分析前，往往对细节数据进行不同程度的综合。事务处理系统不具备这种综合能力，根据规范化理论，这种综合还往往因为是一种数据冗余而加以限制。

2. 数据仓库的特点

原始数据(操作型数据)与导出型数据(DSS 数据)之间的区别如下：

原始数据/操作型数据	导出数据/DSS 数据
• 面向应用	• 面向主题
• 详细的	• 综合的或提炼的
• 在存取瞬间是准确的	• 代表过去的数据
• 为日常工作服务	• 为管理者服务
• 可更新	• 不更新
• 重复运行	• 启发式运行
• 处理需求事先可知	• 处理需求事先不知道
• 生命周期符合 SDLC	• 完全不同的生命周期
• 对性能要求高	• 对性能要求宽松
• 一个时刻存取一个单元	• 一个时刻存取一个集合
• 事务处理驱动	• 分析处理驱动
• 更新控制主要涉及所有权	• 无更新控制问题
• 高可用性	• 松弛的可用性
• 整体管理	• 以子集管理
• 非冗余	• 时常有冗余
• 静态结构，可变的内容	• 结构灵活
• 一次处理数据量小	• 一次处理数据量大
• 支持日常操作	• 支持管理需求
• 访问的高可能性	• 访问的低可能性或适度可能性

Inmon 还给数据仓库如下的定义：数据仓库是面向主题的、集成的、稳定的、不同时间的数据集合，用以支持经营管理中的决策制订过程。面向主题、集成、稳定和随时间变化是数据仓库四个最主要的特征。

1) 面向主题

它是与传统数据库面向应用相对应的。主题是一个在较高层次将数据归类的标准，每一个主题基本对应一个宏观的分析领域。例如，一个保险公司的数据仓库所组织的主题可能为客户政策保险金索赔，而按应用来组织则可能是汽车保险、生命保险、健康保险和伤亡保险。基于主题组织的数据被划分为各自独立的领域，每个领域有各自的逻辑内涵而不相交叉。基于应用的数据组织则完全不同，它的数据只是为处理具体应用而组织在一起的。应用是客观世界既定的，它对于数据内容的划分未必适用于分析。

2）集成

操作型数据与适合 DSS 分析的数据之间差别甚大，因此数据在进入数据仓库之前，必然经过加工与集成。这实际是数据仓库建设中最关键、最复杂的一步。统一原始数据中所有矛盾之处，如字段的同名异义、异名同义，单位不统一，字长不一致等，将原始数据结构作一个从面向应用到面向主题的大转变。

3）稳定

它反映的是历史数据的内容，而不是处理联机数据。因而，数据经集成进入数据库后是极少或根本不更新的。

4）随时间变化

首先，数据仓库内的数据时限远远长于操作环境中的数据时限。前者一般在 5~10 年，而后者只有 60~90 天。数据仓库保存数据时限较长是为了适应 DSS 进行趋势分析的要求。其次，操作环境包含当前数据，即在存取的瞬间是正确有效的数据。数据仓库中的数据都是历史数据。最后，数据仓库数据的码键都包含时间项，从而标明该数据的历史时期。

3. 分析工具——数据仓库系统的重要组成部分

有数据就如同有矿藏，而从大量数据中获得决策所需的数据就如同开采矿藏，必须有相应的工具。

1）联机分析处理技术及工具（OLAP）

短短的几年内，OLAP 技术发展迅速，产品越来越丰富。它们具有灵活的分析功能、直观的数据操作和可视化的分析结果表示等突出优点，从而使用户对基于大量数据的复杂分析变得轻松而高效。

目前，OLAP 工具可分为两大类：基于多维数据库的和基于关系数据库的。两者相同之处是基本数据源仍是数据库和数据仓库，是基于关系数据模型的，向用户呈现的也都是多维数据视图。不同之处是前者把分析所需的数据从数据仓库中抽取出来，物理地组织成多维数据库，后者则利用关系表来模拟多维数据，并不物理地生成多维数据库。

2）数据挖掘技术和工具

数据挖掘是从大型数据库或数据仓库中发现并提取隐藏在内的信息的一种新技术，目的是帮助决策者寻找数据间潜在的关联，发现被忽略的要素。它们对预测趋势、决策行为也是十分有用的信息。数据挖掘技术涉及数据库技术、人工智能技术、机器学习、统计分析等多种技术，它使 DSS 系统跨入了一个新阶段。传统的 DSS 系统通常是在某个假设的前提下通过数据查询和分析来验证或否定这个假设，而数据挖掘技术则能够自动分析数据，进行归纳推理，从中发掘出潜在的模式，或产生联想，建立新的业务模型，帮助决策者调整市场策略，找到正确的决策。

4. 基于数据库技术的 DSS 解决方案

技术的进步、不懈的努力使人们终于找到了基于数据库技术的 DSS 解决方案，这就是数据仓库＋联机分析处理技术(OLAP)＋数据挖掘的可行方案。

数据仓库、OLAP 和数据挖掘是作为三种独立的信息处理技术出现的。数据仓库用于数据的存储和组织，OLAP 集中于数据的分析，数据挖掘则致力于知识的自动发现。它们都可以分别应用到信息系统的设计和实现中，以提高相应部分的处理能力。但是，由于这三种技术内在的联系和互补，将它们结合起来即是一种新的 DSS 构架。这一构架以数据库中的大量数据为基础，系统由数据驱动。

其特点是：①底层的数据库中保存大量的事务级细节数据。这些数据是整个 DSS 系统的数据来源。②数据仓库对底层数据库中的事务级数据进行集成、转换、综合，重新组织成面向全局的数据视图，为 DSS 提供数据存储和组织的基础。③OLAP 从数据仓库中的集成数据出发，构建面向分析的多维数据模型，再使用多维分析方法从多个不同的视角对多维数据进行分析、比较，分析活动从以前的方法驱动转向数据驱动，分析方法和数据结构分离。④数据挖掘以数据仓库和多维数据库中的大量数据为基础，自动发现数据中的潜在模式，并以这些模式为基础自动预测。数据挖掘表明知识就隐藏在日常积累下来的大量数据之中，仅靠复杂的算法和推理并不能发现知识，数据才是知识的真正源泉。

5. 数据仓库的体系结构

数据仓库从多个异构数据源中获取原始数据，整理加工后，存储在数据仓库的内部数据库中。这样，用户端就能通过前端工具对数据仓库进行访问，数据仓库收到用户端提交的查询请求后，在仓库中进行一系列的扫描然后将最终结果返回给用户。除了响应用户的查询外，数据仓库还能和数据挖掘很好地集成，给用户提供潜在的信息，从而进行决策支持。数据仓库体系结构见图 11-8，数据仓库主要由三大部分组成。

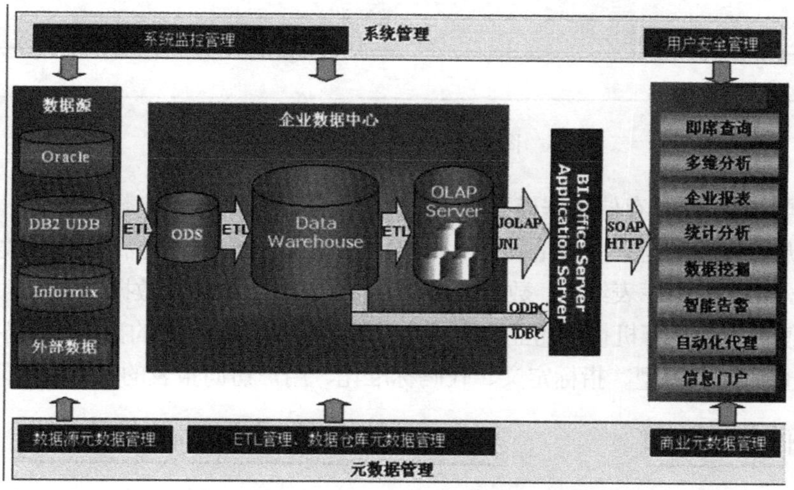

图 11-8　数据仓库体系结构

(1) 数据源：为数据仓库提供源数据，如各种生产系统数据库、联机事务处理(OLTP)系统中的操作型数据、外部数据源(如 xls 文件、csv 文件、平面文件等)，以及 ERP 系统等都可以作为数据仓库的数据源。通常，一个企业级数据仓库的数据源种类很复杂。

(2) ETL(Extraction Transformation Loading)过程：ETL 过程即抽取、转换及加载的过程，根据已经设计好的数据仓库模型从数据源中提取数据。因为数据源种类繁杂，所以在抽取数据的过程中需对数据的正确性、完整性、一致性、完备性、有效性、时效性及可获取性进行检查，根据数据仓库的设计要求，对数据进行重新组织、转换，然后装载到数据仓库的目标数据库中，并且可以周期地刷新数据仓库以反映源的变化。SQL Server 2000 中的 DTS 和 ETL 原理相似，在 SQL Server 2005 中 SSIS 也能完成 ETL 功能。专业的 ETL 工具主要有 OWB (Oracle Warehouse Building)、Datastage、Informatica 及国产的 Beeloader 等。虽然这些工具都能完成 ETL 过程，但是为了保证效率和灵活性，一般都使用工具和脚本程序段相互配合使用来完成数据的抽取转换加载整个过程，整个 ETL 过程占据数据仓库构建的 60%~70% 时间，数据抽取成功与否对数据仓库中的信息能否得到有效利用有至关重要的影响，ETL 过程是相当重要而且烦琐的工作。图 11-9 描述 ETL 逻辑架构。

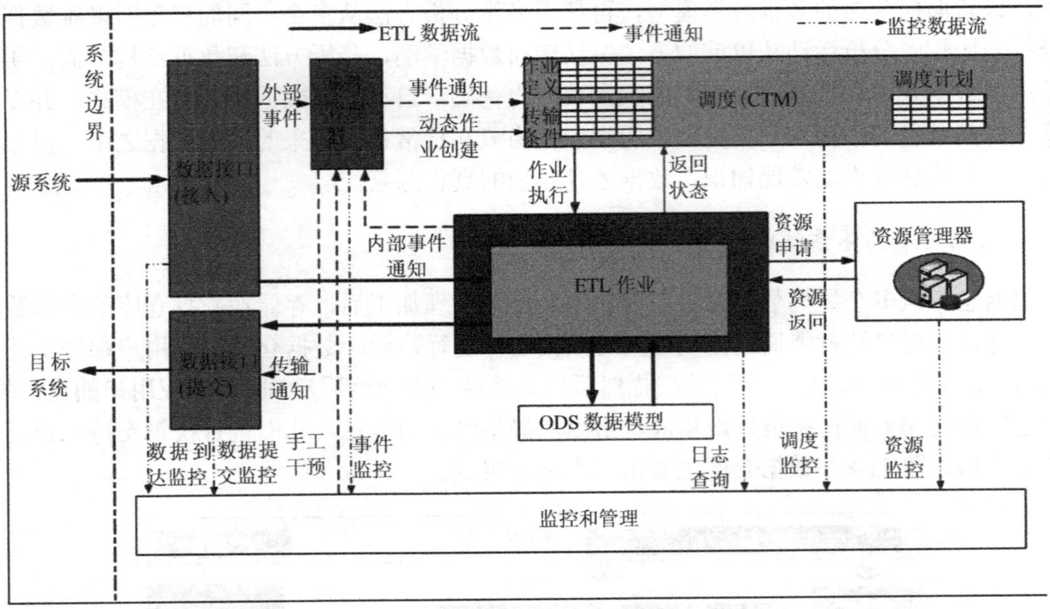

图 11-9　ETL 逻辑架构

(3) 元数据存储：用于存储数据模型和元数据。其中，元数据描述数据仓库中源数据和目标数据本身的信息。元数据包括技术元数据和业务元数据。技术元数据是存储关于数据仓库系统技术细节的数据，常见的有库表结构、数据映射、汇总算法等；业务元数据从业务角度描述数据仓库中的数据，使得不懂计算机技术的业务人员也能够读懂数据仓库中的数据。业务元数据具体包括以下信息：企业概念模型、指标定义、代码标准化、用户访问报表的规则、权限等。

11.3.3　地理信息系统

地理信息系统在国际上称为 GIS (Geographic Information System)，在我国又称为资源与环境信息系统。地理信息系统是利用计算机存储、处理地理信息的一种技术与工具，是一种在计算机软、硬件支持下，把各种资源信息和环境参数按空间分布或地理坐标，以一定格式和分类编码输入、处理、存储、输出，以满足应用需要的人-机交互信息系统。它通过对多要素数据的操作和综合分析，方便快速地把所需要的信息以图形、图像、数字等多种形式输出，满足各应用领域或研究工作的需要。地理信息系统在国民经济建设中得到广泛应用，特别是在地域开发、环境保护、资源利用、城市管理、灾情预测、人口控制、交通运输等方面发挥积极的作用。

目前，从技术上看，地理信息系统的研究内容主要有以下四点。

1）数据的获取

数据的获取包括数据的采集与输入，即将系统外部的原始数据传输到系统内部，并将它们从外部格式转换为系统能够识别和处理的内部格式，存储于系统的地理数据库中。

GIS 所需的原始数据分为空间数据和属性数据两类。空间数据是指图形实体数据，常采用的输入方法有键盘输入、利用数字化仪和扫描仪进行数字化和扫描化等。属性数据是指空间实体的特征数据，一般采用键盘输入。现在，人们正尝试将遥感（RS）、全球定位技术（GPS）和地理信息系统相结合，为 GIS 的数据获取提供更先进更丰富的手段，遥感数据和图像现已成为 GIS 重要的数据来源，而 GIS 可同时测定空间实体的三维坐标，并可在不同作业和处理方法的支持下达到各种要求的精度，这将推动 GIS 数据获取技术的发展。

2）数据的存储与管理

GIS 的数据分为栅格数据和矢量数据两大类。数据的存储，即把这些数据以某种形式记录在计算机的内部或外部存储器上，目的是使计算机能够灵活、高效、快速地访问并处理这些数据，关键就在于如何建立纪录的逻辑顺序以确定存储的地址。一般而言，GIS 系统都采用分层技术，即根据地图的某些特征，把它分为若干层，整张地图正是所有层的叠加结果。这样，用户操作时只涉及一些特定的层，而不是整幅地图，因而系统能对用户的要求迅速响应。

GIS 的数据管理包括图形库管理和属性库管理。根据图形数据的几何特点，可将其分为点数据、线数据、面数据和混合数据四种类型，混合数据是由点状、线状与面状物体组成的更为复杂的地理构件或地理单元。地图数据的一个重要特点是它含有拓扑关系，即网结构元素中结点、弧段和面元之间的邻接、关联与包含关系等，这是地理实体之间重要的空间关系，它从质的方面或从总体方面反映地理实体之间的结构关系。图形数据的模型包括矢量数据模型和面片数据模型，而专题属性数据模型一般采用关系数据模型。两者之间的连接方式目前有：专题属性数据作为图形数据的悬挂体、用单项指针指向属性数据、属性数据与图形数据采用统一的结构、图形数据与属性数据自成体系。

3）数据的处理与分析

数据处理包括两方面工作：一是对输入的数据进行质量检查与纠正，包括图形数据和属性数据的编辑、图形数据和属性数据之间对应关系的校验、空间数据的误差校正等；二是对输入的图形数据进行整饰处理，使其满足地理信息系统的各种应用要求，如对矢量数据的压缩与光滑处理、拓扑关系的建立、矢量栅量数据的相互转化、地图裁减及拼接等。

空间分析是地理信息系统的核心研究内容之一，也是其与计算机辅助设计、计算机辅助绘图系统的主要区别。空间分析是指根据确定的应用分析模型，通过对空间图形数据的拓扑运算及空间、非空间属性数据的联合运算等各种操作运算来分析一定区域的各种现象，以获得更有效的数据或某一特定问题的解决方案。通过空间分析，GIS 可以从已知的地理数据中发现隐含的重要结论，从而回答用户提出的问题。从宏观上看，空间分析主要包括拓扑分析、属性分析、拓扑与属性的联合分析三个方面，主要表现在数据检索及表格分析、叠加分析、缓冲分析及网络分析上。

4）数据的显示与输出

即将用户所需的经 GIS 处理分析过的图形、数据报表、文字报告、数学数据以用户能够识别的形式灵活地显示出来。可以采用的输出设备有计算机显示器、打印机、绘图仪、照排机等。在输出之前一般还应进行数据校正、误差调整、平版排版及不同系统之间的数据转换等操作。

11.3.4 工程数据库

工程数据库是一种能存储和管理各种工程图形，并能为工程设计提供各种服务的数据库。它适用于CAD/CAM、计算机集成制造(CIM)等通称为CAX的工程应用领域。工程数据库针对工程应用领域的需求，对工程对象进行处理，并提供相应的管理功能及良好的设计环境。

工程数据库管理系统是用于支持工程数据库的数据库管理系统，主要应具有以下功能：

- 支持复杂多样的工程数据的存储和集成管理。
- 支持复杂对象(如图形数据)的表示和处理。
- 支持变长结构数据实体的处理。
- 支持多种工程应用程序。
- 支持模式的动态修改和扩展。
- 支持设计过程中多个不同数据库版本的存储和管理。
- 支持工程长事务和嵌套事务的处理和恢复。

在工程数据库的设计过程中，由于传统的数据模型难以满足CAX应用对数据模型的要求，所以运用当前数据库研究中一些新的模型技术，如扩展的关系模型、语义模型、面向对象的数据模型。

11.3.5 统计数据库

统计数据是人类对现实社会各行各业、科技教育、国情国力的大量调查数据。采用数据库技术实现对统计数据的管理，对于充分发挥统计信息的作用具有决定性的意义。

统计数据库是一种用来对统计数据进行存储、统计(如求数据的平均值、最大值、最小值、总和等)、分析的数据库系统。

(1)多维性是统计数据的第一个特点，也是最基本的特点。

(2)统计数据在一定时间(年度、月度、季度)期末产生大量数据，故入库时总是定时大批量加载。经过各种条件下的查询及一定的加工处理，通常又输出一系列结果报表。这就是统计数据的“大进大出”特点。

(3)统计数据的时间属性是其最基本的属性，任何统计量都离不开时间因素，而且经常研究时间序列值，所以统计数据又有时间向量属性。

(4)因用户对所关心问题的观察角度不同，统计数据查询出来后常有转置的要求。

11.4 数据库技术与其他相关技术

各种学科技术与数据库技术有机结合，从而使数据库领域中新内容、新应用、新技术层出不穷，形成各种新型的数据库系统，如面向对象数据库系统、分布式数据库系统、知识数据库系统、模糊数据库系统、并行数据库系统、多媒体数据库系统等。数据库技术应用到特定的应用领域，又出现工程数据库、演绎数据库、时态数据库、统计数据库、空间数据库、科学数据库、文献数据库等。上述数据库继承传统数据库的理论和技术，但已经不是传统意义上的数据库。立足于传统数据库已有的成果和技术，加以发展进化，从而形成新的数据库系统，有人称其为“进化”了的数据库系统；立足于新的应用需求和计算机未来的发展，研究出全新的数据库系统，有人称其为“革新”了的数据库系统。新一代数据库技术的研究和新一代数据库系统的发展已呈现百花齐放的局面。

11.4.1 面向对象数据库系统

面向对象的方法和技术对数据库发展的影响最为深远。它起源于程序设计语言，把面向对象的相关概念与程序设计技术相结合，是一种认识事物和世界的方法论。它以客观世界中一种稳定的客观存在实体对象为基本元素，并以“类”和“继承”来表达事物间具有的共性和它们之间存在的内在关系。面向对象数据库系统将数据作为能自动重新得到和共享的对象存储，包含在对象中的是完成每一项数据库事务的处理指令，这些对象可能包含不同类型的数据，包括传统的数据和处理过程，也包括声音、图形和视频信号。对象可以共享和重用。面向对象数据库系统的这些特性通过重用和建立新的多媒体应用能力使软件开发变得容易，这些应用可以将不同类型的数据结合起来。面向对象数据库系统的优点支持 WWW 应用。

然而，面向对象的数据库是一项相对较新的技术，尚缺乏理论支持，可能在处理大量包含很多事务的数据方面比关系数据库系统慢得多，但人们已经开发出混合关系对象数据库，这种数据库将关系数据库管理系统处理事务的能力与面向对象数据库系统处理复杂关系与新型数据的能力结合起来。

11.4.2 分布式数据库系统

分布式数据库系统是分布式技术与数据库技术的结合，在数据库研究领域中已有多年的历史并出现过一批支持分布式数据管理的系统，如 SDD1 系统、DINGRES 系统和 POREL 系统等。从概念上讲，分布式数据库是物理上分散在计算机网络各结点上，而逻辑上属于同一个系统的数据集合，具有数据的分布和数据库间的协调两大特点。系统强调结点的自治而不强调系统的集中控制，且系统应保持数据的分布透明，使应用程序编写时可完全不考虑数据的分布情况。分布式无疑是计算机应用的发展方向，也是数据库技术应用的实际需求，其技术基础除计算机硬软件技术支持外，计算机通信与网络技术当然是其最重要的基础。分布式系统结构、分布式数据库由于其实现技术上的问题，当前并没有完全达到预期的目标，而客户/服务器(Client/Server，C/S)体系结构却正在流行，C/S 广义上也是一种分布式结构。按照 C/S 结构，一个数据处理任务至少分布在两个不同的部件上完成。C/S 结构把任务分为两部分，一部分由前端，即 Client 运行应用程序，提供用户接口；而另一部分由后端，即 Server 提供特定服务，包括数据库或文件服务、通信服务等。客户机通过远程调用或直接请求应用程序提供服务，服务器执行所要求的功能后，将结果返回客户机，客户机和服务器通过网络来实现协同工作。C/S 结构具有性能优越、保护投资、易于扩展和保证数据完整等优点。当前，C/S 技术日臻完善，客户机与服务器允许有多种选择，这样计算机系统就可以实现横向集成，即将来自不同厂家、不同领域内的最好的产品集成，组成一个性价比最优的系统。当前，已有多种数据库产品支持 C/S 结构，其中 Sybase 是较典型的代表。

1. 分布式数据库系统的分类

(1)同构同质型 DDBS。各个场地都采用同一类型的数据模型(如都是关系型)，并且是同一型号的 DBMS。

(2) 同构异质型 DDBS。各个场地采用同一类型的数据模型，但是 DBMS 的型号不同，如 DB2、Oracle、Sybase、SQL Server 等。

(3) 异构型 DDBS。各个场地的数据模型的型号不同，甚至类型也不同。随着计算机网络技术的发展，异种机联网问题已经较好地解决，此时依靠异构型 DDBS 就能存取全网中各种异构局部库中的数据。

2. 分布式数据库系统的优点

1) 更适合分布式的管理与控制

分布式数据库系统的结构更适合具有地理分布特性的组织或机构使用，允许分布在不同区域、不同级别的各个部门对其自身的数据实行局部控制。例如，实现全局数据在本地录入、查询、维护，这时由于计算机资源靠近用户，可以降低通信代价，提高响应速度，而涉及其他场地数据库中的数据只是少量的，从而可以大大减少网络上的信息传输量；同时，局部数据的安全有保障。

2) 具有灵活的体系结构

集中式数据库系统强调的是集中式控制。物理数据库存放在一个场地上，由一个 DBMS 集中管理。多个用户只能通过近程或远程终端在多用户操作系统支持下运行该 DBMS 来共享集中式数据库中的数据。分布式数据库系统的场地局部 DBMS 的自治性，使得大部分的局部事务管理和控制都能就地解决，只有在涉及其他场地的数据时才通过网络作为全局事务来管理。分布式 DBMS 可以设计成具有不同程度的自治性，从具有充分的场地自治到几乎是完全集中式的控制。

3) 系统经济、可靠性高、可用性好

与一个大型计算机支持一个大型的集中式数据库再加一些进程和远程终端相比，由超级微型计算机或超级小型计算机支持的分布式数据库系统往往具有更高的性价比和实施灵活性。分布式系统比集中式系统具有更高的可靠性和更好的可用性，如由于数据分布在多个场地并有许多复制数据，在个别场地或个别通信链路发生故障时，不至于导致整个系统崩溃，而且系统的局部故障不会引起全局失控。

4) 在一定条件下响应速度加快

如果存取的数据在本地数据库中，那么就可以由用户所在的计算机来执行，速度加快。

5) 可扩展性好，易于集成现有系统，也易于扩充

对于一个企业或组织，可以采用分布式数据库技术在已建立的若干数据库的基础上开发全局应用，对原有的局部数据库系统作某些改动，形成一个分布式系统。这比重建一个大型数据库系统简单，既省时间，又省财力、物力。可以通过增加场地数的办法，迅速扩充已有的分布式数据库系统。

3. 分布式数据库系统的缺点

1) 通信开销较大，故障率高

例如，在网络通信传输速度不高时，系统的响应速度慢，与通信相关的因素往往导致系统故障，同时系统本身的复杂性也容易导致较高的故障率。故障发生后系统恢复也比较复杂，

可靠性有待提高。

2)数据的存取结构复杂

一般来说，在分布式数据库中存取数据，比在集中式数据库中存取数据更复杂，开销更大。

3)数据的安全性和保密性较难控制

在具有高度场地自治的分布式数据库中，不同场地的局部数据库管理员可以采用不同的安全措施，但是无法保证全局数据都是安全的。安全问题是分布式系统固有的问题。因为分布式系统是通过通信网络来实现分布控制的，而通信网络本身却在保护数据的安全和保密方面存在弱点，数据很容易被窃取。

分布式数据库的设计、场地划分及数据在不同场地的分配比较复杂。数据的划分及分配对系统的性能、响应速度及可用性等具有极大的影响。不同场地的通信速度与局部数据库系统的存取部件的存取速度相比是非常慢的。通信系统有较高的时延，在CPU上处理通信信息的代价很高。分布式数据库系统中应注意解决分布式数据库的设计、查询处理和优化、事务管理及并发控制，以及目录管理等问题。

4. 分布式数据库管理系统的功能

(1)接受用户请求，并判定把它送到哪里，或必须访问哪些计算机才能满足该要求。

(2)访问网络数据字典，了解如何请求和使用其中的信息。

(3)如果目标数据存储于系统的多个计算机上，就必须进行分布式处理。

(4)通信接口功能。在用户、局部DBMS和其他计算机的DBMS之间进行协调。

(5)在一个异构型分布式处理环境中，还须提供数据支持进程移植。这里的异构型是指各个场地的硬件、软件之间存在差别。

分布式数据库管理系统如图11-10所示。

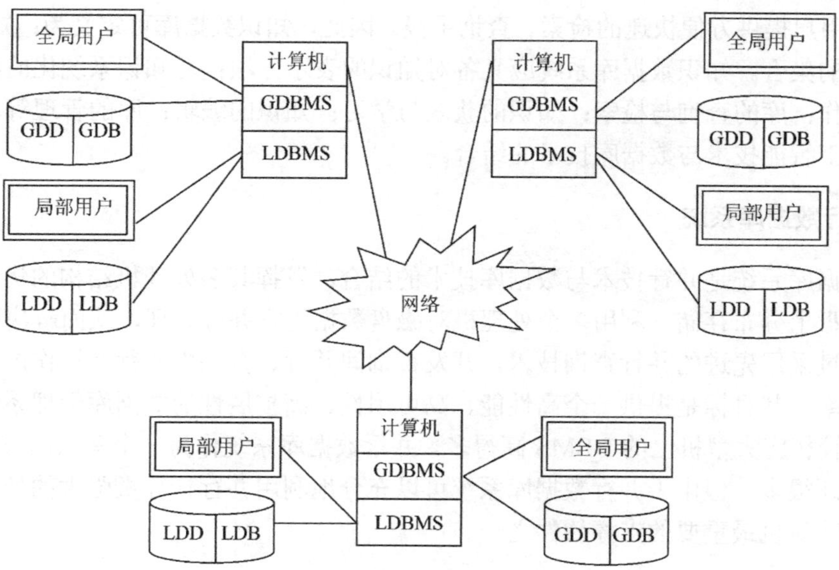

图11-10　分布式数据库管理系统

11.4.3 多媒体数据库系统

多媒体数据库系统是多媒体技术与数据库技术的结合，是当前最有吸引力的一种技术，其主要特征如下所述。

(1) 多媒体数据库系统必须能表示和处理多种媒体数据。多媒体数据在计算机内的表示方法取决于各种媒体数据所固有的特性和关联。常规的格式化数据使用常规的数据项表示。非格式化数据，如图形、图像、声音等，根据该媒体的特点来决定表示方法。在多媒体数据库中，数据在计算机内的表示方法比传统数据库的表示形式复杂，非格式化的媒体数据往往用不同的形式来表示。所以，多媒体数据库系统应提供管理这些异构表示形式的技术和处理方法。

(2) 多媒体数据库系统必须能反映和管理各种媒体数据的特性，或各种媒体数据之间的空间或时间的关联。在客观世界里，各种媒体信息有其本身的特性或各种媒体信息之间存在一定的自然关联，例如，关于乐器的多媒体数据包括乐器特性的描述、乐器的照片、利用该乐器演奏某段音乐的声音等。这些不同媒体数据之间存在自然的关联，包括时序关系(如多媒体对象在表达时必须保证时间上的同步特性)和空间结构(如必须把相关媒体的信息集成在一个合理布局的表达空间内)。

(3) 多媒体数据库系统应提供比传统数据库管理系统更强的适合非格式化数据查询的搜索功能，允许对 Image 等非格式化数据进行整体和部分搜索，允许通过范围、知识和其他描述符的确定值和模糊值搜索各种媒体数据，允许同时搜索多个数据库中的数据，允许通过对非格式化数据的分析建立图示等索引来搜索数据，允许通过举例查询和通过主题描述查询使复杂查询简单化。

(4) 多媒体数据库系统还应提供事务处理与版本管理功能。

11.4.4 知识数据库系统

知识数据库系统的功能是如何把由大量的事实、规则、概念组成的知识存储起来，进行管理，并向用户提供方便快速的检索、查询手段。因此，知识数据库可定义为：知识、经验、规则和事实的集合。知识数据库系统应具备对知识的表示方法；对知识系统化的组织管理；知识库的操作；库的查询与检索；知识的获取与学习；知识的编辑；库的管理等功能。知识数据库是人工智能技术与数据库技术的结合。

11.4.5 并行数据库系统

并行数据库系统是并行技术与数据库技术的结合，发挥其多处理机结构的优势，将数据库在多个磁盘上分布存储，利用多个处理机对磁盘数据进行并行处理，从而解决磁盘 I/O 瓶颈问题。通过采用先进的并行查询技术，开发查询间并行、查询内并行及操作内并行，大大提高查询效率。其目标是提供一个高性能、高可用性、高扩展性的数据库管理系统，而在性价比方面，较相应大型机上的 DBMS 高得多。并行数据库系统作为一个新兴的方向，需深入研究的问题还很多，但由于并行数据库系统可以充分地利用并行计算机强大的处理能力，必将成为并行计算机最重要的支撑软件之一。

11.4.6 模糊数据库系统

模糊性是客观世界的一个重要属性，传统的数据库系统描述和处理精确的或确定的客观事物，但不能描述和处理模糊和不完全的事务，这是一个很大的不足，为此，开展模糊数据库理论和实现技术的研究，其目标是能够存储以各种形式表示的模糊数据，数据结构和数据联系、数据上的运算和操作、对数据的约束(包括完整性和安全性)、用户使用的数据库窗口用户视图、数据的一致性和无冗余性的定义等都是模糊的，精确数据可以看成是模糊数据的特例；模糊数据库系统是模糊技术与数据库技术的结合，由于理论和实现技术上的困难，模糊数据库技术近年来发展得不很理想，但已在模式识别、过程控制、案情侦破、医疗诊断、工程设计、营养咨询、公共服务及专家系统等领域得到较好的应用，显示广阔的应用前景。

当前数据库技术的发展呈现出与多种学科知识相结合的趋势，凡是有数据(广义)产生的领域就可能需要数据库技术的支持，相结合后即可出现一种新的数据库成员从而壮大数据库家族。例如，数据仓库是信息领域近年来迅速发展起来的数据库技术，能充分利用已有的资源，把数据转换为信息，从中挖掘出知识，提炼出智慧，最终创造出效益；工程数据库系统的功能是用于存储、管理和使用面向工程设计所需要的工程数据；统计数据是来自国民经济、军事、科学等各种应用领域一类重要的信息资源，由于对统计数据操作的特殊要求，从而产生统计学和数据库技术相结合的统计数据库系统等。数据库技术在特定领域的应用为数据库技术的发展提供了源源不断的动力。

11.5 小　　结

本章主要讨论数据库新技术：简单介绍数据库技术的发展过程；讨论目前较新的几种数据模型，包括扩展关系模型、语义数据模型、面向对象数据模型和 XML 数据模型，以及 SQL Server 对 XML 的支持等；讨论在各个应用领域中对数据库的发展，包括数据挖掘和数据仓库、地理信息系统、工程信息数据库和统计数据库等；讨论数据库与对象、视频、模糊数据等相结合的各种特殊的数据库，包括面向对象数据库、分布式数据库、多媒体数据库、知识数据库、并行数据库和模糊数据库等。要求学生了解数据库的各方面应用情况。

习　　题

1. 面向应用领域的数据库新技术由工程数据库、(　　)、(　　)等组成。

2.下列(　　)不是分布式数据库管理系统的组成部分。

A. 全局数据管理系统　　B. 局部数据库系统

C. 局部数据字典　　D. 全局数据字典

3.分布式数据库系统的体系结构中，定义对全局关系的划分，以及全局与划分之间的映象，这是分布式数据库系统的(　　)。

A. 局部概念模式　　B. 局部内模式

C. 分片模式　　D. 分布模式

4. ORDBS 的含义是(　　)。

A. 面向对象的数据库系统　　B. 数据库管理系统

C. 对象关系数据库系统　　D. 对象关系数据库

5. 试述对数据库新技术范畴的理解。

6. 试述对数据、信息与知识的理解。

7. 试讨论 Web 与数据库的关系。

8. 什么是分布式数据库？与集中式数据库相比有哪些特点？

附录　实验指导书

实验 1　熟悉数据库管理系统环境

一、实验目的

1. 了解 SQL Server 2008 的基本安装和配置。
2. 掌握 SQL Server 2008 常用工具的基本操作方法。
3. 了解 SQL Server 2008 数据库及其表对象的建立方法。

二、实验内容和主要步骤

1. 参照相关文档进行 SQL Server 2008 的安装和配置。

2. 打开 SQL Server 2008 SSMS 工具，进行简单操作。

3. 在 SQL Server 2008 SSMS 工具的目录树中展开数据库文件夹，新建一个 test 数据库，然后展开 test 数据库图标，列出数据库所有的对象。

4. 选中 test 下的“表”图标，列出数据库所有的表(里面是空的)。

5. 利用 SSMS，按附表 1~3 列表中的字段名(英文)、类型和宽度建立数据库表(注意主键、外键的建立，并输入数据，体会实体完整性和参照完整性规则，部分列可以尝试用户自定义的完整性规则)。

附表 1　Student (学生)

字段名	字段说明	类型	字段大小	小数位数
<u>Sno</u>	<u>学号</u>	Char	8	
Sname	姓名	Varchar	8	
Ssex	性别	Char	2	
Sdept	系别	Varchar	20	
Sage	年龄	Int	整型	

附表 2　Course (课程)

字段名	字段说明	类型	字段大小	小数位数
<u>Cno</u>	<u>课程号</u>	Char	3	
Cname	课程名称	Varchar	20	
Credit	学分	Numeric		1
Cpno	系别	Char	3	

附表 3　SC（选修）

字段名	字段说明	类型	字段大小	小数位数
Sno	学号	Char	8	
Cno	课程号	Char	3	
Grade	成绩	numeric		1

6. 向附表 4~6 输入数据。

附表 4　Student 表数据

Sno	Sname	Ssex	Sage	Sdept
08001	张力	男	18	cs
08002	李丽	女	19	is
08003	赵海	男	20	ma
08004	张那	女	17	cs
08005	刘晨	男	18	is
08006	刘丹丹	女	17	ma
08007	刘立	男	21	cs
08008	王江	男	19	cs
08009	高晓	男	20	is
08010	张丽	女	19	cs

附表 5　Course 表数据

Cno	Cname	Cpno	Ccredit
001	数据库	005	4
002	高等数学		2
003	信息系统	001	4
004	操作系统	006	3
005	数据结构	007	4
006	数据处理		2
007	C 语言	006	4

附表 6　SC 表数据

Sno	Cno	Grade	Sno	Cno	Grade
08001	002	100	08004	001	90
08001	003	95	08005	007	97
08001	004	90	08005	002	37
08001	006	100	08006	003	50
08002	002	98	08008	001	50

续表

Sno	Cno	Grade	Sno	Cno	Grade
08002	003		08008	003	80
08003	001	99	08009	001	89
08003	002	80	08009	004	90
08003	003	98	08010	005	100

7. 备份数据库及数据，以备后面实验使用。

三、实验要求

1. 独立完成 SQL Server 2008 数据库常用操作。
2. 写出实验报告(在实验系统上完成)。

实验 2　数 据 定 义

一、实验目的

1. 熟练掌握 SQL 进行基本表结构的创建。
2. 熟练应用 SQL 进行表结构的修改。
3. 掌握 SQL 进行基本表的删除。
4. 掌握 SQL 进行索引的建立和删除。
5. 选择具体的数据库管理系统实现(SQL Server 2008)。

二、实验内容和主要步骤

1. 在 SQL Server 2008 中进行定义操作。
2. 用 SQL 的 CREATE TABLE 语句创建学生表 Student、课程表 Course 和选课表 SC(字段类型及长度参照实验 1)。
3. 用 SQL 的 ALTER 语句修改表结构：
(1)Student 表中 Sno 设为非空和唯一。
(2)Student 表中增加一个字段 Sbirth，类型设置为日期时间类型；增加一个 Address 字段，类型为文本(字符)。
(3)删除 Student 表中 Address 字段。
(4)Course 表中 Cno 字段设为非空和唯一。
4. 重新定义一个简单表，然后用 SQL 的 DROP 语句删除该表结构。
5. 用 SQL 的 CREATE INDEX 语句定义表 Student 的 Sname 字段的降序索引。
6. 用 SQL 的 CREATE INDEX 语句定义表 SC 的 Grade 字段的升序索引。
7. 用 SQL 的 DROP 语句删除索引。
8. 输入部分数据，并试修改其中的错误。

注意　(1)数据的完整性。
(2)SQL Server 2008 的 SQL 语句中数据类型的写法，参考 Navicat 工具中类型列表中的值。
(3)SQL Server 2008 中的 SQL 定义语句和标准 SQL 语句的不同；定义主码、外码、删除索引等。
(4)体会 SQL 语句建表和直接用图形工具建表的优劣。

三、实验要求

1. 将上述任务中完整的 SQL 语句调试并使之运行正确。
2. 写出实验报告(在实验系统上完成)。

实验3　SQL 简单查询

一、实验目的

1. 掌握 SQL 查询语句的一般格式。
2. 掌握简单数据查询操作。
3. 熟练掌握各种查询条件的表示。
4. 掌握排序和分组操作在 SQL 语句中的实现。
5. 掌握集函数的使用。

二、实验内容和主要步骤

1. 创建学生表 Student、课程表 Course 和选课表 SC，并输入数据，注意数据的完整性。可以使用实验 1 中已经建立的表和数据。

2. 对各表中的数据进行不同条件的查询：

(1) 查询全体学生的学号和姓名。
(2) 查询全体学生的详细记录。
(3) 查询所有选修过课程的学生学号。
(4) 查询考试有不及格的学生学号。
(5) 查询不是信息系(IS)、计算机系(CS)的学生性别、年龄、系别。
(6) 查询选修 4 号课的学生学号和成绩，结果按成绩降序排列。
(7) 查询每个课程号和相应的选课人数。
(8) 查询计算机系(CS)的学生姓名、年龄、系别。
(9) 查询年龄 18~20 岁的学生学号、姓名、系别、年龄。
(10) 查询姓刘的学生情况。
(11) 查询既选修 1 号课程，又选修 2 号课程的学生学号。
(12) 查询学生的姓名和出生年份(今年是 2003 年)。
(13) 查询没有成绩的学生学号和课程号。
(14) 查询总成绩大于 200 分的学生学号。
(15) 查询每门课程不及格学生人数。
(16) 查询不及格课程超过 3 门的学生学号。
(17) 查询年龄在 10~19 岁之间的学生信息。
(18) 查询全体学生情况，按所在系升序排列，同一个系的学生按年龄降序排列。
(19) 查询选 1 号课程的学生平均成绩。
(20) 查询选 3 号课程的学生的最高分。
(21) 查询每个同学的总成绩。

三、实验要求

1. 将上述任务中完整的 SQL 语句调试并使之运行正确。
2. 写出实验报告(在实验系统上完成)。

注意　有些题目可以使用多种方法进行表示。

实验4　复 杂 查 询

一、实验目的

1. 熟练掌握各种连接查询及其连接条件。

2. 掌握各种嵌套查询的使用。
3. 掌握复杂的集合查询。

二、实验内容和主要步骤

1.以实验 1 中的数据为基础。
2.对各表中的数据进行不同条件的连接查询和嵌套查询：
(1)查询每个学生及其选课情况。
(2)查询每门课的间接先修课。
(3)将 Student，SC 进行右连接。
(4)查询有不及格的学生姓名和所在系。
(5)查询所有成绩为优秀(大于 90 分)的学生姓名。
(6)查询既选修 2 号课程，又选修 3 号课程的学生姓名、学号。
(7)查询和刘晨同一年龄的学生。
(8)选修课程名为“数据库”的学生姓名和年龄。
(9)查询其他系比 IS 系任一学生年龄小的学生名单。
(10)查询其他系中比 IS 系所有学生年龄都小的学生名单。
(11)查询选修全部课程的学生姓名。
(12)查询计算机系学生及其性别是男的学生。
(13)查询选修课程 1 的学生集合和选修 2 号课程学生集合的差集。
(14)查询李丽同学不学的课程的课程号。
(15)查询选修 3 号课程的学生平均年龄。
(16)求每门课程学生的平均成绩。
(17)统计每门课程的学生选修人数(超过 3 人的才统计)。要求输出课程号和选修人数，结果按人数降序排列；若人数相同，按课程号升序排列。
(18)查询学号比刘晨大，而年龄比他小的学生姓名。
(19)求年龄大于女同学平均年龄的男同学姓名和年龄。
(20)求年龄大于所有女同学年龄的男同学姓名和年龄。
(21)查询至少选修 08002 选修的全部课程的学生号码。
(22)查询 08001 和 08002 两个学生都选修的课程的信息。

三、实验要求

1. 将上述任务中完整的 SQL 语句调试并使之运行正确。
2. 写出实验报告(在实验系统上完成)。

实验 5　数 据 更 新

一、实验目的

1. 熟练掌握 SQL 常用的数据更新操作。
2. 熟练应用 INSERT，UPDATE，DELETE 语句。
3. 掌握更新操作的各种格式。

二、实验内容和主要步骤

1. 应用 INSERT，UPDATE，DELETE 语句进行更新操作：
(1)插入如下学生记录(学号：08030，姓名：李莉，年龄：18)。
(2)插入如下选课记录(08030，1)。

(3)计算机系学生年龄改成20。
(4)数学系所有学生成绩改成0。
(5)把低于总平均成绩的女同学成绩提高5分。
(6)修改2号课程的成绩，若成绩小于75分提高5%，成绩大于75时提高4%(两个语句实现，注意顺序)。
(7)删除08030学生信息。
(8)删除SC表中无成绩的记录。
(9)删除张娜的选课记录。
(10)删除数学系所有学生选课记录。
(11)删除不及格的学生选课记录。
(12)查询每一门课程成绩都大于等于80分的学生学号、姓名和性别，把值送往另一个已经存在的基本表Stu(Sno，Sname，Ssex)中。
(13)把所有学生学号和课程号连接追加到新表中。
(14)所有学生年龄增1。
(15)统计3门以上课程不及格的学生、把相应的学生姓名、系别追加到另外一个表中。
2. 熟练掌握INSERT，UPDATE，DELETE语句并能综合应用。

三、实验要求

1. 将上述任务中完整的SQL语句调试并使之运行正确。
2. 写出实验报告(在实验系统上完成)。

实验6　高级SQL编程

一、实验目的

熟悉SQL Server 2008的高级编程语法和存储过程的编写。

二、实验内容

1. 建立一张学生表，属性有学号、姓名、年龄三个字段。
2. 建立一个存储过程，实现学生的全查询。
3. 分别用IN 和OUT实现姓名的调用。
4. 声明一个变量，把变量加1，再把变量加入到学生表的学号字段中。
5. 建立一个存储过程，外部调用这个存储过程：当外部传入的值是0时，则在学生表中插入一个学号是17的学生；如果是1时，则在学生表中插入一个学号是18的学生；如果都不是，则在学生表中插入一个学号是19的学生。
6. 建立一个存储过程，写一个循环语句，循环插入5个学生(至少用三种循环的存储过程方法)。

三、实验要求

1. 独立完成SQL Server 2008数据库常用操作。
2. 把操作过程关键页面截图保存，写出实验报告(在实验系统上完成)。

实验7　综 合 应 用

一、实验目的

1. 全面认识信息系统的设计与开发技术。
2. 掌握数据库开发的一般步骤。

3. 掌握概念结构设计的一般方法。
4. 掌握逻辑结构设计方法。
5. 通过在具体DBMS中实现所分析的功能体会数据库设计的一般过程。
6. 了解组织应用程序的方法和特点。

二、实验内容和主要步骤

1. 以下题目自选一题：
(1)图书管理信息系统设计(图书、管理员、读者)。
(2)中小企业管理信息系统设计(雇员、部门、产品、客户)。
(3)学生选课管理信息系统设计(学生、课程、选课管理)。
(4)自选题(须先经认可)。
2. 根据数据库设计步骤进行需求分析，充分了解系统所要实现的主要功能。
3. 画出系统的功能模块图和数据流图，生成数据字典。
4. 根据分析设计出总体概念结构，即E-R图。
5. 把E-R图转化成相应的关系模式，考虑规范化理论的应用，确定系统中的基本表结构及用户视图。
6. 根据分析在SQL Server 2008中建立数据库和基本表结构。
7. 根据分析设计相应的完整性约束条件(主码和外码，以及用户定义的完整性)。
8. 根据需要建立相应的查询和窗体。
9. 通过宏或者命令按钮连接窗体和查询。
10. 建立特殊的控制窗体——切换面板管理器，实现对应用程序的组织。
11. 美化界面，修改不足，设置启动窗体，隐藏数据库窗口。
12. 设置数据库安全性。

三、实验要求

1. 将上述任务中设计的功能模块图和数据流图、ER图、关系模式和完整性约束写在实验报告上。
2. 写出实验报告(在实验系统上完成)。
注意 (1)规范化理论的应用：1NF、2NF、3NF…
(2)实体、实体间的联系、ER模型；
(3)数据库的完整性；
(4)插入异常、修改异常、删除异常、数据冗余。